KB273562

워싱턴
몬태나
노스다코타
오리건
아이다호
사우스다코타
와이오밍
네브래스카
네바다
유타
콜로라도
캘리포니아
애리조나
뉴멕시코
텍사스
알래스카
하와이

뉴햄프셔
버몬트
매사추세츠
메인
소타
위스콘신
뉴욕
미시건
로드아일랜드
이오와
펜실베이니아
코네티컷
오하이오
일리노이
인디애나
뉴저지
웨스트버지니아
델라웨어
버지니아
미주리
켄터키
메릴랜드
노스캐롤라이나
워싱턴 D.C.
테네시
아칸소
사우스캐롤라이나
앨라배마
조지아
미시시피
루이지애나
플로리다

노래로 읽는 미국 근현대사

노래로 읽는 미국 근현대사

투쟁은

노래를 낳고

노래는

역사가 된다

임상훈 지음

메멘토

프롤로그

2024년 겨울, 칼바람이 부는 여의도에서 사람들은 노래를 불렀다. 해가 바뀐 뒤에도 노래는 멈추지 않았다. 집회 현장에는 키세스(!) 시위대가 등장했고, 혹독한 추위 속에서도 사람들은 노래를 부르며 웃고 있었다. 정의의 이름으로 너희를 용서치 않겠다는 세일러문으로 변신해 응원봉을 휘두르며, 찬란하게 웃고 있었다. 그 웃음을 보며 나는 확신했다. 우리가 이긴다. 노래하는 우리는 반드시 이긴다.

사실 이런 확신은 처음이 아니었다. 부지런히 쫓아다닌 몇몇 현장에서 비슷한 확신을 느낀 적이 있다. 다만 이번 승리의 현장에서 들리는 노래는 예전과 달랐다. 생소한 노래도 있었다. 고등학생 시절, 나는 웬만한 데모 노래는 거의 다 꿰고 있었다. 큰누나가 부모님께 온갖 잔소리를 들으면서도 밤늦게까지 이불을 뒤집어쓰고 들었던 노래들. 그 노래들에 중독된 내가 공부를 작파하고 선생님들 몰래 이어폰으로 듣던 노래들. 그중 상당수는 미국에서 건너온 포크였다. 음악 선생님들이 수업을 빙자해 가르쳐준 이상한 노래들은 흑인 영가靈歌, spiritual라고도 했고, 어떤 것들은 광부들의 노래라고도 했다.

'빛의 혁명' 이전, 우리가 불러온 데모 노래의 많은 뿌리는 그렇게 미국에 있었다. 그 사실이 늘 마음 한켠에 남아 있었다. 우리의 거리에서 울려 퍼진 노래들은, 그렇게 먼 곳에서 시작되어 여기까지 건너왔다. 대체 어떤 계기로 만들어졌기에 그 노래들은 세대와 언어를 넘어, 위기의 순간마다 매번 다시 호출되었을까? 이 책을 쓰기로 결심한 이유가 여기에 있다. 이제 불리지 않는 몇몇 노래는 책을 통해 기억에 남기고도 싶었다.

이 책은 노래의 관점에서 쓴 미국사다. 저항의 노래, 함께 어깨를 겯고 부르는 노래들이 언제, 어떤 맥락에서 태어났는지를 따라간다. 노래의 관점이란 곧 민중의 관점이다. 역사는 늘 위에서 결정되고 아래에서 감내되지만, 노래는 언제나 아래에서 태어나 위로 번져간다. 공식 기록에서 지워진 사람들, 이름 없이 일하고 싸우고 떠난 이들의 감정과 분노, 그리고 희망은 문서가 아니라 노래 속에 남아 있다.

미국 근현대사의 결정적인 순간마다 사람들은 함께 노래를 불렀다. 철도 노동자들의 노래, 광부들의 탄식, 흑인 영가와 민권가요, 포크와 록, 힙합과 오늘의 대중음악까지. 이 노래들은 단순한 배경음이 아니라 역사를 움직인 감정의 엔진이었다. 그래서 이 책은 위대한 인물의 연대기가 아니라, 함께 부른 노래들이 어떻게 사람들을 연결하고 두려움을 넘게 하며 세상을 조금씩 바꿔왔는지를 추적하는 기록이다. 역사를 '읽는' 대신, 역사가 '불렸던' 순간들을 다시 듣기 위해 이 책을 썼다.

이야기는 기차에서 출발한다. 기차야말로 처음으로 등장한 노동집약적 산업의 상징이고, '기차의 시대'야말로 노동자의 땀과 피로 자본이 성장하던 시기였다. 동시에 노동조합이 결성되고, 노동자들의 노래가 처음으로 집단적으로 울려 퍼진 시기이기도 했다. 철로를 소유한 자본가들은 광산까지 지배했다. 이 광산이 어디에 있느냐에 따라 착취의 양상도 달랐고, 저항도 달랐다. 따라서 노래도 달랐다. 이후 전국적 규모의 노조가 결성되면서 비로소 모든 노동 현장에서 같은 노래가 불리기 시작했다. 동시에 각자의 구체적인 현실을 담아내려는 새로운 노래도 속속 등장했다. 그래서 1장은 철도 노동자의 노래, 기차가 자본의 착취라는 어둠을 뚫고 나가면서 남긴 공간에 노동자들이 채워 넣은 노래를 다룬다. 2장은 그야말로 막장에서 힘겹게 살아가면서도 저 멀리 비치는 희미한 빛을 좇아 노래를 부르며 삶을 이어간 광산 노동자와 개척자의 이야기다. 3장에서는 미국 흑인의 노래를 다룬다. 미국 독립보다 훨씬 앞서 남부 들판의 노동요로 시작된 영가는, 기차의 성장과 함께 도시로 옮겨가 블루스와 소울로 발전했다. 흑인 음악 장르의 발전 과정은 흑인들이 음악을 어떻게 받아들이고, 어떻게 활용했는지를 고스란히 보여준다. 아직도 완전한 해방을 이루지 못한 흑인들에게 노래는 고단한 삶을 달래는 위로였고, 더 나은 미래를 앞당겨 제시하는 도구였다. 그래서 노래는 해방의 길을 보여주었고, 해방의 길을 앞서 걸어갔다. 흑인 시민권 운동의 결정적 조력자는 포크로 상징되는 1960년대 대학생 문화였다. 이 청년문화, 소위 반문화가 4장의 주제다. 자본주의에 대한 저항, 미국식 세계화에 대한 저항으로 세계를 불사르던 68혁명에 미국 본토의 젊은이들은 반문화로 열렬히 호응했다. 당시 젊은 세대는 확고한 삶의 기준과 문화를 지니고 진정한 혁명으로 세상을 바꾸려 했다. 이들은 자신을 위해 뜨겁게 살았고, 진심으로 세상을 변화시키려 했던 마지막 세대였다. 이들의 음악이 왜 포크와 록이었는지, 또 그것은 우리가 흔히 생각하는 포크와 록과 어떻게 다른지를 말하려 했다.

이 책은 미국 자본주의의 역사로도 읽을 수 있다. 서구 국가 중에서도 비교적 뒤늦게 출발한 미국 자본주의는 후발주자라는 시간적인 핸디캡에 더해 식민지 확보 실패라는 공간적인 제약까지 안고 있었다. 미국은 압축성장이라는 수단으로 전자의 핸디캡을 돌파해 나가며, 이후 일본과 한국을 비롯한 신생 자본주의 국가에 전범을 제시했다. 식민지를 경영한 경험이 없는 것은 핸디캡이 아니라 윤리적 장점이 될 수도 있었지만, 미국은 윤리에 그다지 관심이 없었다. 그들에게는 이미 내부의 제국이 존재했고, 착취의 대상으로 삼을 수 있는 인종과 민족이 있었다. (여기서 우리의 문제도 시작한다. 미군정으로부터 미국식 자본주의를 이식받은 대한민국 자본주의는 '압축성장+계급 착취'라는 공식까지 고스란히 물려받았다. 그 과정에서 황당하게도 일제강점기 시대의 민족 반역자가 우익이라는 이름을 내세우며 기득권·자본가 계급의 핵심으로 자리 잡았다. 미국 이야기를 하다 보면 필연적으로 우리 자신의 문제로 돌아오게 된다.) 미국은 전 세계의 등불이 될 수밖에 없는 '명백한 운명'을 타고난 나라라는 이데올로기, 그 앞에서는 그 어떤 차이도 사소한 것일 뿐이라는 소위 '용광로' 신화를 겉으로 내세우며, 속으로는 억압과 차별을 연료로 삼아 자본주의를 발전시켜왔다. 하지만 기만과 모순은 언젠가는 드러나기 마련이다. 사람들은 그렇게 어리석지 않다.

21세기의 1/4이 지나가고 있는 지금, 미국 자본주의는 전례 없는 위기를 맞고 있다. 위기는 어떻게 보면 사이클이 한 바퀴 돌아 미국 자본주의가 태동하던 19세기 초의 불안과 놀라울 만큼 닮았다. 이제는 그 누구도 미국식 자본주의를 존중하지 않는다. 한때 세계의 경찰이었던 미국은 이젠 세계의 깡패 취급을 받는다. 자본주의를 어떻게 전환하고 바꾸어나갈지에 대한 비전은 물론, 비전에 대한 최소한의 사회적 동의마저 없다. 그러다 보니 무슨 생각을 하는지 도무지 알 수 없는 지도자에게 질질 끌려다니고만 있다. 미국 자본주의는 애초에 어떤 모습이어야 하고 무엇을 추구해야 하는지를 정의하지 않은 채 원초적인 이기적 이익 추구를 곧 자유와 동일시하며 발전해온 체제다. 그런 자본주의로서는 제법 오랜 시간을 버텨온 셈이다. 최근의 관세 정책은 위험을 외주화해 위기를 잠시 늦추려는 몸부림에 가깝다. 19세기는 물론 20세기에도 미국 자본주의가 위기를 맞을 때마다 꺼내 들었던 보호 장치가 관세 정책이었다는 점을 떠올리면, 오늘날의 관세 강화는 오히려 "우리는 약하다"는 무언의 고백으로 들린다.

앞으로도 미국 자본주의는 수많은 외적·내적 도전에 직면할 것이다. 가깝게는 트럼프 정권의 이민정책에서 발화점이 형성될 수도 있다. 폭스뉴스로 대표되는 선정주의와 반지성주의가 사회 전반으로 확산하며 파열음을 내고 있다. 그중 흑인 차별은 아직 해결되지 않고 있는 문제다. (놀라울 정도로 한국과 미국은 공통점이 많다.) 이 모두 미국 자본주의 성장의 대가라고 할 수 있다. 대가는 언젠가 반드시 치러야 한다.

책을 쓰면서는 대학원 시절이 떠올랐다. 몇몇 후배의 간청으로 매주 금요일 오후 세 시부터 토요일 새벽 세 시까지 '공부'라는 이름으로 술을 마셨다. 3년은 그랬던 것 같다. 술잔을 기울이며 밤새 했던 이야기들이 바로 이 책에 담긴 내용이다. 〈클레멘타인〉은 얼마나 웃기는 노래인지, 〈이지 라이더〉는 왜 꼭 봐야 할 영화인지, 밥 딜런은 왜 위대한 시인인지, 한국의 재벌들은 날강도 귀족과 어떻게 닮았는지 등등 영문학과는 별로 상관없는 주제로 밤을 지새웠다. 그 시절 눈을 반짝이며 내 이야기를 들어주던 후배들이 없었다면 이 책은 나오지 못했을 것이다. 지금도 소중한 '숲속 칭구들'이다. 오수원, 박미선, 황은주에게 깊이 감사한다.

마지막으로, 이 책이 세상에 나올 수 있도록 힘을 보태주신 메멘토 출판사와 박숙희 대표께 감사드린다.

찬란했던 '빛의 혁명'을 기억하며, 노래로 싸우는 우리는 다시는 지지 않는다는 결의를 다지며, 부디 이 책이 2025년의 응원봉 옆에 나란히 놓이기를 바란다.

차례

2장

희미한 빛을 난 좇아가

3장

해방의 길을 노래가 먼저 걷다

4장

우리의 무기여, 우리의 사랑이여

일러두기

- 외래어는 국립국어원 외래어 표기법을 따르되, 일부는 일상에서 널리 쓰이는 표기를 채택했다. 예) 리듬앤드블루스→리듬앤블루스, 아르앤드비→알앤비, 솔→소울, 앤드→앤
- 노래·미술작품·영화 명에는 〈 〉, 앨범·잡지·신문·정기간행물에는 《 》, 단행본에는 『 』를 사용했다.
- 노래 가사는 이탤릭체로 표시했다.

1장 —— 기차가 어둠을 헤치고

기차는 인류의 삶을 크게 바꿔놓았다. 기차가 처음 등장했을 때 사람들은 '공간의 압축'을 직접 경험하며, '축소되는 세계'라며 호들갑을 떨었다. 이내 기차는 인간의 시간 감각까지 재편하며 인간 노동을 포함한 모든 것의 기준이 된다. 한마디로 기차는 단순한 교통수단이 아니라 근대의 리듬을 만든 장치였다. 그러나 그 리듬은 곧 노동자의 땀과 한숨으로 채워졌다.

미국은 철도를 발판 삼아 압축성장을 이룬다. 탄생한 지 200년도 안 된 나라가 순식간에 세계 1위의 경제 대국으로 도약할 수 있었던 배경에는 철도 산업이 있었다. 그중에서도 미국을 동서로 이은 대륙횡단철도 공사가 가장 중요한 사건이었다. 이 공사를 책임지며 온갖 부정부패로 돈을 챙긴 자본가들은 '날강도 귀족'으로 불리며 미국 자본주의의 발전을 견인했다.

철도는 노동자의 피와 땀 위에 깔렸다. 서부에서는 수만 명에 달하는 중국인들이 산을 뚫고 터널을 만들다가 목숨을 잃었다. 동부에서는 아일랜드 이민자들이 저임금과 차별 속에서 레일을 깔았다. 목숨을 건 작업을 하면서 이들은 미국 최초의 노동요를 남겼다. 단순한 후렴과 일정한 박자는 이들에게 생존을 위한 합창을 이끌어냈다.

기차는 철길을 까는 노동자들에게 탈출과 해방의 상징이기도 했다. 힘든 노동을 견뎌야 했던 죄수들은 물론, 수없이 많은 린치를 당하며 살아야 했던 남부의 해방 노예들은 기차를 타고 현실을 탈출하려 했다. 흑인 대이동이라 불린 이 거대한 행렬에서 기차는 가장 중요한 수단이었다. 또 기차는 흑인들에게 신분 상승의 기회이기도 했다. 풀먼 포터Pullman porter라는 직업은 길고 힘든 노동이었지만, 이 직업은 흑인 중산층이 형성되는 데 중요한 토대를 마련해주었다.

흑인들에게 기차는 경제적 이동 수단에 그치지 않았다. 객차 안에서 부른 찬송가와 블루스는 흑인의 존엄과 희망을 지키는 노래였고, 이 노래가 대도시로 퍼져나가며 미국 대중음악의 지형을 바꿔놓았다. 기차가 없었으면 들을 수 없는 노래들이었다.

기차라는 근대의 상징은 탐욕스러운 자본의 상징에 그치지 않는다. 그것은 노동자의 합창과 흑인의 이동이 교차하는 거대한 무대였다. 기차는 어둠을 헤치고 달렸다. 노동자 착취, 자본의 탐욕, 식민지 수탈의 도구였던 기차는 수많은 사람의 희생을 바탕으로 블루스와 재즈, 포크와 록에 그 리듬을 심으며 달렸다. 기차는 어둠을 뚫고 길을 열었고, 그 길은 노래가 채웠다.

기차와
근대의 리듬

기차가 없는 세상은 어떤 모습일까? 요즘 세대에겐 그다지 의미가 없는 질문일 수 있지만, 적어도 지난 200년이 '기차의 시대'였음을 인정하는 사람이라면 곱씹어볼 만한 화두다. 우선 그 많은 기차 덕후는 애초에 존재하지 않았을 것이다. 기차가 없었더라면 난감해했을 얼굴도 떠오른다.

아인슈타인은 무엇으로 상대성이론을 설명했을까? 아니, 애초에 상대성이론이 떠오르기는 했을까? 그는 유럽 전역에 철도가 빠르게 확산하던 시기, 스위스 베른의 특허청에서 기술 심사관으로 일하며 수많은 철도 관련 특허를 다뤘다. 당시 유럽 각 역 사이의 출발·도착 시간을 정확히 맞추는 것이 큰 과제였고, 이 과정에서 표준시 개념이 정착했다. 이런 문서들을 검토하던 아인슈타인의 머릿속에 "시간은 절대적인가?"라는 물음이 자리 잡기 시작했고, 그의 사고 실험에 자연스레 기차가 등장하기에 이른다. 기차가 없었다면 '마차 상대성이론'이 나왔을까?

드보르자크의 〈교향곡 9번, 신세계로부터〉도 없었을 수 있다. 그는 뉴욕의 국립음악원 초청으로 미국을 찾았는데, 명분은 흑인 영가와 원주민 음악 연구였지만 속마음은 달랐다. 사실 드보르자크는 철도광이었다. 고향에 보낸 편지마다 미국 증기기관차 소리에 감탄한 기록이 남아 있을 정도다. 그러다가 문득 고향이 그리워 만든 곡이 바로 〈교향곡 9번, 신세계로부터〉이다. 이 곡은 기차의 역동성을 연상시키는 리듬을 처음으로 본격 활용한 클래식으로도 평가받는다.

모네도 대단한 '기차 덕후'였던 모양이다. 1877년 집중적으로 그린 〈생라자르역 연작〉은 파리 생라자르 기차역의 풍경을 다양한 시간대와 시점으로 포착하고 있다. 사실, 기차가 없었으면 인상주의가 등장하지 못했을 가능성도 크다. 프랑스 산업화와 도시화를 경이로운 시선으로 바라본 인상파 화가들은 기차역 · 증기 · 매연 같은 새로운 풍경을 화폭에 담았고, 덕분에 이전까지 하찮게 여겨지던 소재들이 회화사의 전면에 등장했다. 빛의 입자성, 속도감에서 오는 거리, 근대 산업의 무심함, 소음의 시각화 같은 주제들이 그렇다. (모네는 "나는 빛을 그린다"라고 말했지만, 솔직히 그의 캔버스 절반쯤을 채운 것은 증기기관차의 매연이었다.)

더구나 기차는 인상파가 '빛의 화가'가 될 수 있는 물리적 조건도 마련했다. 튜브형 물감이 발명되자, 화가들은 기차를 타고 손쉽게 파리 근교로 나가 야외에서 쏟아지는 햇빛을 직접 포착할 수 있었다. 덕분에 그간 역사화·신화화·인물화에 밀려 저평가되던 풍경화가 주요 장르로 자리 잡았으니, 아이러니하게도 풍경화의 부흥은 도시화가 낳은 산물이었다. 이는 회화사에서 혁명적 사건이었다. 물론 혁명에는 대가가 따른다. 인상파 화가들은 생전에 명성에 걸맞은 대우를 거의 누리지 못했다.

이들을 다시 불러내 후대가 기억하게 만든 것도, 더 나아가 근대 회화의 출발점으로 자리매김하게 만든 것도 기차였다. 마네의 〈철도〉, 모네의 〈생라자르역 연작〉 같은 작품들은 "인상파는 피상적인 '인상'밖에 그리지 못한다"는 비난을 거둬내는 계기가 되었다.

산업혁명과 미국 대륙횡단철도의 건설

산업혁명은 영국에서 가장 먼저 일어났다. 유럽이나 미국에 비해 거의 100년이 빠르다. 스코틀랜드 글래스고대학에서 윤리학을 가르치던 애덤 스미스는 고민에 빠졌다. 농업 자원은 프랑스보다 훨씬 부족하고, 군사력은 스페인 같은 나라에 뒤지던 영국이라는 조그만 나라가 어떻게, 왜 이 시기에 유럽 최강 대국으로 부상할 수 있었을까? 그 고민의 결과물이 『국부론』(1776)이다. 이 연구를 통해 자본주의라는 생산 양식이 이론화되고, 이를 연구하는 경제학이라는 학문이 철학에서 독립된 새로운 분과 학문으로 등장한다. (철학자들은 "이제 돈 얘기 안 해도 된다"라며 안도의 한숨을 쉬었고, 경제학자들은 "우리도 수학 문제 푸는 학문이 되었다"라는 감격에 밤잠을 이루지 못했다고 한다.)

척박한 땅과 혹독한 기후에서 살아온 영국 사람들은 오랫동안 싸고 따듯한 옷을 갈망해왔다. 이들은 당시 동양에서 들어온 면직물에 열광했다. 이토록 가볍고 따듯한 천이라니! 영국은 곧장 인도를 점령해 괴뢰정권을 세우고, 중국과도 여러 차례 분쟁을 거쳐 식민지를 구축하고, 사실상 공짜로 원자재를 확보했다.(공정 무역 같은 단어는 당시 사전에 없었다.) 제조 중심지가 된 본국에서는 수많은 면직 공장이 세워지며 전통적인 수공업을 대체했고, 유휴 노동력, 특히 여성을 동원한 노동 집약적 산업이 성장했다. 이렇게 전 세계를 활용하는 식민지적 분업 구조를 고착화한 산업혁명은 한마디로 면직물 산업의 기계화에서 출발했다.

미국 역시 영국 산업혁명에서 빼놓을 수 없는 원료 공급지였고, 그 중심은 남부 지역이었다. 남부가 값싼 노동력과 좋은 토지를 마음껏 착취할 수 있는 환경이었기 때문이다. 이렇게 대서양 건너 먼 곳에서 원료를 가져와야 했던 영국이 그래도 산업혁명에 성공한 것은, 가장 크게는 석탄이라는 풍부한 에너지원 덕분이었다.

증기기관은 처음에는 탄광에서 석탄을 캐낼 때 갱도에 고이는 물을 퍼내기 위해 개발되었다. 제임스 와트는 이렇게 버려지던 물을 끓여 수증기를 만들고, 이 수증기로 피스톤을 움직여 동력을 발생시킨다는 단순한 원리를 응용해 증기기관을 발명했다. 어차피 탄광이니 물을 끓이는 열원으로 쓸 석탄은 얼마든지 있었다. 증기기관의 우수성이 입증되면서 면직 공장을 비롯한 산업시설들이 앞다투어 이를 도입하자 석탄의 사용량도 폭발적으로 늘어났다. 석탄을 실어 나르기 위한 기차와 철도 건설이 이어지며, 철강산업도 덩달아 폭발적으로 성장했다. 그리하여 기차는 산업혁명의 총아가 된다. 산업혁명의 본질은 면직물 산업의 기계화지만, 많은 사람에게 산업혁명은 곧 기차로 기억된다.

이렇게 영국은 석탄으로 증기기관을 돌리고, 증기기관으로 달리는 기차를 만들고, 기차로 다시 석탄을 수송하여 제국 전체에 수출하는 순환 구조를 구축했다. 기차는 제국 전체를 통제하고 착취하는 전략적 기반이었다. 그래서인지 로마 이후의 제국들은 로마가 길을 만들었던 것처럼 참으로 열심히 철로를 깔았다. 영국이 인도에 깔아놓은 거미줄 같은 철도망도 그렇지만, 2차 세계대전 당시 일본이 동남아에 철로를 까는 데 들인 노력은 거의 광기에 가까웠다. 굳이 이래야 할 필요가 있었을까, 이들은 전쟁에 승리하려고 철로를 까는 걸까, 아니면 철로를 깔기 위해 전쟁을 하는 걸까? 고개가 갸웃거려질 정도다.

정작 영국 본토에는 철로가 무한정 확장될 수 없었다. 땅덩어리가 원래 좁기도 했지만, 이미 로마 시대 이전부터 사람들이 살고 소유하던 땅에 무작정 철로를 놓을 수는 없었기 때문이다. 토지 보상 문제는 빙산의 일각이었다. 철로 건설은 토목 · 환경 · 사회 · 기술 등 수없이 많은 분야가 협력해야 하는, 그야말로 종합 프로젝트였기 때문이다. 그만큼 많은 분야가 동시에 발전해야만 가능했으니 결코 만만한 작업이 아니다. 하지만 미국은 달랐다. 무엇보다 "여기 우리 땅이에요"라고 주장하는 이가 드물었고, 당시 미국 정부는 '붉은 피부'의 원주민들을 사람으로 인정할 마음이 요만큼도 없었다. 그래서 미국은 그 짧은 시간에 그 엄청난 땅을 가로지르는 철길을 놓았고, 이로써 전 세계 최강국으로 성장한다. 그 철길을 우리는 '대륙횡단철도'라고 부른다. 이 철도는 사실상 국가 브랜드 홍보의 원조였다. 미국을 가리킬 때 흔히 쓰는 표현, '언덕 위의 횃불'은 사실상 '언덕 위의 기차역'으로 바꿔도 어색하지 않을 정도였다.

사실 남북전쟁도 부분적으로는 이 대륙횡단철도와 관련이 있었다. 당시 북부와 남부 모두 대륙횡단철도의 필요성에는 공감했지만, 어디를 경유할지를 놓고 첨예하게 갈등했다. 북부는 북부 노선을, 남부는 남부 노선을 원했다. 지금 생각하면 그 넓은 땅 어디에 깔더라도 무슨 상관이랴 싶지만, 당시에는 중요한 문제였다. (어느 나라는 그냥 영부인 마음대로 결정했다는 전설 같은 얘기도 있다.) 어쨌든 지금은 대륙횡단철도도 여럿이어서 대륙횡단철도라는 이름이 붙은 철도만도 무려 다섯 개에 이른다.

북부는 자신들의 주장이 타당하다는 근거를 제시하기 위해 '포니 익스프레스Pony Express'라는 통신 시스템을 급조했다. 기수가 말을 계속 갈아타며 대략 10일에 걸쳐 대륙을 횡단하여 우편물을 배송하는 시스템이었다. 속도를 내기 위해 기수는 몸이 작고 가벼운 남성이거나 소년이었으며, 동시에 귀중품을 노리고 곳곳에서 출몰하는 강도들을 따돌리거나 맞서기 위해서는 담대한 용기도 필요했다. 그중 가장 잘 알려진 사람이 나중에 버펄로 빌Buffalo Bill이라 불린 윌리엄 프레더릭 코디였다. 버펄로 사냥꾼으로 명성을 떨치기 전 그는 전설적인 우편배달부였고, 가장 위험한 구간을 맡아 믿기 어려운 속도로 달렸다고 한다.

이런 노력의 성과였는지, 결국 북부로 치우친 노선이 대충 확정되었다. 남부는 세금을 낼 수 없다고 버텼고, 이는 북부에 충분한 전쟁의 명분이 되었다. 전쟁이 발발한 1년 뒤인 1862년 링컨 대통령은 '태평양 철도법'에 서명하며 공사를 시작했다. 이는 전쟁과는 무관하게 서부는 북부의 땅이라는 선언이기도 했다.

아무리 영국보다 쉬웠다고 해도, '제국'이라 불릴 만큼 넓은 땅에 철로를 놓는 일은 쉽지 않았다. 산맥·사막·눈사태 같은 자연 장애물은 물론, 태연하게 앞을 가로막고 움직이지 않으려는 원주민 부족과 버펄로 떼도 난관이었다. 정부가 엄청난 양의 토지 보조금을 주고, 주가 조작까지 눈감아주지 않았더라면, 이 거대한 사업에 참여할 기업은 없었을 것이다. 유니언 퍼시픽 레일로드Union Pacific Railroad와 센트럴 퍼시픽 레일로드Central Pacific Railroad 두 회사는 처음부터 부정부패를 전제로 공사에 나섰고, 남북전쟁이 끝난 후 박차를 가한 두 회사는 1869년 유타주 프로몬토리 포인트에서 만나 황금 못을 박으면서 완공을 알렸다.

철도의 완성으로 동부에서 서부까지 6개월 걸리던 여정은 단 7일로 단축됐다. 수많은 물자가 오가며 서부 도시는 성장했고, 새로운 마을도 속속 생겨났다. 철도 하나가 한 나라의 경제를 바꾸고, 전 세계에서 가장 큰 잠재력을 지닌 국가를 비약적으로 성장시킨 것이다. 철도는 사람들의 삶까지 바꾸어놓았다. 많은 이들에게 철도는 '명백한 운명Manifest Destiny'의 구현이자, 미국이 '언덕 위의 횃불'로 전 세계에 선보인 진보의 상징이었다. 이러한 낙관적 시각은 당시에도, 지금도 철도 노동자들의 대표 노래 〈아이브 빈 워킹 온 더 레일로드I've Been Working on the Railroad〉에 잘 드러난다.

제목 '난 철도를 깔고 있네'로도 알 수 있듯이 서부 개척과 미국의 산업화를 상징하는 이 노래는 철도를 깔며 부르는 노동요다. *나는 철도에서 일해. 긴 하루 내내 일해. 빨리 일어나라 재촉하는 기적 소리를 들으며 일어나 아침부터 일하지.* 그 노동은 견딜 만하다. 다이나Dinah라는 여성이 벤조와 나팔을 불며 기운을 북돋아 주기 때문이기도 하다. *누군가 부엌에 다이나랑 함께 있는데, 다이나, 나팔을 불어주지 않겠니?* 다이나는 실제 인물이라기보다는 당시 미국 민요나 민스트럴 쇼(Minstrel Show: 백인 배우들이 얼굴을 검게 칠한 채 흑인을 흉내 내며 노래·춤·코미디를 공연한 희극극. 인종차별의 소지가 많았다.)에 흔히 등장하던 흑인 여성 캐릭터였다. 따라서 이 노래는 노동요+민스트럴 쇼라는 구조를 가지며, 다이나가 코믹하면서도 성적인 부분을 담당하면서 인종차별적인 노래로도 읽힌다.

단순하고 반복적인 구조와 경쾌한 리듬으로 구성된 노래는 노동자들이 지치지 않도록 힘을 불어넣었다. 노래만 들어도 철도

〈아이브 빈 워킹 온 더 레일로드〉

노동자들이 씩씩하게 합창하며 고된 노동을 극복하는 모습이 떠오른다. 지금도 노동자, 특히 철도 노동자 사이에서 많이 불리며, 미국을 대표하는 포크송이자 동요, 심지어 대학 응원가이다.

이 노래는 이전의 노동요와는 확연히 다르다. 노래의 템포 때문이다. 농경사회의 노동요는 느렸다. 이 노래는 면화를 따며 부르던 노래, 〈고 다운, 모지스Go Down, Moses〉의 50비피엠(bpm: 분당 비트), 선원들의 노래 〈셰넌도어Shenandoah〉의 70비피엠, 더 나아가 대놓고 행진곡이던 〈존 브라운스 바디John Brown's Body〉의 80~90비피엠보다도 훨씬 빠르다. 이런 노래들은 모두 기차의 발명 이전, 인간 중심 · 감정 중심의 시대에 만들어졌다. 그러나 산업화 이후, 기차가 등장하면서 사람들은 전례 없이 빨리 움직이게 되었고, 노동의 속도 역시 달라졌다. 노동요의 속도도 달라질 수밖에 없었다. 기차의 등장과 함께 시계가 본격적으로 도입되면서 집약적 노동 강도는 더 강해졌다.

영어에서 'time'은 '시간'이면서 동시에 '박자'를 뜻한다. 기차는 시간의 기준을 바꿨고, 음악의 박자까지 바꿨다. 〈아이브 빈 워킹 온 더 레일로드〉의 단순하고 기계적인 리듬은 기차의 칙칙폭폭, 영어로는 'chug-chug, choo-choo' 소리를 반영한다. 이후 기차를 소재로 한 노래는 물론, 많은 음악이 빠르고 반복적인 기본 리듬을 채택했다. 컨트리의 '트레인 비트', 부기우기, 셔플 등 상당히 많다. 로큰롤의 탄생에도 지대한 영향을 미친다. 기차는 석탄만 태운 게 아니라, 음악사 전체에도 불을 지핀 셈이다.

기차 귀족과 날강도 귀족: 재벌의 탄생

'바다와 바다를 연결하는 공사'라는 별명의 대륙횡단철도 건설은 벌써 이름부터 만만치 않은 초대형 프로젝트였다. 지레 겁먹은 기업들이 쭈뼛거리며 나서려 들지 않자 링컨이 직접 나서서 엄청난 보상을 제시하며 철도 건설을 독려한다. 그가 내민 당근은 공공 토지 무상 제공과 철로 건설 마일당 국채 지원이었다. 이 정도면 '철로만 깔면 돈은 정부가 준다' 수준이다. 사실상 국가가 보증하는 다단계 사업이었다. 주요 반대 세력이었던 남부가 연방을 탈퇴하면서 법안은 순조롭게 통과되었고, 이 법안의 통과로 북군은 남북전쟁에서 신속한 군수품 수송을 확보하며 우위를 점했다. 철도 회사들은 전쟁이라는 혼란 속에서 온갖 비리와 부정을 일삼으며 천문학적인 부를 축적할 수 있었다.

조지프 케플러. 1889년 미국 풍자 잡지 《퍼크(Puck)》에 실린 정치 풍자 만평, 〈역사는 반복된다: 중세의 날강도 귀족과 오늘날의 날강도 귀족〉. 역사가 정말 계속 반복되는지, 『21세기 자본』에서 토마 피케티는 19세기 말의 경제적 불평등이 우리 시대에 다시 일어나고 있다고 지적한다. 출처: 위키피디어 커먼즈.

링컨은 당시 사회적으로 대접받지 못한 직업이었던 변호사치고는 제법 많은 돈을 축적했고, 정치적 자산도 탄탄한 편이었는데, 이는 그가 철도 회사와 연줄이 있었기 때문이다. 그는 일찍부터 일리노이 중앙철도의 전속 변호사로서 철도와 관련된 모든 소송을 도맡아 처리하며 많은 돈을 벌었다. 대통령이 된 그에게 처음으로 붙은 별명도 첫 '철도 변호사 출신 대통령'이었다. 철도 회사가 돈을 버는 방식을 꿰고 있었던 그에게 대륙횡단철도 건설은 정말 군침 도는 일이었을 것이다. 게다가 나라를 하나로 묶는다는 정치적 명분도 있다. 더 나아가 철도 기업들을 후원자로 끌어들임으로써 공화당과 북부는 전쟁에서 가장 중요한 자원, 바로 '자본'을 확보할 수 있었다. 예나 지금이나 전쟁을 승리로 이끄는 단 하나의 요소는 바로 '돈'이다. 물론 링컨이 이 과정에서 정확히 얼마를 벌었는지는 알려지지 않았다.

태평양 철도법을 통해 사업권을 독점한 유니언 퍼시픽이나 센트럴 퍼시픽은 겉으로는 국가 공익 사업자처럼 포장되었지만, 실제로는 철도와 정치의 유착을 기반으로 한 특혜적 독점체제를 운영했다. 우선 이들이 받은 토지 보상만 하더라도 기가 막힌다. 이들은 선로를 중심으로 양쪽으로 각 10마일, 총 20마일의 땅을 무상으로 받았다. 그래서 온갖 이유를 대며 선로를 구불구불 설계해 땅을 최대한 거저 확보했다. 지도만 보면 철길이 아니라 무슨 놀이공원 롤러코스터 같았다. 원주민 부족의 땅이든 누구의 땅이든 상관없었다. 정부가 다 정리해줄 테니까. 그냥 내가 원하는 땅이면 된다. 설계도대로 노선을 만들겠다는 생각은 애초부터 하지 않았다. 이렇게 확보한 땅은 남한 정도는 가볍게 넘는, 한반도 전체의 90퍼센트에 이르는 규모의 땅이었다. 그러곤 곧 철로가 깔릴 땅이라고 홍보하며 값을 올려 최소 두 배에서 다섯 배 폭리를 취했다. 오늘날의 떳다방도 혀를 내두를 수준이다.

막대한 공사비는 국채로 충당했다. 이름만 채권이지 사실은 상환 의무가 느슨했고, 실제로도 거의 갚지 않았다. 이 '땅 짚고 헤엄치기' 분야에서 두 철도 회사는 할 수 있는 만큼 최대한 성실하게 사기를 쳤다. 자회사를 설립해서 자기 돈을 자기에게 지급하는 일

조지프 케플러. 1904년《퍼크》에 실린〈스탠더드 오일 문어〉. 날강도 귀족들은 특정 분야에 머물지 않고 돈이 될 만한 곳이라면 석유 · 철강 · 금융 · 운송 가릴 것 없이 뛰어들어 천문학적 부를 긁어모았다. 그래서 처음부터 이들을 '문어발'로 그리는 풍자화가 많았다. 날강도 귀족은 20세기 초 역사의 뒤안길로 사라진다. 경제뿐 아니라 정치까지도 장악하려 했기 때문이다. 그림에서도 문어발 하나는 백악관을 부여잡고 있다. 출처: 위키피디어 커먼즈.

감 몰아주기, 공사비 부풀리기, 분식회계 정도는 애교였다. 실제로 이들은 악덕 기업이 재벌로 성장하면서 저지르는 온갖 만행을 온몸으로 보여주었다. 있지도 않은 사람들을 명부에 올려 급여를 빼돌렸고, 노동자들은 최대한 착취했다. 많은 사람이 죽어나갔다. 그래도 상관없었다. 뒤에는 공화당과 링컨이 있었으니까. 그리고 링컨이 사라진 후엔 세상 거칠 것 없이 미국 전체를 쥐고 흔든다. 이 시대를 우리는 '길디드 에이지Gilded Age', '도금 시대'라고 부른다.

캘리포니아 새크라멘토에서 동쪽으로 산맥을 힘들게 뚫고 나아가야 했던 센트럴 퍼시픽이 더 많은 토지 보조금을 횡령하고 더 많은 부패를 저질렀다는 평이 있지만, 그래봐야 도긴개긴일 따름이다. 센트럴 퍼시픽을 이끈 사람 중 가장 유명한 인물은 나중에 스탠퍼드대학을 짓고 정계에 진출하여 자신의 사업을 로비하며 돌보았던 릴런드 스탠퍼드다. 그는 센트럴 퍼시픽에 1만 달러를 투자하고 회장이 되었다고 하는데, 철도가 완성된 직후엔 이 돈이 무려 3000만 달러로 불어 있었다. 미국 서부 개발의 선구자로 포장되고 점잖은 교육자처럼 보였던 그가 착취 자본주의의 대표적 인물로 판명되면서, 지금도 스탠퍼드대학에서는 그의 흉상 철거 운동이 심심찮게 벌어지고 있다. 우리나라에서 친일과 매국의 과거사를 가진 창립자를 둔 고려대나 이화여대가 겪고 있는 일이기도 하다.

철도 노동자: 중국인과 아일랜드인

스탠퍼드는 인종차별로 악명이 높았다. 그 대상은 중국인이었다. 얼핏 대륙횡단철도 건설과 같은 고된 일이 흑인의 일이라고 생각할 수도 있겠지만 당시 흑인들은 농사 정도의 손쉬운 일만 할 수 있을 뿐 일정한 간격으로 '대충' 침목을 깔고, 양쪽에 '대충' 못을 박아 레일을 고정하는 이 극도로 '정교한' 일은 할 수 없다고 여겨졌다. 노예제도에 반대했던 북부 백인이라고 흑인을 보는 시각이 달랐던 것은 아니다. 그래서 공사 초기에 흑인 노동은 그리 흔하지 않았다. 센트럴 퍼시픽은 흑인 대신 중국인을, 유니언 퍼시픽은 아일랜드인을 주축으로 삼았고, 독일인·북유럽인들이 그 뒤를 받쳤다.

아편전쟁 이후 자기 나라에 더는 미래가 없다고 생각한 젊은 중국 남성들이 바다를 건너 미국으로 물밀듯 몰려들었다. 결정적인 계기는 1848년 캘리포니아 골드러시였다. 중국에서는 금으로 이루어진 산金山이 발견되었다며 호들갑을 떨었다. 하긴 수력 채굴이라는 방식으로 산 전체를 씻어내리기도 했으니 아주 틀린 말은 아니다. 어쨌든 당시 샌프란시스코에는 이 골드러시라는 꿈이 일장춘몽으로 끝나면서 할 일이 없어진 중국인이 나름 차이나타운을 만들어 자기들끼리 티격태격하며 자리를 잡아가고 있었다. 하지만 아프리카계보다 아시아계 노동력이 낫다고 생각해본 적이 없던 미국인들은 이 중국인들을 그냥 방치하고 있었다. 그래서 처음엔 아일랜드 사람들을 중심으로 한 백인 이민자 집단이 이 힘든 노동에 먼저 투입됐다. 문제는 이들이 지나치게 똑똑했다는 점이다. 심지어 관리자들과 말도 통했다. 겉보기에도 자기들과 똑같은 사람들이었다. 이런 인간들에게 말도 안 되는 고된 노동을 시키려니 끝없는 불만이 터져 나왔고, 관리자들은 대체로 이들의 불만을 수긍할 수밖에 없었다. 다시 말해 비용이 많이 들었다. 결국 한 현장 책임자가 '인내심 있고, 성실한' 중국인들을 추천하자, 경영진은 마지못해 몇 명을 시험 고용했다. 얼마 지나지 않아 이 '조용히 일만 하는' 중국인 노동자의 수가 몇천 명으로, 최대 1만 2000명이 넘는 수준까지, 전체 노동자의 80~90퍼센트까지 늘어났다. 미국을 하나로 잇는 철로가 '중국인의 피와 땀 위에' 깔렸다는 말은 과장이 아니다.

실제로 중국인들은 때로는 백인 노동자 임금의 50퍼센트도 안 되는 돈을 받고, 회사에서 제공하는 숙소와 따뜻한 밥 대신, 알아서 텐트를 치고, 끼니 역시 알아서 해결하며, 폭약 설치 · 터널 굴착 등 힘들고 위험한 일을 도맡아 했다. 아직 다이너마이트가 대중

1869년 5월 10일 프로몬토리 서밋에서 센트럴 퍼시픽과 유니언 퍼시픽이 만나 황금 못을 박고 대륙횡단철도 완공을 기념해 찍은 공식 기념사진. 중국인과 아일랜드인은 단 한 명도 보이지 않는다. 당시의 자본과 정치세력이 노동자와 이민자의 존재를 지우려 했기 때문이다. 출처: 미국 의회도서관.

화되기 전이라 니트로글리세린도 사용되었고, 이에 따라 폭발, 붕괴 사고가 일상적으로 일어났다. 중국인들이 조용히 일만 한 건 물론 의사소통을 할 수 없었기 때문이다. 말이 통하지 않다 보니 고용 브로커, 하청업자들에게 돈을 떼먹히는 경우도 많았고, 사용자들과 협상도 불가능했고, 노사갈등을 넘어 노노갈등까지 감수해야 했다.

백인 노동자들은 중국인들을 싫어했다. 중국인들은 자신의 일자리를 빼앗아가는 적이었다. 말이 통하지 않아서 파업 논의도 할 수 없고, 심지어 고향이 그립고, 고향에 두고 온 아내가 그리운 젊은 중국인들은 파업 중에도 쉬지 않고 일하려 들었다. 〈아이브 빈 워킹 온 더 레일로드〉에 "시간을 보내려고 철길을 깔아요"라는 대목은 이런 부분을 반영한다. 어쨌든 이러한 노노갈등을 눈여겨본 사용자들은 이제 이런 인종 갈등을 노조 파괴 전략으로 적극적으로 동원하게 된다.

수만 명에 이르는 중국인들의 값싼 노동력을 활용해 대륙횡단철도를 까는 데 성공한 스탠퍼드는 정치인으로 변신하여 반중 선동에 앞장선다. 캘리포니아 주지사 취임 연설에서는 중국인 이민을 막아야 한다며 반중·혐중 감정을 불러일으키더니, 상원의원이 되어서는 1882년 중국인 배척법의 기반을 마련하여 중국 노동자의 신규 이민을 전면 금지하고, 기존 거주자들의 시민권 취득을 불허하며, 귀국 후 재입국까지 제한하여 사실상 영구 추방을 제도화한다. 이후 한국인, 일본인, 유대인 등 비백인 이민자 차별의 근간이 된 이 법은 1943년에야 폐지된다.

이번에는 동쪽으로 눈을 돌려보자. 샌프란시스코에 중국인이 많았다면, 뉴욕에는 아일랜드인이 많았다. 1840년대 아일랜드에서는 대기근으로 100만 명 이상이 사망한다. 감자가 유일한 식량 기반이었던 아일랜드에 감자역병이 돌면서, 아일랜드 사람들은 졸지에 굶어 죽거나 미국이나 캐나다, 혹은 호주로 탈출해야 했다. 소위 '감자 기근' 당시, 100만 명 정도가 뉴욕으로 이동한다. 리버풀-뉴욕 항로가 당시 가장 발달한 대서양 이민 항로였고, 뉴욕에 일자리가 많다고 소문나 있었고, 그 유명한 이민국 출입 관리소가 있어

1860~1870년대 미국 서부 지역으로 추정되는 곳에서 중국인들이 산을 관통하는 철길을 깔고, 한 명은 위태롭게 길을 내려오고 있다. 화약이 시도 때도 없이 터지며 많은 중국인이 목숨을 잃는다. 정확한 수는 알려지지 않았다. 당시 중국인은 이름도 없이, 암호나 번호 정도로만 불렸기에 누가 없어져도 크게 주목받지 않았다. 지금은 대략 1000에서 2000명 정도가 사망했을 것으로 추정한다. 출처: 미국 의회도서관.

서 어차피 이민을 위해서는 거쳐야 하는 장소였기 때문이다. 그러면서 뉴욕은 '아일랜드의 두 번째 수도'가 되었다.

미국인들이 보기에 이들은 가난하고, 지저분하고, 영국 식민지 출신인 데다가 가톨릭이라는 종교 때문에도 그다지 반가운 존재가 아니었다. 다만 영국 문화에 정통한 아일랜드인은 교양 있고 세련된 집사를 찾는 신흥 부자(뉴 머니)·전통 부자(올드 머니) 모두에게 인기가 있었다. 돈 한 푼 없이 바다를 건너온 아일랜드인들은 이렇게 몇 년간 집사 또는 하인으로서 노예에 가까운 노동을 약속하고 마침내 시민 자격을 얻었다. 말하자면 아일랜드인들은 '얼굴이 하얀 흑인'이었다.

한편 배우지 못하고 교양이 없는 아일랜드인들은 닥치는 대로 일할 수밖에 없었다. 하지만 아무리 노력해도 아일랜드인들은 '게으르고, 술 많이 마시고, 교황에게 충성한다'는 편견을 극복하기 힘들어서 1840~50년대에는 구직 광고에서 "아일랜드인은 쓰지 않습니다"라는 표현도 흔히 볼 수 있었다. 이 '얼굴만 하얀 흑인'들은 얼굴색이 좀 더 어둡고, 영어는 쓰지 못하는 백인들, 특히 이탈리아인들과 허드렛일을 놓고 경쟁해야 했다. 영화 〈갱즈 오브 뉴욕〉은 그 경쟁 구도를 다루고 있다. 이외에도 영어를 못하는 독일계나 북유럽계도 당시에는 하층민을 이루고 있었다.

동부에서 서부로 철로를 건설해야 하는 유니언 퍼시픽이 동부 도시에서 인력을 모집하면서 아일랜드인들이 철도를 까는 일자리에 진입하기 시작했다. 이미 강력한 민족의식으로 똘똘 뭉친 그들은 서로를 알음알음 소개해가며 서서히 수를 불렸다. 이들에겐 일종의 노조가 이미 만들어져 있었다. 게다가 이들 중에는 이리 운하와 같은 대형 토목 공사 경험이 있거나, 심지어 동부의 작은 철도를 놓아본 사람도 많았다. 그래도 아일랜드인들은 동부의 중국인 역할을 했다. 위험한 일은 아일랜드인이 도맡고, 독일계는 기계조작이나 계산과 같은 고급 기술직, 영국계 백인은 관리직을 맡았다. 흑인들이 해방된 다음에는 해방 노예들과 흑인 죄수들이 아일랜드인들의 일을 맡았다. 산업자본 입장에서 아일랜드인들은 '관리하기

'피의 철도'가 완성된 다음 산업자본과 미국 정부가 손을 잡고 중국인 배척법을 통해 '합법적'으로 중국인을 추방한다. 1882년 전후 중국인 배척법 제정 때 발행된 풍자 만평. 미국을 상징하는 엉클 샘이 손에는 중국인 배척법을 들고 중국인 이민자를 발로 차서 내쫓는 장면이다. 출처: 미국 의회도서관.

쉬운 가난한 백인'이었고, 아일랜드인에게 노동은 생존뿐 아니라 '백인 정체성 인정' 투쟁을 위한 출발점이었다. 철도 건설은 아일랜드인들이 '조건부 백인'에서 일 잘하는 '미국인 백인'으로 편입되는 계기가 된다. 철도를 지었다고 해서 당장 아일랜드인들에 대한 처우가 나아진 것은 아니지만, 사회적 인식 변화에 도움도 되었고, 무엇보다 함께 쌓아올린 노동 경험은 아일랜드인들에게 이 나라에서 일하면서 살아갈 수 있겠다는 자신감을 불어넣었다. 이제 아일랜드인들은 경찰·소방 등 전문직에 진출하고, 자녀들은 커다란 저항 없이 공립학교에 진학하고, 다른 백인들과의 결혼도 늘어나며 미국 주류로 자리 잡는다. 조직력과 생존 전략, 연대의 힘으로 이루어낸 사회적 이동이었다. 물론 그중에서 가장 중요한 요소는 피부색이었음을 부인할 수는 없다.

〈노 아이리시 니드 어플라이No Irish Need Apply〉에는 여러 버전이 있다. 1850년대 한 영국인 여성 화자가 아일랜드인 고용에 대한 불만을 표시하는 차별 정당화의 노래도 있고, 미국 내 아일랜드계 이민자들의 차별 경험을 담은 노래도 제법 많다. 그중 피트 시거Pete Seeger가 발굴하여 포크 리바이벌의 주요 레퍼토리로 삼은 노래가 가장 유명한데 아일랜드 사람들에게도 인기를 끌었다. 시거는 이 노래를 당시 아일랜드인뿐 아니라 노동자와 이민자 전체가 겪는 차별과 편견을 드러내기 위해 불렀다. 1860년대 노래가 피트 시거에 의해 1960년대에도 불리며 시대를 초월하여 차별받는 모든 집단이 함께 부르는 노래로 재탄생한다. *나는 킨너개드 마을에서*

〈노 아이리시 니드 어플라이〉

이제 막 도착한 괜찮은 청년이다. 일자리가 정말 간절해서, 일을 찾으러 왔다. 구인 광고를 봤더니, 나한테 딱 맞는 일 같았는데, 눈에 띄는 한 구절, "아일랜드인은 지원하지 마시오." 사람들은 패트릭이나 댄이라는 이름을 가져 불행을 겪을 수밖에 없다고 하지만, 나는 '아일랜드 사람'이라는 게 오히려 영광스러울 따름이다. 차별, 그리고 차별을 극복하는 승리의 경험을 줄기차게 노래하는 전형적인 포크 음악이다.

차별과 폭력의 노래들

소수 민족에 대한 차별과 억압은 물리적인 노동 착취에서 끝나지 않았다. 특히 중국인들의 경우에는 많은 법적 규제는 물론 몇 번에 걸친 폭동과 학살을 겪어야 했다. 철도 건설 이후 중국 이민자 수가 늘어나면서 백인 사회의 상대적인 경제적 박탈감이 부글부글 끓던 상태에서 스탠퍼드 같은 사악한 정치인이 도화선을 마련하자, 돈 되는 일이라면 어떤 일이라도 기사화하고 없는 일도 지어내는 데 아무런 거리낌이 없던 황색 언론이 마침내 불을 붙였다. 지금은 신문의 왕이랍시고 존경받는 허스트나 퓰리처 모두가 있지도 않은 범죄·질병 등 사회적 공포를 자극하여 돈을 버는 데만 골몰하던 황색 언론의 아버지들이었다. 쓰레기 언론의 역사는 동서를 초월한다.

중국인 학살의 예를 보자. 1871년 로스앤젤레스 차이나타운에서 로스앤젤레스 중국인 학살 사건Los Angeles Chinese Massacre이 일어났다. '학살'이란 그야말로 일방적인 살인이다. 당시 6000명 규모의 도시에서, 대략 500명에 달하는 백인 폭도들이 중국계 갱단 간 총격에 백인이 살해당했다는 선동에 홀려 차이나타운을 습격해 상점을 불태우고, 남성들은 보이는 대로 붙잡아 옷을 벗기고 길거리에서 공개 처형하거나 목을 매달아 죽였다. 중국인들은 하릴없이 살해당할 수밖에 없었다. 정확한 사상자는 밝혀지지 않았으나 19명 내외로 추정되고 있다. 사건을 수사한 경찰은 여덟 명의 백인을 체포하였지만, 모두 무죄로 석방하거나 감형하여 실제 처벌은 거의 하지 않았다. 현지 신문은 백인 한 명의 사망을 중국인 학살보다 더 크게 다루며 중국인들을 '우리 곁의 악마'라고 비난했다.

철로를 깔며 중국인들도 노래를 불렀다. 하지만 백인들이 이들의 노래를 싫어했던 것으로 보인다. 미국인들의 중국인 혐오에는 '시끄럽고, 길고, 이해하지 못할' 음악에 대한 편견도 한몫했다. 당시 중국인이라면 오언절구, 칠언절구도 한껏 늘려 불렀을 것 같다. 경극 같은 형식의 음악은 미국인들에게 시끄럽고 지루하기만 했을 것이다. 노래는 온종일, 심지어 며칠씩 이어지기도 했다. 실제로 본국 공연에서는 사람들이 원하는 장면만 보고 집에 가서 쉬었다가 다시 와서 보고는 했던 음악이다. 어쨌든 중국인들이 철도를 깔며 정확히 어떤 노래를 불렀는지는 밝혀지지 않았다. 중국인들은 거의 모두가 영어를 몰랐고, 이들을 감독한 백인들은 이들의 노래에 진저리를 치고 있었기에 채보·채록 자체가 거의 이뤄지지 않았기 때문이다.

19세기 미국 민요 〈차이나맨, 차이나맨Chinaman, Chinaman〉은 당시의 중국인들을 이렇게 그린다. *나는 중국인이다. 결혼도 안 했고, 가족도 없다. 집도 없고, 아내도 없다. 아이도 없고, 삶이랄 것도 없다. 중국인은 너무 싼 값으로 일하고, 백인들 배나 채워주며, 눈물을 흘린다….* 사실 이 노래는 중국인들이 부르는 노래가 아니라 백인들의 민요다. 백인이 보기에도 중국인은 "혼자 살고, 가혹한 착취를 당한다".

20세기에 만들어진 포크송 〈어 차이나맨즈 챈스A Chinaman's Chance〉는 19세기 대륙횡단철도 시절부터 구전되던 미국 민요 〈차이니스 범보트맨Chinese Bumboatman〉과 같은 곡이다. 역시 이 노래에도 여러 버전이 있다. 그중에 다음과 같은 노랫말을 가진 버전이 가장 널리 알려져 있다. *그들은 날 절벽 높은 곳으로 보내, 폭탄을 설치하고 위험을 감수하게 했다. 그러곤 중국인의 기회를 더는 누릴 수 없었다*는 후렴이 계속 이어진다. 여기서 '중국인의 기회'란 사실은 가능성이 거의 없다는 의미다. 결국 위험한 작업 환경에서 살아

〈어 차이나맨즈 챈스〉

날 가망이 없다는 뜻이다. 죽고야 말 신세로 백인의 배나 채워주면서, 그 사실을 알면서도 일할 수밖에 없는 현실을 토해내는 중국인 화자의 구슬픈 발라드다.

당시 철로를 깔던 아일랜드인들을 대표한 노래는 〈푸어 패디 웍스 온 더 레일웨이Poor Paddy Works on the Railway〉다. 여기서 '패디'는 아일랜드 남성을 가리키는 총칭명사 같은 것이다. 그러니까 제목은 '우리 가난한 아일랜드 노동자들이 철길을 깔아요'쯤 된다. 아일랜드 노동자들의 고된 현실과 정체성을 반영한, 노동가요와 이민가요를 넘나드는 노래로 빠르고 경쾌한 반복 리듬은 실제 작업 리듬과도 잘 맞았고, 선창-후창 형식은 집단 합창에 유리했다.

노래 속 가난한 패디는 1841년부터 철로를 깔기 시작한다. 여기서 철로를 깔고 저기서 철로를 까는데, 그가 입고 있는 옷은 전혀 바뀌지 않았고, 처음부터 지금까지 철로를 까는 일은 지겹기만 하다. 마지막 부분에서 가난한 패디는 1847년에 도달해 있는데, 여전히 같은 옷을 입고, 철로를 깔고 있다. 바뀐 건 없지만, 다만, 이젠 다 그만두고 죽어버릴까? 하는 생각도 든다는 내용이다. 경쾌하고 신나는 노동요지만 노랫말이 마냥 즐겁지만은 않다.

〈푸어 패디 웍스 온 더 레일웨이〉

실제로 철로 건설 현장에서 더 많이 불린 노래는 〈드릴, 예 태리어즈, 드릴Drill, Ye Tarriers, Drill〉이었다. '태리어'는 암반을 뚫는 터널 굴착공을 가리키는데, 중국인 하면 폭약이 떠오르듯이 아일랜드인 하면 떠오르는 일은 암반 굴착이었다. 역시 네 박자 선창-후창 형식으로 *뚫어라, 태리어들아, 뚫어라! 온종일 일하면 차에 설탕은 넣게 해주지*라는 가사에서도 볼 수 있듯이, 비참한 현실을 자조적 유머와 풍자로 승화시키며 빠르게 더 빠르게 질주해나간다. 신나는 노동요다.

이 노래들은 유니언 퍼시픽 쪽에서 들을 수 있었지만, 그렇다고 맨날 들을 수는 없었다. 철길을 까는 사람들이 모두 아일랜드인들은 아니었기 때문이다. 그 유명한 〈아이브 빈 워킹 온 더 레일로드〉나 이제부터 이야기할 〈존 헨리John Henry〉는 1차 대륙횡단철도가 완공되기 전에는 등장하지 않았다. 당시에는 노래라기보다는 '스파이크 송', 다시 말해 철도 건설 현장에서 작업의 타이밍을 맞추고 노동자들의 집중력을 유지하기 위해 사용되던 선창-후창 형식과 공동체적 리듬을 가진 '리듬+명령'의 형태가 주를 이루고 있었다. 가장 유명한 리듬 하나를 소개하자면 다음과 같다.

〈드릴, 예 태리어즈, 드릴〉

선창　　똑바로 못 박아?

노동자　할 수 있어!

선창　　저기 못을 박아.

노동자　못을 박자.

4박자 리듬으로 마지막에 "못을 박자"라며 다 같이 해머를 내리치는 구조다. 이렇게 네 마디마다 하나의 타격 동작이 일어나도록 설계된 노래가 바로 스파이크 송이다. 온종일 이런 노래를 듣고 있노라면, 잘 때도 귓가에 이 리듬이 울릴 것 같다. 이 스파이크 송이 아일랜드 철도 노동자들의 유머와 만나 〈드릴, 예 태리어즈, 드릴〉이 나오고, 블루스와 결합해 〈스파이크 드라이버 블루스〉가 등장한다. 그리고 마침내 미국의 기차 노래, 대륙횡단철도를 상징하는 노래, 〈존 헨리〉가 등장한다.

전설의 철의 노동자,
존 헨리

존 헨리가 실존 인물이었는지의 여부는 확실치 않다. 사실 중요하지도 않다. 그가 차별과 학대를 견디며 묵묵히 철길을 깔던 수많은 노동자의 원형적인 인물이기 때문이다. 일단 그는 아프리카계로 알려져 있다. 이미 말했듯이 노예 노동은 원칙적으로 금지되어 있었다. 하지만 산업자본이 값싼 노동력을 그냥 방치했을 리 없다. 애당초 노예 해방은 남부의 풍부한 농업 노동력을 북부의 산업 노동력으로 전환하기 위한 빌미지 않았던가? 북부가 승리를 거두고 전쟁이 끝나면서, 노예들은 냉큼 가혹한 철길 공사에 투입된다.

중국인들에게는 만리장성을 쌓는 일에 비견되는 공사였고, 아일랜드인들도 목숨을 내놓고 해야 하는 일이었던 이 공사에 아프리카계는 어떻게 투입되었을까? 당시 미국에는 산업자본이 마음껏 이용할 수 있던 가장 값싼 노동력이 있었는데, 바로 죄수들이었다. 죄수들은 돈도 주거지도 제공하지 않고, 죽을 때까지 마냥 부려먹을 수 있었다. 죄수 중에는 압도적으로 흑인이 많았다. 특히 남부에서는 백인들이 해방 노예들을 붙잡아 아무 이유나 붙여 범죄자로 만들었다. 흑인은 백인을 쳐다보기만 해도 기소되고 체포되어 감옥에 갔고, 철도 공사에 동원되었다. 철도 회사는 감옥에 죄수 '임대료'를 참새 눈곱만큼 지급하고 (이 제도를 '죄수 임대convict leasing'라고 불렀다.) 죄수에게는 그 어떤 인간의 권리도 보장하지 않았다. 남부에 깔린 철로는 거의 모두 흑인의 피와 땀으로 젖어 있다고 보아도 좋다. 이들의 사망률은 수십 퍼센트에 이르렀다고 하는데, 역시 정확한 기록은 없다. 어쨌든 노예제가 있던 시절보다 훨씬 많은 흑인이 죽었다.

죽을 때까지 노동하지만, 정작 기차는 한 공사 현장에서 다른 공사 현장으로 이동할 때만 탈 수 있었다. 계속 기차만 타고 있으면 좋겠지만, 다음 현장에선 내려야 한다. 그리고 언제 다음 기차를 탈 수 있을지 기약은 없다. 그때까지 살아 있으리라는 보장도 없다. 그러면서 흑인들에게 기차는 슬픔과 분노, 억압과 고통, 자유와 해방의 상징이 되었다.

존 헨리는 여기에 더해 또 하나의 장애물과 싸워야 했는데, 바로 기계였다. 기차는 이미 기계의 상징이기도 했지만, 1870년대에 철도 공사와 터널 굴착에 스팀 해머가 도입되면서, 흑인은 또 하나의 기계와 싸우며 자신의 존재 가치를 증명해야 했다. 존 헨리는 바로 이 기계 대 인간, 아니 기계 대 흑인의 대결을 상징하는 인물이다. 그는 이 싸움에서 승리하여 기계에 맞선 마지막 인간 노동의 자존심이 되고, 그의 죽음은 전설과 저항의 상징으로 남는다.

존 헨리는 어릴 때부터 해머를 좋아한 인물로, 심지어 아버지 무릎에서 옹알이할 때부터 해머를 좋아했다고 한다. 아직 토르가 등장하기도 전인데, 이 꼬마는 죽을 때도 해머를 손에 쥐고 죽겠다고 말한다. 전설적인 영웅epic hero이란 다 그런 모양이다. 그래서 그를 주제로 한 노래 중 하나는 아예 〈고너 다이 위드 마이 해머 인 마이 핸드Gonna Die with My Hammer in My Hand〉, "해머를 손에 들고 죽겠다"를 제목으로 삼고 있다. 흔히 부르고 듣는 블루스 노동요, 〈더 발라드 오브 존 헨리The Ballad of John Henry〉에서도, *존 헨리는 강철을 박는 남자였다. 그는 생계를 위해 강철을 박았고, 해머를 쥔 채로 죽었다*고 그의 죽음을 전한다. 노래의 가장 유명한 부분은 다음과 같다. *존 헨리는 작업반장에게 말했다. 나야 그저 한 인간에 지나지 않지만, 저 스팀 드릴 가지고 나를 이기려 든다면, 죽을 때까지 이 해머와 함께 싸울 테야.* 그리고 그는 과로로 죽는다.

수많은 버전이 있다. 노래도 조금씩 다르다. 미시시피 존 허트의 〈스파이크 드라이버 블루스Spike Driver Blues〉는 전승되던 노래

〈더 발라드 오브 존 헨리〉

를 거의 그대로 블루스로 담았다는 느낌이 든다. 윌리엄슨 브라더스 앤 커리는 이 노래를 〈고너 다이 위드 마이 해머 인 마이 핸드〉라는 제목의 포크로 만들어 불렀다. 이 두 노래는 1920년대에 등장한다. 피트 시거는 당연히 포크로, 조니 캐시는 당연히 컨트리로, 브루스 스프링스틴은 당연히 록으로 이 노래를 편곡해서 부른다. 존 헨리를 기리는 노래들은 노동자의 권리와 존엄성을 강조하던 노래에서, 노동 현장에서 사회적 변화를 촉구하는 운동가요로, 기계와 노동의 관계에 대한 중요한 메시지를 제시하는 노래로 계속 불리고 있다. "우리는 노예가 아니다! 우리는 기계가 아니다!"

〈스파이크 드라이버 블루스〉

기차와 죄수

아프리카계 죄수들에게 철길 노동은 잔혹한 역설의 노동이었을 것이다. 흑인들에게 기차는 특별한 의미가 있다. 남부에서 그야말로 인간 이하의 취급을 받으며 노동하던 노예들은 언제부터인가 '지하 열차underground railroad'라는 게 있다는 소문을 듣는다. 은밀한 노선을 이용해서 노예를 캐나다로 혹은 자유주로 수송해주는 열차가 있단다. 그래서 미국에서 '지하 열차'는 처음부터 우리의 지하철과는 다른 엄청난 자유와 해방의 의미였다. 이에 대해서는 3장에서 자세히 다루겠지만, 어쨌든, 흑인에게 기차는 남다른 의미였다. 심지어 천국에 갈 때도 기차를 타고 간다고 믿는 사람도 많았다.

그런데 자유와 해방의 상징이던 기차가 흑인 죄수들에게는 죽을 때까지 벗어나지 못하는 질곡이 되어버린다. 앞서 말했듯이 기차를 탈 수 있는 유일한 순간은 한 현장의 일이 끝나, 다음 현장으로 끌려갈 때뿐이다. 죽어서 천국 가는 기차를 타면 그제야 편히 탈 수 있을까? 그래서 기차 노래에는 죄수가 화자인 노래가 많다. 자신도 모르게 죄수가 되어버리고, 석방에 대한 기약도 없이, 착취에 시달리는 사람들이 부르는 기차 노래다.

죄수가 부르는 대표적인 기차 노래로는 전설적인 철도 블루스 〈미드나이트 스페셜Midnight Special〉이 있다. 원래 미국 남부에서 흑인 노동자와 죄수 사이에서 전승되던 노동요로 전통적인 포크이자 블루스다. 리드 벨리Lead Belly가 1934년 대공황기에 대중화시켰고, 밥 딜런이나 브루스 스프링스틴도 즐겨 불렀다. 하지만 이 노래를 60년대 반문화 운동의 정점까지 끌어올린 것은 짧은 동안 강렬하게 불타올랐던 록 밴드 크리던스 클리어워터 리바이벌CCR이다.

노래는 별일도 아닌 이유로 감옥에 오는 과정과 더불어, 감옥에서의 힘든 삶과 억압적인 현실, 외부 세계에 대한 동경을 내용으로 한다. 아침에 일어나도 먹을 것도 없고, 당장 작업장에 가서 일하라는 명령뿐이다. 그렇다고 싸울 수도 없다. 어떤 결과가 있을지 너무도 뻔하기 때문이다. 이들에게 남은 유일한 꿈은 기차, '미드나이트 스페셜'이 지나며 자신의 감방에, 자신에게 빛을 비춰주는 것이다. 그러면 혹시 좋은 일이라도 생기려나? 그래서 그런지 계속 후렴에서 "미드나이트 스페셜, 내게 빛을 비춰줘"라고 울부짖는다. 블루스답게 이 노래는 선창과 후창, 다른 말로 콜 앤 리스폰스call and response 방식을 따른다. 보컬 존 포거티가 평생 담배와 위스키만 먹고 산 듯한 중저음의 강한 후두 발성으로 담배를 씹고 뱉듯 말을 씹고 끊으며 남부 사투리를 살려 부른다. 마이크야 터져라 소리지르면, 밴드 멤버 모두가, 그리고 관객 모두가 목청이 터져라 따라 부른다. "미드나이트 스페셜, 내게 빛을 비춰줘." 내 보잘것없는 인생에도 한 줄기 빛이 있기를!

노래에서 기차는 단순한 이동 수단에 그치지 않고, 노동자와 죄수들의 현실, 자유에 대한 염원, 사회 변혁에 대한 갈망을 담은 강력한 상징이 된다. 기차 노래 중에서도 〈미드나이트 스페셜〉은 가장 강력한 메시지를 전달하는, '세상을 바꾼 노래' 중 하나다.

우리에겐 코미디언 고 이주일이 특유의 춤을 선보일 때 배경으로 쓰이던 곡 〈수지 큐Suzie Q〉로 잘 알려진 CCR을 처음 들었을 때는 전형적인 서던 록southern rock 밴드인 줄 알았다. (정말 단순하게 말하자면) 남부 하면 떠오르는 건 블루스와 포크이고, 여기에 록을 합치면 서던 록이 되는데, 내용에는 남부적 정체성을 담아야 한다. 그래서 블루스와 포크라는 반체제 정서와 이야기가 서던 록에서는 보수화되거나 탈정치화되어버리는 기이한 현상이 일어난다. 하지만 CCR은 캘리포니아 출신이어서 처음부터 서던 록의 범주

〈미드나이트 스페셜〉

에 넣기도 어려웠다. 게다가 이들은 1970년대를 대표하는 정치적인 밴드여서 가사와 정서를 통해 노동자 계급의 분노와 체념, 정치에 대한 불신을 담아내려 했다. 존 포거티의 보컬은 세련과는 거리가 먼 남부 사투리인데, 이는 미국 백인 블루칼라 노동자의 목소리를 재현하려는 목적이었다고 한다. 결과적으로 브루스 스프링스틴 이전 미국 노동자 계급을 대표하는 목소리가 되었다. '서던 록보다 더 서던 록적인 밴드'라는 평판을 들었던 이들은 스왐프 록swamp rock으로 분류되기도 한다. '스왐프'라는 말은 늪이 많은 미시시피 델타 지역을 의미한다. 루이지애나가 재즈가 시작된 곳인 것처럼, 미시시피 델타는 블루스의 총본산이다. CCR의 음악은 다른 서던 록 밴드와 비교해 블루스 색채가 강했기에 그런 이름을 얻었다. 이들이 부르는 〈아이 풋 어 스펠 온 유I Put a Spell on You〉를 들으면 인정할 수밖에 없다.

어둠의 사제,
감옥을 노래하다

기차 하면 가장 먼저 떠오르는 가수는 조니 캐시Johnny Cash다. 대공황 시대 노동자 계급 가정에서 태어난 그의 집 부근에는 실제로 철로가 지나갔고, 그는 밤마다 기적 소리를 들으며 자랐다고 한다. 그에게 기차는 집착에 가까운 은유로, 인생 전체를 관통하는 상징과도 같은 것이었다. 애당초 데뷔곡도 〈헤이 포터Hey Porter〉라는 기차 노래였고, 기차를 주제로 만든 노래만 해도 〈폴섬 프리즌 블루스Folsom Prison Blues〉, 〈트레인 오브 러브Train of Love〉, 〈렛 더 트레인 블로 더 휘슬Let the Train Blow the Whistle〉 등이 있고, 커버한 곡으로는 〈오렌지 블로섬 스페셜Orange Blossom Special〉, 〈케이시 존스Casey Jones〉, 〈워배시 캐넌볼Wabash Cannonball〉, 〈록 아일랜드 라인Rock Island Line〉 등이 있다.

모두 대단한 노래지만, 그중에서도 어빈 T. 라우스의 곡 〈오렌지 블로섬 스페셜〉이 특히 인기를 끌었다. 라우스가 바이올린 연주자이자 작곡가임을 염두에 두어서인지, 이 노래에서는 캐시의 다른 노래에서는 들리지 않던 바이올린과 하모니카 소리가 기차 리듬에 얹혀 들려온다. (다른 노래는 모두 기타와 베이스 중심이다.) 오렌지 블로섬 스페셜은 1925년부터 뉴욕과 플로리다를 오가던 고급 열차 이름으로, 플로리다의 대표 작물 오렌지를 따서 붙였다. 캐시 버전에선 플로리다뿐 아니라 캘리포니아도 등장하는데, 그에게 기차는 실제 운행 경로와는 무관하게 어디든 낙원으로 데려다주는 자유의 상징이었기 때문이다. 〈트레인 오브 러브〉는 이 노래와 쌍을 이루는 곡이다. 화자는 오렌지 블로섬을 타고 오는 그녀를 만나려 하지만, 아무리 기다려도 오지 않는다. 사람들은 사랑의 기차에서 내려 그들을 기다리던 사람과 포옹하고 따듯한 집으로 향하는데, 오직 그녀만 내리지 않는다. 영원히 내리지 않는다. 캐시에게 기차는 나에게 다가오는 사랑이 아니라, 내게서 멀어져만 가는 사랑이다.

조니 캐시를 대표하는 노래는 무엇보다도 〈폴섬 프리즌 블루스〉다. 이 노래도 〈미드나이트 스페셜〉과 마찬가지로 죄수 관점에서 부르는 대표적인 감옥 노래다. 미국 대중음악사에서 가장 독

〈오렌지 블로섬 스페셜〉

특하고 가장 내러티브 중심적인 낮은 목소리로, 박진영이 들었으면 하트 눈을 했을 법한, 아무런 장식 없이 '말하는 듯' 읊조리는 스타일, 그러면서 가슴에 하나하나 꽂히는 듯한 노랫말에 맞춘 그의 리듬은 대부분 쿵-짝-쿵-짝 하는 기차 리듬의 변형이다. 그래서 그의 시그니처 리듬은 붐-치카-붐Boom-Chicka-Boom이라 불렸는데, 캐시는 공연장에서 이 리듬이 기차 리듬과 얼마나 비슷한지 알려 주겠다며 기타로 기차 리듬을 흉내 내곤 했다. [나중에는 조금 더 빠른, 8비트로 쪼개진 트레인 비트를 사용하기도 했는데, 이 트레인 비트는 로커빌리(rockabilly: 리듬앤블루스에 컨트리 음악을 섞은 백인들의 음악. 엘비스가 대표적인 가수다.)의 대표 리듬이 되면서 혜성처럼 나타난 엘비스 프레슬리와 더불어 로큰롤로 향한다.]

폴섬 감옥은 앞서 언급한 미드나이트 스페셜이 지나가는 남부보다 더 열악한 곳이다. 원래부터 이 감옥은 미국 내에서도 가장 위험한 수감자들이 모인 고위험군 교도소 중 하나로, 무기 징역자나 장기 수형자가 많았다. 다른 교도소에서 통제가 어려웠던 죄수들이 징벌 차원에서 보내지기도 했다. 그래서 이곳의 죄수들은 그 환한 캘리포니아의 태양을 본 게 언제인지 기억도 안 난다. 몇 달, 혹은 몇 해가 지난 것 같다. 그저 온통 컴컴한 감방에서 얻는 유일

〈폴섬 프리즌 블루스〉

한 위안이라고는 저기 산길을 넘느라 속도를 줄이고, 다시 속도를 붙여 달려오는 기차 소리뿐이다. 그 소리를 들으며 죄수들은 어머니를 그리고, 과거를 회상하기도 하고, 자유를 꿈꾸기도 하지만, 그런 기적은 일어날 가능성이 거의 없다는 사실을 다시금 깨닫고, 기적 소리를 들을 때면, 고개를 떨구고 울어버린다. 〈폴섬 프리즌 블루스〉에서 기차 소리는 세상과 단절된 사람들이 유일하게 들을 수 있는 자유의 소리다.

조니 캐시 하면, 사람들은 가장 먼저 마약 중독을 떠올릴지 모른다. 그의 일생을 다룬 영화 〈앙코르I Walk the Line〉(영화의 원제는 캐시의 가장 유명한 노래 중 하나다. 왜 제목을 아무 상관도 없는 '앙코르'로 옮겼는지 의문이다.)가 그런 이미지에 큰 공헌을 했다. 이 영화에서 가장 빛나는 장면 역시 폴섬 감옥 공연이다. 실제로도 이 공연은 라이브로 녹음되어 조니 캐시를 대표하는 앨범이 되었다. 하지만 조니 캐시 하면 마약보다는 검은 슈트다. 그의 별명이 '맨 인 블랙'이었을 정도다. 사람들은 그의 목소리도 '검은 목소리'라고 불렀다. 베이스 바리톤 음색은 어둡고 깊고 단단하게 들렸고, 어두운 주제를 설교하듯 노래하다 보니 그에게는 늘 도덕적이고 진지한 이미지가 강했다. 마약 냄새는커녕 윤리적 긴장감이 풍겼다. 왜 항상 검은 정장만 입느냐는 질문에 지친 그는 〈맨 인 블랙Man in Black〉을 만들어 질문에 답한다. *나는 가난한 사람들, 억압받는 사람들, 아무런 희망없이 굶주리며 살아가는 사람들을 위해 검은 옷을 입는다. 죗값을 이미 치렀음에도 여전히 감옥에 갇혀 있는 사람들을 위해 검은 옷을*

입는다. 그들은 그저 시대를 잘못 만나 거기에 있는 것일 수 있다. 매주 수백 명씩 목숨을 잃고 있는 젊은이들의 삶을 애도하기 위해 검은 옷을 입는다. 마지막 젊은이들은 당시 베트남에서 죽어가던 병사들을 말한다.

노동, 감옥, 가난과 같은 중요한 주제를 시처럼 읊조리는 그의 스타일은 나중에 밥 딜런, 레너드 코헨, 로드 맥퀸으로 이어진다. 실제로 밥 딜런은 존경하는 보컬리스트로 조니 캐시를 꼽았다. 정작 조니 캐시는 같은 소속사 선 레코드에서 처음부터 '밀리언 달러 콰르텟'으로 묶였던 엘비스 프레슬리를 부러워했다. 캐시는 "그는 나보다 높은 곳에서 빛났고, 난 그림자 속을 걸었다"라고 말한 적도 있다. 엘비스 역시 캐시의 목소리를 높이 평가하며, 〈폴섬 프리즌 블루스〉를 특히 좋아하는 곡으로 꼽았다. 내게 조니 캐시는 미국 컨트리가 우리 트로트처럼 퇴행하지 않도록 혼자서 온몸으로 버티며 막고 있는 장판교 장비 같은 인물이다.

〈맨 인 블랙〉

기타를 든
빛의 수녀

어둠의 사제를 소개했으니 이제는 반대편에 있는 '빛의 수녀'를 소개할 차례다. 자신의 음악을 나이트클럽의 어둠 속으로 쏘아 보내는 '빛'이라고 생각했던 시스터 로제타 사프Sister Rosetta Tharpe다. 시스터라는 이름에서도 짐작할 수 있듯이 그녀는 태어나면서 죽을 때까지 평생 가스펠을 불렀고, 코튼 클럽의 헐벗은 무희들 사이에서 노래하며 가스펠의 진정성을 훼손시킨다는 비난을 받으면서도 자신이 가스펠 가수라는 사실을 창피해하거나 포기하지 않았다. 이름 앞에 붙은 '시스터'라는 말을 평생 자랑스러워했다.

'시스터'라는 낱말은 중의적인 의미가 있다. 우선 그녀는 노래를 중시하던 흑인교회 출신으로, 말을 배우기 시작하면서부터 혹은 그 이전부터 자신보다 커 보이는 기타를 들고 다니며 노래를 불렀다. 흑인교회에서는 열심히 교회 활동하는 사람들에게 존경심을 담아 '시스터'라고 불렀고, 특히 여성들은 서로를 이렇게 불렀다. 나이 들어서도 그녀는 여성이라는 정체성을 넘어 영적 리더로서 교회와 공연장, 성과 속, 가스펠과 블루스를 오가는 경계인으로서 자신의 음악적 사명과 정체성을 떠올리게 하는 이 이름을 좋아했다.

당시 기타를 치며 노래를 부르는 여성은 드물었다. 여성은 피아노를 치거나 혹은 보컬을 담당한 때였다. 감히 여성이 기타를 메고, 그것도 전기 기타를 메고 프런트 우먼이라는 있지도 않은 낱말을 만들고 그 역할을 하다니…. 사프는 할 일이라곤 여성비하밖에 없는 모자란 남성들의 수많은 도전을 받아들여 여성도 남성만큼 기타를 칠 수 있다는 사실을 증명해야 했다. 이러한 고정된 젠더 역할에 대한 도전을 거듭하던 그녀는 뒤늦게 자신이 성 소수자라는 사실을 깨닫는다. 그러면서 이제껏 경계인으로서의 정체성도 받아들이고, 적극적으로 표현하기 시작한다. 이런 스타일은 후에 리틀 리처드Little Richard에게 큰 영향을 주었다. 그래서 이후 등장하는 글램 록이나 퀴어 록에서는 그녀를 장르의 선도자를 넘어, 퀴어적 실천과 삶의 방식을 상징한 선구자로 바라본다. 노동요를 부르며 목화를 따던 아버지·어머니를 두었던 딸이 겨우 한 세대 만에 이루어낸 엄청난 성취다.

시스터 로제타 사프의 성취에서 가장 빛나는 순간은 1964년 영국 맨체스터 부근 폐쇄된 기차역에서 열린 블루스와 가스펠 열차 공연이다. 머디 워터스를 비롯한 전설적 블루스 및 가스펠 아티스트들이 참여한 역사적 무대로, 하필 날을 잘 잡아 비도 추적추적 내리는 날씨에, 기차 리듬에 맞춰 저 멀리서 등장하는 사프는 〈디든트 잇 레인Didn't It Rain〉을 부른다. 이 공연이 기차가 다니지 않는 기차역(갑자기 〈기차와 소나무〉가 떠오르지만)을 배경으로 개최된 데는 여러 이유가 있다. 기차는 흑인 가스펠과 블루스에서 희망·자유·탈출의 상징이었고, 기차를 타고 모여드는 청중, 플랫폼에서 노래하는 가수들, 그리고 강철 레일 위로 울려 퍼지는 기타 소리, 이 모두는 롤링 스톤스·지미 헨드릭스·비틀스에 열광하던 백인 청중에게 이렇게 말하고 있었다. 너희가 듣는 그 음악의 뿌리는 멀리 있지 않다, 바로 이 철도 위에 있다. 거기에서 고고하게 등장하여 전기 기타를 둘러메고 가스펠 창법으로 노래를 부르는 사프는 그 자체로 세상을 바꾼 혁명의 아이콘이었다.

그녀를 대표하는 곡은 역시 〈디스 트레인This Train〉이다. 원래 미국 흑인 영가에서 비롯한 노래로, 여기서 기차는 천국으로 가는 열차를 의미한다. 그래서 이제껏 감옥 노래와는 달리, *이 기차를 죄수들은 탈 수 없다. 도박꾼이나, 거짓말쟁이, 소도둑, 사기꾼도 탈 수 없다. 못 타. 못 탄다니까.* 흑인 공동체를 중심으로 노동요로 전승되어온 노래는 가스펠로 진화하며 도덕적 교훈과 종교적 가르침

〈디든트 잇 레인〉

을 전달한다. 이 노래는 후에 시민권 운동에서도 불리며, 기차는 인종차별과 사회적 억압을 넘어서는 희망의 상징으로 다시금 진화한다. 1930년대 대공황 시기 노동자들에게 가장 큰 위로가 되었던 사프의 노래는 지금까지도 노동자 권리와 사회적 변화에 대한 메시지를 전달하는 상징적인 기차 노래로 남아 있다. 이 노래를 기화로 여러 해방과 자유를 상징하는 기차 노래가 등장한다.

블루스와 가스펠 열차 공연에서 불렀던 〈디든트 잇 레인〉이나 〈디스 트레인〉의 리듬은 모두 기차 소리처럼 칙칙폭폭 하는 느낌이다. 앞의 캐시가 걸어가는 리듬이라면, 이제 본격적으로 달려가기 시작하는 느낌을 준다. 그녀의 기타 연주와 함께 들으면 더욱 그렇다. 이 기타 소리를 들으며 조니 캐시는 "기타도 말을 할 수 있다는 걸 처음 알았다"라고 했고, 독실한 신자였던 엘비스 프레슬리는 어릴 때 라디오에서 그녀의 목소리를 들으며 저도 모르게 흑인 영가와 블루스 창법을 익혔다고 했다. 그러곤 〈미스터리 트레인Mystery Train〉을 통해 블루스와 기차 리듬을 베이스 리프와 결합하여 로큰롤의 초석을 놓는다. 이렇게 사프가 만들어놓은 기타 중심 음악을 척 베리, 빌 헤일리 등이 백 비트를 강조하는 댄스음악으로 발전시킨 것이 바로 로큰롤이다. 자신이 '로큰롤의 할머니

〈디스 트레인〉

grandmother of rock'n'roll'이며, 엘비스나 조니 캐시가 자식뻘이라는 말을 들은 그녀는 "아 걔들이 하는 그거, 그건 그냥 리듬앤블루스를 빠르게 연주하는 거야. 내가 평생 하던 게 그거야"라고 답한다.

1877년
대철도 파업

고전 경제학파는 공황을 예견하지 못했다. 이들은 시장을 자율적으로 조화를 이루며 작동하는 체계라고 보고, 정부의 개입은 비효율적이라고 여겼다. 인간은 비록 이기적인 동물이지만 합리적인 선택을 하므로, 자기에게 해가 되는 일은 일으키지 않으리라 믿었다. 하지만 인간은 생각보다 그리 합리적인 존재가 아니었고, 자신의 이익이라면 사회 전체가 어떻게 되든 상관하지 않았다. 스탠퍼드, 밴더빌트, 굴드 같은 날강도들을 보면 알 수 있다. 에이치비오HBO 미니시리즈 〈길디드 에이지〉에서 그리듯 이들은 부자가 되기 위해서라면 어떤 짓도 서슴지 않았다.

가장 흔한 방법은 중복 투자였다. 뉴욕에 이미 커다란 기차역이 있는데도 굴드는 자신의 기차역을 새로 짓고 철도를 끌어들인다. 기존의 노선과 새로운 노선, 기존의 역과 새로운 역, 둘 중 하나는 망해야 한다. 기존 부자들은 주가 조작, 뇌물, 협박 등 모든 무기를 갖춘 날강도들을 당해낼 재간이 없다. 그래서 망한다. 문제는 이들뿐 아니라, 이들의 철도에서 일했던 노동자들의 일자리 역시 없어진다는 점이다. 이런 생산 과잉은 도금 시대 내내 계속되었다. 물론 최종 결과는 공황이었다.

1873년 공황이 시작되었다. 철도 회사 대부분은 소위 구조조정에 나섰다. 그런데 참으로 기이하게도 주주들의 이익은 전혀 건드리지 않고, 노동자만 대량 해고하고, 그것도 모자라 남은 노동자의 임금까지 대폭 삭감해나갔다. 해고 노동자의 몫까지 떠안은 노동자들의 노동시간은 줄기는커녕 늘어만 갔다. 하루 12~15시간은 기본이었다. 해가 갈수록 사업이 어려워지자, 해가 갈수록 임금이 더 줄었다. 이럴 때만 죽이 잘 맞았던 굴드와 밴더빌트는 언제 싸웠냐는 듯 담합해, 노선 가격은 유지하고 인건비만 줄여나갔다. 물론 망한 노선을 헐값에 사들이는 일에는 치열하게 경쟁했다.

마침내 볼티모어 앤 오하이오 철도가 4년 연속 임금 삭감을 발표하자 더는 참을 수 없던 철도 노동자들이 1877년 7월 14일 철도 운행을 중단한다. 시장에 절대 개입하지 않는다는 원칙을 금과옥조처럼 떠받들던 정부는 파업이 일어나자마자 주 방위군을 투입해 노동자들을 막아선다. 하지만 일부 군인들이 오히려 파업을 지지하며, 파업은 들불처럼 퍼져나간다. 웨스트버지니아에서 시작된 파업은 피츠버그로, 7월 말에는 시카고, 세인트루이스, 볼티모어, 뉴욕까지 확대된다. 시민들은 기관차를 불태우고, 이제 시청까지 장악하려 한다. 결국 주 방위군과 경찰, 연방군까지 투입되어 시민을 향해 총을 쏘며 무력으로 진압한다. 수백 명이 죽거나 다치고, 수천 명이 체포되며 대략 한 달 만에 파업이 끝났다.

『미국 민중사』를 쓴 하워드 진이 '미국 최초의 전국적 계급 투쟁'이라 부른 이 노동운동은 많은 현실을 동시에 깨닫게 했다. 일단 대통령 러더퍼드 헤이스가 연방군을 투입해 파업을 진압하면서, 국가와 자본의 유착, 정부가 노동자가 아니라 자본가 편이라는 사실이 적나라하게 드러났다. 노동운동 내에서는 공화당에 대한 반감이 싹트기 시작했다. 당시 민주당보다 상대적으로 진보적이라 여겨지던 공화당이 사실상 반노동자 정당임이 드러나며, 미국 정당 체계는 본격적인 재편을 맞게 된다.

당시 전국적인 규모의 강력한 노조는 존재하지 않았다. 자연발생적 연대감과 즉흥적 항쟁만으로는 한계가 있었다. 노동자들은 대규모 조직적 노조의 필요성을 절감하고, 노동기사단Knights of Labor, 미국노동연맹AFL 등을 조직하며 '조직 있는 문화'로 나아간다. (노동기사단은 이미 존재했으나 공식적인 지도부 역할은 하지 않았고, 파업은 자생적으로 발생했다.) 한편 노동자들을 '폭도'로 보던 일반 대중은 철도 파업을 계기로 이들을 산업자본의 희생자로 인식하기 시작했다.

밴더빌트나 굴드가 대표하는 철도 회사는 노동자를 이제 단순한 '고용인'이 아니라 '계급적 위협'으로 간주했다. 자신들이 장악한 언론을 활용해 노동자들을 불온 세력으로 낙인찍고, 노동자 조직을 견제하기 위해 정부의 군사력 외에도 악명 높은 '핑커턴 탐정 사무소Pinkerton National Detective Agency' 같은 민간 진압 조직을 동원했다. 사설 경비, 간첩 활동, 조기 감지 시스템까지 구축했다. 나아가 노동자의 이익을 대변하려는 정치 조직과는 관계를 끊고, 직접 정치를 장악하려 들었다. 그러면서 돈의 정치, 플루토크라시plutocracy가 시작되었다.

1877년 파업은 영원히 잊지 못할 구호를 남겼다. "우리는 빵을 원했는데, 그들은 우리에게 총알을 쏘았다." 노동자의 생존 요구에 국가는 폭력으로 응수한다는 이 구호는 이후 수많은 파업과 노동가요에서 반복된다.

당시 노동가요는 많지 않았다. 시위 현장에서는 이미 알려진 노래를 개사해 부를 수밖에 없었다. 남북전쟁 시절 북군의 노래였던 〈더 배틀 크라이 오브 프리덤The Battle Cry of Freedom〉은 파업 현장에서 "우리는 임금을 위해 싸운다. 우리는 우리의 권리를 찾기 위해 싸운다"로 개사되었고, 여기에 "빵을 달라고 했더니 대신 총알을 주었어"라는 구절이 더해졌다.

역시 남북전쟁 시절 북군의 노래였던 〈존 브라운스 바디John Brown's Body〉는 "존 브라운은 자유를 위해 죽었다" 부분을 "철도 노동자들은 임금을 위해 싸우다 죽는다"로, 혹은 "제이 굴드를 목매달아 죽여버리자"로 바꾸어 부르기도 했다.

1860년대 초반 노동운동가 앨버트 파슨스 등이 만든 〈에잇 아워스Eight Hours〉는 당시까지 널리 퍼지지는 않았지만, "8시간 노동, 8시간 수면, 나머지 8시간은 우리 마음대로"라는 후렴은 구호로 많이 쓰였다고 한다.

가장 많이 불린 노래는 기독교 복음성가 〈홀드 더 포트Hold the Fort〉였다. 가사 내용도 "형제들이 도착할 때가 머지않았다, 세력을 유지하고 굴복하지 말고 끝까지 버티자"라는 연대와 투쟁의 메시지여서 상황에 꼭 맞는 노래였다.

〈에잇 아워스〉

〈홀드 더 포트〉

『시스터 캐리』와 1894 풀먼 파업

시어도어 드라이저는 미국 최초의 자연주의 작가로 알려져 있다. 그의 『시스터 캐리』는 도금 시대를 날카로운 시각으로 비판하며, 자본주의의 냉혹성과 계급 이동의 허상을 그리고 있다. 위스콘신주 작은 시골 마을에서 시카고로 상경(?)한 소녀 캐리는 곧 엄청난 돈을 벌어 계급 상승을 할 수 있으리라 꿈꾸지만, 그녀 곁에는 그녀의 없는 살림마저 착취해야 하루를 살 수 있는 언니만 있을 뿐이다. 아무런 능력도 경력도 없어, 동경하는 백화점 점원으로도 취직하기 힘든 그녀의 유일한 무기라고는 반반한 얼굴뿐이다. 그녀는 이 얼굴을 무기로 남성들을 정복해가며 결국 원하던 스포트라이트를 받는다. 그녀는 배우로 성공하지만, 집은 여전히 없다. 몇몇 호텔에서 경쟁적으로 그녀에게 무료로 방을 내주기 때문이다. 그런 방 한가운데 안락의자에 앉아 캐리는 생각한다. 나는 뭐 하고 있는 거지?

집이 없다는 사실은 그녀가 안정된 생활, 뿌리 내린 삶을 누리지 못하고, 앞으로도 계속 떠돌아다니리라는 암시다. 안락의자는 계속 움직이긴 하지만, 앞으로는 한 걸음도 나아가지 못하는 그녀의 처지를, 사실은 도덕적 지체를 암시한다. 무엇보다 그녀는 아무런 생각이 없다. 왜 이런 상황이 자신에게 주어졌는지, 조금도 이해하지 못한다. 그저 인간은 꽉 짜인 사회구조 속에 던져져서 불가항력적으로 당하고 무너질 뿐이다.

자연주의란 그런 것이다. 미국 자연주의는 (또 지나친 단순화를 사용하자면) '리얼리즘+다윈' 정도로 요약할 수 있다. 소설의 주인공들은 자신의 어떤 행위를 통해서, 또는 근면 · 성실과 같은 미덕을 통해서 삶을 개척해나가지 않는다. 그저 어떤 날 어떤 상황에 있을 수 있었던 운, 또는 행운, 다윈식으로 이야기하자면 '우발성'에 개인의 삶이 규정된다. 이렇게 인간의 삶이 동물의 삶과 조금도 다를 바 없이 '진화의 법칙'에 의해 지배된다는 일종의 결정론, 거기에다가 인간도 동물에 불과하므로 어려운 상황에 부딪힐수록 동물적인 속성이 튀어나온다는 약간의 비관주의를 덧붙이면 바로 미국의 자연주의라는 결과물이 만들어진다.

베블런보다 훨씬 전에 아이러니하고도 비판적인 방식으로 인간의 허영과 과시 소비를 그리고 있는 이 소설에서 캐리의 상대방은 허스트우드라는 인물이다. 캐리를 만나기 전, 그는 거의 상류층에 가까운 삶을 누리고 있다. 집도 여러 채고, 딸은 사교계에 진출시키려 하고, 상류층을 만나기 위해 경마장 출입도 한다. 이 모든 재산을 열심히 노력해서 모았을 리는 당연히 없고, 어쩌다 보니 돈 많은 여자를 만나서, 결혼을 잘해서 얻었다. 캐리를 만난 후 캐리의 운이 상승하는 데 반해 그의 운은 이지러지기 시작한다. 왜 그러냐고? 그냥. 세상이 원래 그런 거니까. 엉뚱한 결정으로 사랑의 도피 아닌 도피를 저지르며 그의 삶은 더욱 몰락으로 향한다. 그 마지막 몰락의 지표가 바로 뉴욕에서 모든 재산을 탕진하고, 일자리도 구하지 못한 그가 스캡(scab: 파업 파괴자)으로 일하는 장면이다.

곱게 자란 도련님 같은 인물로 등장하는 허스트우드는 자신이 얼마나 끔찍한 일을 저질렀는지, 파업 파괴자라는 일이 얼마나 사회적으로 지탄받는 일인지를 뒤늦게 깨닫는다. 계급의식이라곤 전혀 없는 배신자에게 가해지는 공동체의 비난과 배척을 더는 견디지 못한 허스트우드는 결국 자살이라는 길로 내몰린다. 물론 캐리의 상승이 진정한 상승이 아니듯이, 그의 몰락도 진정한 몰락은 아닐 수 있다. 결국 깨달음을 얻은 건 허스트우드니까.

소설에 명확하게 등장하지는 않지만, 허스트우드가 스캡으로 일하게 되는 것은 1890년대 후반 뉴욕 전차 파업으로 보인다. 그리고 이 파업은 풀먼 파업의 연장선에서 보아야 한다. 1894년 풀먼 파업은 미국 최초의 전국적 규모의 파업이었던 1877 철도 대파업 이래 처음으로 발생한 전국적 파업이었다. 사실은 그사이에도 적지 않은 파업이 있었다. 여러 번의 파업을 겪으며 산업자본은 파업 대처 매뉴얼을 거의 완성한다. 그 전에 먼저 조지 풀먼이라는 사람부터 살펴보자.

조지 풀먼은 밴더빌트나 굴드, 스탠퍼드와 같은 날강도보다는 스케일이 작은 사람이다. 시대적으로 이들 다음에 등장하는 J. P. 모건이나 록펠러 같은 인물은 이들을 다 합쳐놓은 전국구라면, 풀먼은 동네 건달쯤에 해당한다. 다만 그가 끼친 영향은 그 누구에게도 뒤지지 않는다.

HBO 미니시리즈 〈길디드 에이지〉를 보면 철도 파업 현장에서 '8, 8, 8'이라는 구호가 들린다. 앞서 보았듯 '8시간 노동, 8시간 휴식, 8시간은 마음대로'라는 의미인데, 마지막은 '8시간의 자유'쯤으로 번역해놓았던 것 같다. 재미있는 점은 산업자본이 가장 납득하지 못한 부분이 마지막 '8시간 자유'였다. 아니, 노동자들에게 무슨 '자유'가 필요 있어? '자유'를 주면 뭐 할 건데? 그냥 시키는 것도 제대로 못 하는 것들이? 등등의 생각이 이들을 지배하고 있었기 때문이다. 물론 드라이저식으로 비판하자면, 자본가와 노동자는 그냥 우연히 부자가 된 사람들과 그렇지 못한 사람들일 뿐이다. 풀먼은 거기서 한 걸음 더 나아갔다.

풀먼은 고급 침대차를 제조하여 미국 철도를 편하고 안락하게 만든 인물이다. 그는 1884년 시카고 외곽에 철도 침대차 생산 노동자를 위한 모델 타운, 풀먼 컴퍼니 타운을 완성한다. 공장+주택+공원+학교+극장+교회+호텔이 계획적으로 배치되고, 위생과 조경이 뛰어나 '미국에서 가장 아름다운 노동자 도시', '이상적인 노동자 마을', 더 나아가 '도덕적 도시'라는 평을 들었다. 도시가 '도덕적'이었던 건 노동자들이 술을 마시지 못했고, 정치 모임이나 노조 활동이 금지되었으며, 언론 검열이 이루어졌기 때문이다. 게다가 상업 활동까지 불허되었다. 물론 모든 건물과 상점은 회사의 소유였다. 지금이라면 이런 도시를 '도덕적'이라기보다는 '감옥'이라고 부른다. 그는 노동자들을 그저 '죄수', 좋게 보아도 '아무 생각 없는 어린 아이'쯤으로 보았다.

1893년 공황이 닥치자 (당시에 공황은 잦았다. 이유는 앞에서 설명했다.) 회사는 당연한 듯 다시 노동자들의 임금을 삭감했다. 최대 50퍼센트까지. 하지만 풀먼 타운의 임대료, 물가, 공과금은 변함이 없었다. 노동자들은 빚을 얻어 세금을 내야 했다. 이런 상황이 길어지자 더는 견디지 못한 노동자들이 풀먼 객차 연결을 거부했다. 마침 유진 뎁스라는 인물이 등장해 미국철도노조ARU를 세우며 파업은 미국 전역으로 퍼져갔다.

이 파업이 1877년 이래 가장 규모가 컸던 이유는 ARU 같은 노조가 있어서였다. 여기서 잠깐 노조의 두 가지 형태를 짚고 넘어가자. 노조는 클로즈드 숍Closed Shop과 오픈 숍Open Shop으로 나뉘는데, 전자는 '노조 조합원만 고용되는 사업장', 후자는 '노조 가입 여부와 상관없이 고용되는 사업장'이다. 쉽게 말해 노조가 고용 통제권을 가진 곳과 그렇지 못한 곳으로 나뉜다. 하지만 원래는 '아무나 노조원이 될 수 없는 노조'와 '누구나 노조원이 될 수 있는 노조'라는 문턱의 문제이기도 했다. 이 형태 구분은 미국 노동운동을 이해하는 데 중요하다.

앞서 1877년이 미국 전역에 걸친 파업이 될 수 있었던 건 조직된 노조가 없었기 때문이라고 했다. 사실은 노조가 있었다고도 했다. 노동기사단이라는 노조였다. 이 노조는 오픈 숍 형태로 누구나 노조원으로 받아들였다. 노조에 대한 충성심도 크지 않았다. 잘 조직된 노조가 아니었다는 말이다. 산업자본은 이 부분을 약점으로 여기고 집중적으로 파고들었다. 〈길디드 에이지〉에서도 우리의 주인공으로 밴더빌트를 중심으로 제이 굴드와 앤드루 카네기를 버무려놓은 조지 러셀은 노조의 요구에 굴복하는 듯 보이지만, 경력직 · 숙련직 우대라는 조건만은 절대 양보하지 않는다. 나중에 '분할과 지배divide and rule'라고도 알려진 전략이다. 일단 숙련 노동을 우대하는 정책을 편다. 파업이 일어나면 파업에 동조하지 않는 사람들을 구해 투입한다. 그런 사람들이 바로 스캡이고, 파업 파괴자다. 이들은 미숙련 노동자들이므로 많은 임금을 지급하지 않는다. 미숙련 노동으로도 회사는 돌아간다. 파업자금 같은 개념이 없던 당시 파업자들은 오랜 시간을 버티지 못한다. 다시 노동 현장으로 돌아오면 원래만큼의 임금조차 보장받지 못한다. 그간 일했던 미숙련 노동자들은 보호해줄 노조도 없으니 해고해버리면 그만이다. 미숙련 노동자들은 숙련 노동자들을 원망하며 쫓겨난다. 숙련 노동자들은 자신들의 노동 가치를 깎아내리는 배신자들을 저주한다.

이렇게 노동자들끼리 싸우도록 만들기 위해서는 오픈 숍이 절대적으로 필요하다. 반대로 노동자 측에서는 스캡을 막기 위해 클로즈드 숍이 필요하다. 따라서 가장 열려 있었던 노동기사단에서

조차 중국인들은 노조원이 될 수 없었다. 당시에는 중국인, 아일랜드인, 흑인, 죄수, 여성이 파업 파괴자로 동원되었기 때문이다. 클로즈드 숍은 바로 이들에게 문을 닫았다고 해서 클로즈드 숍이 된 셈이다. 차별의 역사는 곧 계급투쟁의 역사다. 클로즈드 숍의 문제는 무엇보다도 대규모 파업이 불가능하다는 점이다. 1894년의 파업도 ARU라는 오픈 숍 노조 때문에 가능했다. 하지만 1877~1894년 사이 많은 파업을 주도했던 것은 클로즈드 숍이었다. 미국 초창기 노동운동은 이렇게 오픈 숍과 클로즈드 숍이 교차하며 노동운동의 헤게모니를 장악하는 역사다.

5월 11일에 시작된 풀먼 파업은 미국 전역으로 퍼져나가며 무려 25만 명에 달하는 철도 노동자들이 파업에 동참했다. 전국 운송망이 마비되었고, 식량, 우편 배달 중단이 이어졌다. 이를 빌미로 대통령 그로버 클리블랜드는 7월 3일 연방 정부군을 시카고에 투입하여 무력으로 수십 명(34명으로 추정한다)의 목숨을 앗아가며 파업을 진압했다. 7월 17일 뎁스가 체포되며 파업이 끝난다. 이후 미국 노동운동은 클로즈드 숍인 AFL이 주도하지만, 옥중에서 사회주의에 눈뜬 뎁스가 세계산업노동자연맹IWW이라는 단체를 설립하면서 다시 치열한 주도권 싸움이 벌어진다.

1894년 풀먼 파업에서 불렸던 노래는 1877년과 크게 다르지 않았다. 다만, 〈존 브라운스 바디〉에서 "제이 굴드를 목매달아 죽여버리자"가 "그로버를 목매달아 죽여버리자"로 바뀌었고, 〈8시간〉이 조금 더 알려지면서 노래로 부르기 시작했다. 〈홀드 더 포트〉는 여전히 파업 현장 최고의 히트곡이었다. 오픈 노조여서인지 이민자들의 노래도 등장했다. 프랑스 사람들은 〈라 마르세예즈La Marseillaise〉를 부르기 시작했다. 철도 노동자 중에서 제법 수가 많았던 독일계는 독일어이긴 했지만, 마침내 〈인터내셔널The Internationale〉을 부르기 시작했다. 하지만 이 노래들은 우리의 관심사가 아니다.

철도 노동자들 사이에서 파업 파괴자들은 커다란 문제였다. 사실 이들은 1877년부터 등장했다. 그래서 1877년에도 1894년에도 "파업 파괴 배신자들을 목매달아 죽여버리자"라는 구호와 노래를 현장에서 들을 수 있었다. 한때는 전설적인 철도 노동자를 기리던 노래가 느닷없이 파업 파괴자를 비난하는 노래로 둔갑하기도 했다. 〈케이시 존스Casey Jones〉라는 곡이다. 원래 1900년대에 등장한 노래에서 열차를 지키려다 목숨을 잃은 영웅적인 기관사 케이시 존스는, 1912년 버전에서는 "회사의 이익을 위해 무리하게 일하며 결국 동료 노동자들에게 왕따당하고 지옥으로 가는" 기회주의자가 되어버린다. 단결하지 않는 모든 노동자는 파업을 깨는 배신자일 뿐이다. 이 재해석 버전을 IWW에 제출한 사람이 바로 미국 노동가요 운동에서 빼놓을 수 없는 인물 조 힐Joe Hill이다.

〈케이시 존스〉

1894년 그로버 클리블랜드는 노동절을 9월 첫째 주 월요일로 지정한다. 1894년 파업과 대중 반발을 무마하려는 정치적 조치였다. 노동운동 하면 아나키즘과 공산주의를 떠올리는 나라에서 헤이마켓 사건(1886년 5월 4일, 시카고 헤이마켓 광장에서 '8시간 노동제'를 요구하는 대규모 파업 중 폭탄이 투척되면서 경찰의 대응 사격으로 경찰관 일곱 명과 민간인 여러 명이 사망한 사건. 전 세계적으로 5월 1일이 노동절로 지정되는 계기가 되었다.)을 기념하는 국가 기념일은 제정하고 싶지 않았을 것이다. 1994년이 되어서야 비로소 5월 1일을 노동절로 기념할 수 있었던 우리보다도 미국은 노동자의 권리라는 측면에서는 한참 뒤진 나라다. 클리블랜드는 트럼프 이전 미국 역사상 유일하게 두 번의 비연속 임기를 지낸 대통령 정도로 알려져 있었다. 풀먼 파업에 연방군을 파견해 그나마 믿었던 민주당 역시 반노동자당이라는 확고한 이미지를 심어주는 데 기여한 점이 그의 가장 큰 업적이다.

빵과 장미 파업과 아동 해방 기차

1789년 프랑스에 혁명이 일어나던 때, 영국 시인 윌리엄 블레이크는 「굴뚝 청소부The Chimney Sweeper」라는 시를 발표했다. 이 시는 『순수의 노래』라는 시집에 실렸다. 5년이 지난 1794년에는 『경험의 노래』에 같은 제목의 시를 실었다. 우리에겐 "바쁜 꿀벌인지 벌꿀인지는 슬퍼할 겨를이 없다"라는 명언으로 (강제로) 유명해진 이 시인은, 당시 산업혁명으로 고통받는 아이들의 시선으로 자신들이 겪는 무고한 고통은 자신들의 무지의 산물이며, 자신들이 먹이사슬 피라미드 가장 아래에서 착취당하고 있다는 깨달음, 그에 따른 분노, 그렇지만 아무것도 할 수 없는 무력감과 고통을 그렸다.

굴뚝 청소부는 산업혁명 이후 등장한 일자리다. 굴뚝 안에 들어가 솔로 일일이 검댕을 긁어내야 하기에, 몸이 작은 사람, 그냥 아이가 필요했다. 대체로 4세에서 8세 정도의 아이들이 이 일을 했다. E. P. 톰슨의 『영국 노동계급의 형성』을 보면 4세 아이가 이미 정규직으로 일하고 있었다는 자료가 있다. 이 참혹한 노동의 결과, 아이들은 폐병으로 너무도 쉽게 죽어갔고, 살아남은 아이들도 조로 현상을 보였다고 한다. 블레이크의 시는 그런 현실에 대한 비판이고, 이러한 고발로 1802년 공장법이 제정되어 아동 노동을 하루 12시간 이하로 제한했고, 1833년에는 9세 미만 아동 노동을 금지하는 법안, 1901년에는 12세 이하 아동 노동을 금지하는 법안이 차례로 제정되었다. 미국은 이미 이 모든 일을 목격했다. 여성이 착취당하고, 아이들이 착취당하고, 많은 사람이 정당하지 않은 이유로 힘들게 살아야 하는 현실을 보아왔다. 하지만 미국은 굳이 배우려 들지 않았다. 오히려 한술 더 떠서, 여성과 아이는 물론 영국에서는 없던 인종 착취도 서슴지 않았다. 1802년 영국에 도입된 아동 보호법이 미국에서는 1938년에서야 도입된다. 아동 보호법, 정확히는 공정 노동 기준법 내 아동 노동 금지법 도입에 가장 큰 영향을 미친 사건이 바로 '빵과 장미'로 유명한 1912년 로렌스 파업이다.

소위 진보주의의 시기라고 말하는 1912년, '산업화의 지옥' 매사추세츠 로렌스에서 일어난 로렌스 섬유 파업은 미국 노동운동사에 한 획을 그은 사건이다. 로렌스 방직공장에서 일하는 노동자들은 대부분 이민자 여성과 그 아이들이었다. 이민자에다가 사회적 약자이다 보니 이들이 마땅히 의지할 만한 단체가 없었다. 당시 노조의 중심이었던 AFL은 숙련 노동자, 백인 남성 노동자 위주였기 때문이다. 앞서 언급한 풀먼 파업도 사실은 백인 남성 노동자 중심의 파업이었다. 풀먼 타운에 들어갈 수 있는 노동자란 애초에 백인밖에 없었다. 흑인은 파업 파괴자로 고용되었고, 이에 백인은 흑인들에게 맹렬한 적개심을 드러냈다. 앞서 허스트우드가 파업 파괴자가 되며 인간 이하의 취급을 받은 것은 그 일이 워낙 도덕적 지탄을 받는 일이었던 데다가, 원래 흑인이나 하던 일이었기 때문이다.

어쨌든 이렇게 흑인보다 못한 존재들, 다시 말해 이미 자리를 잡은 독일, 아일랜드계를 제외한 이탈리아·폴란드·리투아니아 등의 나라에서 온 이민자들, 게다가 여성들, 그리고 이들의 자녀들은 모두 죄수보다 못한 처우를 당연히 감수해야 했다. 1912년 주 법에 따라 노동시간이 주 56시간에서 54시간으로 단축되자, 사용자들은 당연하다는 듯이 시간 단축만큼 임금을 깎는다. 1월 11일 노동자들은 파업을 시작한다. 이내 도시 전체로 파업이 확산하면서 2만 명 이상의 노동자가 참여한다. 공장주들이 경찰과 민병대를 투입하자 이내 팽팽한 대치가 이어진다. 이때 IWW가 개입한다. 사회주의자가 된 뎁스는 풀먼 파업 때 흑인을 포함했더라면 자본이 그들을 스캡으로 쓸 수 없었으리라 후회하고, 단순 노조를 넘어선 노동자 정당, 사회주의 운동의 일환으로 급진적인 노동 조직을 발진한 참이었다. 로렌스에는 IWW 소속으로 나중에 〈레벨 걸Rebel Girl〉이라는 노래로 이름이 널리 알려지는 '붉은 처녀Red Virgin' 엘리자베스 걸리 플린이 파견된다.

여기서 엘리자베스 걸리 플린은 기상천외한 방법을 동원하는데, 그것은 1912년 파업에서 가장 상징적이고 논란이 많았던 프

미국 진보 시대를 대표하는 의식적인 작가 루이스 하인이 미국 동부 펜실베이니아에서 1900년대 초반에 찍은 사진. 딱지나 치고 있어야 할 소년들이 석탄 선별장에서 일하고 있다. 이들을 브레이커 보이(Breaker Boy)라고 불렀다. 자세한 내용은 2장을 참조하라. 출처: 미국 의회도서관.

로젝트, 바로 아동 해방 기차**Children's Exodus**였다. 당시 공장에서는 12세, 심지어 10세 아이들이 하루에 12시간, 일주일에 6일을 일하고 있었다. 밀폐된 공장에서 섬유 먼지를 들이마시며 브라운 렁 병이라는 일종의 섬유폐증에 시달리던 아이들은 손가락이 잘리고, 사지가 절단되는 사고도 겪어야 했다. 몸이 작고 민첩한 아이들이 주로 위험한 일에 배치되었던 탓이다. 그러고도 아이들은 성인 임금의 절반인 주당 1~2달러밖에 받지 못했다. 엘리자베스 걸리 플린이 보기에 이 창백하고 굶주림에 지친 아이들은 마치 '전쟁 난민' 같았다. 파업이 장기화하며 임금이 끊긴 가족의 아이들은 극심한 빈곤에 시달려야 했다. 엘리자베스는 이런 아이들을 '빵을 먹여 줄 수 있는 따듯한 집'으로 일시적으로 피신시키려 했다.

1912년 2월 10일, 뉴욕을 향해 100명이 넘는 아이들이 기차를 타고 출발한다. 뉴욕 기차역에서 아이들은 '빵과 장미'를 외치며 내려오고, 뉴욕 노동자 가족은 물론, 시민 다수가 '빵과 장미'를 선물하며 이들을 따듯하게 품고 환영 행진과 기자회견을 한다. 진보주의의 시대다. 언론도 변했다.

현대 사회운동 사진의 아버지라 불리는 루이스 하인은 이 아동 노동의 실태를 이미 사진으로 고발하고 있었다. 이를 본 사람들은 충격을 받는다. "자본주의가 이렇게까지 잔인할 수 있는가?" 그런데 여기에 마지막 한 방이 기다리고 있었다.

1912년 2월 24일, 이번에는 필라델피아를 향해 두 번째 아동 해방 기차가 떠나려 준비하고 있었다. 그런데 기차역에 경찰과 보안관이 밀어닥친다. 이들은 아이들을 끌어내고, 엄마들을 구타하고 수갑을 채워 체포했다. 아이들은 울며 흩어졌고, 엄마를 찾아 길거리를 헤매야 했다. 이러한 정부 폭력을 묘사한 기사와 사진이 보도되며 여론은 노동자 편으로 기울기 시작했다. 의회는 로렌스 파업 청문회를 열어, 기업과 경찰의 탄압, 그리고 공장주들의 착취를 낱낱이 밝혔다.

로렌스 파업은 IWW가 노동운동을 백인 남성 · 성인 · 숙련 노동자 중심이 아닌, 이민자 여성과 어린이를 포함한 가족 단위 투

루이스 하인이 아동 노동을 기록한 사진. 1900년대 초반 미국 섬유 공장에서 찍었다. 제목은 〈방적 공장에서 일하는 아동 노동자〉 정도인데, '정도'라고 부르는 이유는 당시 사진에는 제목을 붙이는 경우가 흔하지 않아서다. 맨발의 소년이 방적기에 올라가 실을 정리하고 있다. 아이들은 몸이 날래다는 이유로 이런 위험한 작업에 흔히 동원되었다. 출처: 미국 의회도서관.

쟁으로 확장하는 계기였고, IWW가 올바른 방법으로 도덕적인 승리를 거둔 쾌거다. 하지만 이런 승리를 산업자본이 가만히 두고 보았을 리 없다. 이 투쟁은 IWW의 사실상 마지막 승리로 남았다. 경찰과의 충돌로 여성 노동자 한 명이 사망하고, 길거리에서 구경하던 비파업 노동자 한 명이 경찰의 총기 오발로 사망했는데, 사건 현장에 있지도 않았던 IWW 지도자들이 살인 혐의로 체포되고, 폭력 선동 혐의로 기소되며 IWW의 힘은 약해져간다.

로렌스 파업은 '빵과 장미' 파업이라 불린다. 파업 노동자들을 대표하는 구호가 바로 "우리는 빵을 원하지만, 장미도 원한다"였기 때문이다. 노동자들에게는 생존권도 중요하지만, 존엄성과 희망도 중요하다는 메시지다. 임금 인상뿐 아니라 인간적인 대우까지 요구하는 이 표현은 1911년 미국 시인 제임스 오펜하임이 「빵과 장미」라는 시를 발표하며 처음 사용했다고 한다. 처음에는 여성 참정권 운동의 상징이었지만, 로렌스 파업에서 플래카드로 사용하면서 여성운동, 여성 노동운동을 대표하는 구호로 자리 잡았다. 1974년에는 미국 포크 가수 미미 파리냐가 오펜하임의 시에 멜로디를 붙여 노래로 만들고, 주디 콜린스, 존 바에즈 등이 즐겨 불렀다. (링크는 영화 〈프라이드〉의 한 장면이다. 강추하는 영화다.)

영국을 대표하는 영화감독 켄 로치가 만든 〈빵과 장미〉는 로렌스 파업과는 관련 없어 보일 수도 있지만, 크게 보자면 여성 이민 노동자들의 노동운동을 다루고 있다는 점에서 로렌스 파업의 유산을 계승하고 있다. 현실은 피할 게 아니라, 싸워서 바꿔야 한다. 이

영화 〈프라이드〉의 한 장면

를 위해서는 조직이 필요하다. 그 조직을 위해서는 개인의 희생은 불가피할 수도 있다. 그런 내용이다. 후반에 노동자들이 '빵과 장미'를 외칠 즈음에는 내가 영화를 보고 있는지, 다큐를 보고 있는지 헷갈리기도 한다. 이와 관련해 켄 로치 전기를 보면 재미있는 부분이 있다. 그는 디테일에는 큰 관심이 없어 보인다. 영화 중 주요 등장인물들이 주고받는 대사도 배우들에게 맡겨버리는 경우가 많다고 한다. 그러면 배우들은 생각해야 한다. 난 지금 혁명을 꿈꾸는 스페인 젊은이야. 그런데 누구 편을 들어야 하지? 저 좌파라는 놈들은 누가 옳은 거야? 저 트로츠키주의자들? 저 스탈린주의자들? 저게 좌파 맞아? 진짜 좌파라면 지금 뭐라고 이야기해야 할까? 어떤 행동을 할까? 그 행동이 일상에서는 어떻게 배어 나올까? 이런 표정이 어울릴까? 이런 걸 배우들에게 고민하게 만든다. 배우들은 생각이 많아진다. 어떤 배우들은 아예 사상이 바뀌기도 한다.

앞서 언급한 〈레벨 걸〉 역시 조 힐이 만든 노래다. 이 글이 IWW 편향으로 보인다면, 그건 오로지 조 힐 때문이다. 그가 IWW에서 활동했고, 그가 만든 노래에 필적하는 노래들을 다른 곳에서는 찾아보기 힘들기 때문이다. 그는 엘리자베스 걸리 플린의 청중을 휘어잡는 연설을 들은 후 그녀를 위한 곡을 하나 만들어야겠다

〈레벨 걸〉

고 결심했다고 한다. 그러곤 노동으로 손은 *거칠고, 옷도 근사하진 않지만, 가슴에는 노동계급을 위한 뜨거운 심장이 뛰는* 그녀는 바로 '레벨 걸'이라는 내용을 단순한 멜로디에 얹은 다음 강한 후렴구로 뒷받침하여 집회 현장에서 쉽게 들을 수 있는 노래를 만들었다. 조 힐은 IWW 원칙에 충실하게 기존 남성 중심의 운동에서 벗어나 여성 중심, 계급적 연대, 다원적인 운동을 노래하고자 했다. 내겐 왠지 모르게 유재하를 떠올리게 하는 인물이다.

조 힐:
구르는 돌, 노래하는 혁명가

보 비데르베리 감독의 스웨덴 영화 〈조 힐〉은 1912년 빵과 장미 파업을 기리며 시작한다. 사실 1912년은 조 힐이 알려지지도 않았던 때다. 그가 〈레벨 걸〉을 만들었다고 했지만, 그것도 사실은 1915년, 그가 죽던 해, 사형을 앞두고 감옥에서 썼다. 하지만 보 비데르베리가 빵과 장미 파업을 에피그라프로 넣은 이유는 분명하다. 조 힐이 어떤 사람이었는지, 누구의 편이었는지를 가장 잘 보여주는 사건이 바로 로렌스 파업이기 때문이다. 그는 위대한 남성 영웅이라기보다는 여성 · 이민자 · 아동 · 저임금 비숙련 노동자들을 대변하는 음유시인, 말하지 못하는 사람들의 입이었다.

조 힐은 1879년 스웨덴에서 기차 차장이었던 아버지에게서 요엘 에마누엘 헤글룬드라는 이름으로 태어났다. 아버지가 사망하면서 미국으로 건너온 그는 기차를 무임승차하고 일자리를 찾아다니는 호보Hobo로, 당시 이민 노동자들이 흔히 그랬듯이 철도와 광산에서 일하며 생계를 이어간다. 그러던 어느 날 정말 우연히 기차에서 내리는 IWW 현장 조직가들을 만난다. (전통적으로는 '선동가'라 했지만, IWW에서는 '조직자organizer'라는 말을 즐겨 썼다. 단순히 연설하는 사람이 아니라 노동자의 의식을 깨워 행동으로 이끄는 사람이란 의미였다.) 이들의 대의에 공감한 그는 본격적으로 기차를 타고 떠돌며 "나는 돌멩이다!"를 실천하는 현장 조직 활동을 시작한다.

영화에서는 세 장면이 두드러지는데, 이는 그의 삶에서도 중요한 변곡점이다. 첫 번째는 사람들 앞에서 조직 활동이 잘 먹히지 않자, 노래를 시작하며 군중을 끌어모으는 장면이다. 가장 유명한 노래 〈더 프리처 앤 더 슬레이브The Preacher and the Slave〉(목사와 노예)가 이렇게 탄생한다. 당시 노조의 공개 활동에는 강력한 적이 있었는데, 바로 거리 설교와 노방 전도를 적극적으로 전개하던 구세군이었다. 이들이 부르는 찬송가를 듣던 조 힐은 그 자리에서 개사한다. 우리에겐 '며칠 후, 며칠 후'로 알려진 〈해보다 밝은 저 천국〉의 가사 "인내로써 나가세. 주 예비하신 곳에 가세. 해보다 더 밝은 저 천국에 가리. 우리 주 예비한 집"을 "일하고, 기도하고, 건초나 먹다 죽고 나면 하늘에서 파이를 먹게 될 거야"로 바꿔 부른다. 여기

〈더 프리처 앤 더 슬레이브〉

서 그 유명한 "파이 인 더 스카이pie in the sky," 우리말로는 '그림의 떡'이라는 표현이 등장한다. 당시 구세군Salvation Army의 별명은 '굶주림의 군대Starvation Army'였다. (Salvation과 Starvation의 비슷한 발음을 이용한 말장난이다.) 늘 "참아라, 천국 가면 먹을 게 많다"라고 외쳤으니 말이다. 이 노래를 처음 들은 경찰은 새로 나온 찬송가인가 싶어 그냥 넘어갔다고 한다. 덕분에 군중은 노래를 함께 부르며 결집했고, 조 힐은 '노래가 곧 무기'임을 깨닫는다. 이후 그는 명성이 커지고 공개 수배되면서 이름도 조 힐로 바꾼다.

조 힐을 대표하는 또 하나의 노래이자 IWW를 상징하는 곡은 〈데어 이즈 파워 인 어 유니언There Is Power in a Union〉이다. 이 곡 역시 찬송가를 개사한 것이다. 뒤늦게 속은 걸 알게 된 경찰은 조 힐과 IWW 조직가들을 붙잡아 폭력을 가하며 "〈데어 이즈 파워 인 어 유니언〉 대신 〈성조기여 영원하라〉를 불러라. 그러면 풀어주겠다"고 강요한다. 그러나 한 노조원은 입에 흙이 들어가는데도 계속해서 부른다. *노동자들이 손에 손을 잡고 단결할 때, 힘이 생기고, 그 힘이 세상을 바꾼다.* 위로부터의 권위와 복종을 강요하는 노래, 아래로부터의 권력과 자발적 단결을 외치는 노래가 충돌하는 역사적 장면이었다.

〈데어 이즈 파워 인 어 유니언〉

조 힐의 활동기는 너무 짧았다. 노래꾼이자 조직가로 활동한 지 불과 2년 만에, 그는 유타주 솔트레이크시티의 강도살인 사건 범인으로 몰려 1915년 총살형을 당한다. 증거도 부족했고 재판 과정에서 조작이 많았지만, 어차피 권력이 그의 목숨을 노리고 있는 이상 빠져나갈 수 없다고 생각한 그는 의연하게 죽음을 택한다. 그리고 그 유명한 말을 남긴다. "슬퍼하지 말고, 그 시간에 조직하라!Don't mourn—organize!" 그의 시신은 화장되어 봉투에 나뉘어 주요 노동운동 장소에 보내졌고, 일부 봉투는 수십 년이 지나서야 발견되었다. 에프비아이FBI가 이를 압수하려 하면서 "조 힐은 죽지 않는다"라는 표어가 다시금 힘을 얻기도 했다.

1936년 미국의 진보적 작곡가 얼 로빈슨은 영국 시인 앨프리드 헤이스의 가사에 곡을 붙여 〈아이 드림드 아이 소 조 힐I Dreamed I Saw Joe Hill〉을 만든다. 줄여서 〈조 힐Joe Hill〉이라고도 부른다. 꿈에 나타난 조 힐은 "나는 절대 죽지 않아. 나는 언제나 싸우는 자들 속에 있다"라고 말한다. 민중 영웅의 부활 서사다. 피트 시거, 밥 딜런, 존 바에즈, 브루스 스프링스틴 등 이름만 들어도 알 만한 인물들이 모두 이 노래를 불렀다. 특히 존 바에즈의 우드스톡 공

〈조 힐〉

연은 이 곡 하나로 우드스톡의 가치를 증명한다. 히피 축제를 '정신 나간 일탈'이라 폄훼하는 사람에게는 그냥 이 노래 한 곡만 들려주면 충분하다.

또 한 명 꼭 추천하고 싶은 가수는 폴 로브슨Paul Robeson이다. 그의 중후한 바리톤은 조 힐을 대변하는 목소리가 되었다. "나는 죽은 적이 없어"라고 그의 목소리가 낮게 울려 퍼질 때, 마치 조 힐이 무대 위로 살아 돌아온 듯하다. 로브슨은 가수를 넘어 흑인 민권운동의 선구자이자, 예술 · 정치 · 국제 반제국주의 운동을 연결한 세계적 지식인이었다. 매카시즘 당시 탄압을 받으며 기억에서 강제로 지워졌지만, 그의 정신은 해리 벨라폰테Harry Belafonte를 통해 부활한다. 벨라폰테는 이렇게 말했다. "그는 내게 노래가 무기가 될 수 있다는 것을 가르쳐주었다."

조 힐에게는 여러 별명이 붙었다. '노동계급의 작곡가', '호보 음유시인', '철로 위의 방랑 시인' 등등. 그중에서도 특히 잊히지 않는 별명이 있다. 그는 유서에서 자신은 '구르는 돌'이었다고 말한다. 죽을 때까지 자본주의와 타협하지 않는 깨끗하고 자유로운 노동자로 살았으니, 무덤도 어느 한 곳에 두지 말고 여러 군데에 재를 흩뿌려 달라는 의미였다. 이후 '구르는 돌'은 죽음 뒤에도 이어지는 투쟁의 정신으로, 조 힐을, 조 힐과 같은 노동자를 상징하는 낱말이 된다. 음악 잡지 《롤링 스톤》은 '죽기 전 들어야 할 1001곡' 중 최고의 노래를 밥 딜런의 〈라이크 어 롤링 스톤Like a Rolling Stone〉으로 꼽았다. 이 곡을 들을 때마다, 혹은 거리에서, 야구장에서 마시따밴드의 〈돌멩이〉가 들릴 때마다 조 힐이 떠오른다. (유재하가 떠오르는 건, 짧은 생애지만 남긴 울림이 크다는 점에서다.) 늘 이런 생각이 든다. '이런 사람들이 조금만 더 살았더라면, 세상은 어떻게 달라졌을까?'

밥 딜런과 〈아임 낫 데어〉

영화 〈아임 낫 데어I'm Not There〉는 밥 딜런Bob Dylan에게 헌정된 일종의 전기영화다. 마냥 친절하지만은 않은 이 영화는 밥 딜런을 일곱 명의 페르소나로 나누어 제시하는데, 케이트 블란쳇, 히스 레저, 크리스천 베일, 리처드 기어 등 이름만 들어도 가슴이 떨려오는 배우들이 나름의 역할을 연기하지만, 그중 가장 눈을 사로잡는 이는 마커스 칼 프랭클린이라는 배우였다. 흑인 소년인 그는 "이 기계는 파시스트를 죽인다"라는 문구가 적혀 있는(영화에서는 '파시스트'라는 낱말을 제외하고 나머지는 분명히 보이지 않는다.) 기타 케이스를 들고, 화물열차에 당연한 듯 무임 승차한다. 그러곤 이름을 밝힌다. "저는 우디 거스리라고 해요."

이보다 밥 딜런 초기를 잘 요약한 캐릭터가 있을까? 그는 백인이지만 뼛속 깊이 블루스 가수다. 거친 목소리와 구어체 언어로 쏟아내듯, 그러면서도 담담하게 망가진 세상을 노래하는 창법, 그 아래 깔린 저항과 동시에 체념이라는 감정은 타고난 블루스 가수 아니면 찾아보기 힘든 특징이다. 다른 한편으로 그는 우디 거스리 Woody Guthrie처럼 음악을 무기로 삼아 자본과 전쟁을 비판하며 언어와 진실의 힘으로 민중의 목소리를 대변하는 '길 위의 시인'이다. 게다가 영화 속 우디는 왼손잡이다. 실제 우디 거스리는 물론 밥 딜런도 왼손잡이는 아니었다. 사실 지미 헨드릭스나 커트 코베인(물론 둘은 나이 차이가 한참 나지만) 같은 사람들 이전에는 왼손잡이 기타리스트를 찾아보기 힘들었다. 심지어 이 영화에서 줄리앤 무어가 분한 존 바에즈도 사실은 왼손잡이였지만, 기타는 오른손으로 쳤다. 왼손잡이를 위한 기타도 없었다. 누구나 오른손으로 쳤으니까. 하지만 영화는 굳이 이 소년을 왼손잡이로 설정한다. 물론 이 뻔한 이미지는 우디 거스리와 당시 밥 딜런이 좌파였다는 암시다. 이 암시는 여기서 그치지 않는다. 그는 기차를 타고 있다.

영화는 '리들'(수수께끼라는 의미)이라는 마을에서 이름을 숨기고 '빌리 더 키드'라 불리며 살아가던 그가 기차 소리를 들으며 모든 것을 내려놓고, 심지어 유일한 애착의 대상인 개마저 포기한 채 다시 기차에 오르는 장면으로 끝난다. 여기서 '리들'이나 '빌리 더 키드'는 익명성의 상징이다. 익명성 안에서 조용한 삶을 즐기던 그에게 다시 기차 소리가 들린다. 기차는 몇 번이고 말했지만, 산업문명의 상징이다. 이제 이 마을도 더는 평화로운 목가적인 공동체가 아니다. 결국 그는 화물열차에 올라 다시 한번 탈주의 길에 나선다.

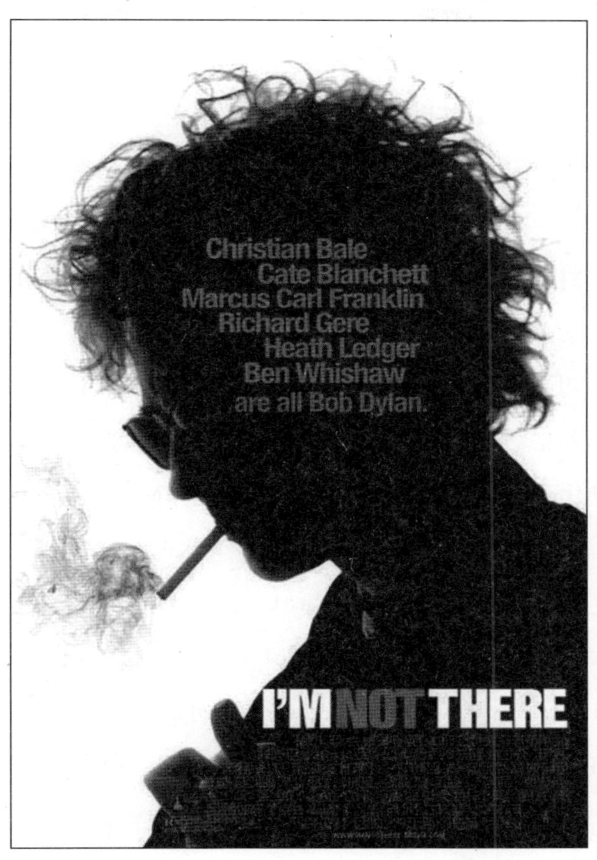

2007년 개봉한 영화 〈아임 낫 데어(I'm Not There)〉 공식 포스터. 밥 딜런의 삶과 음악보다는 그의 정체성과 시대적 변화를 다층적으로 해석한 영화로 크리스천 베일, 케이트 블란쳇, 마커스 칼 프랭클린, 리처드 기어, 히스 레저, 벤 위쇼 여섯 명의 배우가 딜런의 정체성을 하나씩 맡아 연기한다. 포스터의 실루엣은 그래도 '딜런' 하면 떠오르는 포크 시대의 이미지다.

기차는 처음부터 자유와 탈주의 상징이었다. 미국이라는 나라에서는 더욱 그랬다. 19세기 후반에서 20세기 초반 기차는 '떠돌이'들의 탈 것이었고, 사람들은 기차를 무단으로 이용하여 더 나은 일자리를 찾아 나섰다. 이들을 가리켜 '호보'라고 한다. 우리말로 똑같이 '떠돌이'라고 옮기는 트램프tramp와는 다르다. 트램프가 일에는 관심 없이 그저 뿌리 없이 떠돌아다니는 사람이라면, 호보는 더 나은 일자리를 찾아서, 더 나은 살 곳을 찾아 고단하게 탐색하는 방랑자이다. 따라서 호보는 트램프와는 달리 사회구조의 희생자이자 저항의 상징이다. 자신을 호보의 대변인으로 보았던 우디 거스리 역시 실제로 기차를 타고 미국 전역을 떠돌며 노래를 모으고, 배우고, 불렀다. 그의 대표작 중에는 〈호보스 럴러바이Hobo's Lullaby〉라는 곡도 있다. 자신을 우디 거스리의 자식이라고 생각했던 밥 딜런에게도 〈아이 앰 어 론섬 호보I Am a Lonesome Hobo〉라는 곡이 있다.

이 영화를 보며 〈애니 플레이스 벗 온 더 그라운드Any Place but on the Ground〉라는 곡이 떠올랐다. 버펄로 빌 보이콧Buffalo Bill Boycott이 래리 아워스랜드와 함께 부른 노래다. 가수의 이름만 들어도 아메리카나 장르(Americana: 록 · 컨트리 · 포크 · 블루스 · 알앤비 · 가스펠 같은 미국의 전통 장르들을 혼합한 후 현대적인 언어로 부르는 음악 스타

〈애니 플레이스 벗 온 더 그라운드〉

일)에 속하는 곡이라는 생각이 든다. 유명한 노래는 아니지만, 호보들이 어떤 사람인지 짐작할 수 있다. *선로 위를 달리며, 결코 뒤돌아보지 않는다. 내가 속할 곳을 찾아야 해.* 여기까지 들으면 정착할 곳을 찾기 위한 기차 여행처럼 보이지만, 다음에 들리는 내용은 *땅 위만 아니면 어디든 좋아*이다. 기차에서 내리지 않겠다는 말이 아니라, 어느 한 곳에도 정착하지 않겠다는 결연한 태도를 보여주는 대목이다. 그러곤 영화의 마지막처럼 *기차 기적이 울리고, 나는 다시 떠나야 한다.* 기차는 한곳에 머물지 않는다. 호보도 한곳에 머물지 않는다. 하나의 모습으로 남으려 들지 않는다. 하나의 정체성이 자신을 규정하는 순간, 새로운 가능성과 자유를 찾으려 한다. 그게 바로 진보고, 진보의 특성이 바로 탈주다.

영화에서도 나오지만, 밥 딜런의 삶은 탈주의 연속이었다. 그는 늘 탈주했다. 장르에서 탈주하고, 이미지에서 탈주하고, 심지어 자기 목소리에서도 탈주했다. 팬들은 그의 새 앨범이 나올 때마다 "나의 딜런은 이렇지 않아!" 외쳐야 했다. 그의 탈주를 대표하는 순간이 바로 1965년 뉴포트 포크 페스티벌이었다. 민중의 시인이자 시민권 운동, 반전운동의 투사였던 그가 갑자기 통기타를 버리고 전기 기타를 들고 나타나자, 사람들, 특히 극렬 포크 팬들은 밥 딜런이 록스타 코스프레를 한다며 '자본주의에 대한 타협, 예술적 변질'이라고 소리 질렀고, 포크의 대표자 피트 시거는 "도끼로 앰프 줄을 끊고 싶다"라고 말했다고 전해진다. 하지만 영화를 보면 알겠지만, 과연 포크만이 저항 음악일까? 밥 딜런은 오히려 묻고 있다.

포크는 이미 화석화된 게 아닐까? 낡아버린 포크라는 틀로 바뀐 세상을 담아 완전히 달라진 세대의 젊은이들에게 전달한다는 게 오히려 보수적인 생각이 아닌가? 딜런은 이미 한 해 전 비틀스를 만났고, '브리티시 인베이전British Invasion'(1960년대 중반, 비틀스를 선봉으로 한 영국 밴드들이 미국 음악 시장을 '침공'해 지배했던 문화 현상)을 지켜보았다. 그러곤 그들에게, 노래는 사랑 타령으로 그쳐서는 안 된다는 것을 가르쳐주고, 그들로부터는 실험적인 사운드를 배웠다. 이미 존 레넌에게서는 자본과 종교를 모두 없애자는 〈이매진〉이나 〈워킹 클래스 히어로Working-Class Hero〉 같은 노래가 쏟아져 나오기 시작한다.

딜런은 딜런답게 자신의 탈주를 기차를 소재로 한 음악으로 알린다. 그 곡이 바로 〈섭터레이니언 홈식 블루스Subterranean Homesick Blues〉(1965)로, 당대 비트 세대의 언어와 록을 결합한 혁신이었다. 한때 블루스 음악에 포크의 언어를 얹었던 그는 이제 새로운 음악과 언어를 찾아 나섰다. 사실 이 곡은 뉴포트 포크 페스티벌 이전에 발표되었고, 밥 딜런의 탈주를 선포한 곡이다. '지하Subterranean'라는 낱말은 지금도 그렇지만 당시 청년들에게 '반체

〈섭터레이니언 홈식 블루스〉

제', '저항'을 떠오르게 했다. 그런데 고작 노래의 형식만 듣고 밥 딜런이 '변절'했다고?

노래는 이렇게 시작한다. *조니는 지하실에서 약을 섞고 있다.* 약하면 당시 반문화 운동 사이에서 의미하던 마약이 떠오른다. 마약은 당시 혁명을 가리키는 기호 같은 것이었다. 따라서 이를 '혁명'을 준비하고 있었다고 읽을 수 있다. 지금의 눈으로 마약을 보아서는 안 된다. *나는 길거리에서 정부를 생각하고 있다.* 나는 길거리에서, 조니는 지하실에서, 둘은 서로 다른 곳에서 저항을 추구하고 있다. 두 명의 젊은이는 정부에 대한 불신과 더불어 정치적 각성을 촉구한다. 굳이 귀담아듣지 않아도 들어오는 'pavement'와 'government'를 통해 알 수 있겠지만, 그의 노래는 찬란한 라임이 쨍그랑거리며 줄줄 이어진다. 이 노래를 최초의 힙합으로 꼽는 사람도 있다. 퍼블릭 에너미, 에미넴 같은 힙합 가수들은 이 노래에서 가장 큰 영향을 받았다고 고백하기도 했다. 시대를 너무 앞서간 뮤직비디오를 보면, 가사를 적어놓은 도화지를 넘기느라 헉헉대는 밥 딜런의 모습이 웃음을 자아낸다. 〈러브 액츄얼리〉의 사랑 고백 장면이 떠오르기도 한다. 참고로 뒤에 뚱하니 서 있다가 마지막에 길을 가로지르는 사람이 비트 세대를 대표하는 시인 앨런 긴즈버그Allen Ginsberg다.

그러곤 가장 유명한 구절이 등장한다. *바람이 어디로 부는지 알기 위해 기상청 직원이 필요하진 않다.* (이 구절에 매혹된 젊은이들이 후에 '웨더 언더그라운드weather underground', 줄여서 웨더맨

weatherman이라는 급진 좌파 무장 단체를 만들기도 했다.) 세상을 읽는 데 정치 지도자나 언론 같은 중간 매개는 필요 없다. 자기 삶에 대한 책임은, 자기 태도에 대한 책임은 오직 자신만이 져야 한다. 딜런의 노래는 정치적 록의 혁명적인 시작이다. 자유는 스스로 찾아야 한다. 남이 가르쳐주는 자유는 내 자유가 아니다. 그래서 자유주의는 그 시작부터 개인주의와 밀접한 관련을 갖는다. 자유주의의 교과서라는 존 스튜어트 밀의 『자유론』(1859)은 '개인의 고유성과 자유에 대한 철학적 옹호'이자 가장 명확한 근대의 '개인주의 선언'으로 읽히기도 했다. 너 자신의 자유를 찾아라. 그러기 위해서는 많이 읽고 많이 생각하고 많이 경험하라. 무지는 억압의 수단이지 자유의 수단이 아니다. 너의 자유에 걸림돌이 되는 모든 것에 저항하라. 그리고 세상에 억압의 양태는 다양하므로, 거기에 대한 저항도 하나의 모습이어선 안 된다. 딜런이 우리에게 외치는 소리다.

노래 〈위 아 더 월드〉의 녹음 과정을 기록한 다큐멘터리 〈팝 역사상 가장 위대한 날〉을 보면, 그 자리에 모인 최고의 가수 중에서도 밥 딜런이 어떤 대접을 받는지 잘 알 수 있다. 우리로 치면 조용필 정도의 위상일까. 다들 그 앞에서는 자세를 바로 하고 존경심을 표한다. 재미있는 것은, 딜런이 목소리도 떨리고, 박자도 맞지 않고, 가사도 전달되지 않아 난감해하는 대목이다. 늘 스타덤에서 비켜나 은유와 비유로 읊조리던 그에게는 참을 수 없을 정도로 낯선 노래와 공간이어서 "난 여기에 없어!"라고 소리치고 싶지는 않았는지. 아니면 계속해서 탈주를 거듭하던 그마저 그날 밤 그 장소에서 꺼내들 정체성이 어떤 건지 확신이 없었을 수도 있다. 흥미롭게도 눈이 보이지 않아선지 아니면 원래 넉살이 좋아선지, 스티비 원더는 딜런 앞에서도 바짝 얼지 않았고 (사실 딜런이 아홉 살 연상이다.), 태평하게 평소대로 익살을 부리며 밥 딜런은 이렇게 노래 부른다고 흉내를 낸다. 이를 들은 딜런은 스티비 원더가 흉내 낸 밥 딜런을 따라 하며 간신히 자신의 부분을 마친다. 아마 속으로는 이 합창에서도 도망치고 싶었을 것이다. 그리고 "난 거기에 없어!"라고 외치고 싶었을 것이다.

빌리 더 키드와 버펄로 빌

영화 〈아임 낫 데어〉에서 빌리 더 키드라는 이름은 '익명성'을 상징한다고 했다. 밥 딜런은 정체를 숨기고 한적한 마을에 숨어 살고, 사람들은 그를 그냥 '빌리'라고 부른다. 역설적으로 '빌리 더 키드'는 정말 유명한, 사실은 악명 높은 이름이다. 그는 미국 서부 개척시대를 대표하는 반항의 아이콘으로 끝없이 떠돌아다니며 헤아리기도 힘들 정도로 많은 범죄를 저질렀다. 죽을 때는 경찰의 총에 맞아 죽었다고 하는데, 이는 위장이었고, 결국 자연사할 때까지 성공적으로 숨어 살았다는 말도 있다. 별명에 붙은 '키드'가 말해주듯, 어린 시절부터 범죄에 연루됐다. 기록에 따르면 15세에 처음 체포되어 감옥 생활을 했고, 18세엔 보안관을 살해했다.

이처럼 어릴 적부터 반체제적이었고, 끊임없이 탈주하고(실제로도 감옥에 갇힌 다음에도 두 번에 걸쳐 탈옥했다.), 자발적 고립에 들어간 (혹은 들어간 것으로 알려진) 전설적인 서부 총잡이 빌리 더 키드를 밥 딜런은 대단히 호의적으로 보았던 듯싶다. 영화 속 빌리 더 키드도 딜런의 빌리 더 키드에 대한 호의를 반영한 것으로 보인다. 그러나 실제의 빌리 더 키드는 그다지 낭만적인 인물이 아니었다. 먼저 그는 적어도 21건의 살인을 저질렀다고 알려져 있다. '적어도'라는 말을 사용한 건, 미국 원주민이나 흑인의 살인은 살인으로 간주하지도 않았기 때문이다. 그래서 이를 다 참작하면 알려진 살인보다 훨씬 더 많은 살인을 저질렀다고들 하는데, 실제로 단독으로 저지른 살인 사건은 4건에 불과하다는 사실이 나중에 밝혀졌다. 당시 빌리 더 키드가 워낙 악명이 높으니 많은 범법자가 살인을 저지르고 그에게 뒤집어씌웠기 때문이다.

열차 강도 역시 마찬가지다. '서부 무법자=열차 강도'라는 도식 때문에 빌리 더 키드도 열차를 털었을 것 같지만, 실제로는 단 한 건도 저지르지 않았다. 이유는 단순하다. 열차 강도는 대단히 정교한 팀워크가 필요한 조직범죄다. 따라서 혼자 움직이던 악당 빌리 더 키드에게는 그 가능성이 처음부터 차단되어 있었다. 그의 범죄는 그저 가축 도둑질 정도의 수준에 머물렀다. 열차 강도는 빌리 더 키드보다는 강도 무리를 이끌던 제시 제임스나 조직화한 강도단 와일드 번치를 이끌던 부치 캐시디에게나 어울리는 범죄였다. 그 유명한 〈우리에게 내일은 없다〉의 부치 캐시디 말이다. 빌리 더 키드는 딜런식으로 표현하자면, 열차가 오는 소리를 듣고 강도단을 움직이는 자가 아니라, '열차 소리를 듣고 떠남을 준비하는 자'였다.

이런 속성은 버펄로 빌도 크게 다르지 않다. 앞서 소개한 〈애니 플레이스 벗 온 더 그라운드〉를 부른 포크 가수는 버펄로 빌 보이콧이었다. 그의 이름은 대단히 상징적인데, 미국 서부 신화의 핵심 인물을 차용하는 동시에 그로 인한 신화를 보이콧한다고 선언하고 있기 때문이다. 한 마디로 버펄로 빌이 만들어낸 가짜 서부 이미지를 거부하고, 진짜 노동자들, 다시 말해 호보, 철도 노동자, 떠돌이 예술가들의 목소리를 대변하겠다는 것이다. 그렇다면 버펄로 빌은 어떤 사람이었을까?

버펄로 빌의 삶 역시 많은 왜곡을 겪었다. 하지만 그 왜곡의 태반은 스스로 조작한 것이다. 버펄로 빌은 이름에서 알 수 있듯이 버펄로 사냥꾼이었다. 남북전쟁을 성공적으로 마무리하며 흑백 문제 청산을 이루어낸 (혹은 그렇다고 오판한) 미국 정부와 산업자본은 이제 본격적으로 소수 민족 청산에 나선다. 그중 가장 커다란 골칫거리는 자본주의라는 개념 자체가 아예 없는 미국 원주민들이었다. 미국 원주민과의 타협은 사실 어려운 문제가 아니었다. 문제는 문서로 만든 이 협정이 전혀 지켜지지 않았다는 점이다. 아무리 약속대로 여기서 저기까지는 우리 땅이라고 해도, 원주민들은 "하늘을 내 것 네 것으로 나눌 수 없듯이, 땅도 여기까지 저기까지가 누구의 소유다고 할 수 없다"라는 논리로 어제 겨우 맺었던 협정을 아무렇지도 않게 위반했다. 아무리 어르고 달래고 위협해도 소용이 없었다. 애당초 이주자들은 미국 원주민들을 '빅 베이브Big Babe'로 부르기도 했다. 한 마디로 덩치만 컸지, 생각은 미성숙하다는 식민주의·인종주의적 시선을 담은 별명이었다. 아기가 자본주의가 뭔지 이해할 리 없다. 결국 이주자들은 원주민들을 제거하기로 결심한다.

그 결심은 바로 원주민들의 삶의 기반이었던 버펄로 몰살로 이어진다. 당시엔 고기, 가죽, 뼈, 배설물까지 알뜰하게 사용되던 버펄로 한 마리면 원주민 한 가족이 몇 주를 살아갈 수 있었다고 한다. 따라서 버펄로 한 마리 사냥은 당시 '열 명의 인디언'을 몰아내는 효과가 있었다. 게다가 버펄로 빌 같은 버펄로 사냥꾼들에게는 아무런 양심의 가책이 없었다. 원주민은 버펄로와 같이 정리해야 할 존재이기도 했지만, 그보다 이들이 잡은 버펄로가 당시 철도 노동자들의 소중한 식량이 되어 주었기 때문이다. 한때 샌프란시스코의 죄수들이 먹을 게 없어서 매일 랍스터를 먹었던 것처럼 (당시엔 어떻게 인간에게 랍스터 따위를 먹일 수가 있는가, 라는 논쟁도 있었다고 한다.), 대륙횡단철도를 건설하던 철도 노동자는 정말 지겨울 정도로 소고기를 먹어야만 했다. 버펄로 빌 같은 사냥꾼이 공사 현장 바로 옆에서 잡은, 신선하고 몸에도 더 좋은 (실제로도 일반 소고기와 비교해 건강에도 좋고, 요즘은 값도 비싼) 버펄로 소고기를 끝없이 대령한 덕분이다. 그는 유니언 퍼시픽 산하 캔자스 퍼시픽과 계약한 공식 사냥꾼이었다.

워낙에 전설적인 사냥꾼이었던 그는 8개월 동안 4280마리를 사냥했다고 주장하여 버펄로 빌이라는 별명을 얻었다. 버펄로 잡기 콘테스트에서 우승해서 그랬다는 이야기도 있다. 어쨌든 계산

1870년대 미시간주 루이빌에서 촬영된 사진. 거대한 버펄로 머리뼈 더미 위에 한 남성이 서 있다. 버펄로 학살은 경제적 이유보다는 들소에 의존해 살던 평원 원주민 공동체를 붕괴시키려는 목적이 더 컸다. 서부 개척과 원주민 말살을 상징하는 사진이다. 출처: 위키피디어 커먼즈.

해 보면 하루에 18마리 이상을 죽였다는 말이다. 철도가 어느 정도 만들어진 다음에는 여럿이 모여 재미 삼아 기차를 타고 나가 버펄로를 쏘는 오락도 유행했다. 그 결과 한때 북미대륙을 누비고 다닌 3000만 마리에 달하던 버펄로는 수백에서 천여 마리 수준으로 급감했다. 종교와 삶의 기반이었던 버펄로가 사라지면서 미국 원주민은 눈물의 이주를 할 수밖에 없었다.

미국 원주민이 청산되고, 대륙철도가 완성되면서 버펄로 빌 같은 사냥꾼들도 일자리를 잃었다. 애당초 빌리 더 키드와는 결이 달랐던 그는 경험을 살려 돈을 벌기로 결심한다. 그 결과가 바로 '버펄로 빌의 와일드 웨스트 쇼Buffalo Bill's Wild West Show'다. 이 쇼는 미국이 스스로를 상상하고, 그 상상을 세계 앞에 전시한 무대였다. 나아가 〈스타워즈〉까지 이어지는 미국 신화의 원형이라 할 만하다. 이 쇼를 통해 버펄로 빌은 자신과 빌리 더 키드를 포함한 서부 무법자 캐릭터를 구축하고 서부 개척의 이야기를 자의적으로 극화했다. 와일드 웨스트 쇼는 이보다 먼저 있었던 보드빌 쇼(Vaudeville: 19세기 말 희극·노래·춤·마술·곡예·복화술·동물쇼 등을 짧은 막으로 엮은 다양식多樣式 공연)와는 차원이 달라서 수백 명에 달하는 인원이 출연했고, 말도 몇백 마리나 필요했다고 한다. 더불어 공연은 순회공연이어서 철도를 기반으로 미국 전역을 돌아다녔다. 정말 엄청난 쇼였던 모양이다.

처음에는 버펄로 사냥을 주로 보여주던 쇼는 곧 미국 원주민을 타자화를 넘어 악마화하고, 이에 맞서 싸우는 백인들을 신격화하는 이분법적 세계관으로 관객들을 끌어들인다. 아이러니하게도 여기에 원주민들이 직접 참여하여 전통 복장을 입고 백인들이 원하는 대로 자기 민족의 패배 장면을 극화하기도 했다. 19세기 미국 원주민 역사에서 가장 유명한 수Sioux 부족의 전사이자 저항의 상징인 '앉아 있는 황소Sitting Bull'가 대표적인 인물이다.

이 쇼를 통해 미국의 서부가 만들어진다. 프랑스 학자 장 보드리야르식으로 설명하자면, 이미 존재했던 미국 서부를 디즈니랜드가 '반영'한 것이 아니고, 버펄로 빌 쇼라는 '하이퍼리얼리티', 다시 말해 실재 이전의 실재가, 존재하지도 않았던 미국 서부라는 리얼리티를 생산했다. 그리고 디즈니랜드는 자신이 미국이라는 리얼리티를 생산하는 하이퍼리얼리티라는 사실을 감추기 위해 현실과는 상관이 없는 꿈과 동화의 나라로 존재하고 있다. 디즈니랜드의 테마파크 중 하나인 '프런티어 랜드'는 버펄로 빌 쇼의 무대구성과 아주 흡사하다는 평을 받는다. 후세에 만들어진 이 신화를 통해 미국은 처음부터 '개척정신'을 국가 이데올로기로 내세우는 나라가 된다. 허접한 동네 깡패들은 황야의 무법자가 되었다가 캡틴 아메리카가 되고, 자연 파괴는 개척의 위업과 소비에 대한 찬미가 된다. 처음부터 자본주의 국가였던 유일한 국가 미국은 자기 역사를 구축하면서 동시에 스펙터클한, 하지만 그 내용은 공허한 상품으로 만들었다.

버펄로 빌 쇼는 가면 갈수록 기차 강도를 주된 소재로 다루었다. 기차 약탈, 총잡이, 추격전 등 많은 볼거리를 한꺼번에 다룰 수 있기 때문이다. 그리고 이 이야기 구조를 그대로 차용한 영화가 만들어지기 시작해, 서부 하면 일단 열차 강도가 빈번한 곳이고, 서부의 사나이 하면 빌리 더 키드든 버펄로 빌이든 누구나 한 번쯤 열차 강도는 저질러봐야 한다고 여기기 시작했다.

열차 강도를 다룬 노래로는 〈글렌데일 트레인Glendale Train〉과 에드워드 L. 크레인의 〈밴딧 콜 영거Bandit Cole Younger〉가 있다. 포크는 민중들의 입에서 워낙 오래 불린 노래들이라 누가 원작자인지 꼭 집어 말하기 힘든 경우가 많다. 〈밴딧 콜 영거〉도 마찬가지다. 콜 영거는 제시 제임스와 함께 활동했던 유명한 무법자로 미국 남북전쟁 이후 은행과 열차 강도를 벌인 갱단의 일원이었다. '무법자 포크 발라드outlaw folk ballad'에 속하는 이 곡은 화자의 "나는 악명 높은 강도 콜 영거다"라는 소개로 시작하여, 발라드 전통대로 자신의 삶을 이야기한다. 그래서 길다. 하지만 노래는 열차 강도보다는 은행 강도를 주된 내용으로 삼고 있다.

〈밴딧 콜 영거〉가 가수가 부르는 노래라면 〈글렌데일 트레인〉은 노동자들의 노래다. 지금도 노동 현장에서, 특히 철도 파업 현장에서 흔히 불리는 〈글렌데일 트레인〉은 1881년 캘리포니아의 글렌데일에서 실제 일어났던 사건을 바탕으로 만들어졌다고 한다. 노래는 *누군가 오늘 아침 9시 30분 글렌데일 기차를 털었다*로 시작한다. 마치 뉴스에서 강도 사건을 전달하는 듯한 방식은 강한 사실감을 주는 서부 개척 시대 포크송의 전형적인 스타일이다. 심지어 그들은 *1만 6000달러를 털어 달아났고, 두 남자는 싸늘하게 쓰*

〈밴딧 콜 영거〉

*러졌다*고 구체적인 액수와 사망자까지 적시한다. 그러곤 *기관사 찰리 존스는 20년 동안 철도에서 일했다. 그는 그날 아침 6시 45분, 역에서 아내에게 작별 인사를 했다*며 강도 사건이 단순한 범죄에 그치지 않고 철도 노동자의 삶에도 위협이 된다는 사실을 밝힌다. 낭만적인 서부 이미지는 무법자가 노리는 것이 나의 목숨이나 재산이 아닐 때만 지속될 수 있다. 이런 초기 포크들이 보여주는 현실은 버펄로 빌 쇼와는 거리가 멀다. 개척 시대는 혼란하고 무질서했으며, 슈퍼히어로 따윈 없었고, 이 시대와 장소를 살아가는 사람들의 삶은 힘들고 위험했다.

워낙 빌리 더 키드 이야기를 좋아했던 밥 딜런은 그의 이야기 확산에 이바지하기도 했다. 1973년 샘 페킨파가 감독하고, 크리스 크리스토퍼슨이 주인공 빌리 더 키드로 분한 〈팻 개럿과 빌리 더 키드Pat Garrett and Billy the Kid〉에서 딜런은 음악 감독에 그치지 않고, 조역으로 출연도 한다. (팻 개럿은 빌리 더 키드를 쏴 죽인 인물이다.) 이 영화에는 〈노킹 온 헤븐스 도어Knockin' on Heaven's Door〉가 OST로 울려 퍼진다. 크리스 크리스토퍼슨은 이 곡이 마음에 들었던지 "영화에서 음악이 가장 강력하게 사용된 예"라고 말했다고 한다. 영화의 인기와는 상관없이 반전 노래의 대표곡이 되었다.

〈글렌데일 트레인〉

대이동 Great Migration

1915년 〈국가의 탄생〉이 개봉했다. 영화가 미친 파장은 압도적이었다. 무엇보다 바그너가 영화계로 진출하는 결정적인 계기가 되었다. 클라이맥스 장면에서 우리 주인공들이 하얀 옷을 펄럭이며 백마를 총알같이 몰아 유색인종을 쓸어버리고 고통에 떠는 백인 여성과 가족 들을 구할 때 울려 퍼지던 〈발퀴레의 기행〉이 준 감동을 어찌 잊으랴? 이 음악을 오케스트라 반주로 넣은 건 감독 그리피스가 아니라 음악 감독 조지프 칼 브릴의 결정이었다고 한다. 종합예술을 꿈꾸던 바그너가 살아서 이 장면을 보았다면 감격의 눈물을 흘렸을까, 맥락이 마음에 들지 않아 고개를 갸웃거렸을까? 어쨌든 그 이후 바그너의 선율은 시도 때도 없이 할리우드의 호출을 받았고, 미시마 유키오의 단편에서부터 〈스타워즈〉에 이르기까지 (〈지옥의 묵시록〉을 포함해서) 영화사에 지워지지 않는 발자국을 남겼다.

꼭 뭐든 직접 해봐야 직성이 풀리는 사람들이 있다는 점이 인간이라는 종의 특성이다. 그런 사람들이 적극적으로 나서서 무엇을 금지하고, 무엇을 규제하려 든다. 정작 금지와 규제를 받아야 할 사람이 자신이라는 사실은 꿈에도 생각하지 못한다. 이번에도 역시 몇몇 백인은 집에 있는 부대 자루를 뒤집어쓰고 온갖 무게를 잡으며 흑인 사냥에 나선다. 1877년 북부 연방정부는 재건을 명목으로 남부에 남겨놓았던 군대를 철수한다. 이전까지 다른 남부 백인 지주의 자산이었던 흑인을 마음대로 하지 못했던 백인들은 이제 자유를 얻은 노예를 자유롭게 린치했다. 게다가 남부에서는 인종차별을 정당화하는 짐 크로Jim Crow 법이 제정되어 이러한 린치를 정당화했다. 유색인 차별을 고착시킨 이 법은 모든 영역에 걸쳐 수천 수백 개의 세부 조항으로 이루어져 있었고 아무렇게나 적용할 수 있는 수준이었다. 흑인을 린치해 죽게 만드는 것은 남부의 국민 스포츠와 다름없었다.

1999년 《타임》이 '20세기 최고의 노래'로 선정한 〈스트레인지 프루트Strange Fruit〉는 남부의 차별과 폭력을 정면으로 다룬 곡으로, 미국 대중음악 역사상 최초의 본격적인 사회적 항의이자, 빌리

〈스트레인지 프루트〉

홀리데이를 대표하는 노래로 남아 있다. *남부엔 멀리서 보면 참 희한한 나무가 있다. 잎도 빨갛고, 뿌리도 빨갛게 젖어 있고, 검은 덩어리들이 바람에 이리저리 흔들린다. 눈은 튀어나오고, 입은 비틀어져 있고, 목련 향이라더니 갑자기 불에 탄 살 냄새가 난다. 이 목가적인 남부 풍경과 잘 어울리는 나무다. 까마귀가 와서 파먹고, 비바람을 맞다가 태양 아래서 썩어서는 나무에서 떨어지고야 마는 참으로 희한하고 씁쓸한 열매다.*

빌리 홀리데이는 늘 마지막 순서에 이 곡을 하나의 핀 스포트라이트를 받으며 불렀다. 노래를 마치고는 바로 퇴장했다. 앙코르도 받지 않았다. 이제까지 고양이 소리나 내던 그녀가 도저한 목소리로 슬픔을 꾹꾹 눌러 담아 부르는 노래를 듣노라면 그녀의 별명이 왜 '레이디 데이Lady Day'였는지, 재즈가 어떤 음악인지 단번에 이해가 된다.

빌리 홀리데이 이전 시대를 대표하던 가수로 베시 스미스란 사람이 있다. 교통사고를 당한 그녀는 가까운 병원에서 치료를 거부해 이리저리 응급실 뺑뺑이를 돌다가 결국 사망하고 만다. 무려 별명이 '블루스의 여왕'이었는데도 말이다. 겨우 '레이디lady'에 불과한 흑인 빌리 홀리데이를 미국 정부가 가만히 놓아두었을 리 없다. 마약 소지 혐의로 체포당하고, 출소 후에는 공연 면허를 박탈당해 근근이 먹고 살아가던 그녀는 간경변으로 병원에 입원했지만, 병상에서 수갑이 채워진 채 의료진의 치료도 제대로 받지 못하고 44세의 나이로 사망한다. 그녀의 대척점에는 〈오즈의 마법사〉와

〈오버 더 레인보Over the Rainbow〉로 잘 알려진 주디 갈랜드가 있다. 주디 갈랜드도 평생 약을 했다. 다만 한 사람은 최초의 아이돌 백인 소녀였고, 한 사람은 의식 있는 흑인 여성 예술가였다. (세상은 공평하지 않다. 블루스가 필요한 이유다.)

남부의 차별과 폭력은 더는 견디기 힘들 정도에 이르렀다. 흑인들은 길을 나선다. 이 대장정에서도 가장 중요한 수단은 기차다. 한참 동안 흑인 대이동, 또는 흑인 대이주에서 차별과 폭력은 부차적인 요소처럼 취급되어왔다. 하지만 리드 벨리(그렇다. 앞서 〈미드나이트 스페셜〉의 그 리드 벨리다.)의 〈짐 크로 블루스Jim Crow Blues〉는 *난 이 짐 크로 마을을 떠날 거야. 난 북쪽으로 갈 거야*라며 대이동의 동기가 무엇보다 폭력과 차별이었다는 사실을 분명히 한다. 흑인들의 이동은 단순한 이주가 아니라 존엄성의 문제, 생존과 명예와 관련된 결단이었다. 단조로운 슬라이드 기타와 거칠지만 힘 있는 목소리로 흑인들의 비통함과 각오를 담아 노래한다. 블루스와 포크의 경계에서 당대 민중의 레퍼토리를 불러 집단 기억을 노래로 전승한 리드 벨리는 우디 거스리와 피트 시거 같은 포크 음악가들에게 큰 영향을 미쳤다. 그래서 그의 음악을 블루스 포크, 혹은 포크 블루스라고 부른다.

〈짐 크로 블루스〉

〈짐 크로 블루스〉를 배경으로 한 영상에는 20세기 초·중반 미국 사회 흑인의 삶과 인종 분리 현실을 보여주는 장면들이 등장한다. 온갖 차별의 장면 중에는 잔인한 장면도 나온다. 불편은 당연한 반응이다.

풀먼 포터

흑인 대이동에서 가장 중요한 집단 중 하나가 풀먼 포터들이다. 앞서 풀먼 파업을 백인 노동자들의 투쟁으로 정의했지만, 그렇다고 해서 당시 기차 노동자가 모두 백인이고, 흑인들은 모두 파업 파괴자였다고 획일화하는 건 곤란하다. 흑인들은 기차에서 포터라는 안정적 일자리를 확보하고 있었다. 주요 업무는 당연히 짐을 나르는 일이었지만, 그 외에도 구두를 닦고 음식을 나르는 등 거의 모든 서비스를 제공했다.

무엇이든 잘하다 보면 눈에 띄기 마련이다. 지금은 명품의 대명사가 된 구찌의 창업자 구초 구치도 한때 귀족들의 짐 싸기에 능했던 호텔 포터에 지나지 않았다. 흑인들은 이 최초의 안정된 일자리에 온 힘을 쏟았다. 임금을 받지 못해 임금 노동자는 아니었지만, 팁만으로도 충분히 생계를 꾸릴 수 있었다. 게다가 기차를 타고 계속 여행을 다니다 보니, 우물 안 개구리 시각에서 벗어나 나름 세상을 보는 눈도 생기기 시작했다.

이들은 자연스럽게 북부와 남부를 오가며 익힌 정보를 전달했다. 1900년대 초반 유럽에서 전쟁 위기가 고조되자 이민 행렬이 줄어들기 시작한다. 기존의 비숙련 노동을 도맡아 하던 이민자 일부는 (지금으로서는 이해하기 힘든 일이지만) 오히려 고국으로 돌아가 전쟁에 대비한다. 철도 사업은 번창하고 있는데 백인은 부족하다. 백인이 있어도 흑인들은 언제나 파업 파괴자로서 필요하다. 게다가 철도의 경쟁자로 막 등장한 자동차 산업은 마치 기계처럼 반숙련 노동을 아무런 불평 없이 감수하면서도 노조 결성에는 방해가 되는 다수의 노동자가 필요했다. 이런 산업과 더불어 하늘 높이 올라가던 고층 건물의 뼈대를 세우기 위한 철강산업에도, 백인 노동자들이 꺼리는 고강도 · 저임금 · 고위험 노동을 감당할 수 있는 강인한 남성 노동자가 필요했다. 이런 일자리가 있고 노동력이 필요하다는 소식을 남부의 가족과 친구들에게 전달하는 일도 흑인 포터들의 중요한 역할이었다.

1900년대 초는 소위 '진보의 시대'라고 불렸다. 그중에서도 가장 도드라진 변화는 '언론'의 등장이다. 도금 시대의 황색 언론들은 언제 그랬냐는 듯이 너나없이 '폭로'와 '탐사' 보도에 뛰어들어 자본주의의 부패와 비리를 고발하려 했다. 이들을 머크레이커muckraker라 불렀고 '폭로 전문', '사회 고발' 언론이라고 했다. 《시카고 디펜더Chicago Defender》라는 흑인들을 대변하는 신문도 이때 만들어진다. 포터들은 이 신문을 남부로 퍼 나르며, 흑인들이 불평등과 폭력과 린치를 감내해야 할 이유와 필요가 전혀 없다는 자각을 퍼뜨렸다. 인종차별은 무서운 게 아니라, 더럽고 부당해서라도 피해야 한다는 생각을 전파했다. 자, 이주에 대한 준비는 끝났다. 일자리는 많고, 이주해도 살아갈 수 있을 것 같다. 포터 아저씨들에 따르면 우리 흑인들끼리 모여 살 만한 동네도 이미 조성되고 있다고 한다. 저 아저씨들 말은 믿을 수 있다. 이미 흑인들만의 노조, 전미흑인노동조합을 결성하고도 끄떡도 않는 분들이 아닌가? 그런 아저씨들도 그 동네에서 살고 있다고 하지 않는가? 저기 시카고는 우리 동네(특히 미시시피)에서 멀지 않다. 기차를 한 번만 타면 갈 수 있다. 일단 기차만 타면 도중에 누가 멈춰 세우고, 시비를 걸고, 죄수로 만들어 죽을 때까지 노동시키지 못한다. 기차를 타야 한다. 시카고로 가자.

몇 명이 떠난다. 그리고 고향에 편지를 보낸다. 대충 이런 내용이다. "너무 바빠서 편지를 쓸 시간도 없어. 하루에도 2달러를 벌기도 해. 나중에 시간 나면 선물 양손에 가득 들고 갈게." 나훈아의 〈고향 역〉이 떠오른다. *이쁜이, 곱쁜이 모두 나와 반겨주겠지. 달려라~ 고향 열차, 설레는 가슴 안고 눈 감아도 떠오르는 그리운 나의 고향 역~*. 현실이 그렇게 녹록지만은 않다는 건 이미 『시스터 캐리』에서 밝힌 바 있다. 여성이나 흑인이나 아이에게 맡겨지는 노동이란 아무래도 힘들고 불안정하고 고되다. 그 결과, '빵과 장미' 파업 같은 투쟁이 잇달았다.

〈풀먼 포터 블루스Pullman Porter Blues〉는 포터들의 고된 일상을 그리고 있다. 백인들은 시시콜콜한 모든 일을 흑인 포터에게 시키며 마치 왕처럼 군림했다. *나는 너무 우울해. 무엇을 해야 할지 모르겠어. 이 기차 일을 시작한 후로 받는 건 모욕뿐이야. "포터야 난방 좀 켜줘." "포터야, 물 좀 가져와." "포터야, 내 구두 좀 닦아줘." "포터야 불 좀 켜줘." "포터야, 뭐 좀 먹을 거 가져와." "포터야, 모자 좀 털어줘."* 요구는 끝도 없이 이어진다. 고된 흑인 노동자의 현실을 반영하는 노래다. 함께 부르는 노래라기보다는 개인적 블루스에 가깝지만, 시대를 증언하는 블루스곡으로 의미가 있다.

〈풀먼 포터 블루스〉

대도시로의 이동:
시카고와 디트로이트

흑인들이 향한 곳은 주로 시카고와 디트로이트였다. 클리블랜드나 뉴욕도 후보였지만, 그보다는 이미 흑인 커뮤니티가 자리 잡은 시카고·디트로이트가 매력적이었다. 이곳에는 풀먼 포터 아저씨들이 있었다. 이들은 교육, 종교, 사회 활동 등 여러모로 새로운 이주자들의 삶에 보탬이 되었다. 1차 대이동에서 150만 명, 2차 대이동에서 약 450만 명을 합쳐 대략 600만 명에 이르는 흑인들이 도시로 이동하면서 90퍼센트에 이르던 남부 흑인 비율이 50퍼센트 이하로 떨어진다. 이를 가리켜 흑인 대이동이라고 한다.

음악적으로는 원래 남부 습지의 음악, 그래서 소위 '델타' 블루스로 불리던 블루스는 시카고에 와서 도시화하며 '도시' 블루스, 또는 작업장에서 몇 명의 동료를 놓고 부르던 노래에서 대중을 상대로 음량을 키운 '전기' 블루스로 진화했다. 남부에서는 개인적인 고통을 코믹하게 승화하여 아이러니를 특징으로 했던 스타일은 이제 공장 노동과 도시 빈곤을 주제로 한 직설적인 노래가 되었다. 그러면서 이 시기에 남부에서 기차를 타고 시카고로 올라온 머디 워터스Muddy Waters와 하울링 울프Howlin' Wolf 같은 사람들이 단숨에 전국구 가수로 성장한다. 이름도 상징적이지 않은가? 한 사람은 '습지'라는 이름이고, 한 사람은 '울부짖는 늑대'라니! (참고로 남부 사투리는 비음 /ŋ/을 소리 내지 못해서 흔히 /n/으로 발음한다. 따라서 하울링처럼 'ing'로 끝나야 하는데 '-in'이라고 표기해놓았다면, 남부인이구나 하고 짐작할 수 있다.) 그리고 이제 통기타와 하모니카를 내던진 블루스는 한결 빠르고 강렬한 리듬감으로 대중을 일으켜 세워 도시 노동과 인종 차별과 생존의 문제, 더 나아가 근본적인 흑인들의 욕망을 주제로 춤추게 한다.

머디 워터스의 〈아임 어 맨I'm a Man〉을 들어보라. *나의 정체는 정처 없이 방랑하는 돌멩이다. 하지만 나는* (백인들이 우리를 묘사하듯) *어린아이가 아니다. 나도 욕망이 있고, 여자를 만족시킬 수 있다.* 흙탕물같이 거칠고 격정을 주체할 수 없는 그의 목소리를 듣다 보면 시카고 블루스의 분노가 느껴진다. 전설적인 밴드 '더 밴드'의

〈아임 어 맨〉

마지막 공연 〈더 라스트 왈츠The Last Waltz〉에서 머디 워터스가 이 곡을 부르는 영상에서 그는 더 밴드조차 조연처럼 보이게 만든다.

비슷한 시기에 발표된 로버트 존슨의 〈스위트 홈 시카고Sweet Home Chicago〉나 지미 로저스의 〈시카고 바운드Chicago Bound〉 같은 곡들은 시카고가 대이동 시대 흑인들에게 얼마나 중요한 의미였는지를 보여준다. 그런데 전자의 노래를 들으면 레너드 스키너드의 〈스위트 홈 앨라배마Sweet Home Alabama〉가 떠오른다. 1936년 곡이 시카고를 동경하는 노래라면, 1974년 곡은 거꾸로 남부를 찬미한다. "너희는 시카고가 좋아? 우리는 남부가 더 좋은데!" 사실 1970년을 기점으로 흑인 대이동은 남부로의 역이동으로 방향이 바뀌는데, 이를 역대이동Reverse Great Migration이라 부른다. 그 이유는 '도시에 대한 환멸'인데, 이는 3장에서 다루기로 한다.

시카고에 정착한 흑인들은 브론즈빌 지역을 중심으로 커뮤니티를 만들었다. 블루스뿐 아니라 재즈, 문학 등 다양한 예술이 더해지면서 이곳은 흑인 예술가들의 활동 무대이자 문화의 중심지가 되었고, 도시 속 흑인들의 '도시'로 기능했다. 그래서 시카고 사우스사이드의 블랙 벨트는 '시카고 블랙 르네상스Chicago Black Renaissance'의 중심지로 불리기도 했다. 1차 대이동 물결을 타고 시

〈스위트 홈 시카고〉

카고로 건너온 사람 중에는 재즈 뮤지션도 많았다. 그 유명한 루이 암스트롱, 그리고 '최초의 재즈는 나다'라고 떠벌리던 젤리 롤 모튼도 뉴올리언스에서 시카고로 건너왔다.

시카고 재즈는 이전 뉴올리언스 재즈와는 달랐다. 뉴올리언스의 재즈가 집단적이었다면, 시카고는 개인적이었다. 악기도 클라리넷·코넷 중심에서 색소폰·트럼펫·드럼으로 확장되며 더 큰 소리를 냈고, 이 소리에 맞춰 춤출 수 있는 음악으로 진화했다. 무엇보다 청중이 달랐다. 뉴올리언스 유곽에서 호객꾼 노릇을 하며 두 박자 행진곡으로 손님을 끌고, 안에서는 끈적한 음악으로 분위기를 잡던 루이 암스트롱은 시카고 클럽에서는 많은 대중 앞에서 공연하는 '아티스트'가 되었다. 그는 평생을 '엔터테이너'로 자처했지만, 사실상 미국 음악의 주류를 바꿔놓았다.

시카고에서 흑인 음악이 대중음악으로 확장되었다면, 디트로이트에서는 더욱 대중화되어 '모타운' 음악으로 자리 잡았다. 모터 타운Motor Town의 줄임말 '모타운Motown'이라는 상호 자체가 의미심장하다. 자동차 도시 디트로이트의 자부심을 담아 1959년 베리 고디가 세운 레이블 이름이자, 흑인 대중음악을 주류 팝 시장으로 올려놓은 상징이다. 미시시피 출신으로 디트로이트에 정착한 존 리 후커의 〈부기 칠렌Boogie Chillen〉은 이 진화를 예고한 곡이다. (Children을 굳이 'Chillen'으로 쓰는 건 남부 사투리 흔적이자 흑인 언어의 자기표현 방식이다.) 일인칭 농장 노동자의 푸념을 도시 노동자의 리얼리즘으로 승화시켰다고 평가받는 이 곡은 공장 노동, 외로움, 술집 문화, 빈곤 같은 주제를 춤추기 좋은 리듬에 얹어 모타운 사운드에 결정적 영향을 끼쳤다. 화자는 시골에서 올라와 디트로이트의 활기찬 밤 문화를 즐기며 젊음의 에너지와 자유, 음악에 대한 사랑을 풀어놓는다. 그렇다. 도시의 또 하나의 특징은 '자유'였다.

리처드 라이트의 소설 『토박이Native Son』는 당시 브론즈빌의 속사정을 고발한다. 호화로운 불야성에 둘러싸인 블랙 벨트의 삶이 언제나 좋은 건 아니다. 호황은 잠깐, 불황과 차별은 길고 깊었다. 흑인 청년 비거는 시카고의 아파트 방 한 칸에서 엄마, 여동생, 남동생과 함께 산다. 사춘기를 훌쩍 넘긴 나이지만 사생활은 없다. 아침에 일어나자마자 네 식구는 돌아다니는 쥐를 잡느라 소동을 벌인다. 결국 비거가 팬으로 쥐를 때려잡는다. (여기서 퀴즈. 이 소설은 무슨 계통일까? 정답: 자연주의. 역시 동물 이미지가 등장하고, 인간은 동물보다 나을 게 없는 존재로 우발성의 법칙에 종속된다. 처음 쥐를 잡던 비거는 우발적으로 살인에 휘말리고, 결국 자본과 사법체계에 살해당한다.)

〈부기 칠렌〉

여러 사건과 지루한 재판 과정을 통해 각성한 비거는 자신이야말로 진정한 미국의 아들이라고 주장한다. 자신 같은 인물은 미국에서 태어난 가장 미국적인 인물이자 앞으로도 만들어질 수밖에 없는 존재라고, 세상이 바뀌지 않는 한. 그렇기에 흑인들은 이런 수단으로 자신을 표현할 수밖에 없다. 그 수단은 실질적 폭력과 더불어 상징적 폭력이었다. 폭력이란 결국 두려움에서 비롯된 반작용이고, 그 반작용을 낳는 작용은 자본과 백인의 폭력이었다. 왜 머디 워터스의 노래가 그토록 거칠고, 왜 리틀 리처드 같은 흑인들의 노래가 '쌩양아치스러운지' 이해되는 대목이다.

시카고로 이주한 흑인들이 마주한 가장 큰 문제는 역시 주거였다. 『토박이』에도 나오듯 흑인 구역은 거의 백인 소유 부동산이었고, 흑인 일자리는 백인이 베푸는 자비에 따라 언제든 사라질 수 있는 한시적 자리였다. 하루에 남부의 네 배, 2달러를 번들 무슨 소용인가? 거지 같은 아파트 월세를 내고 나면 남는 돈이 없었다. 한국의 청년들도 고개를 끄덕일 것이다. 돈 벌어서 뭐 하나? 이번 생에 내 집 마련이 불가능하다면? 헛된 노력만 하다 끝내 삶은 나아지지 않는다. 청년의 좌절은 국경과 시대를 초월한다. 『토박이』에서 비거를 고용한 백인 지주 달턴은 말한다. "열심히 일해라. 잘하면 학교도 보내주마. 공부 열심히 하면 착한 사람이 될 거다. 착한 사람이 되면 사회의 인정도 받고, 돈도 많이 벌 수 있다." … 그건 네 생각이고.

흑인 대이동과 이별의 노래들 I

내 젊음의 빈 노트에 무엇을 그려야 하나 고민고민하다가, 긴 머리 짧은 치마 아름다운 그녀를 만나 토요일을 보내고, 저 푸른 초원 위에 그림 같은 집을 짓고 한평생 행복하게 살아보려고 시카고로 떠나는 흑인은 많지 않았다. 소위 젊음의 노래라는 이 곡들에서 현실성이라곤 요만큼도 찾아볼 수 없다. 현실의 이동은 훨씬 덜 낭만적이고, 훨씬 더 '빡셌다'. 박정희 정권에서 새마을 운동이라는 미명하에 벌어졌던 도시화와 더불어 농촌 수탈의 시기, 〈고향 역〉과 같은 시기에 나온 김세환이나 남진의 노래는 머디 워터스나 리틀 리처드의 노래를 연상시키는 면이 있다. 예를 들어 노래의 화자는 클럽에서 여자를 꼬신다. 요즘은 근사하게 '플러팅'한다고 말한다. 하지만 우리의 노래에는 "왜?"가 빠져 있다. "왜?" 우리의 화자는 그 장소에 있는가? "왜?" 여자를 꼬시는가? 여자를 꼬신다는 건 무슨 사회적 의미가 있는가? 이런 건 물으면 안 되는 주제인가?

〈대전 블루스〉는 좋은 노래지만, 이 노래를 듣다 보면 마지막 부분에서 흥이 깨진다. *아~ 보슬비에 젖어 오는 목포행 완행열차.* 애걔? 겨우 목포라고? 나라가 좁다 보니 아무리 멀리 간다고 해봤자 결국 목포다. 작사가 최치수도 난감했는지 그나마 '완행열차'를 태워 최대한 시간이나마 늘렸다. 그래 봐야 200킬로미터를 조금 넘는 정도다. 오늘날 케이티엑스KTX라면 점심 먹고 떠나 저녁에 돌아올 수 있는 거리다. 이걸 '멀고 먼 이별'로 봐야 한다고? 이런 노래를 부르기엔 한국 지리의 스케일이 너무너무 정직하다.

피터 폴 앤 메리Peter, Paul and Mary의 〈파이브 헌드레드 마일스500 Miles〉는 다르다. 노래는 이렇게 시작한다. *내가 탄 열차를 놓치셨다면, 나는 이미 당신과 500마일 떨어진 곳에 있을 거예요.* 화자와 사랑하는 사람은 기차역에서 만나기로 했지만, 만나지 못하고 열차는 떠나버린다. 이제 집에서 멀리 떨어져, 돌아갈 돈도 없는 화자는 고향을 그리며 눈물짓는다, 겨우 500마일 앞에 고향을 두고. 이 500마일은 기차가 하루를 달릴 수 있는 거리다. 사실은 서울-부산 두 바퀴 반쯤 되는 거리다. 이쯤 되어야 나훈아의 〈머나먼 고향〉 분위기가 난다.

〈파이브 헌드레드 마일스〉

사실 이 노래는 〈나인 헌드레드 마일스900 Miles〉의 변형 버전이다. 19세기 기차의 탄생 당시부터 미국 남부와 중서부에서 널리 불린 이 노래는 20세기 중반 포크 리바이벌과 함께 다시 유명해졌다. 우디 거스리, 오데타, 존 바에즈 모두가 불렀다. 노래는 〈파이브 헌드레드 마일스〉와 기본적으로 같다. 분위기도 같고, 노랫말도 흡사하다. 기차 여행, 방랑자의 외로움, 고향에 대한 그리움. *눈물이 그렁그렁한 채 나는 철로를 걷고 있다. 기차만 타면 내일 밤 고향에 갈 수도 있는데…. 마차도 시계도 모두 전당포에 잡히고 주머니엔 한 푼도 없다. 이렇게 집에서 멀리 떨어져 사는 게 정말 지겹지만, 난 900마일이나 집에서 떨어져 기차의 기적 소리를 듣고 있다.* 화자는 기차를 탈 수 있을까? 집으로 돌아갈 수 있을까? 900마일은 흑인 대이동 시기 미시시피주 잭슨에서 시카고까지 기차로 이동하는 거리라고 알려져 있었다. 나중에 측정해보니 실제 거리는 674마일에 불과했다. 하지만 사람 마음이 그렇다. 고향이 멀다고 느끼면 실제 거리와는 상관없이 900마일이 된다.

피터 폴 앤 메리의 노래 중에는 〈파이브 헌드레드 마일스〉보다 덜 알려졌지만 역시 이별을 주제로 한 〈모닝 트레인Morning Train〉이라는 곡도 있다. 그리고 너무나 유명한 〈리빙 온 어 제트 플

〈나인 헌드레드 마일스〉

레인Leaving on a Jet Plane〉도 있다. 이 노래가 등장할 무렵이면 사람들은 더 이상 기차로 떠나지 않는다. 이제는 비행기라는, 더 편리한 수단이 있기 때문이다.

우디 거스리의 아들 아를로 거스리Arlo Guthrie가 1972년에 부른 〈시티 오브 뉴올리언스City of New Orleans〉는 철도 산업 쇠퇴를 주제로 한 노래다. 제목의 '시티 오브 뉴올리언스'는 도시 이름이 아니라 실제 존재했던 기차 노선 이름이다. 이 노선은 일리노이 센트럴 철도 소속 야간열차로 시카고에서 뉴올리언스까지 운행했는데 흑인 대이동에서 가장 중요한 노선이었다. 그러나 흑인들의 이동은 더 이상 이 경로를 이용하지 않았고 철도 산업이 쇠퇴하면서 이 노선을 포함한 많은 노선이 문을 닫았다.

자, 그럼 이 기차를 타고 가보자. *15량 기차에는 고작 15명의 승객이 타고 있다. 차장은 노래를 부르고, 승객들은 기쁘게 답가를 부른다.* (실제로 콜 앤 리스폰스가 있었다는 게 아니라, 옛 기차에서는 이런 일이 있었으리라는 표현이다.) 노랫말에는 "풀먼 포터와 엔지니어의 아들들이 강철로 만든 매직 카펫에 타고 있다"는 구절도 나온다. 흑인 대이동의 기억이 음악으로 이어지는 순간이다. 그리고 가장 유명한

〈시티 오브 뉴올리언스〉

부분, “미국이여, 안녕? 나를 모른 척하지 마. 나는 너의 아들이야” 라는 후렴이 울려 퍼진다. 마치 미국 철도가 말을 걸어오는 듯하다. 그러고는 “이 기차는 사라져가는 철도의 블루스를 부르고 있다”라며 끝난다.

철도의 종말과 함께 미국의 옛 문화, 삶의 방식 하나도 접히는 듯한 느낌이다. 아를로 거스리 버전은 원곡보다 더 아스라한 향수를 불러일으킨다. 아버지의 이름 때문일까? (우디 거스리는 불과 42세에 헌팅턴 무도병으로 음악 활동을 중단했다. 이름 그대로 환자의 몸이 ‘춤’ 같은 비자발적 움직임을 보이는 병이다. 평생 노래로 몸을 흔들던 뮤지션이 몸을 제멋대로 움직이지 못하게 되는 병이라니, 잔인한 아이러니가 아닐 수 없다.)

흑인 대이동과 이별의 노래들 II

흑인 대이동을 대표하는 노래는 누가 뭐라고 해도 로버트 존슨Robert Johnson의 〈러브 인 베인Love in Vain〉이다. 피터 폴 앤 메리의 〈파이브 헌드레드 마일스〉의 주인공들은 기차역에서 만나지도 못하고 헤어지지만, 이 노래의 두 연인은 기차역에서 마지막으로 만난다. 남성은 여성의 가방을 들고 따라온다. 하지만 그녀는 너무도 싸늘하다. 다시는 못 만나리라는 걸 당신도 나도 안다. 모든 사랑은 헛수고였다. 기차는 도착하고, 나는 그녀의 눈을 바라본다. 그리고 마지막으로 그녀를 안는다. 나의 심장은 멈춘다. 가사는 하남석의

〈러브 인 베인〉

〈밤에 떠난 여인〉을 연상시키지만, 이 노래는 블루스 역사상 가장 섬세하고 감정적으로 가장 깊이 있는 노래로 꼽힌다. 다만 다 함께 부를 수 있는 노래는 아니다. 말 그대로 '사랑의 종착역'. 단순한 사랑을 넘어 죽음과도 같은 상실과 고독을 담고 있는 개인의 노래이기 때문이다.

더구나 노래를 만든 이는 평생 고독과 배신과 죽음을 노래한 '블루스의 파우스트' 로버트 존슨이다. 이 별명은 초창기 연주 실력이 부족해 자책하던 그가 악마와 계약을 맺고 일취월장한 실력을 얻었다는 만화 같은 이야기에서 비롯했다. 그의 노래 〈크로스로즈 블루스Crossroads Blues〉와 〈미 앤 더 데블 블루스Me and the Devil Blues〉에서도 이 이야기가 암시된다. 그는 27세라는 너무도 젊은 나이에 29곡의 음악을 남기고 요절하면서 후대에 '27 클럽'이라는 도시 전설의 시조가 된다(브라이언 존스, 지미 헨드릭스, 재니스 조플린, 짐 모리슨, 커트 코베인, 최근의 에이미 와인하우스 등). 생전에는 그다지 주목받지 못했지만, 후에 에릭 클랩턴과 롤링 스톤스라는 두 블루스의 기둥이 그를 떠받치며 단숨에 '역사상 후대에 가장 큰 영향을 미친 아티스트'로 등극한다. 〈러브 인 베인〉의 커버로 가장 유명한 밴드도 롤링 스톤스다. 듣고 있노라면, 다른 노래 다 필요 없이 이 노래

〈러브 인 베인〉(롤링 스톤스 버전)

하나만으로도 이미 롤링 스톤스는 위대한 밴드라는 생각이 든다. 믹 재거는 정말 미쳤다.

여러 번 언급한 〈미스터리 트레인〉에서도 기차는 나의 사랑을 영원히 데려간다. 앞서 몇 마일이 나온 노래들에서는 기차가 주는 거리감이 문제였다면, 이 노래에서는 기차의 거대한 질량이 문제다. 무려 16량이나 되는 기차는 그 압도적인 무게와 길이와 힘으로 나와 나의 사랑을 갈라놓는다. 이 힘은 마치 운명처럼 느껴져 도무지 극복할 수 없다. 이 곡은 1953년 주니어 파커가 선 레코드에서 녹음했다. 흥미롭게도 같은 해 엘비스 프레슬리가 어머니 생일 선물용 개인 녹음을 하러 이곳에 들른다. 스튜디오 주인 샘 필립스는 엘비스를 보는 순간 '백인 청중이 환호할 흑인 음악 스타일의 가수'임을 알아보고 그에게 〈미스터리 트레인〉을 커버하게 해, 선 레코드를 '로큰롤의 요람'으로 발전시킨다. 이별과 상실의 상징이었던 기차는 이 노래를 통해 블루스와 록, 흑인 음악과 백인 주류 문화를 연결하는 상징이 된다. 집단 합창보다는 록의 전환점이라는 점에서 의미가 있다.

흑인들에게 기차는 이동과 해방의 상징이다. 물론 흑인에게만 국한되지 않는다. 대이동을 통해 도착한 도시에서 소외와 착

〈미스터리 트레인〉

취를 겪은 흑인들은 다시 정처 없는 방랑의 길에 오른다. 물론 다시 의지해야 할 수단이라곤 기차, 그것도 무단으로 탈 수 있는 화물열차밖에 없다. 엘리자베스 코튼Elizabeth Cotten의 〈프레이트 트레인Freight Train〉은 이 같은 절망적인 상황에서 다시 자유와 기회를 찾아 기차를 탈 수밖에 없는 노동자들의 고통을 노래하고 있다. 도무지 해야 할, 할 수 있는 일을 찾지 못해 체념하고 하릴없이 앉아 있던 화자는 끊임없이 굴러가는 기차를 보며, 나의 삶도, 나도 저런 굴러가는 돌멩이라는 생각이 들면서 그냥 기차에 올라탄다. *어차피 여기 앉아 울어봐야 무슨 소용이 있겠는가? 기차는 떠나고 나는 그걸 타고 간다.* 1930년대 대공황 시기에 철도 노동자와 이주민이 겪은 체념과 절망을, 코튼은 고요하면서도 강한 어쿠스틱 기타로 희망의 노래, 연대의 노동가요로 변주해냈다. 1930년대는 물론 1960년대까지 노동자들이 집단 합창한 대표적인 레퍼토리였다.

〈프레이트 트레인〉

2장 —— 희미한 빛을 난 좇아가

화재와 금광, 철로와 도시, 목장과 광산. 19세기 미국의 풍경은 확장의 이미지로 가득했지만, 그 이면에는 착취와 배제의 그림자가 길게 드리워져 있었다. 시카고 대화재로 강제로 도시가 재건되며 자본의 논리를 도시에 관철한 자본은 '명백한 운명'을 내세워 서부 개척에 나섰다. 그 과정에서 원주민은 학살당하거나 강제로 이주당했고, 카우보이는 겉만 번지르르한 꼭두각시로 쓰임새가 다하자 버려졌으며, 노동은 값싼 자원으로 소모되었다.

이 광산의 장은 미국의 진보가 단순한 발전이 아니라는 사실을 밝힌다. 미국의 동과 서, 남과 북은 서로 다른 이해관계 속에서 끊임없이 부딪혔고, 와이어트 어프를 둘러싼 전쟁이나 빌리 더 키드와 같은 범죄자를 통해서 그 파열음이 불거졌다. 겉으로는 개척의 신화가 소비되었지만, 이면에는 갈등과 폭력이 켜켜이 쌓여만 갔다.

갈등과 폭력의 피해자는 철도 산업과 광산업이라는 노동집약적 대규모 산업으로 등장한 철도 노동자와 광산 노동자였다. 자본은 이들을 착취하며 팽창 이데올로기를 가속화하려 했고, 노동자들은 이에 맞서 연대의 노래를, 저항의 노래를 부르기 시작했다.

철도 노동자들에 비해 소수 집단으로, 고립된 장소에서 더 많은 착취를 당하며 더 많이 죽어만 가던 광산 노동자들은 노래로 서로를 위로하고 공포와 싸웠다. 그러면서 우리가 아는 노동운동의 대표적인 노래들이 쏟아져 나왔다. 자본은 아예 사립 탐정을 고용하여 기관총, 장갑열차, 비행기 등으로 아무런 거리낌 없이 대규모 학살에 나섰다. 일일이 다 언급하지 못할 정도로 끝없는 파업이, 그에 따른 끝없는 학살이 일어났다. 21세기 들어 학살은 줄어들었지만, 그것도 광산업의 전반적인 퇴조 때문이라는 생각에 가슴이 먹먹하다.

재난과 팽창, 신화와 억압, 갈등과 연대가 얽혀 있는 산업화의 그늘 속에서, 광부들은 함께 노래했다. 그 그늘 속에서 끝내 절망이 아닌 희망을 발견하려 노력하며, 광산의 어둠 속에서, 파업의 총칼 앞에서 광부들은 서로의 목소리에 기대어 한줄기 희미한 빛을 좇아갔다.

피비 스노와
시카고 대화재

1902년 미국 신문에 순백의 드레스에 모자와 장갑을 착용하고, 기차역에서 미소를 짓고 있는 교양이 넘쳐 보이는 여성 여행객 이미지가 등장한다. 그녀는 속삭인다. "내 드레스는 아침부터 밤까지 하얗게 유지돼요. 무연탄 철도를 타면 말이에요." 화이트white, 나이트night, 앤트러사이트anthracite라는 라임이 귀에 착착 감기는 이 공감각적인 광고는 미국 브랜드 캐릭터 마케팅의 시초로 여겨진다. 청결과 세련미, 근대적인 여성성을 상징하는 캐릭터의 이름은 피비 스노Phebe Snow였다. 실제 인물은 아니다. 광고는 델라웨어, 라카와나 앤 웨스턴 레일로드DL&W라는 철도 회사의 작품으로, 이 철도가 사용하는 무연탄이 '그을음이나 연기 없는 청결한 연료'임을 홍보했다. 그 덕분에 "기차 타면 옷이 시커멓게 된다"는 고정관념을 깨트릴 수 있었다. 광고의 인기에 힘입어 나중엔 피비 스노라는 이름

DL&W의 피비 스노 광고, 1912년경. "피비가 말하길, 피비는 잘 안다네, 연기와 재는 좋은 옷을 망친다는 걸. 그래서 즐겁고 기쁘다네, 무연탄 철도를 타는 건." 검은 기차와 온통 흰 복장의 가상 인물 피비가 대조를 이룬다. 출처: 위키피디어 커먼즈.

의 고급 열차까지 등장한다.

특히 여성들이 이 하얀색을 반겼다. 19세기 미국 남부 소녀들 사이에서는 비소나 수은을 먹거나 바르는 '미용법'이 암암리에 유행했다고 한다. 당시에는 창백하고 하얀 피부가 상류층 미의 기준이었기 때문이다. 햇볕에 그을린 피부는 야외 노동자이거나 '한 방울이라도 검은 피'가 섞인 것을 보여주는 지표일 수도 있었다. 비소는 혈관을 확장해 순간적으로 피부를 '맑고 하얗게' 보이게 했고, 수은은 피부 색소와 조직을 파괴해 창백함을 남겼다. 대가는 혹독했다. 많은 여성이 비소와 수은 남용으로 터무니없이 젊은 나이에 죽어갔다. 남부 작가였던 윌리엄 포크너의 단편 「에밀리에게 장미를」에서 주인공 에밀리가 약국에서 독약인 비소를 손쉽게 사고, 역시 남부 시인이었던 에드거 앨런 포가 남부 여성들이 너무 빨리 죽는다고 걱정했던 것도 다 이런 배경 때문이다. (참고로 영국 작가 루이스 캐럴의 『이상한 나라의 앨리스』에 등장하는 미친 모자 장수도 이 배경과 관련이 있다. 'Mad as a Hatter'라는 표현은 여성용 모자 가공에 수은이 많이 사용돼 모자 장수가 중독되어 미치는 경우가 많았던 데서 유래했다.)

아직도 기차 여행은 비행기 여행과 비교해 그다지 쾌적하다는 느낌이 들지는 않는다. 특히 아무 생각 없이 앞자리에 냄새나는 발을 올리는, 맨날 술에 취해 있는 아저씨라도 만나면 최악이다. 19세기 당시 여성들은 오죽했으랴? 이런 상황에서 깨끗하고 세련된 기차 여행을 선전하는 광고는 아마도 여성은 물론 남성들에게도 '근사한데?'라는 생각을 일으켰을 것이다. 주목해볼 점은 이 광고가 철도 회사의 무연탄 광고라는 것이다. 당시 기차의 연료는 당연히 유연탄이었다.

1871년 시카고에 대형 화재가 발생한다. 오늘날 '시카고 대화재'라고 불리는 이 화재는 미국 도시화 초기의 대표적 참사이면서 미국의 도시계획, 건축, 소방 정책을 완전히 바꾸어놓은 전환점이 된다. 시카고 중심부 한 헛간에서 발생한 화재는 가뭄 속 강풍을 타고 건조한 나무 건축물들을 지옥처럼 태워갔다. 화재 사흘 만에 비가 내리며 다행히 불은 꺼졌지만, 당시 시카고의 1/3에 달하는 지역이 파괴되고 10만 명이 집을 잃었다. 공식 사망자만 300명이 넘었다. 미국 역사를 읽다 보면 답답할 때가 한두 번이 아닌데, 이 경우도 마찬가지다.

1871년 10월 8일부터 10일까지 불탄 뒤 시카고 중심부를 찍은 사진. 연기가 아직 사라지지 않은 상태에서 건물 잔해가 도시 전체를 뒤덮고 있고 벽돌 굴뚝만 남아 있다. 이 화재로 300명 이상이 사망하고 도시 3분의 1이 파괴되었지만, 이후 재건 과정에서 시카고는 철도와 상업의 중심지로 빠르게 성장한다. 시카고는 '재에서 다시 태어난 도시'가 되고, 시의 공식 상징은 '불사조'가 된다. 출처: 미국 의회도서관.

1666년 런던 대화재가 일어났다. 당시 사람들이 '신의 심판'이라고 부를 정도의 커다란 화재로 1만 3000여 채 건물이 불에 타고 런던 시티 인구 80퍼센트가 집을 잃었다. 이 참사를 계기로 런던 재건 법(1667)이 제정되어 건물 사이 거리 확보, 방화벽 설치, 목조

재료 규제 등을 의무화했다. 중세와 근대를 가르는 '건축 혁명'의 시작이었다. 런던 대화재로 인간이 중세에서 벗어날 수 있었다고 말하는 사람도 있다. 그러나 시카고는 200년도 전에 벌어진 사건에서 아무것도 배우지 못했다. 1871년의 시카고는 1666년의 영국과 크게 다르지 않았다. 계획 없이 아무렇게나 지어진 도시의 목조주택은 다닥다닥 붙어 있었고, 집에서는 아무렇지도 않게 벽난로를 피우고 있었다. 불이 퍼지기에 이상적인 환경이었다.

대화재는 시카고를 근대적 대도시로 재탄생시키는 계기가 된다. 이제 도시는 나무가 아니라 벽돌과 강철이라는, 화재에 버티는 재료로 지어야 한다는 '시카고학파' 건축 운동이 등장한다. 그 결과 철골 구조 건물이 세워지면서 층수가 하늘 높이 끝없이 올라간다. 그러다 보니 강철이 필요하고, 강철을 생산하는 철강공장이 더더욱 필요해진다. 유럽 건축에서 벗어난 새로운 건축을 지휘한 근대 건축의 아버지 루이스 설리번Louis Sullivan이 바로 이때 등장한다. "형태는 기능을 따른다"라는 그의 원칙은 미국의 건축 독립 선언문 같은 것이다. 장식 따윈 필요 없다. 강철로 높고 높은 도시를 건설하자. 시카고는 멋진 도시로, 미국의 젊은이들에게는 자랑스러운 도시로 탈바꿈한다. 미국의 흑인 대이동이 시카고를 목적지로 둔 하나의 이유다. 게다가 시카고 일리노이 남부 지역에는 시카고 산업 발전에 중요한 에너지원 공급 역할을 했던 석탄 광산이 많았고, 항상 광부가 부족했다.

도시의 난방 연료도 바뀐다. 이젠 장작을 때지 않는다. 당시 미국에 등장한 화재보험사들은 보험료를 난방 방식에 따라 차등을 두고 산정했는데, 장작, 유연탄, 그리고 무연탄순이었다. 무연탄이라니? 사실 미국의 역사는 광산의 역사이기도 하다. 지금부터 그 이야기를 해보자. 광산과 골드러시의 역사다.

무궁무진한 천연자원의 나라

1791년 펜실베이니아에 거주하던 필립 긴터라는 농부가 숲에 사냥을 나갔다가 '검은 돌멩이'를 하나 발견한다. 호기심이 많았던 그는 이 돌을 벽난로에 넣었다. 한참 동안 아무 반응도 없던 돌은 시간이 지나자 불타기 시작했고 연기도 거의 없이 뜨거운 열은 오래오래 유지되었다. 이게 새로운 형태의 석탄이 아닐까 짐작한 그는 당시 지역의 지식인 제이컵 바이스에게 보여주었고, 돈 냄새를 귀신같이 맡은 바이스는 몇 군데 분석을 의뢰하여 이 돌멩이가 새로운 석탄임을 확인한다. 그후 바이스의 주도로 16명이 합자하여 그 유명한 리하이 석탄 광산 회사가 설립된다. 나중에 이 회사는 리하이 석탄 및 항해 회사로 발전하며 무연탄이 미국 산업과 주택 난방의 주요 에너지원으로 자리 잡는 데 중요한 역할을 한다. 리하이 석탄 및 항해 회사는 광산 채굴에서 제조 공정, 그리고 운하와 철도 건설을 통해 수송까지 아우르는 미국 최초의 수직 통합 기업으로 산업혁명 촉진과 도시 발전에 크게 이바지한다.

당시는 미국의 서부가 개척되기도 전이다. 미국의 서부란 지금의 캘리포니아를 의미하는 게 아니다. 당시에는 애팔래치아산맥을 넘으면 모두 서부였다. 지금의 중부도 모두 서부였다. 어쨌든 미국은 정착해보니 길거리(까지는 아니지만, 사냥용 길)에도 그 귀한 고품질 무연탄이 데굴데굴 굴러다녔다. 펜실베이니아 동북부는 세계 최대 무연탄 매장량을 자랑하는 대탄전지대로, 수천만 년 동안 지하에 있던 석탄층이 지각운동을 통해 솟아오르고 토지가 침식되며 노출된 장소로 밝혀졌다. 이미 산업혁명으로 석탄을 캐기 시작하던 영국에서는 죽어라 열심히 파야 간신히 발견되던 희귀하고 비싼 무연탄 광맥이 길거리에 버젓이 "날 파주슈" 하고 입을 벌리고 있었던 셈이다.

무연탄은 기존의 나무·유연탄보다 발화 온도가 높아 화재 위험이 낮고, 열은 오래 지속되며, 연기와 불꽃이 없다는 특징으로 새로운 시대의 연료로 시카고 대화재 이후 도시 환경에서 각광받았다. 전기가 들어오기 전까지 무연탄 보일러는 도시 문명의 상징이자 안전의 상징, 더 나아가 세련됨의 상징이었다. 피비 스노의 광고가 등장한 것도 그런 맥락이었다. 물론 무연탄이 유연탄보다 비싸고 채굴 지역이 제한되다 보니 기차에서는 유연탄을 완벽히 대체하지는 못하고 일부 고급 여객 철도에서 대체 연료 정도로 사용되었다.

석탄은 아무리 서쪽으로 파 나가도 끝도 없이 나왔다. 미국인들이 처음 마주했던 자연 장벽이었던 애팔래치아산맥은 알고 보니 (특히 펜실베이니아 북부에서 앨라배마 중부까지, 대략 서울-부산의 4배에 이르는 지역이) 무궁무진한 석탄 매장지로 밝혀졌다. 석탄회사들은 대충 땅만 파도 무진장한 돈을 벌 수 있었다.

자, 이제 조금 더 가보자. 드넓은 미국 중부가 펼쳐진다. 이곳은 전 세계 육지 면적의 1.8퍼센트밖에 안 된다는, 지구상에서 가장 비옥한 땅, 그냥 아무 씨앗이나 뿌리고 방치해도 수확할 수 있다는 흑토黑土가 펼쳐지는 곳, 북미 대평원이다. 세계 흑토의 20퍼센트 이상이 이곳에 있다. 물론 당시엔 그저 소들이나 한갓지게 풀을 뜯고 있었다.

다시 차를 몰고 동쪽에서 서쪽으로 아무 생각 없이 달리다 보면 저 멀리 까마득히 보이기 시작하는 엄청난 장벽, 〈진격의 거인〉이나 〈왕좌의 게임〉에 나오는 장벽 정도는 훌쩍 뛰어넘는 자연 장벽, 로키산맥이 또 엄청난 광맥으로 사람들을 반긴다. 이 광맥은 동쪽의 광맥과는 달라서 금, 은, 구리, 우라늄 등이 묻혀 있다. 걸어 다니면 발에 금덩어리가 채인다. 뭐 이런 나라가 다 있나 싶을 정도다. 다른 맥락이긴 하지만 미국인들이 '명백한 운명'을 믿었던 것도 이해가 간다. 어떻게 이렇게 천연자원으로 축복받은 나라가 18세기까지도 방치되어 있었다는 말인가?

자, 이제 미국의 동쪽에는 산업혁명의 젖줄이라는 엄청난 석탄이, 서부에는 운이 좋은 사람이라면 누구나 벼락부자로 만들어 줄 수 있는 풍부한 금광이 있다. 어떻게 할 것인가? 당연히 철로를 깔아 연결하고 싶겠지. 연료는 걱정이 없다. 대충 아무 데나 파면 석탄이 나오니까. 산업혁명의 기찻길은 그렇게 깔렸다.

땅속에서 자원은 그냥 까꿍 하고 튀어나오지 않는다. 어둠 속에서 곡괭이를 휘두르는 이름 없는 광부들이 이들을 세상에 내놓는다. 캐나다의 전설적인 싱어송라이터 리타 맥닐Rita MacNeil은 그 광부들을 위해 노래했다. 그녀의 대표곡 〈워킹 맨Working Man, The Miner's Song〉은 단순한 노동요라기보다는, 땅 아래서 일하는 광부들의 고단함 · 자부심 · 희망과 슬픔을 광산 노동자의 시점으로 최대한 존중을 담아 노래한다. *나는 노동자, 땅 아래에서 일하는 노동자다. 햇빛을 다시 볼 수 있을지는 모르겠다. 사랑하는 이를 기억하며 버티고는 있지만, 언젠가는 이 삶에서 벗어나고 싶다.* 피아노, 기타, 현악기를 배경으로 리타 맥닐은 따뜻한 목소리로 탄광 노동자를 넘어 노동자 전체를 위로한다. 실제로 캐나다 노동자들은 대체로 막장 인생에서 벗어났다. 우리와 마찬가지로 캐나다의 탄광 산업이 거의 문을 닫았기 때문이다. 리타 맥닐은 캐나다 탄광 산업의 퇴조

〈워킹 맨〉

가 뚜렷하던 2013년 눈을 감았다. 평생을 광부 · 노동자 · 여성을 위해 노래했던 그녀가 마지막으로 부른 노래 역시 〈워킹 맨〉이었다고 알려져 있다.

〈존 애덤스〉와 조지 허스트

에이치비오HBO 미니시리즈 〈존 애덤스〉는 '미국의 탄생'을 다룬다. 다소 장황하게 느껴지는 에피소드 1은 소위 '보스턴 대학살'을 다루고, 이 사건으로 존 애덤스가 대중의 신뢰를 얻는 과정을 그린다. 말이 '대학살'이지 실제로는 시민 다섯 명이 사망하고 여섯 명이 다친 사건이다. 그래서인지 영국에서는 이를 그저 '킹 스트리트 사건'이라고 부른다. 그리고 이후 벌어진 미국 원주민 학살과 비교하며, "다섯 명 죽은 것도 학살이냐?"라고 조롱하기도 했다. 아직도 그 이름을 두고 학계에서 논란이 분분하며, 결국 미국이란 나라를 어떻게 보아야 하느냐로 논쟁이 이어진다.

미니시리즈는 이러한 문제의식을 끝까지 묵직하게 밀고 나간다. 애덤스와 평생 라이벌 관계였던 제퍼슨을 끌어들여, 두 사람을 중심으로 미국이라는 나라의 정체성을 탐구하는 게 이 시리즈

HBO 미니시리즈 〈존 애덤스(John Adams)〉(2008)의 공식 홍보 포스터. 데이비드 맥컬러프의 퓰리처상 수상작 『존 애덤스』를 기반으로 제작했고, 실제 역사 자료와 기록물을 참고해 미국 독립전쟁과 공화국 초기에 일어났던 사건들을 꽤 사실적으로 재현했다는 평가를 받는다. 화려한 블록버스터에 질린, 진짜 역사가 궁금한 사람이라면 볼 만하다.

의 목적이다. 애덤스는 해밀턴과 함께 대표적인 연방주의자로, 모든 권력은 연방에 집중되어야 한다고 믿는다. 반면 제퍼슨은 공화주의자로, 어떤 인간이나 제도도 권력을 남용할 수 없도록 최대한 분산시켜야 한다고 믿는다. 정치 노선의 차이는 경제관의 차이로

이어진다. 연방주의자들은 대체로 보스턴이나 필라델피아를 중심으로 한 중상주의자 엘리트들이고, 공화파들은 미국 남부에 기반을 둔 중농주의자 지주들이다.

미니시리즈에서는 애덤스의 외교적 업적에 초점을 맞추느라 이 대립을 깊이 파고들지는 않지만, 시청자들은 이를 보며 깨닫는다. "남북전쟁은 피할 수 없었구나." 지향하는 바가 전혀 다른 두 경제체제가 한 나라에서 공존하기는 원칙적으로 불가능했다.

미니시리즈에는 경제적으로 실패한 사위가 서부로 떠나는 장면이 있다. 애덤스는 못마땅한 표정을 짓는다. 그도 그럴 것이 그가 꿈꾸는 나라는 동부 엘리트 중심의 나라인데, 사위는 제퍼슨류의 '서진하는 개척 국가'에 동참하려 하기 때문이다. 하지만 '명백한 운명'은 그 누구도, 아무리 존 애덤스라도, 거스를 수 없었다. 당시 서부는 오늘날의 중서부, 즉 오하이오강 서쪽에서 미시시피 동쪽까지를 가리킨다. 그러나 얼마 후 1803년 카리브해 아이티(프랑스 식민지)에서 노예 반란이 일어난다. 북미 식민지에 넌더리가 난 나폴레옹은 영국과의 전쟁을 앞두고 군비 확충이 필요했다. 결국 그는 뉴올리언스를 매입하려 협상하던 제퍼슨에게 프랑스 지배하에 있던 루이지애나 전체를 던져버린다. 미국의 영토는 단숨에 두 배가 된다. 이제 서부는 루이지애나 서쪽 끝 미주리까지 확장된다.

여기가 바로 오리건 트레일의 출발지인 미주리다. 대륙횡단철도가 놓이기 전, 사람들은 미주리, 특히 인디펜던스시에 모여 서부 오리건주까지 3200킬로미터에 달하는 여행을 함께 떠나곤 했다. 당시 오리건은 미국과 영국의 공동 소유였다. 호시탐탐 이 땅을 노리던 미국은 더 많은 사람을 이주시켜야 했다. 그래서 1840년대 중반 오리건 트레일로 사람들이 줄을 서다시피 했고, 1850년에는 5만 명이 넘는 사람들이 이동했다. 한꺼번에 100대가 넘는 포장마차가 지나는 행렬도 있었다고 한다. 흑인 대이동 전에는 이를 가리켜 '대이주Great Migration'라고 불렀다. 미국 역사에는 대이동이 두 번 있는 셈이다.

마침내 1859년 오리건은 33번째 주로 편입된다. 오리건 아래, 미주리 옆에는 멕시코 땅이 있었다. 미국은 전쟁을 통해 1848년 그 땅마저 획득한다. 이제 우리가 알고 있는 미국의 모습이 대충 갖춰진다.

존 애덤스를 위시한 동부 엘리트들의 생각과 달리 사람들은 미주리까지 가서도 잘 살 수 있었다. 당시엔 몰랐지만, 앞서 말했듯이 아무 씨앗이나 뿌려도 되는 땅이었기 때문이다. 미국은 원래 영국 상인들이 들어와 만든 나라이다 보니 가장 큰 문제가 먹고사는 일이었다. 제퍼슨이 중농주의를 부르짖었던 것도 다 이유가 있다. 오죽했으면 첫해 농사를 성공적으로 지었다고 감격해 당장 추수감사절을 만들어 기념했겠는가?

미주리에는 평평한 지형, 비옥한 토양, 적당한 기후, 풍부한 수자원 등 모든 것이 갖추어져 있었다. 농사만으로도 성공할 수 있는 환경이었다. 농사지을 땅은 대체로 국가가 무료로 나누어 주었다. 그런데 농사에만 만족하지 않고 여기저기 땅을 파헤치고 다니는 사람들이 있었다. 이들은 낮에는 농사를 짓고, 밤에는 들판을 뒤지고 다녔다. 그러곤 농사로 번 돈을 탄광 개발에 쏟아부었다. 그중 몇몇은 성공했다. 대표적인 인물이 '신문 왕' 윌리엄 랜돌프 허스트의 아버지, '탄광 왕' 조지 허스트였다.

그는 농사로 번 돈을 근처 납 광산에 투자하여 차곡차곡 자산을 불려갔다. 그러다 1849년 캘리포니아 골드러시가 일어나자, 그 돈을 싸 들고 캘리포니아로 출발한다. 마침 그가 살던 곳은 당시 캘리포니아에서 가장 가까운 미주리였다.

이 시기에 미국인들은 노래도 하나 얻었다. '미국 대중음악의 아버지'라 불리는 스티븐 포스터Stephen Foster가 1848년 골드러시를 풍자하는 〈오! 수재나Oh! Susanna〉를 발표한 것이다. 이 노래는 빠르게 미국 전역으로 퍼져나가며 1849년에는 서부로 떠나는 이주민들과 광부 사이에서 희망과 용기를 주는 노래로 큰 인기를 얻었다. 최초의 밀리언셀러였다고 할 수 있다.

물론 당시엔 저작권법이 없어 포스터가 큰돈을 벌지는 못했다. 노래는 흑인 남성 화자가 '수재나'라는 여성을 만나기 위해 벤조 하나 들고 미국 남부에서 서부로 여행하는 이야기인데, 유쾌하

〈오! 수재나〉

고 과장된 표현으로 미래에 대한 낙관을 경쾌한 리듬에 담았다. 광부들과 이주민들은 캠프 주변에서 이 노래를 함께 불렀다. 벤조 대신 금을 채취하는 대야washpan로 바꿔 부르기도 했다. 아예 제목을 〈오! 캘리포니아Oh! California〉로 바꾸고 가사 전체를 개사한 버전도 있었다.

현대에 들어서는 포스터가 흑인을 묘사한 태도가 문제시되면서, 흑인의 무지를 조롱하는 2절은 삭제되었고, 몇몇 흑인 사회에서는 금지곡이 되기도 했다. 하지만 당시 사람들에게 이 노래는 희망과 낙관의 노래였고, 무엇보다 '함께 부르는 노래'의 시작이었다는 사실은 부인하기 어렵다. 철도 노동자들의 노래가 〈아이브 빈 워킹 온 더 레일로드〉로 시작했다면, 탄광 노동자의 노래는 〈오! 수재나〉로 시작한 셈이다.

1849년 골드러시와 존 서터

1848년 캘리포니아 서터스 밀에서 금이 발견된다. 서터스 밀Sutter's Mill은 말 그대로 서터라는 사람이 운영하던 제재소였다. 하지만 발견자는 서터가 아니라, 제재소 수리 중이던 목수 제임스 마셜이었다. 서터는 금 발견 소식을 듣고 한참 동안 고민한다. 부자가 될 수 있다는 희망과 동시에 자신이 일구고 있던 낙농업 유토피아, 이른바 '뉴 스위스'의 꿈이 깨질 수도 있다는 두려움 사이에서 갈팡질팡했다. 결국은 마셜에게 이 발견을 비밀에 부치고 금을 찾자고 제안한다. 하지만 발 없는 말이 천 리 간다고, 소문은 이내 미국 전역에 퍼져나갔고, 1년이 지난 1849년에는 수십만 명이 몰려들기 시작한다. 이 금을 찾아 몰려든 사람들을 포티나이너스forty-niners라고 부르는데, 발 없는 말과는 달리 다리가 있는 말이 이곳까지 오기엔 꼬박 1년 정도가 필요했기 때문이다. 미주리에서 출발한 사람들은 이제 오리건 트레일을 따라가다 새로 생긴 캘리포니아 트레일로 갈아타야 했다.

겉으로는 '명백한 운명'이라 불린 서부 개척이지만, 냉정하게 보면 우연이 너무 절묘하게 맞아떨어져 마치 누가 뒤에서 계획한 것처럼 보이는 면도 있었다. 미국이 멕시코로부터 캘리포니아를 얻은 바로 1848년, 하필 그 땅에서 금광이 발견된 것이다. 새 영토를 지키려면 무엇보다 사람이 필요하고, 사람이 살아야 그 땅을 '우리 땅'이라고 주장할 수 있다. (독도는 우리 땅!) 영국과의 전쟁 이후 애팔래치아산맥 너머 광활한 땅까지 미국이 자기 것이라 우길 수 있었던 것도 이미 그곳에 미국 정착민이 살고 있었기 때문이다. 하지만 서부로 가는 일은 결코 쉽지 않았다. 아무리 '명백한 운명'이나 '프런티어 정신' 같은 구호로 떠밀어도, 앞서 존 애덤스의 사위처럼 쫄딱 망하지 않는 한 사람들은 선뜻 서부로 향하지 않았다. 그런데 하필 1849년에 골드러시가 터진다. 수많은 사람이 서부로 몰려들 수밖에 없을 만큼 강력한 사건이었다. 타이밍이 너무 완벽해 음모를 의심할 법도 하지만, 놀랍게도 전부 우연이었다.

금은 곧 서터의 악몽이 된다. 포티나이너들은 대체로 무법자들이었다. 이들은 서터의 사유지에 들어가 무단으로 금을 캐기 시작했고, 서터의 물건과 가축을 훔쳤다. 서터는 결국 모든 가산을 탕진하고 파산한다. 미국 정부에 소송을 제기해 일부 재산권을 인정받기도 했지만, 얼마 후 사망하면서 그의 재산은 다시 누구의 소유인지 모르는 상태로 남겨진다. 유산은 한번 파산한 것치고는 엄

앞의 인물은 팬을 사용해 냇가에서 사금을 거르고 있다. 이런 방법을 패닝이라 불렀다. 뒤의 인물은 바구니를 들고 있고, 주변에는 다른 채굴자들이 땅을 파고 있다. 저 멀리 천막 캠프가 보인다. 서터스 밀도 대충 이런 풍경이었을 것이다. 1850~1870년 사이에 제작된 삽화. 출처: 미국 국립문서보관소.

청난 수준이라 누구든 그의 후손이라 생각하는 사람들은 도전해 볼 만도 했다.

'불쌍한 서터'라고 마음 아파할 필요는 없다. 사실 그는 뿌리 깊은 악한이었다. 그가 미국으로 온 것도 스위스에서 형사 처벌을 피하기 위해서였다. 스위스의 가족은 모두 버렸다. 아무도 자신을 모르는 땅에 정착한 그는 그동안 갈고닦아 왔던 타고난 재능을 최대한 발휘하여 사기와 협잡, 착취 등 인간이 저지를 수 있는 모든 나쁜 짓은 다 저질렀다. 그중에서도 가장 악명 높았던 것은 미국 원주민들에 대한 착취였다. 한창 많을 때는 800명에 이르는 원주민들을 거느리고, 노예로, 사병으로 썼다고 한다. 자신은 서부에서는 구경하기도 힘든 최고급 식기로 식사를 즐기며, 원주민들에게는 말구유에 동물 내장을 넣고 손으로 먹게 했다. 더 웃기는 건, 어디서 배웠는지 '초야권'을 주장하며 원주민 여성들을 성적 노리개로 삼았다. 그러고는 온갖 사람들을 초대하여 자신의 이런 취미를 맘껏 과시했다고도 한다.

땅은 멕시코 정부에게서 임대했지만, 임대료는 내지 않았다. 세금 징수원이 오면 원주민들을 동원하여 쫓아냈다. 그사이 임대 기간은 만료되었다. 그의 땅에 대한 권리는 이미 그에게 없었다. 그런데 하필 1848년 즈음 홍역이 돌면서 원주민들이 대거 사망한다. 그를 지켜줄 사람들이 사라진 셈이다. 이러한 사실을 모르지 않았던 포티나이너들은 마음 놓고 한때 '서터의 요새'로 불리던 땅에 들어와 정의의 칼을 휘두른 건 아니고, 무심히 강에서 물을 떠서 접시에, 체에 받쳤다. 당시 사금을 추출하던 방식이었다. 포티나이너들이 등장하기 전 캘리포니아 전체의 인구는 1만 명, 샌프란시스코의 총인구는 1000명에 지나지 않았다. 말이 쉬워 캘리포니아주지, 우리나라보다 세 배는 큰 땅이다. 그런 곳에 1만 명이 사는데, 무슨 공권력이 있어 법을 집행할 것인가? 물론 법을 집행하는 사람이 없지는 않았다. 그 동네에 오래 살고, 이름이 조금 알려진 사람이라면 누구나 공권력을 상징하는 인물이 될 수 있었다. 예컨대, 존 서터 같은 인물 말이다. 그도 '판사'였다. 사법부의 부패는 깊고도 넓다.

이 시기 이주민들이 즐겨 부른 대표 노래는 〈스위트 베시 프롬 파이크Sweet Betsy from Pike〉였다. 미주리주 파이크 출신 여인 베시와 연인 아이크가 캘리포니아로 향하는 여정을 그린 포크로 서부 개척자들 사이에서 널리 불렸다. 흥미로운 점은 주인공이 여성 화자라는 것이다. 당시 여성 이주자는 남성의 1/10밖에 되지 않았고, 남녀가, 게다가 결혼도 하지 않은 남녀가 함께 움직이는 경우는 극히 드물었다. 베시는 겁먹고 소심한 아이크에 비해 강인하고 독립적인 여성으로 묘사된다. 그래서 이 노래는 훗날 1960년대 미국 페미니즘 운동에서 다시 주목받기도 한다. 소 두 마리, 큰 노란색 개 한 마리, 큰 닭 한 마리, 점박이 돼지 한 마리와 함께 출발한 소풍 같은 여행은 우스꽝스럽게 시작하지만, 사막을 지날 때는 죽음의 그림자와 함께 긴장감도 준다. 솔트레이크에 들어갔다가 모르몬교와 얽히는 에피소드는 풍자적인 면도 있다. 험난하면서도 재미있는 모험을 함께 겪으며 두 사람은 결국 캘리포니아에 도착하지만, 기대했던 삶은 당연히 없다. 마지막은 일반적인 동화와는 달리 "결혼했는지 안 했는지는 아무도 모른다"로 끝나면서, 개척자들의 불안정한 삶을 담아낸다. 경쾌한 리듬과 유머러스한 가사 덕분에 함께 부르기 좋은 노래였으며, 특히 캠프파이어에서 즐겨 불렀다.

〈스위트 베시 프롬 파이크〉

캘리포니아 트레일이 캘리포니아로 가던 유일한 길은 아니었다. 새로 생겼다는 길에 공포심을 느낀 사람들은 아예 배를 타고 멀리 돌아가기로 결심한다. 어차피 미주리에서 출발하나 뉴욕에서 출발하나 최소 4개월에서 6개월 정도가 걸리는 건 마찬가지였다. 파나마 운하도 없던 시절이라 많은 배가 거의 남극을 돌아가야 했지만, 당시엔 오히려 육로가 더 위험하고 준비도 더 오래 걸린다는 생각도 있었다. 〈더 뱅크 오브 새크라멘토The Bank of Sacramento〉는 이렇게 동부에서 샌프란시스코로 금을 찾아가던 사람들이 부르던 뱃노래, 시 섄티Sea Shanty다. 시 섄티 역시 노동요이기에 선창과 후창 구조가 일반적이며, 즉흥적이라는 특성을 가지다 보니 이 노래 역시 가사가 여럿이다. 공통된 부분은 그저 "On the banks of the Sacramento"라는 후창 부분이다.

시 섄티는 바다에서 부르는 노래이므로 대체로 악기 없이 부르지만, 〈더 뱅크 오브 새크라멘토〉는 골드러시를 주제로 하다 보니 기타와 벤조, 피들 정도는 들을 수 있다. 스티븐 포스터의 〈캠프타운 레이시스Camptown Races〉와 멜로디가 유사하다고 지적하는 사람들이 많은데, 당시엔 여러 민요가 서로서로 영향을 미쳤으니 어쩔 수 없다. 소개한 영상에 많은 배가 보이는데, 실제로 사람들은

〈더 뱅크 오브 새크라멘토〉

샌프란시스코에 도착하자마자 배를 내팽개치고 금을 캐러 떠나서, 이런 식으로 방치된 배가 샌프란시스코만을 뒤덮었다고 한다.

'명백한 운명'과 〈미국의 진보〉

19세기 미국을 관통하는 가장 중요한 정치적 · 문화적 이데올로기는 '명백한 운명manifest destiny'이다. 1845년 존 L. 오설리번은 한 잡지에서 "우리는 신의 섭리에 따라 이 대륙을 뒤덮어야 한다. 그것이 우리의 명백한 운명이다"라고 말한다. 그러곤 "미국은 신에게 선택받은 나라로서 대서양에서 태평양까지 영토를 확장해야 하며 문화 · 정치 · 종교 · 제도를 미개한 땅에 전파할 사명이 있다"라고 덧붙인다. 여기서 manifest는 흔히 '명백한'이라고 번역되지만, 사실은 '자명한', '누가 보더라도 알 수 있는'이라는 의미에 가깝다. 한때 대서양 연안 국가였던 미국이 태평양까지 진출하고, 나아가 태평양을 자신의 연못으로 만드는 것은 꿈이나 욕망이 아니라, 신이 내린 '의무'였다. 미국의 영토 확장은 폭력 · 전쟁 · 제국주의적 야망과는 거리가 먼 '정의'로, 미국인들이 이루어야 할 '미션'과도 같은 것이었다. 이러한 기독교적 선민의식은 인종주의와 결합하고, 나중에 19세기 말 사회적 진화론과 맞물리면서 '자연'스럽고 당연한 것으로 굳어졌다. 오늘날 말하는 미국 예외주의의 뿌리다.

존 개스트의 1872년 작 〈미국의 진보〉는 '명백한 운명'을 형상화한 그림으로 알려져 있다. 원제는 "American Progress"인데, 여기서도 'progress'라는 단어 선택이 기막히다. 사실상 이 그림은 그저 〈미국의 서진〉 정도로 옮겨도 아무 상관이 없어 보인다. 그냥 '미국의 개척'이라고 해도 된다. 하지만 'progress'라는 말을 붙여놓으니, 마치 서부 확장이 '진보'이고 '발전'처럼 느껴진다.

그림을 보자. 미국을 상징하는 컬럼비아라는 여성(국가는 여성이다.)이 순수를 상징하는 흰색 드레스를 입고 그림 한가운데서 서쪽으로 나아가고 있다. 한 손에는 학교 교과서를, 다른 손에는 전신선을 들고 있다. 책은 계몽과 교양, 다시 말해 백인 문화이고, 전신선은 기술과 소통, 즉 문명의 확산을 가리킨다. 그 뒤로는 산업 문명의 상징인 기차가 달린다. 그녀의 머리에는 '제국의 별Star of Empire'이 빛나고 있다. 컬럼비아가 '진보'와 '계몽'의 '빛'을 서부로 가져간다는 의미다. 이 별은 밝게 빛나는 동쪽이 아니라, 아직 개척되지 않아 어두운 서쪽을 향하고 있다. '명백한 운명'이 시각적으로 구현된 장면이다.

미국 낭만주의의 특징은 자연을 이렇게 '서사화'하는 데 있다. 그림을 전반적으로 왼쪽에서 오른쪽으로 훑어봐야 한다. 유럽 낭만주의에서 자연이 휴식처 · 피난처였다면, 미국의 자연은 '정복

〈미국의 진보〉. 처음으로 '제목 있는' 그림이 등장한다. 미국이 신의 뜻에 따라 서쪽으로 영토와 문명을 확장한다는 19세기 이데올로기를 시각화한 그림으로, 교과서 · 신문 · 잡지 등을 통해 널리 퍼지며 서부 확장의 정당성을 선전했다. 오늘날에는 원주민 추방, 환경 파괴, 제국주의적 폭력의 상징이 된 그림이다. 출처: 미국 의회도서관.

의 대상'이었다. 그래서 컬럼비아는 보무도 당당하게 정복의 길에 나선다. 위에는 카우보이가 말을 타고 달리고, 앞에는 포티나이너들이 탔을 법한 소가 끄는 포장마차가 보인다. 발아래는 역마차가 있다. 포장마차가 먼저 서부 개척에 나서고, 역마차가 그다음을, 대륙횡단열차가 그 뒤를 잇는다는 이야기다. 아래쪽을 보자. 맨 오른편에는 소 두 마리를 끄는 농부들이 보인다. 그 앞에는 네 명의 사람이 있다. 맨 앞은 정찰병 복장, 그 뒤는 말을 탄 기병대, 곡괭이를 든 광부, 말 반대편에서 걷는 이는 솜브레로 모자를 쓴 농부다. 이 네 직업군이 미국 개척을 선도한다.

그림 왼편, 어둠이 깔린 서부에서는 곰, 늑대, 버펄로 무리와 함께 미국 원주민들이 도망친다. 위쪽에는 허겁지겁 채비하는 원주민들이 마치 춤을 추듯 바쁘게 움직인다. 남성들은 혼비백산해 달아나지만, 트라부아travois 위에 앉은 두 원주민 여성은 이미 체념한 모습이다. 미국의 '진보'가 무엇인지, 그 본질이 무엇인지 여실히 보여주는 장면이다. 그럴듯하게 치장하더라도 미국의 '진보'란 원주민 몰아내기와 환경 파괴에 다름 아니었다는 사실을 이 그림이 역설적으로 증언한다.

100년 후 캐나다 출신 뮤지션 닐 영Neil Young은 〈애프터 더 골드러시After the Gold Rush〉에서 이 '진보'의 허망한 끝을 노래했다. 애초에 미국이 설정한 이상이 결국 환경 파괴와 제국주의로 귀결될 수밖에 없었다는 비판을 담아, 아예 앨범 제목을 《애프터 더 골드러시》로 정했다. 곡마다 인간 문명의 탐욕, 특히 미국 문명의 민

〈애프터 더 골드러시〉

낮을 고발한다. *어젯밤 나는 기사가 되어 여왕을 지키는 꿈을 꿨지만, 불타버린 지하실에서 깨어나니 주위엔 마약이나 굴러다닌다. 이 문명은 이러다간 진짜 지구를 버리고 새로운 행성으로 떠나겠구나.* (일론 머스크를 이미 선취했다!) 서정적인 목소리에 서사와 꿈을 뒤섞어 과거 · 현재 · 미래를 넘나들며 미국 문명을 비판하는 이 노래는 1970년 발표 당시엔 난해하다는 반응이 많았다. 그러나 탈산업화, 종말론, 환경 운동이 보편화된 지금은 '미국의 진보'가 아니라 '미국의 몰락'을 가장 잘 표현한 노래라는 평가를 받는다.

들을 때마다 떠오르는 질문은 같다. 인류는 어디로 향하고 있는가? 나는 무엇을 해야 하는가? '명백한 운명'을 자임하던 미국의 자기 신화가 어떻게 붕괴하는지를 보여주는 서늘한 노래다.

역마차와
먼지의 노래

사실 미국 동부에서 서부로 가는 가장 빠른 길은 따로 있었다. 16세기 초에 이미 스페인 탐험가 바스코 누네스 데 발보아가 파나마 지협을 횡단해 80킬로미터 만에 태평양에 닿았다. 이러한 지리적 이점 덕분에 파나마는 스페인 식민지 시대부터 교역과 수송의 중심지였다. 1903년 미국은 콜롬비아의 한 주였던 파나마를 부추겨 분리 독립운동을 지원하고, 외교 및 군사적 지원을 아끼지 않는다. 같은 해 파나마가 독립하자 미국은 곧바로 파나마 운하 임대와 건설 조약을 체결한다. 2017년 미국 대통령 도널드 트럼프는 파나마 운하는 미국 없이는 존재하지 않았을 것이라며, 파나마 운하 소유권을 되찾겠다고 천명한다. (뭐 그러시든지. 아예 점령하지 않은 게 이상하다….)

미국 동부에서 배를 타고 출발하여 파나마에 내려서 걷거나 노새를 타고 지협을 횡단한 다음, 다시 태평양에서 샌프란시스코까지 배를 타고 가면 약 한 달 만에 캘리포니아에 도착할 수 있었다. 하지만 이 길은 가장 빠른 길이자 '죽음의 길'이었다. 모기로 매개되는 황열병과 말라리아가 창궐했기 때문이다. 프랑스가 미국보다 먼저 파나마에 운하를 놓으려다 포기한 이유이기도 하다. 파나마는 열대 기후로 모기 번식에 최적의 환경이었고, 모기는 인류 역사상 가장 많은 인간을 죽여온 동물이다. 결국 미국은 운하에 앞서 상대적으로 건설이 쉬운 철도를 건설할 수밖에 없었고, 그래서 1855년 파나마 철도가 건설된다. 이 모든 과정이 캘리포니아 금광 발견과 직결되었다.

여기서 포장마차와 역마차를 구분해보자. 포장마차는 영어로 'covered wagon', 역마차는 'stagecoach'다. 오리건 트레일이나 캘리포니아 트레일을 이용해 서부로 이주하려는 사람들은 포장마차를 이용했고, 그때그때 필요에 따라 정해진 도시를 오가는 사람들은 노선과 시간표에 따라 운행되는 역마차를 탔다. 둘 다 마차지만, 포장마차는 대체로 소가 끌었다. 이유는 여러 가지였다. 지형이 험하고 길이가 길어 빨리 달리기보다는 지구력이 필요했고, 음식도 풀만 먹이면 되는 소가 더 경제적이었다. 무엇보다 소는 말보다 쌌다. 반대로 말은 빠르게 움직이는 교통수단이었다. 지금으로 치면 포장마차는 자가용, 역마차는 버스 정도다. 역마차는 일정 구간마다 역참station이 설치되어 사람들이 타고 내리고, 말과 마부가 교체

됐다. 무엇보다 속도가 중요했기 때문이다. 서부에서 채굴한 자산은 최대한 빨리 동부의 은행이나 본사 금고로 보내야 했으니까.

역마차는 서부 개척의 모험을 상징한다. 물론 이 상징을 만든 건 할리우드 서부극이었다. 서부극의 상징적 배우 존 웨인의 대표작도 바로 존 포드 감독의 고전 〈역마차〉다. 하지만 앞서 '와일드 웨스트 쇼'라는 하이퍼리얼리티가 서부라는 리얼리티 자체를 만들어냈듯, 역마차 역시 실제보다 왜곡된 이미지가 많다. 영화처럼 인디언들의 습격은 큰 위협이 아니었다. 진짜 문제는 강도였다. 제시 제임스, 부치 캐시디, 선댄스 키드가 모두 이 시기의 산물이다. 특히 부치 캐시디와 선댄스 키드는 역마차에 만족하지 않고 더 많은 현금을 위해 열차와 은행을 터는 조직범죄로 나아갔다.

여기서 핑커턴 탐정사무소가 등장한다. 강도 피해로 골머리를 앓던 역마차 회사들은 사설 경비업체에 의존했다. 스코틀랜드 출신 앨런 핑커턴이 1850년 시카고에 설립한 세계 최초의 탐정 회사이자 경비업체가 바로 그것이다. 역마차 회사는 마부 옆 조수석에 탐정을 태웠는데, 대체로 샷건을 들고 있어서 '샷건 메신저'라 불렸다. 지금도 조수석을 두고 'Shotgun!'이라고 외치는 표현이 여기서 나왔다. ('탐정'이라지만, 내겐 서북청년단을 떠올리게 한다.) 핑커턴은 남북전쟁 때 링컨 암살 미수 사건을 해결하며 명성을 얻었고, 훗날 미국 비밀 경호국의 전신이 되었다. 동시에 노동운동 탄압의 상징이기도 했다. (정말, 서북청년단하고 똑같다.)

1969년 〈이지 라이더〉와 같은 해 개봉되어 소위 뉴 할리우드의 원년을 열었던 영화 〈내일을 향해 쏴라(Butch Cassidy and the Sundance Kid)〉의 오리지널 극장 홍보 포스터. 영화도 영화지만, B. J. 토머스가 부른 〈레인드롭스 킵 폴링 온 마이 헤드(Raindrops Keep Fallin' on My Head)〉도 인기를 끌었다. 1969년이라는 격동의 정점에서 개인의 행복과 긍정을 강조하는 밝은 노래는 불확실한 시대를 살아남으려는 개인의 정서적 생존전략이었다.

역마차 여행은 고달팠다. 개척로가 정비되지 않아 사람들 대부분이 차라리 걸어가겠다고 고집했다. 신발이 닳아 발에 피가 나도 도무지 역마차를 타려 하지 않았다. 그러다 마차가 부서져 사람을 치거나, 굶주림과 질병으로 죽는 일도 허다했다. 물론 가장 무서운 건 강도의 습격이었다. 그 엄혹한 시대를 살아남은 마부 중 가장 유명한 이가 찰리 파크허스트였다. '외눈의 찰리'로 불린 그가 사망 후 여성이었음이 밝혀지며 다시 한번 주목의 대상이 되었다. 그녀는 미국 최초로 투표권을 행사한 여성으로 기록되었다. 당시엔 그가 여성이라고 의심한 사람조차 없었으니, 미국 최초의 '위장 취업 여성'이자 투표 여성인 셈이다.

〈더 캘리포니아 스테이지 컴퍼니The California Stage Company〉는 이런 역마차 여행의 고통을 노래한다. 먼지 · 담배 냄새 · 벌레 · 불친절한 운전사 등 끔찍한 경험이 가사의 주제다. 마차의 빠른 이동을 경쾌한 4/4박자로 표현하며, 개척 시대에 걸맞게 기타 · 벤조 · 피들을 배경으로 유머를 담았다. 당시 캘리포니아 지역 술집과 여관에서 흔히 불렸다. 마차 회사 캘리포니아 스테이지 컴퍼니는 1854년 설립되었지만, 대륙횡단철도가 개통하자 자취를 감췄다.

핑커턴 탐정사무소의 특징 중 하나는 범죄를 과장해 싸구려 범죄자들을 유명하게 만들고, 언론을 이용해 체포 과정을 대대적으로 홍보하여 영향력을 높였다는 점이다. 제시 제임스, 선댄스 키드,

〈더 캘리포니아 스테이지 컴퍼니〉

부치 캐시디가 핑커턴 덕에 전국구 악당이 되었다. 영화 〈내일을 향해 쏴라〉를 보고 있으면, 과연 선댄스 키드나 부치 캐시디가 그렇게까지 지탄받아야 할 범법자였을까 하는 의문도 든다. 핑커턴은 선댄스 키드와 부치 캐시디를 추적하는 데까지는 성공했지만, 그 이후 이들의 행적은 알 수 없었다. 핑커턴 관련 이야기는 대체로 이런 식으로 끝난다.

대각성 운동과
노래 문화

HBO 미니시리즈 〈존 애덤스〉를 보며 새삼 느낀 것은 미국인들이 노래를 참 좋아한다는 사실이다. 그들은 시도 때도 없이 노래 부르고 아는 노래면 모두가 함께 따라 불렀다. 엄숙한 회의 중에도 노래를 부르니 술까지 있었으면 오죽했겠나 싶다. 서부의 술집은 아마 노래방보다 훨씬 시끄러웠을 것이다. 이런 집단적 노래 문화에는 여러 이유가 있지만 가장 중요한 뿌리 중 하나는 종교다.

미국에서는 두 번에 걸친 대각성 운동The Great Awakening이 있었다. 한마디로 나라 전체가 부흥회로 들썩들썩했다고 생각하면 된다. 1차 대각성 운동은 1730~40년대 식민지 시대에 일어난다. 당시 유명하던 조너선 에드워즈 목사의 지옥을 묘사하는 무시무시한 설교는 지금까지도 남아 있다. 초기 미국에 정착한 사람 중에는 계급적으로는 부르주아, 종교적으로는 청교도가 많았다. 자연스럽게 이들을 중심으로 상업화와 도시화가 진행되면서 전통적인 농촌 공동체는 해체되고, 이에 따라 농촌에 남겨진 사람들이 소외감과 공허감을 느끼던 차에 엘리트적인 성격을 띠던 당시 교회(주로 성공회와 회중교회會衆敎會)가 함께 도시화되며 종교적 열망에서 소외된 지역들이 속속 발생한다. 이때 새롭게 등장한 감리교와 침례교가 기존 엘리트 교회의 권위에 맞서, 마을 공동체 중심으로 감성적인 전도를 시작한다. 감성에 호소하고 남겨진 사람들 사이에 동질감을 형성하기 위해서, 그리고 이들 중에는 글을 모르는 사람이 많았다는 등등의 이유로 노래가 집회의 주요 수단으로 채택되었고, 많은 노래가 '신 앞에서 평등'을 주제로 했다. 신 앞에서의 평등은 결국 '정치적 평등'에 대한 열망으로 이어지고, 그러면서 찬송은 정치적 행위로 발전한다. 〈존 애덤스〉 2회에 등장하는 〈체스터Chester〉는 그런 맥락에서 불리기 시작한 찬송가이자, 독립전쟁 시기에는 애국가 역할을 했다. 신을 찬송하던 노래가 정치적 평등을 부르짖는 혁명의 노래로 변한 것이다.

1790~1830년경 미국의 서부 확장과 함께 다시 한번 종교적 공백 지역이 발생한다. 이제 교회는 사람을 기다리지 않고 직접 사람들을 찾아간다. 감리교와 침례교의 순회 설교단은 이렇게 민주주

〈체스터〉

의·자유주의적인 전도에 나선다. 동부의 계몽주의, 합리주의, 무신론, 엘리트주의와는 다른 서부만의 민주주의적이고 자유주의적인 종교문화가 이때 마련된다. 1차 대각성 때 등장한 공동체적 분위기는 더욱 강력해져, 수천 명이 모여 설교를 듣고 찬송가를 부르며, 열광적인 록 콘서트의 분위기를 만든다. 이를 캠프 미팅이라 부른다. 여기에는 여성·노동자·흑인들도 참여하는 정도를 넘어서 2차 대각성 운동의 주체로 등장하기 시작한다.

2차 대각성 운동이 남부에 자리 잡으면서 흑인교회가 자율적이고 독립적인 공동체로 성장하기 시작한다. 영가spiritual가 집단 정체성의 도구로 발달하기 시작하는 것도 이때부터다. 결국 미국의 독립운동, 노예제 폐지 운동, 시민권 운동, 노동운동, 그리고 먼 훗날 반문화 운동 모두, 이 두 차례에 걸친 대각성 운동이 남긴 노래문화에서 파생된 결과물이라 할 수 있다.

사람들은 이제 서부로 이동한다. 1년도 넘게 걸렸던 그 먼 길에서 노래와 술은 가장 중요한 동반자였다. 술 없이도 노래를 열심히 불렀던 사람들이다. (실제로 대각성 운동에서 많이 불린 노래는 '금주'와 관련된 노래였다. 미국인들은 술을 마셔도 너무 마셨다.) 술이 있을 땐 얼마나 죽어라 노래를 불렀겠는가? 서부 개척 시대에 위스키 소비량은 두 배로 늘어난다. 당시 미국인들은 한 해 16리터 정도, 보통 조니워커 1병이 750밀리리터니까, 한 해 21병에서 22병 정도를 마셨다. 위스키만 따로 계산한 수치다.

이렇게 위스키 소비가 늘어난 것은 서부 개척과 관계가 있다. 원래 미국 사람들은 맥주를 마셨다. (아니 맥주는 모두가 마셨다. 유럽은 물이 좋지 않아 물 대신 맥주를 마셔야 했다. 오죽했으면 물은 짐승이 먹고 인간은 맥주를 마신다고 했겠는가?) 청교도들이 탄 메이플라워호가 뉴욕까지 도착하지 못하고 매사추세츠 케이프 코드에 내렸던 것도 마시던 맥주가 다 떨어져서라는 설명이 있을 정도다. 하지만 저 멀리 서부까지 살림을 싣고 가느라 그렇지 않아도 비좁은 포장마차에 맥주까지 실을 수는 없는 노릇이다. 유일한 대안은 위스키였다. 독주는 쉽게 상하지도 않는다. 자 이제 사람들은 서부로 오는 멀고도 먼 길에 틈틈이 캠프파이어 옆에서 휴식을 취하며 위스키를 마시고, 〈오 수재나〉와 〈홈 온 더 레인지Home on the Range〉(언덕 위의 집)를 부르며 서부에 도착한다. 하루에 2~3달러를 받으며 탄광회사에서 일하거나, 개인적으로 서터네 부근 땅으로 가서 땅을 헤집고 흙을 파서 체에 친다. 몇이나 금을 발견했을까? 밤이 되면 아무것도 볼 수 없었을 텐데, 뭘 하며 밤을 보냈을까? 우리는 답을 알고 있다. 술을 마셨다. 술을 마시곤 뭘 했을까? 물론 노래를 불렀다. 노래는 서부의 술집에서 디폴트 값이었다. 워낙에 술과 노래를 좋아하던 사람들이 만나서 할 게 노래 말고 무엇이 있었겠는가? 하지만 노래는 돈이 되지 않는다. 술 말고도 돈이 되는 걸 팔아야 한다. 그러면서 서부에는 도박장과 매음굴이 등장하고, 이를 인허가하고 유지하는 공권력이 필요했고, 일부 영악한 사람들은 오히려 공권력을 이용해서 도박장과 매음굴과 술집이 결합한 초호화 룸살롱을 차렸다.

거기서 삼겹살까지 구워 먹었는지는 모르겠다. 여기에 와이어트 어프라는 인물이 등장한다.

미국 서부의 술집에 '가요 톱 10'이 있었다면, 1위와 2위를 놓고 〈오 수재나〉와 〈홈 온 더 레인지〉가 치열한 경쟁을 벌였을 것이다. 1947년 캔자스주의 공식 주가로 채택된 〈언덕 위의 집〉의 별명은 〈카우보이의 노래〉, 혹은 〈서부의 국가〉였다고 한다. 이 노래는 사실 1872년에야 비로소 발표되지만, 워낙 분위기가 서부 개척시대의 정서를 담고 있다 보니 한참 전부터 있었던 노래로 흔히 오해받는다. 우리에게도 친숙한 이 노래는 넓디넓은 자연과 평화로운 목가적 풍경을 찬양하는 낙천적인 개척자들의 노래다. 한국어 버전에는 노루와 사슴이 등장하지만, 영어 가사에는 노루와 영양은 물론 백조와 당시 개척자들이 몰살하고 다닌 버펄로까지 등장한다. 노래는 이어진다. *하늘은 구름 없이 맑고, 바람은 자유롭고, 모래는 다이아몬드처럼 빛나는 땅….* 마침내 서부에 와야 하는 이유가 밝혀진다. 여기 모래엔 금이 있다.

눈물의 길과
원주민의 노래

캘리포니아 골드러시는 미국 최초의 금광 열풍은 아니었다. 이미 1828년 조지아 북부에서 금광이 발견되었고, 곧바로 조지아 골드러시로 이어졌다. 당시 금을 찾아 몰려든 이들은 투엔티나이너스 Twenty-niners라고 불렸다. 문제는 이 땅이 체로키족의 영토였다는 점이다. 투엔티나이너스와 체로키족 사이에 분쟁이 끊이지 않았지만, 이미 소송을 통해 영토 자치권을 확보하고 있던 체로키족을 몰아낼 명분은 없었다. 고민을 거듭하던 당시 대통령 앤드루 잭슨은 마침내 1830년 '인디언 이주법'을 제정하여, 동부 인디언 토지와 미시시피강 서쪽 토지를 교환하게 만든다. 인디언들은 이 법안에 찬성하지 않았지만 잭슨은 체로키 부족을 애팔래치아산맥 너머 미시시피강 서쪽, 지금의 오클라호마까지 강제 이주시킨다. 체로키족은 이미 민주적 자치정부(미국식 대의민주주의는 인디언들에게서 배운 것이라는 주장도 있다.), 고유한 문자, 신문, 기독교 교회를 갖추고 있는 어엿한 문명 집단이었지만, 백인에게 인디언은 한낱 '제거' 대상에 지나지 않았다.

1838~1839년 미국 정부는 군사력을 동원하여 체로키족 1만 6000명을 강제 이주시킨다. 대부분은 겨울 눈길을 2200킬로미터 넘게 걸어야 했다. 마차나 보트를 탈 기회는 많지 않았다. 정부는 전쟁에서 적군을 대하듯 이들을 서둘러 이주시켰다. 약속된 물자와 식량은 오지 않았다. 먹을 것이라곤 길거리에서 식물로 보이는 것을 뜯어 물에 끓여 먹는 것뿐이었다. 부패가 너무도 당연하던 시절, 관리들은 위에서 아래로 내려가며 사이좋게 오순도순 차근차근 그 많은 돈을 착복했다. 호송 군인들은 체로키족을 인간 취급하지 않았다. 이동 경로와 시기, 이동 방식 등은 인디언들의 생명과 건강 따윈 고려하지 않은 채 설계되었다. 오죽했으면 그 한겨울에 사람들을 이동시켰겠는가? 사람이 죽어도 묻고 작별 인사를 치를 시간도 주지 않고, 그저 쉬지 말고 걸으라고 다그쳤다. 이질이 유행하며 사람들은 계속 죽어나갔다. 이 과정에서 적어도 1/4, 그러니까 4000명, 많게는 6000명이 사망했다. 한 원주민이 이 사건을 일컬어 체로키어로 '우리가 울었던 길nvnadaulatsvyi'이라 하여, 이 이주를 '눈물의 길' 혹은 '눈물의 행렬Trail of Tears'이라고 부른다.

사실 우리나라 사람이라면 한국 현대사에서 이보다 더 분통 터지는 사건을 본다. 1951년 1·4 후퇴 당시 이승만 정권은 예비 병력 확충을 빌미로 국민방위군을 창설한다. 하지만 고위 장교들이 예산과 보급품을 빼돌려 병사들에게는 군복도, 식량도 제대로 지급되지 않는다. 빨갱이들로부터 나라를 지키겠다는 신념 하나로 입대한 50만 명, 그렇다. 체로키족의 1만 6000명과는 비교도 되지 않는 숫자다. 그 50만 명의 젊은이가 한겨울에 걸어서 남쪽으로 이동한다. 이 과정에서 최소 5만, 최고 9만 명이 얼어 죽거나, 굶주려 죽는다. 이를 '죽음의 행진'이라고 불렀다. 이들에게 적은 빨갱이도, 추위도 아니었다. 전쟁 중인데도 이렇게 꼼꼼하게 자기 배만 불릴 궁리나 하는 권력을 가진 자들이었다. 사실 이런 자들이 전쟁을 일으키고 전쟁으로 배를 불린다. 이승만은 언제나 그랬듯이 자신은 몰랐다고 시치미 떼며, 고위 간부 다섯 명을 서둘러 총살해 사건을 덮었다. 국방부 장관 역시 아무런 처벌도 받지 않았다. 최소 5만이 죽었는데, 그 꽃다운 나이에 조국을 위해 자원입대하여 총 한 방 쏘지 못하고 죽었는데…. 2025년 현재 대한민국 정부는 이 사건에 대해 공식적으로 사과하지 않고 있다. 피해자 예우와 보상은 말할 것도 없다.

이주를 거부한 일부 체로키들은 산으로 숨어 빨치산이 되었다. 가끔 역마차를 공격하곤 했던 인디언들이 바로 이들이었다. 서부에서도 먼저 해를 가하지 않는 한 미국 원주민들이 백인들에게 위협이 되는 경우는 많지 않았다. 문제는 백인들이 너무도, 지나칠 정도로 인디언들을 괴롭히고, 못살게 굴고, 착취했다는 점이다. 그게 백인들에게는 '명백한 운명'이었으니까.

서부 개척 시대에 백인과 미국 원주민의 관계는 시대에 따라 달라진다. 맨 처음 포장마차로 오리건 트레일을 이용하던 시절에는 워낙 길도 험하고 낯설어, 백인들은 인디언들을 만나면 무척 반가워했다고 한다. 그런 환경에서 인디언들은 '삶의 등대' 같은 역할을 했다. 먹을 것과 간단한 의료품을 나누어 주었고, 무엇보다 중요한 '길'을 가르쳐주었다. 하지만 백인들이 그들의 영토에 자리 잡거나, 영토를 길로 이용하며 지리적 분쟁이 일어났고, 그 싸움은 모두 백인들의 일방적인 승리로 끝났다. 빨치산이 된 인디언들은 물자나 음식을 위해 역마차를 습격하고는 했다. 하지만 이러한 최소한의 저항도 대륙횡단철도 건설과 더불어 거의 모든 힘을 잃는다. 1890년 미국 인구조사국은 "서부 개척은 끝났다"라고 선언한다. 이 말은 "인디언 학살은 끝났다"라는 말과 거의 같았다. 백인이 들어오기 전 최대 3000만으로 추정되던 인디언의 숫자는 1890년에는 25만으로, 90퍼센트 이상 줄어들었다. 인디언이 가장 많이 줄어든 원인은, 『총, 균, 쇠』를 읽은 사람이라면 모두 짐작할 수 있겠지만, '균'이었다. 경험적으로 이 사실을 알게 된 인디언 일부는 아예 백인과의 접촉을 피하기도 했다.

이 역사의 아픔은 20세기 대중음악으로도 남았다. 〈인디언 레저베이션Indian Reservation〉은 1959년 발표되어, 1968년 버전이 약간의 주목을 받았고, 1971년 폴 리비어 앤 더 레이더스의 버전은 빌보드 1위까지 점령했다. 원제는 '인디언 보호구역(체로키 인디언 보호

구역에 사는 인디언의 애도 속의 다짐)'으로, 강제로 보호구역으로 이주당하고, 고유한 삶의 방식과 언어를 박탈당한 아픔, 그러면서도 전통에 대한 자부심을 담담하면서도 당당하게 노래한다. 그들은 *체로키 땅을 앗아가고 우리를 여기 보호구역에 처넣었다. 토마호크, 활과 칼, 그리고 우리의 말과 같은 삶의 방식을 앗아가고, 애들에겐 영어나 가르친다. 지금은 백인처럼 입고 있지만, 내 안엔 인디언 피가 흐른다. 언젠가 우린 돌아올 것이다. 돌아오고야 말 것이다.* 담담하면서도 강인한 저항의 목소리는 마치 독립군가를 들려주는 듯하다. 이 그룹은 독특하게 폴 리비어라는 독립전쟁 영웅의 이름을 예명으로 삼고 반문화 운동 당시 활발히 활동해서 한때 관심을 끌었다. 하지만 이 노래 말고는 사회적 약자나 소수자를 그리는 노래도 없고, 당시 반문화 운동의 언어였던 포크와도 결이 달랐다. 음악계에서는 이들을 가리켜 버블검 음악bubblegum music이라고 부른다. 가볍고 경쾌한 사운드로 허구한 날 유치한 사랑 타령이나 하는 음악이라는 의미다. 다만 이 노래만큼은 예외적으로 시대의 아픔을 담아냈다.

듣는 노래의 성격이 강한 〈인디언 레저베이션〉과는 달리 〈셰넌도어〉는 서부 개척 당시 술집에서도, 말 위에서도, 배 위에서

〈인디언 레저베이션〉

도 많이 불리던 낭만적인 민요다. 원래는 선원들의 노래, 시 섄티였지만 점차 민요로 자리 잡았고, 가사에 미주리강과 셰넌도어강도 등장한다. 이 노래도 여러 버전이 있지만, 기본적인 내용은 한 남자가 사랑하는 여인을 떠나 그녀를 그리워하는 이야기다. 처음 등장하는 셰넌도어는 강이지만, 두 번째 등장하는 셰넌도어는 원주민 추장Chief Shenandoah 이름이고, 화자는 추장의 딸과 사랑에 빠진다. 하지만 강물이 흐르듯이 시간은 흐르고, 삶은 변화한다. *7년이 지나도 그녀를 사랑하는 나의 마음은 변함이 없지만, 그녀를 보고 싶지만, 나는 또 강을 건너, 미주리강을 건너 먼 길을 떠나야 한다.* 백인 남성과 인디언 여성의 이루어질 수 없는 사랑을 그린 마음 아픈 노래로, 미국 남북전쟁 때는 북군이고 남군이고 이 노래를 함께 불렀다고 한다. 서정적이고 애잔한 선율로 오늘날까지 미국을 대표하는 전통 민요로 사랑받고 있다. 인종과 이념을 넘어선 공통의 향수를 상징해 앞서 언급했던 폴 로브슨도 즐겨 부른 노래다.

〈셰넌도어〉

소고기 붐과 카우보이의 노래

광산이 만들어지면 제일 먼저 술집이 들어선다. 그 술집에는 당연히 광부, 이어서 철도 노동자들이 몰려왔다. 여기에 세 번째 집단을 추가하자면 카우보이였다. 일단 이들은 앞선 집단보다는 수가 적다. 우리가 서부극의 술집 하면 떠오르는 무법자, 도박꾼, 총잡이 등은 상대적으로 비중이 아주아주 작았다. 이들이 네 번째 무리이고, 이와 더불어 법을 집행하고 필요한 서비스를 제공하는 이발소·세탁소 등 동네 사람 무리가 있다. 먼저 카우보이 이야기를 해보자. 그러면 자연스럽게 다섯 번째 무리까지 이어질 수 있다.

19세기 말 남북전쟁이 끝나고 도금 시대가 시작되며 미국은 압축성장을 거듭한다. 갑자기 많은 미국인은 자신들이 먹고살 수 있을 만큼은 되었다는 자각을 한다. 급격한 산업화·도시화·경제성장을 겪으며 자본주의적 가치관과 배금주의가 확산하고, 이민자들이 급격히 늘어나며 미국의 지배적인 가치관이었던 퓨리터니즘은 소멸의 길을 걷는다. 근검 · 절약을 강조하던 퓨리터니즘을 벗어던진 미국인들은 일단 먹고 마시는 일에 집중한다. 서부 개척과 더불어 서부에서는 술 소비량이 급격히 늘었다고 이미 말했지만, 동부에서는 소고기 소비가 급격히 늘기 시작한다.

미국인들은 미친 듯이 소고기를 먹기 시작한다. 몇 년 사이에 1인당 소비량은 거의 두 배로 늘어난다. 대충 잡아도 60킬로그램 정도를 먹는다. 우리가 한 해 먹는 쌀의 양이다. 당시 미국인은 우리 밥만큼의 소고기를 먹었다. 물론 돼지고기와 양고기도 같이 먹었다. 모두 합치면 대략 130킬로그램에 육박한다. 지금보다 두 배는 많은 양의 고기를 먹고 살았다는 얘기다. 로스트비프를 즐겨 먹던 영국인들과는 달리 미국인들은 스테이크를 즐겼기에 신선한 고기에 대한 수요가 컸다. 눈을 돌려 서쪽을 보니 무궁무진한 소 떼가 돌아다니고 있었다. 저 소를 어떻게 먹지? 방법은 간단하다. 소를 동부로 이동시키는 것이다. 그러기 위해서는 기차가 필요했다. 대륙횡단철도를 깔아야 한다.

철도를 깔다 보면 자연스럽게 교통의 중심지가 등장한다. 미국의 경우엔 시카고였다. 서부에서 소를 시카고까지 운반하기만 하면, 가공 후 동부로 수송하는 건 수월했다. 시카고에 '불스'라는 농구팀이 있는 것도 우연이 아니다. 철도 교통의 요충지였던 시카고에 당시 세계 최대 규모의 도축장이 자리 잡고 있었기 때문이다.

그럼 시카고까지 소는 어떻게 운반할 것인가? 물론 기차다. 그런데 텍사스 등 주로 남부에서 키운 소를 캔자스, 콜로라도, 와이오밍 등등 당시 드문드문 있던 기차역까지는 어떻게 수송할 것인가? 카우보이를 통해 이동시켜야 한다. 우리말로는 드문드문이지만, 미국 땅이라면 엄청난 거리다. 그래서 수백에서 수천 킬로미터에 걸쳐 도둑이나 자연재해와 같은 위험을 극복하며 소를 이동시킨 작업을 가리켜 '롱 드라이브'라고 한다. 방목지에서 철도역까지의 거리가 보통 800킬로미터, 최장 1600킬로미터였다고 하니 카우보이의 거의 모든 일이 롱 드라이브였으리라 짐작할 수 있다. 이 정도면 한 달에서 두 달이 걸리는 일이었다. 롱 드라이브에 동원된 소는 건당 2500두 정도였고, 보통은 열두 명이 이 정도 규모의 소 떼를 이동시켰다고 한다.

카우보이들은 한 달에 25달러 정도의 임금을 받았다. 탄광 노동자들이 일당 2달러 정도를 받았으니 비슷한 수준이다. 카우보이와 탄광 노동자들은 술집에서 자연스럽게 어울렸다. 두 직업 모두 육체적으로 힘들다 보니 노동의 피로를 풀어야 했고, 두 직업 모두 안정과는 멀어서 다음 일자리에 대한 정보가 필요했는데 술집은 이런 정보를 교환하는 장소였다. 문제는, 이렇게 앉아서 정보를 교환하고 술 마시고 노래하다 보면 (이 친구들은 주로 잔을 두드리며 함께 노래했다.) 한 잔 두 잔으로 그치지 않는다는 것이다. 당시 위스키 한 잔이 싸구려 술집의 경우 25센트 정도였고, 한 사람이 4~5잔씩은 마셨다고 하니까, 노동으로 번 돈의 반 이상은 술로 날리는 셈이다. 뭐, 미래가 없는 삶이라는 게 다 그렇지 않겠는가? 영화 〈소공녀〉를 본 사람은 공감할 수도 있지 않을까? 집은 포기해도 위스키는 포기할 수 없는 사람도 있는 법이다.

철도가 확장되면서 '롱 드라이브'의 거리는 짧아졌다. 대륙횡단철도가 완성되며 카우보이의 일이 사라졌다. 그래서 카우보이는 1867년부터 1887년 사이 불과 20년 동안만 실재했던 직업이다. 대략 3만 5000명 정도의 젊은 남성들이 이 일을 했다. 생각보다는 훨씬 적은 수의 사람들이, 정말 얼마 안 되는 기간에 집중적으로 활동한 셈이다.

카우보이 노래cowboy song들은 카우보이의 삶을 반영하기에 그리 밝지 않다. 〈카우보이즈 라멘트The Cowboy's Lament〉라는 제목으로도 알려진 가장 유명한 노래 〈스트리츠 오브 라레도Streets of Laredo〉는 길거리에서 죽어가는 한 고독한 카우보이의 회상을 통해 서부 개척 시대의 현실을 그리고 있다. 〈더 다잉 카우보이The Dying Cowboy〉와 〈베리 미 낫 온 더 론 프레리Bury Me Not on the Lone Prairie〉 역시 같은 곡으로 제목만 다르다. 모두 오랫동안 불러온 전통 발라드로, 부르는 동네마다 조금씩 달라지다가 이렇게 제목까지 바뀐다. 이 노래도 황량한 서부의 혹독한 환경에서 죽음을 맞는 젊은 카우보이가 주인공이다. *나를 그 황량한 초원에 홀로 묻지 마라. 나도 조용한 무덤에, 어머니 무덤 옆에 묻어 달라.* 하지만 우리는 그의 간절한 마지막 부탁도 들어주지 못하고 홀로 외롭게 초원에 작은 무덤에 묻는다. 비극적이면서도 담담한 이 노래는 카우보이가 처한 현실의 어두운 그림자를 보여준다.

자유롭고, 고독하며, 강인하고, 자연의 삶을 즐기는 카우보이 이미지는 모두 후대에 만들어진 허상이다. 20세기 들어 담배 광고 '말보로 맨'은 자유롭고 강인한 카우보이 이미지를 영원한 아이콘으로 고착시켰다. 1954년 '말보로 맨'이 등장한 이후 필립 모리스의 매출은 4배 치솟았고, 카우보이는 자유와 남성성의 대명사로 소비되었다. 1999년 인물 중심의 담배 광고가 종식되며 말보로 맨은 사라졌지만 그는 역사상 가장 영향력 있는 광고 캐릭터 중 하나로, 가장 많은 사람을 죽인 캐릭터로 꼽히고 있다.

1930년대에서 50년대 사이 미국 대중문화에서는 노래하는 카우보이가 영화 · 라디오 · 음반에서 크게 인기를 끌었다. 이 시기에 카우보이는 힘들고 위험한 서부에서 고생고생하는 가엾은 젊은이에서, 낙천적이고 정의롭고 가족 친화적인(원 세상에!) 대중적 영웅으로 이미지가 바뀐다. 이 시대를 '싱잉 카우보이Singing Cowboy' 시대라 부르며, 이 시대를 대표하는 카우보이 가수와 노래로는 진 오트리의 〈백 인 더 새들 어게인Back in the Saddle Again〉이 있다. 오트리는 친구들과 함께 자연 속에서 소를 돌보며 세상의 간섭이라고는 전혀 받지 않는 자유를, 기쁨을 노래하고 있다. 이제 'Back in the saddle again'은 '원래의 일로 돌아오다', '천직으로 돌아오다'라는 의미를 갖는 표현이 되었다. 하지만 이렇게 한번 왜곡된 카우보이 이

거칠고 고독한 카우보이 이미지는 20세기 중반 필립 모리스의 작품이다. 원래 여성용으로 개발한 담배 판매가 부진하자 광고사는 하루아침에 미국 개척 시대의 자유, 강인함, 대자연을 상징하는 남성용 담배로 둔갑시킨다. 실제 말보로 맨 모델 중 일부가 흡연 관련 질병으로 사망하면서, 말보로 맨은 서부보다는 흡연의 위험을 상징하는 인물로 전락했다. ©헬무트 킨틀러, 1999년 알바니아 카메즈의 말보로 맨 빌보드 사진. 출처: 위키피디어 커먼즈, CC BY 4.0.

미지는 다시는 원래로 돌아오지 않고 있다. 결국엔, 낭만이 비극을 대체했으니 좋다고 해야 하는 건가?

와이어트 어프:
카우보이의 현실과 신화

찰리 파크허스트가 마부로서 가장 오래 이름을 남긴 인물이었다면 역마차 호위 대원, 이른바 샷건 메신저로 가장 유명한 이름은 와이어트 어프Wyatt Earp였다. 〈OK 목장의 결투〉, 〈황야의 결투〉, 〈툼스톤〉, 〈와이어트 어프〉 등 수많은 영화가 그를 주인공으로 삼았고, 최근에는 넷플릭스에서 만든 〈와이어트 어프와 카우보이 전쟁〉이라는 재연 다큐도 있다. 왜 그는 이토록 자주 호출될까? 어프는 앞서 언급한 빌리 더 키드·선댄스 키드·부치 캐시디 등과는 달리, 서부 개척 시대를 상징하는 '우리 편', 정의롭고 용기 있는 서부의 수호자로 기억되기 때문이다.

하지만 과연 그럴까? 그는 진정 서부극의 전형적인 영웅에 걸맞은 삶을 살았을까? 샷건 메신저로 이름을 날린 그는 보안관보로 법을 집행하는 공무원이 된다. 하지만 그의 수입 대부분은 도박장과 술집에서 나왔다. 보안관보는 명예직에 가까웠다. 어프는 주먹질에 능해서 술집이나 도박장에서 발생하는 웬만한 문제는 쉽게 해결할 수 있었다. 하지만 그의 주 무대가 된 애리조나주 툼스톤 은광 도시가 커지면서, 그의 힘만으로 치안을 유지하기 어려워졌다.

와이어트 어프가 상대해야 했던 무리는 '카우보이즈'라는 이름의 무법자 집단이었다. 이들은 당시 웰스 파고가 운행하던 역마차를 습격해 은과 돈을 털었다. (그렇다. 지금도 미국 은행 중 5위 안에 드는 대기업 웰스 파고다.) 한때 웰스 파고의 샷건으로 일했던 어프로서는 자존심이 긁힐 만했다. 게다가 이들은 어프가 운영하던 술집도 제집 앞마당처럼 드나들며 영업을 방해하고 소란을 피웠다. 어프는 그중에서도 아이크 클랜튼이라는 인물을 눈엣가시처럼 여겼다. 일촉즉발의 긴장이 이어지던 가운데, 어느 날 어프 형제와 친구 닥 할러데이는 카우보이즈의 한 무리를 무장해제시키려다가 우발적으로 총격전이 벌어지며 카우보이즈 세 명의 목숨을 빼앗는다. 이 사건이 서부에서 가장 유명한 총격전이었던 'OK 목장의 결투'다.

우리말로 '목장'이라고 옮겼지만, 'corral'은 사실 마구간에 가깝다. 말을 매어놓은 마을의 후미진 골목, 우리로 치면 동네 주차장 정도였다. 참여 인원은 각각 네 명에 불과했던 이 '결투'는 불과 30초 만에 끝났다. 하지만 이 별 볼 일 없던 사건은 자극적인 소재를 찾아 헤매던 황색 언론의 레이더에 포착되며 미국 전역을 뒤흔든다. 결투 이후 복수의 칼을 갈던 카우보이즈는 어프의 형제들을 암살 시도한다. 분노한 어프는 무림도 아닌 서부에서 '사적 복수'에 나서 카우보이즈를 마구 죽이고 다닌다. 이를 '피의 복수전Vendetta Ride'이라고 부른다. 카우보이즈는 조폭이고 와이어트 어프는 하나인데, 어떻게 싸움이 되냐고? 어프 뒤에는 웰스 파고라는 동부 자본이 있었다.

여기서 미국의 동부와 서부, 북부와 남부 사이에 미묘한 신경전이 벌어진다. 동부의 자본 웰스 파고는 법이고 뭐고 자신의 역마차를 터는 카우보이즈를 절단 내고 싶다. 동부인들은 저 멀고 먼 서부에서 홀로(사실은 돈으로 사람들을 사서 무리 지어 다녔지만) 악의 무리와 싸우는 와이어트 어프가 멋지기만 하다. 서부인들의 생각은 달랐다. 일단 서부로 간 사람들은 남부인들이 많았다. 남북전쟁 이후 소위 '재건 시기'부터 자기 땅에 강요되던 북부의 가치와 체계를 따를 생각이 없던 남부인들은 "에라 모르겠다. 저놈들 안 보이는 곳으로 가자" 하는 기분으로 새로운 기회가 있다는 서쪽으로 떠났다. 그래서 많은 서부인이 남부 출신이었고, '카우보이즈'는 사회에서 환영받지 못하고 떠돌아다녀야 하는 자신들과 같은 부류로 보였다. 이제 어프와 카우보이즈의 싸움은, 먼저 법을 어기고 역마차를 턴 조폭을 처단하자는 북부 언론과 서(남)부인을 학살하는 어프를 법에 따라 처단하자는 남부 언론의 싸움에서 그치지 않고, 동부와 서부의 싸움으로 번져 나갈 태세였다.

물론 서부에 정착해 음식점, 세탁소를 운영하면서 이렇게 폭력이 난무하면 장사가 안 된다며 정부 개입을 촉구하는 사람들도 있었다. 동부와 서부 사이에 기차를 놓아야 하는 날강도 재벌들

1880년대에 촬영된 와이어트 어프의 사진. 그의 사진은 모두 비슷비슷하다. 우선 콧수염과 수염 없는 턱이 눈에 띈다. 서부 시대 법 집행자들의 전형적 스타일이다. 약간 경사진 고개와 검은 정장과 모자는 권위적이고 고집스러운 태도를 드러낸다. 사진 설명에는 할리우드 영화를 자문할 때라고 나와 있는데, 사실 부보안관 시절과 외모상으로는 아무런 차이가 없다. 출처: 미국 의회도서관.

도 마찬가지 입장이었다. 나라가 이렇게 분열되어서는 해외투자를 받기 힘들기 때문이다. 재연 다큐에서는 J. P. 모건이 중재자 역할을 맡는다. 하지만 실제로 이런 기록은 없고 공식적으로는 복수 대상을 대부분 제거한 어프가 스스로 툼스톤을 떠나며 '피의 복수'가 종결된다.

알고 보면 대단치도 않던 이 사건은 카우보이 이미지를 크게 바꿔놓았다. 평화롭게 들판에서 소 떼를 몰고, 일 끝나면 술집에서 노래를 부르며 고향과 떠나온 그녀가 그리워 눈물 흘리던 유

약한 청년들은 이제 지저분하고, 시가를 물고, 도박을 즐기고, 마음에 안 들면 시도 때도 없이 총질하고, 여자만 보면 제정신을 차리지 못하는 불량한 중년 남성으로 바뀌었다. 여기에 다시 와이어트 어프의 이미지도 겹친다. 여자 따윈 관심을 두지 않는, 복수를 꿈꾸는 외로운 늑대는 살인을 끝내고는 마을을 떠나 멀리 지평선으로 사라진다. (서부극은 늘 이렇게 끝난다.) 자, 이제 술집에 모인 사람들이 모두 그려졌다. 광부, 철도 노동자, 카우보이, 법 집행자, 그리고 무법자. 결국 카우보이는 여러 집단을 포괄하는 총칭명사가 되었다.

앞서 소개한 카우보이 송 두 곡이 술집에서 부르던 노래였다면, 〈올드 치점 트레일The Old Chisholm Trail〉은 카우보이들이 실제 롱 드라이브 중 불렀던 노동요다. 치점 트레일은 텍사스에서 캔자스에 이르는 가축 이동 경로로, 노래는 치점 트레일이 얼마나 힘든지 설명해준다며 말도 사야 하고 안장도 사야 한다는 푸념으로 시작한다. 그러니까 트레일은 그다지 중요하지 않다. 이런 기본적인 장비도 모두 부담하며 힘든 일에 쥐꼬리만큼의 월급을 받는 게 문제다. 그래서 언젠가는 이 일을 그만두리라는 다짐으로 노래는 끝난다. 소몰이 중 카우보이의 지루함을 달래기 위한 노래이니만큼 따라 부르기 쉬운 경쾌한 서부 음악이다. 역시 벤조와 기타 중심으로 선창과 후창이 있는 노동요 형식을 지키고 있다. 그런 만큼 자유롭고 변형도 많다. 서부 개척 시대 카우보이들의 노동 환경과 문화를 그리는 대표적인 곡이다.

서부작가협회Western Writers of America라는 단체는 미국 서부 문학과 문화의 보존과 발전을 위해 만들어졌다는데, 이 협회에서 선정한 100곡의 서부 노래에서는 1948년에 발표된 스탠 존스의 〈(고스트) 라이더스 인 더 스카이: 어 카우보이 레전드(Ghost) Riders in the Sky: A Cowboy Legend〉가 1위를 차지하고 있다. 부제에 달린 '카우보이 전설'대로, 이승에서 죄를 지은 불타는 카우보이들이 하늘을 달리며 영원히 소 떼를 몰다가, 화자를 만나 충고한다. *그렇게 살지 마, 그렇게 살다간 나처럼 죽어서도 유령이 되어 영원히 소 떼를 몰게 될 거야. 제대로 죽지도 못하고, 아무리 힘들고 지치더라도 말이야⋯.* 사무엘 테일러 콜리지의 『노수부의 노래』나 T. S. 엘리엇의 『황무지』처럼 죽지 못하는 저주를 받아 이 세상을 떠돌아다닐 수밖에 없는 사람들의 이야기다. 하지만 카우보이 문화의 핵심 가치인 운명 · 속죄 · 고독 · 자유 · 삶과 죽음을 한꺼번에 성찰하고 있는 카우보이 노래기도 하다. 스탠 존스의 원곡을 소개했지만, 나윤선의 노래도 있다. 최근엔 제프 카스텔루치Geoff Castellucci라는 가수의 버전을 주로 듣고 있다.

〈(고스트) 라이더스 인 더 스카이〉

〈황야의 결투〉와 〈클레멘타인〉

1946년 존 포드가 감독한 〈황야의 결투〉의 원제는 〈마이 달링 클레멘타인My Darling Clementine〉이다. 서부극의 황금기(1930~1960)에 만들어진 이 영화는 존 포드 최고의 작품이자 서부극이라는 장르를 대표하는 작품으로도 유명하다. 1920년대 와이어트 어프는 70대 후반이었다. 술집과 도박장으로 번 돈을 부동산·석유·광산 등에 투자했지만 큰 성공은 거두지 못한 채, 아내 조세핀과 함께 버는 돈마다 오순도순 도박으로 족족 날리며, 어쩔 수 없이 소박하게(?) 살고 있었다. 그런데 그가 살던 동네가 갑자기 번창하기 시작한다. 유럽 영화산업이 1차 세계대전의 영향으로 쇠퇴하자 전쟁 피해가 없던 미국에서 경제적 번영을 누리던 대중이 영화관을 일반적인 여가로 여기면서 기후가 좋아 비 걱정 없는 캘리포니아 할리우드에 영화사들이 속속 들어섰다.

할 일이 마땅치 않았던 뒷방 노인네 어프는 소일거리 삼아 영화사 주변을 기웃거렸다. 당시 존 포드는 소품 담당 직원으로 부지런히 의자를 나르고 있었다. 와이어트 어프라는 이름을 어디서 들어본 적이 있던 존 포드는 기꺼이 어르신에게 의자를 내주며 신세 한탄을 들어주었다. 놀랍게도 감독이 된 존 포드는 이 늙은이가 빈 종이에 열심히 그림을 그려가며 들려준 이야기를 기억해 영화로 만든다. 영화가 대박이 나며 와이어트 어프는 미국을 대표하는 총잡이가 되고, OK 목장의 결투는 서부 전체에서 가장 엄청난 사건이 된다. 어프가 사망한 지 17년이 지난 후였고, 그를 따라 아내 조세핀이 유대인 묘지에 묻힌 지 2년이 지난 다음이었다. (조세핀이 유대인이었다.)

감독이 된 존 포드는 당시 소품 담당이던 존 웨인을 배우로 발탁한다. 그리고 그에게 와이어트 어프가 어떻게 걸었는지, 그의 일상적인 태도는 어땠는지를 그대로 전수한다. 그러면서 존 웨인은 서부극을 대표하는 배우로 성장한다. 동시에 와이어트 어프는 서부를 대표하는 인물이 된다. 하지만 정작 〈황야의 결투〉의 어프 역할에는 존 웨인이 아닌 헨리 폰다를 캐스팅한다. 포드는 마초의 화신 같은 존 웨인보다는 침착하고 내성적이며 신중해 보이는 헨리 폰다가 실제 어프의 인물상에 더 가깝다고 판단했던 모양이다. 실제로도 어프는 수줍음이 많고, 낯선 사람과는 말을 섞지 않았으며, 말수도 적고, 좀처럼 흥분하지 않아서 정말 필요할 때 아니면 행동하지 않는 사람이었다고 한다.

그런데 이 영화의 제목이 왜 난데없이 클레멘타인일까? 〈클레멘타인〉이야말로 서부를, 포티나이너스를 대표하는 노래였기 때문이다. 이제껏 이야기했지만, 서부는 카우보이들의 땅이라기보다는 광부들의 땅이었다. 광부는 압도적인 다수였다. 술집에서도 가장 큰 목소리를 낸 광부들이 가장 즐겨 부른 노래가 바로 〈클레멘타인〉이었다. 단순하고 반복적인 후렴구는 함께 부르기에 적합했고 광부들은 노래를 부르며 서로의 상실감과 외로움을 달래고 공동체적 유대를 형성할 수 있었다. (영화에서 클레멘타인이란 인물은 그리 중요하지 않다. 영화 〈내일을 향해 쏴라〉의 캐서린 로스처럼 두 주인공 어프와 할러데이를 왔다 갔다 하는 역할이다. 영화의 초점은 역시 OK 목장의 결투에 맞춰져 있다.)

우리에게도 잘 알려진 노래지만 작곡가 박태원(소설가가 아니다!)의 번안으로 퍼져나가며 노래의 역사성은 사라지고 〈섬집 아기〉처럼 그저 애달픈 정서를 띤 노래가 되어버렸다. (〈섬집 아기〉는 그나마 좀 엽기적인 해석도 있지만, 이 번안곡은 그냥 패배주의처럼 보인다.) 미국에도 여러 버전이 있지만, 일반적으로 말하자면, 일단 노래는 광부의 노래이고 클레멘타인은 철모르는 어린 소녀가 아니라 다 자란 성인 여성이다. 화자는 아버지가 아니라 클레멘타인을 사랑하는 젊

〈클레멘타인〉

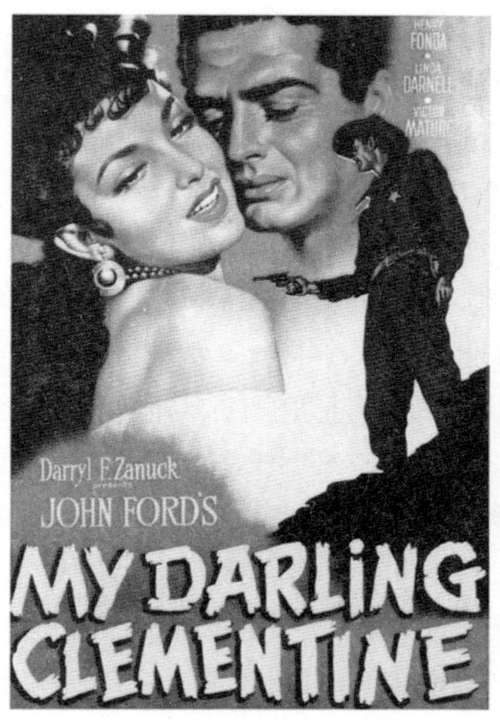

1946년 〈마이 달링 클레멘타인(My Darling Clementine)〉의 포스터. 헨리 폰다가 와이어트 어프 역을, 빅터 머추어가 닥 할러데이 역을 맡았다. 둘은 실제로는 연적 관계는 아니었다. 낭만적이고 멜로드라마적인 서부극이라는 장르를 구축한 존 포드의 대표작이다.

은 남성 광부다. 포티나이너의 딸 클레멘타인은 미모로는 어디에 내놓아도 모자라는 수준이다. 하지만 여기는 서부다. 성비가 1대 10 정도 될 때다. 여성이라면 무조건 존중받던 시절이다. 클레멘타인은 요정처럼 가벼운 소녀지만 발이 너무 커서 맞는 신발이 없어 생선 상자의 뚜껑을 떼어내고 거기에 끈을 묶어 신고 다닌다. 요정처럼 가볍다는 건 일종의 아이러니다. 발 치수는 '넘버 나인'이라고 하는데, 넘버 나인이면 여성 사이즈로는 255밀리미터라 뭐가 크냐고도 할 수 있겠지만 '나인'은 '클레멘타인'과 라임을 맞추기 위해 나온 숫자로 봐야 한다. 어쨌든 무지 컸다는 말이다.

어느 날 클레멘타인은 (화자가 준 술을 넙죽넙죽 받아 마셔 잔뜩 취한 채로) 오리를 몰다가 '염수' 즉 바닷물에 빠져 죽는데, 캘리포니아 탄광 근처에 바닷물이 있을 리가 없으니 이것도 그냥 라임을 맞추기 위한 표현으로 봐야 한다. 박태원은 이 부분을 진지하게 받아들여 '넓고 넓은 바닷가에'로 시작하는 노래로 만들었다는 설도 있는데, 사실은 광부보다는 어부가 우리나라 사람들에게 좀 더 친숙한 직업이라는 생각에서 그리 만들었다는 게 정설이다. 아니 그런데, 우리나라 사람들이 정말 광부를 잘 모른다고?

어쨌든 클레멘타인은 물에 빠져 죽고 화자는 홀로 남아 그녀를 그리워한다. 하지만 이내 그는 클레멘타인의 여동생을 보고, 보자마자 사랑에 빠지고, 그 즉시 클레멘타인을 잊는다는 일종의 허무 개그로 노래는 끝난다. 이 유머러스한 마지막 두 줄의 반전이야말로 자칫 눈물 젖은 비가로 끝날 뻔한 노래를 명곡으로 만든 핵심이다. 이 노래는 슬픈 노래가 아니다. 풍자와 해학, 아이러니가 풍부한 구전 민요다. 사람들이 좋아하는 데는 다 이유가 있다. 1884년 퍼시 몬트로즈가 1863년 술의 위험을 경고하던 헨리 S. 톰슨의 시에 캘리포니아 골드러시라는 배경을 입혀 이 '웃픈(웃기면서도 슬픈)' 노래를 악보로 정리했다고 한다.

"넓고 넓은 바닷가에 오막살이 집 한 채"로 시작하는 박태원의 번안곡은 일제강점기에 나라를 잃은 민족적 상실감의 노래로 많은 이들을 위로했고, 노래가 워낙 유명해 심지어 북한에서는 대표적인 악극 〈꽃 파는 처녀〉에서도 불린다고 한다. 그런데, 북한 이야기는 차치하고라도 이 이야기가 말이 되는지 모르겠다. 미국 노래는 인생의 비극도 웃음으로 극복하는 낙천적 해학성이 도드라진다. 하지만 우리나라의 번안곡에서는 그 어떤 '극복'의 가능성도 읽을 수 없다. 그런데도 '많은 이들에게 위로를 주었다'고? 미국 노래는 비극도 웃음으로 승화하는 아이러니가 강조되지만, 우리 번안곡에서는 그저 애달프고 패배적인 정조만 남았다. 이렇게 맨날 일어난 일을 슬퍼만 하고 가슴 아프지만 어쩔 수 없다는 패배주의가 우리의 대표적인 정서란 말인가? 이런 게 '한'이냐? 그리고 그 정서의 대표적 표현이 트로트라면, 트로트는 일제의 선전 음악이 아니라고 말할 수 있는가? 그 시대 사람들이 〈황성옛터〉와 더불어 트로트가 등장했을 때 경계와 의심의 눈초리로 보았던 데는 다 이유가 있다.

금주와 추억 사이:
포티나이너스의 노래

포티나이너스 중에 노다지를 맞은 사람은 몇이나 될까? 거의 없다. 그들이 광산에 천막을 치는 순간, 그 뒤에는 와이어트 어프 같은 인물들이 술집과 도박장과 유곽을 차린다. 가족과 떨어져 외로운 포티나이너들은 이런 공간에 익숙해진다. 너무도 익숙하다 보니 아예 삶의 일부가 된다. 그렇지 않아도 서부로 오는 길에 모두 위스키 고래가 되어버린 마당이었다. (심지어 와이어트 어프의 친구 닥 할러데이는 폐 질환을 앓았는데, 공기 좋은 곳에서 건강에 좋은 위스키를 마셔야 나을 수 있다고 해서 서부로 왔다고 한다. 훌륭한 미국적 처방이다.) 서부의 사나이들은 돈을 버는 족족 술집에, 도박장에, 유곽에 호탕하게 쏟아부었다. 훗날 제정된 금주법은 단순히 술을 금지하는 법이라기보다는 술집이라는 사회적 공간 자체를 규제하려는 성격이 짙었다. 남편을 따라 서부에 정착한 아내들이 더는 못 참겠다며 집단적으로 항의

하고 거리로 나선 것이 금주법 운동의 시작이었다.

그렇다면 누가 돈을 벌었을까? 싸움질하고 도박을 즐기던 와이어트 어프 같은 사람과는 달리 성실하게 술을 따르던 술집 주인은 돈을 벌었을 것이다. 삽이나 곡괭이 등 채굴 도구를 파는 사람들 역시 돈을 벌었을 것이다. 인공지능이 현실화되면서 인공지능 그 자체보다도 인공지능을 만드는 반도체를 만드는 엔비디아가 돈을 버는 것과 마찬가지다. 그러니까 광산의 곡괭이는 오늘날 엔비디아의 지피유GPU였던 셈이다. 그리고 그 유명한 레비-스트로스가 있다. 돛의 천을 이용해 아주 튼튼한 청바지, 미국을 상징하는 옷을 만든 인물이다. 지금도 북한에서는 청바지를 부르주아 문화의 상징으로 보고 금지하고 있다고 한다. 무엇보다 가장 많은 돈을 번 사람들은 역시 날강도 귀족들이다. 광산 산업에는 철도보다 훨씬 많은 '왕'들이 있다. 그만큼 많은 사람이 돈을 긁어모았다는 말이다. 그중 하나는 앞서 언급한 조지 허스트다. 30세 무렵 미주리에서 가족을 떠나 서부로 건너온 그는 여기저기 금광에 손을 대다가 1860년대에는 본격적으로 가족과 함께 샌프란시스코에 정착해, 네바다·유타·몬태나·사우스다코타 등 서부 전역의 대형 광산에 투자하며 서부를 대표하는 광산 왕이 된다. 가업을 이어받으리라고 기대했던 아들은 이 돈을 이용하여 '신문 왕'으로 성장한다.

동부에는 스위스 출신 마이어 구겐하임이라는 사람이 뿌리를 내렸다. 그는 다행히(?) 자식 농사에 성공해서 대대손손 광산으로 떼돈을 벌며, 동부 상류층을 대표하는 가문의 토대를 마련했다.

뉴욕 롱아일랜드에 있는 구겐하임 가문의 저택은 소설 『위대한 개츠비』의 모델이 되었다. (우리가 알고 있는 구겐하임 미술관 역시 이 가문 소유다. 미국에서 예술 소유 개념, 재벌의 미술관이라는 개념이 발달한 것은 도금 시대부터이고, 대표적인 인물은 역시 J. P. 모건이다. 현대의 예술 시장 비대화도 소위 '유니콘'이라 불리는, 천박한 취향을 가진 신흥 귀족들의 등장으로 설명되기도 한다.) 구겐하임 가문에게 동부는 거주지이자 사교 생활의 중심지였을 뿐, 사업은 동부와 서부를 가리지 않았다. 19세기 말이면 미국의 '명백한 운명'은 그 유효기간이 끝나가던 시점이다. 더는 개척할 서부가 없었다. 그럼 어떻게 해야 하는가? 이들은 재빨리 눈을 외국으로 돌렸다. 멕시코, 알래스카, 칠레, 볼리비아…. 광산은 어디에나 있었고 자원은 다양했다. 캐야 할 것은 석탄만이 아니다. 은·금·납·구리·다이아몬드 등 필요한 것은 모두 캐낸다. 당시 미국의 핵심이라고 할 수 있는 광산+철도 산업은 누가 시키지도 않았는데도 이미 국경을 넘어 세계 시장을 지배하려 진군하고 있었다. 소위 제국주의 시대의 첨병들이다. 이들의 행보를 보고 있으면 어떤 면에서는 참 '기민하고도 유연'하다는 생각이 든다.

반면 포티나이너스는 뿔뿔이 흩어졌다. 조직적인 투자를 통해 엄청난 장비를 동원하여 자원을 채굴하는 조지 허스트에 비해 개인 포티나이너는 너무도 무력했다. 물대포를 이용한 수력 채굴로 산을 통째로 깎아버리는 대기업 앞에서, 포티나이너는 그저 대야를 이용해 흙을 체질하여 금을 가려내고 있었으니 말이다. 이제, 이들은 광산 노동자가 되든지, 다른 일을 선택해야 했다. 대부분은 빈

손으로 고향으로 돌아갔다. 하지만 많은 사람이 캘리포니아에 남아 샌프란시스코, 새크라멘토 등의 도시를 건설하고 다양한 일에 종사했다. 다행히 이런 사람들이 늘어나면서, 골드러시가 있었던 다른 지역에 비해 캘리포니아에는 '유령도시'가 적게 남았다.

포티나이너스의 등장은 동부와 서부의 광산 문화를 갈라놓는 분수령이었다. 사실 동부의 광산과 서부의 광산은 원래부터 달랐다. 일단 캐는 자원부터 다르다. 대표적으로는 석탄과 금. 벌써 느낌부터 다르지 않은가? 상대적으로 서부의 광산에서 일하는 노동자들의 대우가 좋을 수밖에 없었다. 게다가 서부의 노동자들은 카우보이 문화를 접한 사람들이다. 그 험한 미주리 트레일을 건너 온 사람들이다. 개인주의적 사고와 폭력에 익숙한 사람들이다. 한마디로 함부로 하기 힘든 사람들이다. 이런 차이가 미국의 광산 노동운동에 커다란 영향을 미치고, 노래 문화에도 마찬가지로 커다란 영향을 미친다.

이 맥락에서 두 곡이 상징적이다. 〈립스 댓 터치 리커 셸 네버 터치 마인Lips That Touch Liquor Shall Never Touch Mine〉은 19세기 금주 운동Temperance Movement을 대표하는 금주 노래Temperance Song다.

〈립스 댓 터치 리커 셸 네버 터치 마인〉

제목만으로도 알 수 있지만 술 마시는 남성과는 키스는 물론 결혼하지 않겠다는 여성의 선언이며 금주 운동을 적극적으로 지지했던 여성 단체들에 의해 널리 퍼졌다. *아무리 네가 잘생기고, 멋져도, 소용없어! 네가 마시는 술 때문에 가족이 얼마나 고통스러운 줄 알아? 그들이 흘리는 눈물을 생각해봐!* 이런 내용이다. 당시에는 교회와 여성, 혹은 교회 내 여성 모임이 주로 부르다 보니, 대체로 찬송가풍 합창이다. 그렇다고 해서 서부극에 등장하는 인형 같은 여성들의 앙탈이나 퓨리턴식의 절제 운동 정도로 생각하면 안 된다. 어쨌든 한때 미국을 술 마시면 안 되는 국가로 만들었던 이 대단한 운동은 참정권 운동과도 연계하여 페미니즘적인 성격을 띠었다. 금주 운동을 추진하며 여성들은 이 노래와 더불어 정치적 발언권과 참정권을 동시에 요구하여, 결국은 1920년 참정권을 획득한다. 그리고 아이러니한 일이지만 금주법 시대에 들어 처음으로 여성들은 술집에서 당당히 남성들과 더불어 술을 마실 수 있었다.

골드러시 직후 만들어진 〈데이즈 오브 '49 **Days of '49**〉는 포티나이너들이 당시를 회상하며 그때 느낀 삶의 희망과 더불어 덧없음을 사실적으로 그리는 발라드다. 발라드는 원래 이야기를 담은

〈데이즈 오브 '49〉

노래라는 뜻이다. *내 이름은 탐 무어, 그 옛날 49년 이야기를 들려줄게. 참 황금의 시절이었는데, 얼마나 힘들었는지. 버펄로 출신, 테네시 출신의 사내들과 우정과 경쟁을 나누었지. 맨날 실망해서 도박도 하고, 술도 마시고 그랬지만, 그래도 참 자유로운 시절이었어. 이제는 다들 흙 속에 묻혔지. 황금을 찾으러 왔지만, 남은 건 무엇인지….* 밥 딜런이 부르는 노래를 듣고 있노라면, 이 사람은 정말 이때 이렇게 살았을 것 같다는 느낌이 든다. 포티나이너스의 자기 회고와 더불어 골드러시의 현실을 보여주는 거의 유일한 '내부자 시점' 노래로, 미국 포크 음악의 중요한 전통으로 남은 곡이다.

포티나이너스의 노래는 술에 젖은 삶과 그 뒤의 회고 사이에 있다. 한쪽은 술을 끊으라는 여성들의 노래, 다른 한쪽은 지금은 사라진 그 시절을 그리워하는 사내들의 노래였다. 하지만 두 노래 모두 서부 개척 시대가 남긴 상처와 그 시대에 살아남은 사람들의 집단적 기억을 기록하고 있다.

골드러시의 웃음과 눈물

캘리포니아 골드러시와 관련된 여러 정황이 알려지고, 당시를 그리는 많은 노래가 살아남은 것은 존 A. 스톤이라는 인물 덕분이다. 그 역시 포티나이너로 동부에서 캘리포니아로 이주해서 광산에서 일도 하고, 직접 금을 캐보았지만, 끝내 성공하지 못했다. 결국 광부일을 접은 후 샌프란시스코에 정착한 그는 '올드 펏Old Put'이라는 예명으로 노래를 부르기 시작했다. 이내 그는 골드러시를 대표하는 민스트럴 송 작곡가이자 가수로 이름을 날리며, '캘리포니아 골드러시의 목소리'로 불리게 되었다.

'올드 펏'이란 '성격 좋고, 넉살 좋은 노인' 정도를 뜻하는 당시의 유행어였다. 그는 이 이름으로 자신을 소개하며 광부들에게 다가가 방방곡곡의 노래를 수집했다. 광부들은 자신이 살던 지역에서 불린 노래를 전해주었고, 올드 펏은 이를 모아 『펏의 캘리포니아 노래 모음집Put's Original California Songster』과 『펏의 명곡집Put's Golden Songster』이라는 노래책으로 엮었다. 나중에 피트 시거나 우디 거스리가 했던 민요 채집을 누가 시키지도 않았는데 훨씬 앞서 실천한 셈이다. 그는 광부와 이주민의 실제 경험을 담은 노래와 서부 사회를 풍자하는 공연으로 한때 명성을 얻었지만, 광산촌이 사라지며 홀로 남겨졌다. 그는 알코올 중독에 시달리다가 1864년 스스로 목숨을 끊었다. 그가 만든 노래 중에는 앞서 소개한 〈스위트 베시 프롬 파이크〉와 〈데이즈 오브 '49〉가 대표곡이다.

여기서 잠깐! '민스트럴'은 당시 유행하던 민스트럴 쇼로 백인들이 흑인 분장을 하고 흑인 흉내를 내며 그들이 얼마나 단순하고 멍청한 존재들인지를 노래와 춤, 일화 등을 통해 보여주는 쇼였다. 앞서 포스터가 인종차별주의자라는 비난을 받는 것도 그가 이 쇼의 대표 작곡가였기 때문이다. 그래서 지금으로서는 꿈도 꾸지 못할 혐오스러운 용어를 사용하고, 흑인들의 어눌한 영어를 조롱하고, 심지어, 자유의 몸이 된 다음에도 플랜테이션 시절을 그리워하는 모자란 아이처럼 흑인을 그린다. (〈켄터키 옛집〉이나 〈스와니강〉을 떠올려보라.) 같은 민스트럴 쇼 작곡가이면서도 올드 펏은 인종차별에는 관심을 두지 않고, 오로지 광부들의 실제 경험과 풍자를 노래하는 데 집중했다.

〈올 댄 터커Ol' Dan Tucker〉와 〈조 바워스Joe Bowers〉는 모두 올드 펏의 노래집에 실려 있는 곡이다. 이중 〈올 댄 터커〉는 민스트럴에서 히트하며 전국적으로 퍼져나갔다고 한다. 노래는 댄 터커라는 인물이 저지르는 여러 엉뚱한 행동과 에피소드를 익살스럽게 그리는데, 각 지역과 세대에 따라 다양한 버전과 개사가 존재하지만, 반복되는 후렴구는 대체로 그가 저녁 식사를 놓쳤다는 것이다. 빠른 2/4 박자의 밝고 경쾌한 노래로, 술집은 물론 캘리포니아 트레일을 가던 사람, 혹은 카우보이들이 하루의 피로를 푸는 캠프파이어 중에 춤추면서 같이 불렀다. 이런 노래를 캠프파이어 송이라고 한다. 단순한 멜로디와 가사, 반복되는 후렴구가 특징이고, 모닥불 주변에 모여 어른과 아이 할 것 없이 함께 노래하며 공동체 의식을 형성하는 데 목적이 있다. 주로 야외에서 어쿠스틱 악기를 반주 삼아 이야기와 추억을 노래한다.

〈조 바워스〉 역시 캘리포니아 골드러시를 배경으로 포티나이너스의 희망과 좌절을 해학적으로 담아낸, 일종의 '웃픈 노래'였다. 미주리에 살던 조 바워스는 사랑하는 여인을 위해 캘리포니아

〈올 댄 터커〉

〈조 바워스〉

에 금을 캐러 간다. 매일 그녀를 생각하며 고된 노동을 이어가다 어느 날 고향에서 편지를 받는데, 그녀가 이미 결혼했고 아기도 있다는 내용이었다. 이 가련한 포티나이너는 결국 사랑도, 돈도, 행복도 얻지 못하고 젊음만 낭비한 셈이다. 전형적인 컨트리와 포크의 주제다. 포티나이너스의 애달픈 현실을 3/4박자의 단순한 선율로 부르는 노래인데, 사람에 따라 담담하게, 어떤 사람들은 블루스로 절망감을 가득 담아 노래하기도 한다. 캠프파이어 송이기도 했고, 광산에서 일하며 부르는 노동요이기도 했다.

〈에이커스 오브 클램스(올드 세틀러스 송)Acres of Clams(Old Settler's Song)〉는 태평양 북쪽에 정착한 포티나이너스의 노래다. 그래서 태평양 북쪽에 자리 잡은 워싱턴주의 비공식 주가처럼 불렸던 때도 있었다고 한다. 포티나이너들은 금을 찾아 온갖 고생을 하며 서부로 건너왔지만 정작 금은 거의 얻을 수 없었다. 맨날 물가에서 금을 체질하다 보니 광부 일보다 조개를 잡는 일이 적성에 맞는다는 사실을 발견한 사람들은 결국 헛된 꿈을 포기하고 시애틀 근처 바닷가에 정착하여 자연 속에서 만족하며 살아간다. 전형적인 개척 시대 포크송으로 대단히 유머러스한 노래다.

〈에이커스 오브 클램스(올드 세틀러스 송)〉

〈레드 리버 밸리Red River Valley〉의 장르는 카우보이 송이다. 노랫말에도 당신을 정말 사랑했던 한 카우보이를 잊지 말아 달라는 대목이 있다. 우리 노래로는 〈홍하의 골짜기〉로 알려져 있다. 'Red River'를 직역해 '홍하'라고 옮긴 모양이다. 이 강은 앞서 소개한 치점 트레일과 가까이 있어서 카우보이들이 롱 드라이브 하며 자주 건너야 했다. 미국 카우보이들은 이 강과 더불어 이 강을 소재로 한 캐나다 민요에 익숙해졌고, 이후 카우보이들이 서부로 퍼져나가며 대표적인 서부의 노래가 되었다. 카우보이나 광부나 철도 노동자나 모두의 삶은 팍팍하기만 하다. 지금은 여기서 어찌어찌 살고 있지만, 언젠가는 떠날 수밖에 없다. 사랑하는 사람과도 헤어질 수밖에 없다. 그래도 그 빛나는 눈과 달콤한 미소는 잊지 못할 것이다. 잠시라도 그녀 곁에 앉아, 작별의 시간을 늦추고 싶다. 이별이란 말은 정말 듣고 싶지 않다. 이별의 슬픔을 주제로 한, 서부 개척 시대를 대표하는 곡이다.

〈레드 리버 밸리〉

탄광의 분노와 희망:
몰리 맥과이어스와 노동가요의 등장

1840년대 아일랜드에 닥친 '감자 기근'은 100만 명이 넘는 목숨을 앗아갔다. 윤정모의 소설 『슬픈 아일랜드』는 이 참혹한 역사를 통해 한국과 아일랜드가 공유하는 식민 지배와 분단이라는 비극을 포착한다. 아일랜드 작가 조너선 스위프트, 제임스 조이스 역시 여러 번 증언한 바 있지만, 영국의 식민 통치와 착취는 아일랜드인들에게 지울 수 없는 '혐오'와 '차별'이라는 낙인을 찍는다. 오랜 강점의 기억 말고는 아무런 이유도 없는 낙인 속에서 아일랜드인들은 스스로 '하얀 흑인'이 되었다. 세월이 지나며 아무 생각 없는, 혹은 어떤 금전적 이익에 경도된 사람들은 이 편견을 내화하고, 자신을 열등한 존재로 받아들이며, 지배국의 이익에 봉사하게 된다. 이런 사람들을 우리는 '친일파'라고 부른다. '매국노'와 같은 사람들이다. 전우용 같은 사람은 이들을 한국 우익의 뿌리로 본다.

기근을 피해 미국으로 건너간 100만이 넘는 사람들이 찾은 일자리는 광산이었다. 많은 사람이 기피하는 힘들고, 더럽고, 위험한 3D 업종이었기 때문이다. 광산 회사가 철도 회사를 인수하며 일부는 철도 노동자가 되었다. 광맥이 마르거나 철도 공사가 시작되면, 이들은 다시 떠돌아다니며 광산 노동자가 되었다가 철도 노동자가 되곤 했다. 미국에 가장 먼저 자리 잡은 영국계는 처음부터 이 아일랜드계 사람들을 인간 취급할 생각이 없었다. 수많은 광산에서 수많은 아일랜드인이 죽어나갔다. 아일랜드인이 가장 많은 광산은 이미 언급한 바 있는 펜실베이니아 무연탄 광산이었다. 그중엔 아이들도 많았다. 1902년 이 광산에서 8~14세의 아이들이 차지한 비중이 1/6 정도였다고 한다. 이들을 브레이커 보이breaker boy라고 불렀는데, 주로 하는 일이 원석탄을 깨뜨리는 일이었기 때문이다. 그러다 보니 수많은 아이가 사고로 다치고 죽었다.

광부들에게 죽음은 일상이었다. 메탄가스 폭발, 갱도 붕괴, 수몰, 화재 등등 사고는 끝도 없이 이어졌다. 이렇게 험한 일을 하루 12시간 하며 받는 돈이라고는 주당 10달러에 불과했다. 아이들은 성인의 10~20퍼센트밖에 받지 못했다. 더 큰 문제는 광산 회사가 이 돈마저 알뜰하게 착취했다는 점이다. 광산이 개발되면 광산 회사는 먼저 '회사 마을company town'과 '회사 상점company store'부터 지었다. 광부들은 모든 숙식을 여기서 해결해야 했다. 게다가 주급이라고 지급하는 돈 역시 스크립트script라고 하여 광산촌에서만 통용되는, 다른 어디에서도 사용할 수 없는 돈이었다. 영화 〈몰리 맥과이어스〉에는 한 광부가 주급을 받는 장면이 나오는데, 9달러가 조금 넘는 주급에서 숙식비를 제하고 나니 고작 24센트가 남는다. 사실은 이마저도 못 받고 오히려 회사에 빚을 지면서 평생 회사의 노예로 남는 노동자도 있었다.

아일랜드인들은 노조를 절실히 원했다. 이를 간파한 회사에서는 아일랜드인들의 숙적인 영국계 광부를 고용하여 민족 갈등을 부추기는 전략을 택한다. 영국의 광맥은 채굴한 지 100년이 지나면서 서서히 고갈되고 있어서 웨일스·잉글랜드·스코틀랜드의 많은 광부가 미국으로 건너왔다. 영국인들이 싫어 고국을 탈출한 아일랜드인들은 머나먼 나라까지 쫓아와 자신들을 멸시하고 못살게 구는 영국인들을 이해할 수 없었다. 두 민족 사이엔 싸움이 잦았고 거친 광부들의 싸움은 죽음으로 이어지기도 했다. 이 와중에 1875년 펜실베이니아 스쿨킬 무연탄 광산을 포함한 북동부의 주요 석탄 생산 지역에서 광부들의 임금 20퍼센트 삭감이 단행되었다. 물론 공황 탓이었다. 정확히는 공황의 원인을 제공하고, 그 모든 처참한 결과는 노동자들에게 돌리는 산업자본 때문이었다. 노동자들은 부글부글 끓고 있었다.

당시 스쿨킬 광산을 지배하던 필라델피아-레딩 철도 회사와 자회사를 지배하던 프랭클린 B. 고웬은 은밀하게 핑커턴 탐정사무소에 연락한다. 핑커턴은 제임스 맥팔랜드라는 비밀 요원을 파견하여 노동자들 속에 잠입시킨다. 그는 '몰리 맥과이어스Molly

1970년 영화 〈몰리 맥과이어스〉의 오리지널 포스터. 영화에서는 리처드 해리스가 언더커버 탐정 제임스 맥팔랜드 역을 맡고, 숀 코너리는 광부 지도자 잭 키호 역할을 맡아 카리스마 넘치는 연기를 보여주었다. 서부극이 아니라 노동 착취 · 이민자 차별 · 계급투쟁을 주제로 한, 할리우드에서는 보기 힘든 작품이었다. 음악은 헨리 맨시니가 맡았다.

McGuires'라는 노동자들의 비밀 테러 결사를 밝혀내고 이들이 무려 최대 24명의 죽음에 책임이 있다고 증언했다. 그 결과 몰리 맥과이어스라는 무시무시한 테러 조직의 리더 존 키호와 조직원 20여 명이 교수형에 처해졌다. 결정적 증거라고는 제임스 맥팔랜드의 말

뿐이었다. 지금은 몰리 맥과이어스라는 이름의 조직이 실재했는지조차 의심의 대상이 되고 있다. 막강한 적을 조작하여 해치우는 정의의 사도 역할을 맡기 좋아하던 핑커턴의 과장과 그런 '괴물'이라면 좋아 어쩔 줄 몰라 하던 선정적인 언론의 합작품이었을 가능성이 크다. 이 사건에서 박정희의 동백림 사건, 이승만의 진보당 사건을 떠올렸다면, 그건 기분 탓이다. 어쨌든 고웬은 임금 20퍼센트 삭감을 무사히(?) 달성할 수 있었다. 또 다른 노조 파괴를 위해 표표히 떠나는 제임스 맥팔랜드는 물론 아일랜드인이었다.

광산 노동자의 삶은 좀처럼 나아지지 않았다. 〈식스틴 톤스 Sixteen Tons〉는 1947년에 나온 노래지만, 내용은 80년 전과 크게 다르지 않다. 멀 트래비스는 탄광에서 일하던 아버지의 삶과 동료들의 현실을 담아 이 곡을 썼다. 제목의 '16톤'이란, 미국 탄광 노동자들이 하루 평균 채굴하는 양이다. 믿기 어려운 수치다. *16톤을 채굴해서 무엇을 얻었나? 하루 더 늙고, 빚만 더 늘었네. 그래도 아직 죽으면 안 돼. 난 여기 탄광 회사 상점에 갚아야 할 빚이 있거든.* 낮고 무거운 목소리로 탄광 노동자의 벗어나기 힘든 피로를 노래하는 이 곡은 노동 착취를 고발하는 대표적인 노동가로, 1955년 테네

〈식스틴 톤스〉

시 어니 포드의 리메이크 버전이 크게 히트하며 대중적인 인기까지 얻었다. 최근에는 제프 카스텔루치의 버전으로 주로 듣고 있다.

몰리 맥과이어스가 활동하던, 혹은 활동했어야만 한다고 이야기하는 펜실베이니아 광산에서는 당연히 아일랜드 민요, 그리고 여기에 맞선 영국, 동유럽 이민자들의 민요가 많이 불렸다. 〈스텝 바이 스텝Step by Step〉은 아일랜드 대기근 시기의 민요 〈더 프레이티즈 데이 그로 스몰The Praties They Grow Small〉에 피트 시거가 광산노동조합 헌장 서문의 내용을 붙여 만든 노동가로, 노조, 다시 말해 연대의 힘, 노동운동의 희망을 노래한 곡이다. *한 걸음, 또 한 걸음 걸어 나가면, 결국은 우리가 이긴다. 돌멩이 하나로는 아무것도 못 하지만, 여러 개의 돌멩이로는 기둥을 세울 수 있다. 한 방울의 물로는 아무것도 못 하지만, 물이 뭉치면 공장도 돌릴 수 있다.* 펜실베이니아 광산 지대의 노동운동과 희생을 기리기 위해 만들어진 이 노래는 단조로운 행진곡풍이라 광부들이 갱도로 향하며 함께 부르기에 적합했다. 또 선창과 후창이 뚜렷이 나뉘며 쉽게 따라 부를 수 있어서 글을 못 읽는 노동자들 사이에서도 널리 퍼져, 광산노조, IWW 등 수많은 집회 현장에서 빠지지 않는 노래가 되었다. 강

〈스텝 바이 스텝〉

한 선동보다는 단순한 노랫말 안에 깊은 힘을 담아 "결국엔 우리가 이긴다. 결국은 연대가 이긴다"라는 순수한 낙관을 노래한다. 뉴 키즈 온 더 블록이 떠오른다면 이 노래에 대한 실례다.

홈스테드 학살

영국에서 증기기관이 발달한 건 광산을 조금만 파도 지하수가 차올라 끊임없이 물을 퍼내야 했기 때문이다. 이와는 달리 미국의 석탄은, 조금 과장을 섞어 말하자면, 아무 데나 삽만 찌르면 쏟아져 나왔다. 그래서 값싼 비용으로 대규모 채굴이 가능했고, 이를 '노천 채굴'이라 불렀다. 앞서 무연탄이 산책로에 굴러다녔다고 했는데 역청탄 역시 마찬가지였다. 역청탄은 코크coke를 만드는 석탄이다. (코카콜라의 coke와 철자는 같지만 코카콜라는 '코카인'에서 유래한 것으로 이 석탄과는 아무런 관계가 없다. 그 옛날 콜라가 처음 등장했을 때는 온갖 마약을 때려넣은 일종의 '약'이었다.) 코크는 철을 제련하는 데 사용된다. 철광석을 녹이는 동시에, 산화철에서 산소를 제거해 순수한 철을 얻는 환원제 역할을 하기에, 현대 제철 공정에서 없어서는 안 되는 원료다. 영국 산업혁명이 가능했던 것도 철 제련에 목탄 대신 코크를 이용하면서 값싸고 질 좋은 철이 대량으로 공급되었기 때문이라고도 할 수 있다. 코크 공정이 처음 발명된 곳이 영국이고, 영국에는 다행히 역청탄이 풍부했다.

하지만 역청탄의 규모 면에서도 미국은 영국을 압도했다. 게다가 채굴도 훨씬 쉬웠다. 미국의 광산 왕이 여럿이 있다고 했고 그 중 대표적인 인물로 서부의 허스트, 동부의 구겐하임을 들었지만 광산 왕이 아닌 '코크 왕'이라는 특이한 별명을 얻은 인물도 있었다. 바로 헨리 클레이 프릭Henry Clay Frick이다. 코크 왕 프릭은 약관을 간신히 넘긴 21세에, 코크 광산 회사를 차리고, 이립이 되기 전에 이미, 미국 최고의 부자 중 한 명이 된다. 대단한 가문 출신이 아니다 보니 프릭은 '아메리칸 드림'을 이룬 대표적 인물로 꼽히기도 한다. 30대 초반에 이미 이룰 것을 다 이룬 듯했던 이 코크 왕 앞에 어느 날 철강 왕이라는 별명의 앤드루 카네기Andrew Carnegie가 나타나서는 자기의 사업을 맡아 운영해 달라고 제안한다.

철강회사가 커지고 복잡해지면서 카네기는 효율성과 안정을 위한 강력한 리더십의 필요성을 절감하고 있었다. 공화국이었던 로마가 영토 확장으로 맞은 변화로 강력한 개인에게 권력이 집중되는 제국 체제로 넘어가는 과정과도 흡사하다. 19세기를 이해하는 가장 중요한 키워드 중 하나는 '평판'이다. '부의 복음Gospel of Wealth'의 전도사를 자처하고, "부자인 채로 죽는 것은 수치스러운 일이다" 등의 온갖 말로 좋은 사람 행세하던 카네기는 강력한 경영자에게 권한을 위임하고 자신은 전략과 평판 관리에 집중하는 선택을 한다. 막강한 권력을 확보한 프릭은 대규모 합병으로 회사를 확장하며 실질적 '제왕' 경영을 펼친다. 겉으로 가장 쉽게 볼 수 있었던 변화는 강경한 노조 통제였다.

노조의 눈치를 보는 척하고 겉으로나마 비위를 맞추던 카네기와는 달리 프릭은 노골적으로 임금 인하와 더불어 단체교섭권을 박탈하려 했다. 그는 홈스테드 제강소의 노사 협상 결렬을 앞두고 직장 폐쇄lock out를 단행했다. 말 그대로 공장문을 닫아 노조의 출입을 불허하고 임금 지급을 중단하겠다는 뜻이었다. 생산활동도 중단되므로 기업에도 손실이 아니냐고 하겠지만, 이미 미국에는 유구한 '스캡' 전통이 있다. 낌새를 알아챈 노동자들은 역으로 공장 점거에 돌입한다. 프릭은 핑커턴에게 연락한다. 300명의 핑커턴이 중무장한 채 현장을 덮친다. 1892년 7월 6일 새벽, 마침내 핑커턴과 파업 노동자들 사이에 총격전이 일어난다. 양측 최소 10명이 사망하고 수백 명이 부상한다. 이제껏 수수방관하던 펜실베이니아 주 정부는 방위군을 투입해 파업 노동자들만 무력 해산하고 경영진을 복귀시킨다. 파업 지도부는 살인은 물론 '반역' 혐의로 기소된다. 이 사건을 우리는 '홈스테드 파업', '홈스테드 전투', 혹은 '홈스테드 학살'이라고 부른다.

남은 이야기를 해보자. 카네기는 손도 대지 않고 원하던 노조 파괴라는 결과를 거머쥘 수 있었다. 처음에는 프릭을 '상남자The MAN'라고 치켜세우던 그는 이제 활용 가치가 다한 프릭에 등을 돌리고 해고해버린다. 그의 자리는 찰스 M. 슈와브Charles M. Schwab가 차지한다. (미국 대형 증권사 찰스 R. 슈와브의 창업주 찰스 R. 슈와브와는 아무 관계가 없는 인물이다. 또 자기계발서랍시고 몇 권을 같은 얘기를 하고 또 하며 이 친구는 왜 자기계발이 안 되나 의구심을 불러일으킨 데일 카네기 역시 앤드루 카네기와는 아무 관계가 없다. 실제로 데일 카네기의 성은 Carnegey였는데, 어떻게든 비슷한 성을 가진 이 유명 인사의 덕을 좀 볼까 하는 심산으로 자신의 성도 Carnegie로 바꿨다는 이야기가 있다.)

프릭은 엄청나게 많은 돈을 받고 쫓겨났다. 하지만 이내 카네기가 J. P. 모건에게 철강 회사를 팔면서 그 새로운 회사의 회장으로 취임했다. 퇴임한 후엔 대부분의 날강도 귀족들이 그랬듯이 돈 될 만한 그림들을 모아 미술관을 꾸렸다. 그와 카네기는 일종의 배드 캅-굿 캅의 파트너였다. 그가 노조 파괴 등 나쁜 일을 도맡아 해준 덕분에 카네기는 어쨌든 겉으로는 좋은 인상을 유지할 수 있었다. 하지만 홈스테드 학살을 계기로 본모습이 드러나며 '노동자의 벗'이었던 그는 '노동자의 적', '악덕 자본가'로 불리게 된다. 평판을 되찾기 위해 골몰하던 그는 많은 기부와 함께 다른 날강도 귀족처럼 대학을 세웠다. (처음부터 강도질을 하지 않았더라면 되었을 것이다. 노동자의 자식들을 위해 세웠다는 이 대학은 지금은 카네기-멜론으로 알려져 있다. 참고로 다른 날강도 귀족들이 세운 대학으로는 밴더빌트의 밴더빌트대학, J. P. 모건의 시카고대학, 스탠퍼드의 스탠퍼드대학, 마지막으로 이 날강도 귀족들과는 걷는 길이 달라서 소원하게 지냈던 담배 왕 제임스 뷰캐넌 듀크의 듀크대학이 있다.)

에드윈 로의 〈그레이트 배틀 오브 홈스테드(Great Battle of Homestead: Defeat & Capture of the Pinkerton Invaders July 6th 1892)〉라는 제목의 석판화. 당시 그림이 그렇듯 홈스테드 파업의 주요 장면을 이야기로 구성하고 있다. 한가운데는 홈스테드 제강소의 조감도와 불타고 있는 핑커턴의 바지선이 보인다. 그림 위쪽에는 핑커턴을 공격하는 노동자들, 아래쪽에는 핑커턴의 항복과 감옥에 끌려가는 장면이 그려져 있다. 그림으로 보아도 주 방위군이 개입할 필요도 없이 전투는 이미 노동자의 승리로 끝났다. 주 방위군은 프릭의 요청으로 파업을 진압하기 위해 투입된 것이다. 출처: 미국 의회도서관.

홈스테드 학살 이후 알렉산더 버크먼이라는 사람이 프릭 암살을 시도하다 실패하면서 (선정주의에 매몰된 황색) 언론 덕분에 여론은 노조에 불리하게 돌아선다. 노조는 몰락한다. 노조원들은 대량 해고된다. 이들은 블랙리스트에 오르며 노동 기회를 사실상 박탈당한다. 이 사건을 계기로 블랙리스트가 대규모로, 조직적으로 이용되기 시작한다. 남은 노동자들은 임금 삭감 등 더 열악한 조건을 감내해야 했다. 노동운동은 방향과 전략을 심각하게 고민하는 계기를 맞았다. 결국 이 사건은 미국 노동운동사의 매우 중요한 분기점이 된다. 하지만 노조만 망한 게 아니다. 잔혹한 폭력이 보도되면서 사설 군사력에 대한 반감이 커졌고, 1893년 '반-핑커턴 법'이 통과되어 정부의 사설 군사력 사용도 금지되었다.

〈파더 워즈 킬드 바이 더 핑커턴 멘Father Was Killed by the Pinkerton Men〉은 홈스테드 학살 당시 핑커턴에게 아버지를 잃은 노동자 가족 화자가 슬픔과 분노를 표현하는 곡이다. 전형적인 미국 노동가요로 단순한 멜로디와 강렬한 메시지, 반복되는 후렴구가 특징이다. 후렴은 *아버지는 명예와 임금을 위해 싸우다가 핑커턴이 쏜 총에 맞아 돌아가셨다. 그러니 나는 강력한 노조에 가입해, 정의가 실현될 때까지 싸울 것이다*고 되뇌고 있다. 1892년 발표되어 당시 노동운동의 현실을 생생히 반영한 노래로 같은 해 '가장 인기 있는 노래 중 하나'였으며 19세기 말 미국 노동운동사에서 널리 알려진 노래이기도 하다.

〈파더 워즈 킬드 바이 더 핑커턴 멘〉

위대한 노래의 탄생:
페인트 크리크-캐빈 크리크 파업

역청탄 사업이 번창하면서, 기존의 채굴지에서 멀리 떨어진 애팔래치아산맥 남부 웨스트버지니아의 골짜기에서도 채굴이 시작되었다. 기존 광산과는 달리 제법 험준하고, 고립된 곳이다. 게다가 남부다. (정확히는 북과 남의 중간쯤 된다.) 그만큼 멀다. 날강도 귀족에게 배운 대로 자본은 더욱 가열차게 약탈과 착취를 이어갔다. 일단 임금을 더 낮추기 위해 새로운 노동력을 동원한다. 남부가 가까우니 짐크로 법을 피해 북상한 흑인도 고용하고, 알고 보니 골치 아픈 아일랜드계 대신 더 '무식한' 동유럽계를 받아들인다. 심지어 이민국 관리의 봉급을 광산 회사가 댔다는 말까지 있을 정도였다. 글은 모를수록 좋았고 서로 말이 안 통하면 금상첨화였다. 그러니 여러 곳에서 여러 민족을 받아들여, 이들이 알 수도 없는 글로 쓰인 계약서를 들이민다. 자, 이제 고용이 끝났다. 회사 마을을 짓고 회사 상점을 차려 식료품·의복은 물론, 장갑·곡괭이·안전모·신발을 판다. 가능하면 비싸게 판다. 프릭이라는 분이 모범을 보였듯이 '노조'의 '노' 자도 애초에 나오지 못하게 만들고, 나오는 순간 박살을 낸다. (카네기 철강의 회장이 된 다음에도 프릭은 코크 사업을 실질적으로 운영했고, 광산의 모든 노조 결성 시도를 좌절시켰다.)

여기서 등장한 것이 '애팔래치아의 핑커턴'이란 별명을 가진 볼드윈-펠츠(볼드윈-펠츠 탐정사Baldwin-Felts Detective Agency)였다. 무식한 총질로 악명은 높지만, 특히 광산 분야가 전문이라니 맡겨보자. 가까운 데 있고 신생 업체니까. (윌리엄 G. 볼드윈은 1890년 초에 이미 활동을 시작하고, 1900년에 토머스 펠츠와 함께 본격적인 '볼드윈-펠츠 탐정사'로 활약한다. 핑커턴에 비해 철도와 광산에 특화된 강경한 무력 서비스를 더 저렴한 가격으로 제공했다.)

1912년 4월부터 1913년 7월까지 웨스트버지니아주 카나와 카운티의 페인트 크리크와 캐빈 크리크 지역에서 미국 노동사에서 가장 격렬한 광산 노동쟁의 중 하나가 일어난다. 노조가 있던 페인트 크리크의 탄광에 비해 노조가 없던 캐빈 크리크 광부들은 더 적은 임금을 감수하고 있었다. 사실 페인트 크리크의 임금도 다른 탄광에 비해서 낮았다. 노조의 협상 과정에서 '주변 노조 탄광과 같은 임금' 요구가 거부당하며 파업이 일어나고, 비노조 광부들도 합류하였다. 이내 노조 인정, 작업장 내 감시인 폐지, 그리고 앞서 언급한 블랙리스트 철폐, 언론 집회의 자유 보장까지 요구 조건이 확대

되었다. 회사가 보인 반응은 당시 거의 모든 회사가 그랬듯이 대체 노동자 투입이었다. 그런데, 이내 양심의 가책을 받던 많은 스캡들이 파업 노동자들의 끈질긴 설득으로 발을 씻고(?) 파업에 합류한다. 순식간에 광산은 해방구로 둔갑한다. 회사가 조장했던 혐오와 차별이 연대solidarity로 바뀌는 감동적인 순간이다.

팽팽한 대치가 이어지던 어느 날 볼드윈-펠츠는 장갑열차를 만들어 기관총을 난사하며 광산촌에 진입한다. 많은 희생자를 낸 광부들도 무장에 나서며 광산촌은 전쟁터가 된다. 머더 존스Mother Jones가 이끌던 미국광산노동조합UMWA이 현장에 합류하며, 전투는 장기화한다. 머더 존스는 어디에서나 그랬듯이 파업 노동자들과 가족, 지역사회 전체를 파업 지지 세력으로 결집하며 다시 한번 유대와 연대의 힘을 모든 사람에게 각인시킨다. 마침내 1913년 4월, 주지사 해트필드가 계엄령을 선포하고 군대를 투입했다. 머더 존스를 포함한 수백 명이 체포되었고 일방적으로 회사에 유리한 '타협안'을 강제하며 7월에 파업이 끝난다.

파업 중 대략 50명이 사망했는데, 총격으로 입은 부상은 물론, 굶주려 사망한 경우도 있었다. 임금 인상이나 차별 금지와 같은 요구는 수용되었지만 노조 인정과 같은 핵심 요구는 관철되지 못했다. 싸움은 임금과 노조만이 중요한 게 아니었다. 노동자들의 집단적 권리와 인간다운 대우를 기치로 내걸었던 쟁의가 여기에서 그칠 수 없다. 이제는 전쟁이다. 그리고 전투는 이후 웨스트버지니아 탄광 전쟁으로 이어지며 미국 노동운동사의 불길을 키운다.

페인트 크리크와 캐빈 크리크 파업은 두 광산 광부 사이의 연대, 노조원과 비노조원의 연대, 각 민족·인종의 연대, 파업 노동자와 지역사회의 연대를 보여준 최초의 사건이었다. 혐오와 차별을 '연대'로 극복한 페인트 크리크와 캐빈 크리크 파업을 기리는 의미에서 1915년 랠프 채플린은 이미 남북전쟁 가요로 모든 사람이 알고 있는 〈존 브라운스 바디〉의 멜로디를 차용해, 노동조합과 노동자의 단결을 강조하는, 전 세계에서 가장 유명한 노동가 〈솔리대리티 포에버Solidarity Forever〉를 만든다. *노동자의 유대와 단결이야말로 기업과 정부의 억압에 맞설 수 있는 유일한 힘이다. 연대여 영원하라. 노조여 영원하라.* 이 단순하면서도 힘 있는 합창은 이후 탄광을 넘어 모든 노동운동에서 불리며, 미국뿐 아니라 전 세계 노동운동의 상징이 되었다. 더 무슨 설명이 필요하겠는가?

여기에 뒤지지 않는 또 하나의 노래 〈위 셸 낫 비 무브드We Shall Not Be Moved〉는 페인트 크리크-캐빈 크리크 파업에서 널리 불렸던 대표적인 노동가요다. 19세기 흑인 영가에서 유래한 곡으로, 회사 주택에서 쫓겨난 페인트 크리크와 캐빈 크리크의 광부와 가족들이 천막을 세우고 *우린 흔들리지 않는다. 물가에 세워진 나무*

〈솔리대리티 포에버〉

*처럼. 노동자들은 함께 싸운다. 결코 물러서지 않는다*고 노래 부르며 집단적 저항을 다짐했다. 대중적인 저항의 노래답게 반복되는 후렴으로 쉽게 따라 부를 수 있고, 선창하는 사람에 따라 노래도 조금씩 다르다. 우리나라에서도 〈흔들리지 않게〉라는 제목으로 널리 알려졌고 대학 시절 목청이 터져라 불렀던 노래다.

〈위 셸 낫 비 무브드〉

세상에서 가장 위험한 여성과 세 곡의 깃발: 러들로 학살과 머더 존스

머더 존스는 '세상에서 가장 위험한 여성'으로 불리며, 평생 어린이를 위해, 광부를 위해, 노동자를 위해 싸웠다. 1867년 남편과 네 아이 모두를 병으로 잃은 그녀는, 1871년 시카고 대화재로 재산마저 잃었다. 그러다가 자신의 회고에 따르면 1877년 철도 대파업에서 노동자와 함께 싸우며 삶의 지표가 바뀌었다고 한다. 무엇보다 그녀의 '아들들'은 광부였다. 1897년 철도노조 대회에서 '머더'라는 호칭을 처음 듣긴 했지만, 그녀를 서슴없이 '엄마'라고 불렀던 건 탄광 노동자들이었다. 사실 그녀에게 가장 어울릴 것 같았던 '빵과 장미' 파업에서 그녀가 보이지 않았던 것도, 같은 시기 페인트 크리크-캐빈 크리크에서 싸우고 있었기 때문이다.

페인트 크리크-캐빈 크리크 파업이 끝날 무렵 70세가 훌쩍 넘은 나이에 폐렴까지 앓던 그녀는 군사재판에 회부되어 85일을 구금당했다. 그리고 영어의 몸에서 풀려나자마자 콜로라도에서 자신을 부르는 소리를 듣고는 극도로 쇠약한 상태에서 서둘러 러들로로 달려간다. 페인트 크리크-캐빈 크리크 파업에서 조직력과 투쟁 경험을 축적한 미국광산노동조합UMWA 역시 그 뒤를 따른다. 이곳의 광산 회사 콜로라도 퓨얼 앤 아이언은 록펠러 소유였다. 소위 석유 왕이다. 석유 왕이 웬 광산? 하는 사람이라면, 석유를 나르기 위해서는 기차가 필요하고, 기차를 만드는 데는 철강이 필요하고, 철강을 만드는 데는 역청탄이 필요했음을 다시 복습해주었으면 한다. 당시 날강도 귀족들은 문어발 재벌이었음을 기억하라. 이 날강도 귀족의 끝판왕이 바로 J. P. 모건, 앤드루 카네기, 그리고 존 D. 록펠러였다.

열악한 노동 환경, 저임금, 장시간 노동에 시달리던 록펠러의 광산 노동자들은 UMWA에 가입하고 노동조건 개선과 임금 인상을 요구하며 1913년 파업에 돌입했다. 회사는 노동자들을 해고하고 회사 마을에서 내쫓은 다음, 대체 노동자들을 투입했다. 현장에 도착한 머더 존스는 노동자들을 조직하고, 노동자 가족들의 처우 개선을 요구하며, 회사와 정부의 탄압에 맞서 싸운다. 그리고 단결을 독려하는 수단으로 급진적이고 투쟁적인 노동가요를 현장에 적극적으로 도입한다. 그녀는 UMWA는 물론 IWW에도 큰 지분이 있던 인물이기에 UMWA의 골격 위에 IWW가 축적한 노래 전통을 얹을 수 있었다. 소위 광산 전쟁에서는 IWW의 대표적인 노동가요들, 〈조 힐〉이나 〈더 프리처 앤 더 슬레이브〉, 〈데어 이즈 파워 인 어 유니언〉, 〈케이시 존스〉 같은 노래들이 천막촌의 밤을 지탱했다. 노동자들은 "기도하고, 싸우고, 노래했다".

1914년 4월 20일, 머더 존스가 선전 활동으로 자리를 비운 사이 콜로라도 주 방위군과 볼드윈-펠츠가 습격한다. 이번에 볼드윈-펠츠가 동원한 장갑차는, 이름도 무식한 '데스 스페셜Death Special'이었다. 총격전은 온종일 이어졌고, 해질녘에 볼드윈-펠츠는 천막촌에 불을 지른다. 불길 속에서 많은 사람이 죽는다. 대피소에 숨어 있던 여성과 아이들이 빠져나오지 못하면서 사망자는 늘어난다. 공식적으로 25명 이상이 사망하고, 그중 11명은 어린이로 밝혀진다. 역사는 이 사건을 '러들로 학살'이라 부른다.

소식은 산맥을 넘어 도시로 번졌다. 콜로라도 전역에서 광산 노동자들이 무장봉기에 나섰다. 1000명에 달하는 노동자들이 주 방위군과 주 방위군이 동원한 볼드윈-펠츠에 대항해 싸운다. (볼드윈-펠츠는 주 방위군이 제공한 군복을 입고 싸우기도 했다.) 노동자들은 이웃 광산을 습격하고 건물에 불을 지른다. 머더 존스의 선전 등으로 학살 소식이 퍼져나가며 뉴욕 등 대도시에서 노동자에 동조하는 연대 시위와 집회가 일어난다. 열흘에 걸친 전쟁 결과 최소 50명이 사망하자 결국 우드로 윌슨 대통령이 연방군을 파견해 (연방군 파견이면, 곧 계엄이다.) 광산 노동자만 무장 해제시키며 사건은 종결된다. 일방적인 체포의 결과 332명의 노동자가 살인 혐의로 기소된다. (물론 처형된 사람은 없다.) 사측에서는 오직 한 명만 가벼운 징계를 받고 모두가 무죄판결을 받는다. 결국 미국 노동운동사 최초

미국 화가 존 슬론이 잡지 《대중(The Masses)》(1914)에 발표한 석판화. 러들로 학살에서 가족을 잃은 광부가 분노와 슬픔을 이기지 못하고 총을 난사하는 그림이다. 미국 노동운동사에서 가장 유명한 그림 중 하나다. 〈콜로라도의 계급 전쟁(CLASS WAR IN COLORADO)〉이라는 기사 제목에서 알 수 있듯, 지금 우리가 '러들로 학살'이라 부르는 사건은 당시엔 '계급 전쟁'이라 불렸다. 출처: 미국 의회도서관.

의 조직적 무장 투쟁과 그 참혹한 결과 앞에서 노동자들은 조직적 저항과 더불어 전국적인 노조 조직화, 그리고 연대와 단결의 필요성을 절감하게 된다. 물론, 이미 예상하다시피 탄광회사와 볼드윈-펠츠는 전혀 반성하지 않으면서 전쟁은 확전의 길로 나아간다.

건강이 악화한 머더 존스는 이후 석탄 전쟁 현장에서는 모습을 감춘다. 하지만 사망 직전까지도 노동운동과 조직 활동에 열심이던 그녀는 1930년 일리노이주 마운트 올리브의 유니언 광부 묘지에, 자신이 '아들들'이라 부르던 파업 중 사망한 광부들 곁에 묻힌다. 머더 존스 하면 떠오르는 두 낱말은 '연대'와 '조직'이다. 가장 유명한 구호는 "죽은 자를 위해 기도하고, 살아 있는 자를 위해 지옥처럼 싸워라"였다. 〈더 데스 오브 머더 존스The Death of Mother Jones〉는 그녀의 죽음을 추모하고 투쟁 정신을 기리는 곡으로 여러 사람이 불렀고, 부르는 사람에 따라 가사도 달랐다. 가장 유명한 버전의 내용은 다음과 같다. *광부들이 땀 흘리며 일하고 죽어간 곳, 석탄 먼지가 눈물을 자아내는 곳, 바로 그곳에 우리는 머더 존스를 묻었다, 일리노이 유니언 광부 묘지에. 더는 시위 현장에서 시위대를 이끄는 그녀를 볼 수 없고, 광부들이 그녀를 아무리 목 놓아 불러도, 다시는 우리 곁에 올 수 없지만, 그녀의 정신은 남아, 자유의 이름으로 우리와 함께 행진할 것이다.* 미국 노동운동의 대표적인 추모곡이다.

생전 머더 존스의 등장 음악처럼 불리던 곡은 〈쉴 비 커민 라운드 더 마운틴She'll Be Comin' 'Round the Mountain〉이다. 원래 흑인 영가 〈웬 더 채리엇 컴즈When the Chariot Comes〉에서 유래한 이 노래

〈더 데스 오브 머더 존스〉

는 19세기 후반 노랫말이 바뀌며, 미국 서부 철도의 확장과 더불어 철도 노동자들의 노동요가 되기도 하고, 서부 개척 시대의 생활과 문화를 반영하는 전통 포크송이 되었다가, 최근에는 어린이 노래로도 널리 알려져 있다. 노동자들에게 기다림과 희망의 상징이었던 머더 존스는 실제로도 기차를 타고 탄광의 시위 현장에 도착하는 경우가 많았기에 노래에서 반복되는 'She'를 '머더 존스'로, "그녀가 산을 넘어오네"는 "우리 모두 가서 그녀를 반겨야지"로 바꿔 불렀다고 한다. 누군가 "그녀가 온다"라고 외치면 사람들은 이미 반쯤 승리한 표정을 지었다고 한다. 그 이름만으로도 연대와 희망과 낙관적인 열정을 불러일으키는 드문 인물이었다. 빠른 리듬, 단순한 멜로디, 반복적인 후렴구, 선창과 후창 등 전형적인 노동가요 형식을 갖추고 있다.

우디 거스리의 〈러들로 매서커Ludlow Massacre〉는 한 광부의 시각에서 러들로 학살을 재구성하고 있다. *저들의 공격을 기다리며 대비하고 또 대비했지만, 결국 한밤의 습격에 아내와 아이들의 목숨을 지키지 못했다. 그들을 묻고, 주지사에게 대통령에게 제발 군대를 물려 달라고 간청했지만, 들은 척도 하지 않았다. 우리의 여*

〈쉘 비 커민 라운드 더 마운틴〉

성들은 음식을 내다 팔며, 그 돈으로 우리에게 총을 쥐어주었다. 그 사실도 모르고 덤벼든 주 방위군을 우리는 말 그대로 쓸어버렸다. 이제 살인죄로 교수형을 앞둔 나는 마지막으로 이 말을 남기는 바이다. '광산노조 만세!' 사건이 일어난 순서대로 노동자의 삶과 분노를 이어가며, 우디 거스리는 이 학살을 '국가권력과 자본이 결탁한 폭력'으로 규정한다. 기타 하나로 감정 과잉을 피하며 담담하게 사실을 전달하는 이 '기록의 노래'는 역사적 저항의 기념비로 남았고, '포크는 노래이자 무기'라는 거스리의 정신을 대변하고 있다.

〈러들로 매서커〉

메이트원 학살과 블레어산 전투

1920년, 웨스트버지니아 탄광촌의 현실은 여전히 암울했다. 열악한 작업 환경, 저임금, 회사 마을과 회사 상점을 통한 착취는 조금도 나아지지 않았다. 1차 세계대전이 끝나는 동시에 이제껏 누려왔던 엄청난 이익이 줄어들자 석탄 회사들은 당연하다는 듯이 노동자들의 임금을 더 깎았다. 새 광부들에게는 '황견 계약yellow dog contract'을 강요해, 노조 가입을 사전에 차단했다. ('yellow'는 '겁쟁이'라는 의미다. 노조원들이 노조 비가입자들을 '겁많은 개'라고 부른 셈이다.) 탄광촌에 들어서기 시작한 교회는 노동조합을 '빨갱이'라고 부르면서 간신히 자리 잡고 있던 '연대'와 '조직'을 다시 '분열'과 '반목'으로 몰고 가는 일에 앞장선다. 이 땅에서의 고통은 천국에서의 지복으로 상쇄할 수 있다고 가르친다. 광산 회사는 주택과 상점과 함께 어김없이 교회를 세웠다. 자본이 세운 십자가는 언제나 금빛이었다.

메이트원 탄광의 노동자들은 이미 100마일쯤 위에서 벌어졌던 그 유명한 파업에 대해 알고 있었고, 다시 UMWA에 의지해 파업에 나선다. 회사는 또 당연한 듯이 파업 노동자들을 해고하고 볼드윈-펠츠를 고용하여 이들을 내쫓는다. 하지만 이번엔 다른 변수가 있었다. 어린 시절 광부로 일한 경험도 있는 시드 햇필드 경찰서장은 UMWA의 대의에 공감하고 광산 노동자들에게 연민을 느끼고 있었다. 메이트원 시장 캐벌 테스터먼도 마찬가지였다. 볼드윈-펠츠는 뇌물을 건네며 기관총 설치를 요구하지만 거절당한다. 볼드윈-펠츠에게 이들은 눈엣가시 같은 존재였다. 광산 회사들이 보기엔 '반역자'였다. 결국 광부들이 지켜보는 가운데 총격전이 벌어져 볼드윈-펠츠 일곱 명과 시장, 광부 두 명이 사망한다. 이 사건을 가리켜 메이트원 학살이라고 한다. 문제는 사망한 볼드윈-펠츠 일곱 명 중에 이 조직의 창업자 토머스 라파예트 펠츠의 두 동생이 포함되어 있었다는 점이다.

학살 이후 노조는 힘을 얻었고, 살아남은 햇필드는 광산 노동자 투쟁의 상징적 영웅이 된다. 선정성이라면 환장하는 미국 언론이 이 사건을 가만히 두었을 리 없다. 무슨 서부의 정의의 사나이 대 갱단의 결투처럼 연일 보도가 이어진다. 체면도 구기고, 맡은 작업도 실패한 데다, 동생들까지 잃어 복수의 칼날을 갈던 펠츠는 1921년 다른 사건으로 법정에 출두하던 햇필드를 암살한다. 죽을 때까지 햇필드는 수없이 많은, 말도 안 되는 사건으로 쉴 새 없이 법정에 서야 했다. 모두 광산업계의 터무니없는 고발 때문이었다. 언제나 자본은 꼼꼼하고 부지런하다. 상징적 지도자를 잃고, 그 방식에 분노하고, 사법 절차는 믿을 수 없던 광부들은 다시 총을 집어 든다. 볼드윈-펠츠는 이미 전쟁 준비를 끝내고 기다리고 있었다. 이제 '남북전쟁 이후 최대의 유혈 사태'라는 블레어산 전투가 시작된다.

1921년 8월 웨스트버지니아의 광산 노동자들은 메이트원이 있는 밍고 카운티와 로건 카운티에서 투쟁하는 동료 광부들을 지원하기 위해 블레어산으로 향한다. 일방적인 학살을 염려한 머더 존스의 눈물 어린 호소에도 불구하고 1만 3000명이 집결하여 세를 과시한다. 산 위에는 광산 회사들의 돈을 받은 볼드윈-펠츠를 중심으로 한 2000명의 용역과 보안군이 기다리고 있었다. 8월 25일 아침 전투의 막이 오른다. 어디서 구했는지 광부들도 기관총을 들고 싸웠다. 볼드윈-펠츠는 기관총은 물론 독가스, 비행기로 응수했다. 비행기에선 폭탄을 투하했다. 더는 지켜볼 수 없던 우드로 윌슨이 연방군을 투입했다. 많은 수가 1차 세계대전 참전 군인 출신이던 광부들이 연방군과의 교전을 포기하며, 9월 2일 전투는 끝이 났다. 985명의 광부가 살인, 살인 공모, 반역 혐의로 기소되었다. (대부분 무죄선고를 받았지만 4년을 복역한 사람도 있다.) 정확한 통계는 없지만 각각 30명에서 100명 정도의 사상자가 있었으리라 추정한다.

노동자들의 패배라는 느낌을 주며 전투가 끝나면서, 미국 광산노조 운동은 쇠퇴기를 맞는다. 특히 웨스트버지니아는 타격이 컸다. 웨스트버지니아는 주의 수입 60퍼센트를 광산에 의존할 정

1987년에 개봉한 영화 〈메이트원〉(존 세일스 감독)의 공식 포스터. 메인 카피는 “인간을 죽이기 위해선 총 이상이 필요하다.” 다시 말해 폭력만으로는 인간의 존엄한 의지의 연대를 꺾을 수 없다는 메시지다. 그러거나 말거나 벌건 대낮에 볼드윈-펠츠는 경찰 서장과 시장을 살해한다. 영화는 원래부터 흑백으로 찍어 테러 집단과 노동자 사이의 대치와 긴장감을 표현했다.

도로 아직도 광산으로 유명하지만, 지금은 미국에서 가장 못사는 주에 속한다. 광산에 진절머리가 난 록펠러는 광산은 물론 아예 철도마저 포기하고 독립적인 송유관을 지어 기름을 수송하기 시작한다. 때마침 석유가 배의 연료로 사용되기 시작하고 기차 대신 자동차의 시대가 열리면서 록펠러의 배는 더욱더 불러갔고 석탄의 시대는 저물기 시작한다. 기차와 탄광은 이제 과거의 유산으로 역사 속에 자리 잡는다.

하지만 노래는 남았다. 헤이즐 디킨스Hazel Dickens의 〈파이어 인 더 홀Fire in the Hole〉은 탄광 노동자의 삶과 투쟁을 그린 대표적인 탄광 노동가요다. 웨스트버지니아 출신으로 탄광촌에서 자라난 그녀는 광부들의 삶을 사실적으로 묘사하면서 노동자의 권리와 존엄성을 노래하는 가수다. "Fire in the Hole"은 발파 전 위험을 경고하는 표현이다. 이 노래에서는 지금은 서로 연대해서 착취와 싸워야 할 때이고, 작업을 놓아야 할 때, 다시 말해 파업을 할 때라는 의미로 반복되고 있다. *우리 밍고의 광부들은 더는 삽질을 안 할 거야. 한 줌도 더 캐지 않을 거야. 우리가 노조를 얻을 때까진. 이제 그만 일어나, 사장에게 알려야지. 양동이는 뒤집고, 랜턴 빛은 낮춰라. 우리 마음에는 불길이 타오르지만, 광산에서 더는 폭발이 없을 것이다.* 광산 노동자의 파업과 연대, 그리고 저항을 담은 이 노래는 영화 〈메이트원〉에서도 들을 수 있다.

또 다른 노래 〈유니언 마이너Union Miner〉는 웨스트버지니아 광산 전쟁 기간에 〈솔리대리티 포에버〉와 함께 널리 불린 노래

〈파이어 인 더 홀〉

다. 노조의 깃발 아래 함께 뭉쳐서 탄광회사와 정부의 탄압에 맞서 싸우자는 내용이다. 원곡은 영국 광산 지역, 특히 웨일스 남부에서 불리던 민중가요로 역시 성가에서 비롯했다고 하며, 영국에서는 〈더 마이너스 라이프가드The Miners' Lifeguard〉, 또는 〈어 마이너스 라이프A Miner's Life〉라고도 알려져 있다. 노랫말도 영국의 노래와 크게 다르지 않다. *광부의 삶은 뱃사람의 삶만큼이나 위험하다. 지하에서 일하며 질병과 위험에 노출된 삶이지만 우리를 지켜줄 '수호자'는 없으며, 노동조합만이 유일한 보호막이다. 그러니 광부 노조원이여 함께 뭉쳐라. 회사가 뭐라든 귓등으로도 반응하지 말고, 임금은 꼭 챙기고, 저들이 속임수를 쓰지나 않는지 잘 감시하라.* UMWA의 역사와 정신을 대표하는 곡으로 오늘날에도 UMWA 행사에서 흔히 들을 수 있다. 피트 시거가 속한 포크와 운동 음악의 전설이자 상징인 더 위버스The Weavers 버전을 소개한다.

메이트원 학살과 블레어산 전투는 패배로 기록되었지만, 〈파이어 인 더 홀〉과 〈유니언 마이너〉는 불길과 총탄 속에서도 사라지지 않았다. 기관총과 폭탄이 잠시 노동자를 침묵시켰을지 몰라도, 합창은 메아리처럼 산맥을 넘어 끝내 퍼져나갔다. 그 메아리는 지금도 광부 노조 깃발 아래 울려 퍼지고 있다.

〈유니언 마이너〉

UMWA와 무연탄 전쟁

미국광산노동조합UMWA은 1890년 노동기사단의 대중적·포괄적 전통을 계승하여 결성되었다. 당시 노조 대부분이 미국 태생의 백인 남성, 그중에서도 숙련공을 중심으로 조직된 것과는 달리 "신앙·피부색·국적과 관계없이 미국의 모든 광산·세척장·코크스 오븐에서 일하는 노동자를 하나의 조직으로 묶는다"라는 기치를 내걸고, 비숙련 노동자·이민자·흑인 모두를 아우르는 산업별 노조로 출발했다.

UMWA는 1902년에 있었던 펜실베이니아 무연탄 전쟁Anthracite Coal War에 개입하면서 전국적으로 알려지게 된다. 이 전쟁, 아니, 사실 파업은 UMWA가 주도한 최초의 대규모 광산 파업이었으며, 미국 사회 전체에도 커다란 영향을 미쳤다. 1902년 5월 12일, 펜실베이니아 무연탄 광산의 15만 명의 노동자들이 파업에 돌입한다. 존 미첼의 지도로 UMWA는 광부들의 다양한 요구를 임금 20퍼센트 인상, 8시간 노동, 노조 인정으로 정리한다. 언제나 그렇듯이 광산주들은 파업 광부들을 쫓아내고 대체 인력을 투입한다.

광산 파업 중 대체 노동자들은 금세 눈에 띄었다. 탄광을 드나들다 보니 발이 검게 묻었기 때문이다. 그래서 광산 파업 중 대체 노동자들은 '검은 발blackleg'이라는 수치스러운 이름으로 불렸다. 영국에서 유래해 스캡보다 더 역사가 오래된 이 낱말은 미국에 들어와서는 스캡이라는 말로 통일되며 사라지다시피 한다. 어쨌든 파업 노동자로부터 '쥐새끼' 취급받는 '검은 발'은 보호해주는 사람들이 필요하기 마련인데, 보통은 주 방위군과 경찰이 동원된다. 여기서 경찰은 대부분 진짜 경찰이 아니라 주로 광산 회사가 주 정부로부터 경찰권을 부여받아 직접 고용한 사설 무장 경비 조직이다. 앞으로 '경찰' 하면 그냥 배지 단 '용역'쯤으로 해석하면 된다. (미국 경찰은 대체로 공정하지도, 정의롭지도 않다. 그들의 흑역사는 바로 여기서 비롯한다.) 마지막으로 그 악명높은 사설탐정-경비 회사가 있다. 1902년에도 핑커턴은 열심히 활동한다. 이들의 업무는 파업 감시, 대체 인력 보호, 노동자 탄압, 더 나아가 노동자 학살까지 다양한데, 앞서 말했듯 핑커턴은 노조 잠입 및 정보 수집에 이르는 스파이 짓에도 능한 집단이었다. 하지만 늘 그렇듯이 대체 노동자들이 숙련 노동자가 아니다 보니 작업이 더딘 데 반해 수요는 늘어나 무연탄 가격이 천정부지로 치솟는다.

UMWA가 주도한 조직적이고 평화적인 파업은, 적극적인 선전 활동을 통해 여론의 지지를 얻으며 장기화되었다. 날이 추워지자 겨울철 연료 대란을 우려한 (당시 주요 난방 연료는 무연탄이었다.) 대통령 시어도어 루스벨트는 노사 대표를 불러 중재에 나섰다. 결국 임금 10퍼센트 인상과 9시간 노동이라는 노동시간 단축을 얻어내며 파업은 끝났다. 잠깐 정신 차렸던 언론, 새로운 진보의 시대를 이끌겠다는 대통령의 야심, 헌신적인 노조, 뛰어난 지도자가 함께 만들어낸 '부분적' 승리였다. 미첼은 "노동과 자본의 이익과 이상이 상호이해로 공정하게 조정되기를 바란다"라는 유명한 말을 남긴다. 세상에 '공정'이라니… 자본에게 기대할 걸 기대해야지…. 이후 미국의 광산 노동운동은 승리보다는 학살과 패배의 이름으로 더 오래 기억된다.

무연탄 파업 당시 광산의 주류는 아일랜드계로 펜실베이니아 무연탄 광산 전체 광부의 20퍼센트 정도를 차지했다. 몰리 맥과이어스 사건 이후 아일랜드인들이 신규 채용되지 않으면서, 그 비중은 점차 줄어들었다. 그 빈자리는 이탈리아, 동유럽 출신 이민자들이 채웠다. 남은 아일랜드인들도 자신의 민족성을 감추려 한다. 그러면서 흥미로운 일이 벌어진다. 이민자들의 국적이 다양하다 보니 서로 의사소통도 제대로 되지 않을뿐더러 함께 아는 노래도 없다. 이 때문에 미국 광산 노동자들은 이미 광산이 존재하던 영국이나 아일랜드에서 전해 내려온 노래 대신, 현장에서 즉석에서 새로운 노동가요를 만들어 부르기 시작했다. 하지만 이 당시만 해도 파업을 대표하는 공통의 노래는 없고 각 민족 집단이 각자의 민요와 전통 노래, 즉흥적인 투쟁가를 마구 뒤섞어 불렀다. 다만 파업의 지도자이자 헌신적인 영웅 존 미첼에 대한 무한한 애정과 존경은 여러 민요와 노동가요로 남았다. 조지 코슨은 1927년 발표한 『무연탄 광산의 노래Songs and Ballads of the Anthracite Miners』에 당시 광부들이 불렀던 노래들을 남겼다. 그중에서 미첼에 대한 충성을 노래한 〈미 조니 미첼 맨Me Johnny Mitchell Man〉과 미첼을 장벽을 뚫고 가는 기관차에 비유한 〈온 조니 미첼스 트레인On Johnny Mitchell's Train〉이 가장 유명하다.

그러나 더 오래 살아남은 건 광부 가족과 노동자의 마음을 담은 발라드들이었다. 〈드림 오브 어 마이너스 차일드Dream of a Miner's Child〉는 20세기 초 탄광 노동자의 삶과 그 가족의 불안과 슬픔을 그리는 광산 발라드 중 하나다. 웨스트버지니아, 켄터키 등 역청탄 탄광과 펜실베이니아의 무연탄 광산에서 많이 불렸다고 한다. 발라드이므로 버전도 다양하다. 가장 유명한 버전은 이렇게 시작한다. 한 소녀가 꿈에 아버지를 본다. *아빠, 나랑 지금 집에 가자. 밤이 깊었는데, 불도 꺼져, 집도 추운데. 그 집에서 동생은 아파, 엄마*

〈드림 오브 어 마이너스 차일드〉

는 수심이 가득한데. *아빠, 광산에 들어가지 마, 아빠, 제발 들어가지 마. 무슨 일이 생길 것만 같단 말이야*…. 그러나 아버지는 광산으로 향하고, 곧 비극이 닥칠 것이다. 슬프고 애절한 멜로디와 가사로 광산 노동의 위험을, 가족의 고통을 노래해 특히 광산 공동체 행사, 광산 유가족 기념식에서 자주 불리는 UMWA의 대표곡이다.

또 다른 차원의 광산 발라드 〈다크 애즈 어 던전Dark as a Dungeon〉은 광산 노동자의 현실과 심리 상태를 노래한다. 켄터키 광산 노동자 가정에서 자란 멀 트래비스가 목격하고 체험한 광산 노동의 현실을 고발하는데, 노동의 고통뿐 아니라 그 삶에서 벗어나지 못하는 '심리적 덫', 일종의 '중독'을 묘사하고 있다는 점에서 다른 파업가나 투쟁가와 차별화된다. 그는 광산을 '심리적 노동 감옥'으로 그린다. *이봐, 젊은이들, 내 이야기 들어봐. 탄광에서 일하겠다고? 그건 직업이 아니야, 삶을 파괴하는 짓이지. 위험은 두 배고 즐거움은 없고, 희망도, 자연도 없어. 악마가 마약과 술을 들고 기다리는 곳인데, 사람들은 그걸 알면서도 죽어라고 들어가지. 결국은 피까지도 석탄처럼 검게 변해버리지. 감옥처럼 어두운 그곳에서.* 조니 캐시가 〈폴섬 프리즌 라이브〉에서 부르는 이 노래는 감옥이라는 현장에서 부르는 '감옥' 노래라서 그런지 어둠의 감정이 극대화된

〈다크 애즈 어 던전〉

느낌이다. 노동요라기보다 노동계급의 정체성과 내면을 담은 곡으로 현대 자본주의 노동의 본질을 질문하고 있다는 점에서 높은 평가를 받으며, 다양한 계층, 특히 죄수, 철도 노동자들 사이에서도 널리 불리는 노래다.

UMWA와 무연탄 전쟁은 노동운동의 승리와 패배가 교차한 전장이었다. 정치의 개입으로 '부분적 성과'를 얻었으나, 노조 인정을 받지 못하고 끝나며, 이후 패배의 수렁으로 빠지는 계기가 된다. 그러나 〈드림 오브 어 마이너스 차일드〉가 가족의 눈물 속에서 연대를, 〈다크 애즈 어 던전〉이 절망 속에서 자각을 노래하며 광부들의 기억을 이어갔다. 탄광의 어둠은 깊었지만, 그 속에서 울려 퍼진 노래는 희미한 빛이 되어 어둠보다 더 오래 남았다.

할란 카운티 전쟁:
넌 누구 편이냐?

웨스트버지니아가 광산 노동운동의 심장이 된 것은 앞서 설명한 여러 이유 외에도, 이 지역의 역청탄 광산에 유달리 사고가 잦았기 때문이다. 미국의 대규모 탄광 사고 중 많은 사고가 이 지역에서 일어났다. 1907년 모농가 광산에서 메탄가스 폭발로 362명 이상의 광부가 사망했다. 1914년 에클스 광산에서 180명이 폭발 및 질식으로 사망했다. 1915년 레이랜드에서는 112명이 폭발로 사망했다. 1924년에는 벤우드에서 119명 이상이 폭발로 사망했다. 심지어 1968년에도 파밍턴 광산에서 79명이 폭발로 사망했다. 원래 역청탄 광산에 메탄가스가 많기 때문이다. 이제는 주가State Song가 된 〈테이크 미 홈 컨트리 로드Take Me Home Country Road〉에서 존 덴버는 웨스트버지니아를 '거의 천국 같은 곳'이라 노래하는데, 이 정도면 '유령이 집단으로 출몰하는 곳'에 가깝지 않은가.

웨스트버지니아 바로 아래에는 켄터키주가 붙어 있다. 통계 분류상 미국 '중동부'라고 표기하고 있지만, 미국 사람들은 여전히 '남부'라고 생각하는 주다. 여기에도 역청탄 광맥이 이어지고 있어서 탄광이 많았던 만큼 폭발 사고도 잦았다. 1910년 브라우더 광산 폭발로 34명이 사망했고, 1917년 웨스트켄터키 no. 7 광산 폭발로 62명, 1945년 벨파 No. 1 광산 폭발로 25명, 1976년 스코샤 광산 폭발로 26명이 사망했다. (수치는 출처에 따라 조금씩 달라지기도 한다.) 이렇게 광산 노동자들이 목숨을 내놓고 일해야 하는 곳에서 노동쟁의는 더더욱 치열하게 불타오르기 마련이다.

1930년 대공황이 미국 전역을 휩쓸자 많은 사람이 일자리를 잃고 호보가 되어 다시 광산으로 밀려들었다. 노동 환경은 저임금, 장시간 위험 노동, 회사 마을, 회사 상점 등 앞서 언급한 환경을 그대로 복붙하면 될 정도로 변함이 없었다. (원 세상에!) 더는 견디지 못한 할란 카운티의 노동자들이 UMWA에 가입하려 했다. 노조의 '노' 자도 보고 싶지 않았던 광산 회사들은 이번에도 '경찰'과 사설 경비를 동원하여 파업을 폭력적으로 진압했다. 다만, 볼드윈-펠츠는 켄터키까지 오려 하지 않았다. 1931년 5월 5일 최초의 무장 충돌로 세 명의 부보안관과 한 명의 광부가 사망한다. (와이어트 어프가 부보안관이었던 것을 기억하라.) 이를 에버츠 크리크 전투라고 부른다. 주 정부군이 투입되며 양측은 냉각기를 갖는 듯했지만, 노동자들이 노조를 만들려 할 때마다 비슷한 일이 반복되면서 1930년대 내내 10년에 걸친 노조 설립 투쟁이 벌어진다. 사람들은 이 지역에서 벌어진 파업과 폭력, 유혈 사태, 갈등을 가리켜 '피의 할란Bloody Harlan'이라 부른다. 프랭클린 루스벨트 대통령은 전국 노동관계법을 통해 노조의 권리를 인정하고, 광산 회사들은 UMWA를 교섭 단체로 인정하며 단체 협상에 응한다. 결국 루스벨트라는 이름의 두 먼 친척 대통령 재임기에 노조는 두 번의 작은 '승리'나마 거둘 수 있었다.

할란 카운티 전쟁은 열악한 조건에 처한 노동자들이 끈질긴 투쟁을 통해 인간다운 삶을 쟁취하며 단결과 유대의 정신을 획득하고 이를 세상에 천명한 미국 노동운동사의 결정적 사건이었다. 하지만 '피의 할란'의 불씨는 꺼지지 않았다. 1970년에도 할란 카운티 광산은 미국에서 가장 위험한 광산이었다. 언제 죽을지 모르는 환경에서 노동자들은 이번에는 안전 · 복지 · 의료 등 근본적인 노동 환경 개선을 내세워 다시 한번 파업에 돌입한다. 그리고 다시 한번 UMWA가 개입한다. 그사이 회사에서는 어용 노조를 내세워 UMWA를 인정하지 않아왔다. UMWA 견제 목적으로 꾸려진 어용 노조는 건달이나 범죄자, 전직 사설 경비원 등으로 채워져 회사의 돈을 받고 노동자들을 감시하고 회유하며 폭력 행사도 서슴지 않았다. 어용 노조를 겪은 사람들은 UMWA에 대해서도 차가운 반응을 보인다. 어김없이 스캡은 등장했고, 사설 경비와 '경찰'도 어김없이 나타났다. 회사의 대책 역시 그 시절과 달라지는 건 없다.

하지만 바뀐 것이 있었다. 광부 가족, 특히 여성들이 적극적으로 파업에 동참하며 도로를 점거하고, 폭력배와 경찰에 맞서 싸

2000년 TV 영화 〈할란 카운티 전쟁〉의 DVD 커버. 주인공 홀리 헌터의 얼굴을 클로즈업하여 이 싸움이 여성이 중심이 된 투쟁이었음을 시사한다. 카피 역시 "이제 그녀가 싸울 차례다"라며 노동운동 속 여성의 주체성을 강조하고 있다.

우며, 본사 원정 시위에 나서는 등 파업 성공에 결정적인 역할을 한다. 〈할란 카운티 전쟁〉이라는 영화에서는 이들을 '우드사이드 위민스 클럽'이라 부르는데, 실제 이름은 '브룩사이드 위민스 클럽'이었다. 그리고 이 모임은 영화와 달리 광부의 아내들에 한정되지 않은, 자발적인 시민들의 연대체였다. 여성들의 견고한 연대 덕분에 광산

〈할란 카운티 USA〉 DVD 커버. 〈할란 카운티 전쟁〉이 할란 카운티 전쟁의 극화 버전이었다면 〈할란 카운티 USA〉는 할란 카운티 광산 파업을 다룬 다큐멘터리다. 폭력, 살인 위협, 총격까지 있었던 치열한 계급투쟁 현장을 담아 1977년 아카데미 장편 다큐멘터리상을 수상하기도 했다. 그 뒤 '노동 다큐멘터리의 교과서'라는 별명으로 많은 사회운동 영화에 영향을 미쳤다.

회사는 UMWA를 협상 상대자로 인정했고, 의료보험을 약속했다. 이번에는 가족이 승리를 밀어 올렸다.

이 투쟁은 두 곡의 노래를 노동운동의 심장에 새겼다. 먼저 〈해리 심스Harry Simms〉는, 할란 카운티 전쟁에서 UMWA 조직가로 활동하다가 불과 20세란 나이에 총에 맞아 사망한 해리 심스를 추모하기 위해 그의 동료와 이복누이가 함께 만든 곡이다. 죽어가면서도 "난 노동자를 위해 죽는 거야"라며 말하며 평온하게 눈을 감았다는 한 노동자의 희생과 투쟁을 음악으로 기억하려는 노력이다. 노래는 심스를 노동자 해방의 아이콘으로 만들고, 그의 죽음에 대한 되갚음이 곧 정의를 세우는 행위임을 강조한다. 그리고 그런 정의는 우발적 분노가 아니라 조직된 저항을 통해서만 가능하다고 조용히 들려준다. 장송의 멜로디가 끝날 때쯤, 합창대는 다짐의 목소리를 하나로 모은다. 1930~40년대 노동 현장에서 널리 불렸고, 피트 시거가 이 곡을 부르며 대중적으로 확산시켰다. 지금도 미국 노동운동과 광산 투쟁을 상징하는 노래로 평가받고 있다.

〈위치 사이드 아 유 온?Which Side Are You On?〉은 〈솔리대리티 포에버〉만큼 미국 노동운동, 특히 광산 파업을 대표하는 노래로 역시 1931년 할란 카운티 파업 현장에서 만들어졌다. 파업 지도자의 아내였던 플로렌스 리스라는 여성이 남편을 잡으러 온 '경찰'이 집을 뒤지는 동안 부엌 달력 뒤편에 썼다는 노랫말은 노동자와 자본가, 파업 참가자와 파업 파괴자 사이에 중립은 없으며, 따라서 반드시 어느 한쪽을 선택해야 한다고 선언하고 있다. 세상에 중립은 없

〈해리 심스〉

다. 중립이란 비겁한 방조일 뿐이다. 양시론, 양비론은 결국 기득권을 유지하는 데 봉사하는 지적 나태이며 벗겨내야 할 가면에 불과하다. 그러니 묻는다. *넌 누구 편이냐? 아버지는 광부였고, 난 광부의 아들이다. 난 모든 싸움에서 이길 때까지 노조의 편이다. 할란 카운티에 중립이란 없다. 노조원이거나 경찰 하수인 둘 중 하나다. 그러니 넌 누구 편이냐?* 노래는 듣는 사람에게 계속 묻는다. 청중은 결정해야 한다. 청중도 수동적 관객이 아니라 당사자이기 때문이다. 전통 민요 〈레이 더 릴리 로Lay the Lily Low〉에 맞춰 느린 템포로 단조롭게 반복하는 노래는 슬픔과 결의를 담아 모두가 함께 부르기에 잘 어울린다. 노동운동, 시민권 운동, 여성운동, 반전운동 등 모든 운동에서 빼놓을 수 없는 '광부의 마을에서 태어난, 전 세계 투쟁의 노래'다.

그러니 묻는다. 넌, 누구 편이냐?

〈위치 사이드 아 유 온?〉

광부의 노래, 남은 이야기들

헤이즐 디킨스는 1925년 웨스트버지니아 탄광촌에서 11남매 중 한 명으로 태어났다. 그녀의 평생의 주제는 가족과 친구들이 광산에서 겪은 고통, 진폐증black lung, 산업재해, 여성의 억압 등이었다. 1970년대 할란 카운티 파업에도 직접 참여했고 다큐멘터리 영화 〈할란 카운티 USA〉에도 목소리를 보탰다. 그녀의 대표곡은 〈블랙 렁Black Lung〉이다. 석탄 먼지를 장기간 흡입해 발생하는 이 병은 석탄 개발이 100년이 넘은 1970년대에 이르러서야 본격적으로 사회 문제로 떠올랐다. 할란 카운티 전쟁에서도 주요 이슈였고 무엇보다 그녀의 오빠가 이 병으로 죽었다. 헤이즐 디킨스는 노래를 통해 탄광 노동자의 건강 문제를 알리는 데 앞장섰다. 그는 *누구보다 운이 없었다. 첫사랑은 탄광이었으나 탄광은 그를 좋아하지 않았다. 평생을 열심히 일하고는 진폐증만 얻었다. 대체 신이 무슨 생각으로*

이런 악마 같은 병을 허락했는지 알 수가 없다. 사장에게 갔더니 보상은 없고 병에 걸렸으니 해고라는 말만 듣는다. 죽을 날은 얼마 남지 않았는데 빈민 구제소에 줄을 서서 당장의 굶주림이라도 해결해야 한다. 몸은 진폐증으로 썩고, 영혼은 석탄 가루로 가득하다. 결국 나는 저 어두운 갱도에서 내 무덤을 파고 있었구나. 담담한 보컬이 절절한 문장들을 토해낸다.

"무덤을 파고 있다diggin' my own grave"라는 관용구는 더 이상 은유가 아니다. 먹고살기 위해 했던 일이 결국 자신의 죽음을 초래했다는 깨달음, 그 잔인한 아이러니는 이 노래에서 광부의 숙명처럼 느껴진다. (부분적으로는) 이 노래가 건강 문제를 공론화한 덕분으로 1977년 탄광 노동자 건강 보호법이 광산 전반에 확대된다. 1980년에 만들어진 영화 〈할란 카운티 전쟁〉의 엔딩 크레딧에는 "해마다 진폐증으로 1500명이 죽고 있다"라는 문구가 올라온다. 현재는 그 수가 1/10 수준으로 줄었다고 한다. 하지만 엔딩 크레딧에는 "아직도 미국 광산의 절반 정도에는 노조가 없다"라는 문구도 나온다. 2025년 현재 그 50퍼센트도 1/10로 줄어들었다.

헤이즐 디킨스를 블루그래스 가수라고 하는데, 블루그래스는 애팔래치아산맥을 중심으로 발전한 민속음악을 가리킨다. 사실

〈블랙 렁〉

은 블루그래스라는 장르 자체가 켄터키주와 관련이 있다. 이 장르를 만든 사람이 '블루그래스 음악의 아버지'라고 불리는 빌 먼로인데, 그가 만든 그룹이 빌 먼로 앤 히스 블루그래스 보이즈Bill Monroe & His Blue Grass Boys였고, 그의 가장 유명한 노래가 〈블루 문 오브 켄터키Blue Moon of Kentucky〉였다. 참고로 블루그래스는 켄터키주의 별명이자 켄터키를 원산지로 한 잔디 이름이다. 우리나라에서도 골프장에 가면 흔히 볼 수 있다. 그러니까 블루그래스는 켄터키+웨스트버지니아의 컨트리 음악, 그러니까 광부들이 부르던 음악이라고 보면 된다. 악기는 모두 어쿠스틱 현악기로 구성된다. 컨트리에서는 비교적 드문 만돌린, 벤조와 피들이 중심 악기로 쓰이며, 전자 악기는 철저히 배제된다. 이 장르의 특색은 무엇보다 '하이 론섬 사운드High Lonesome sound'로, 활기차면서도 애수 어린 보컬이 '꼰대 장르' 처럼 느껴지는 컨트리를 세련되게 현대화했다는 느낌을 준다.

빌리 에드 휠러의 〈콜 태투Coal Tattoo〉 역시 애팔래치아 광부의 삶과 고통, 그리고 UMWA 투쟁을 담아낸 대표적인 블루그래스다. 탄광 노동자들은 *고되고 위험한 노동을 했지만, 집도 없고, 월급도 받지 못한다. 가지고 있는 것이라고는 걱정과 푸른색 문신뿐*

〈콜 태투〉

이다. 여기서 '푸른 문신'이란 석탄 먼지가 피부에 스며들어 지워지지 않는 얼룩을 의미한다. *이제 벅아이 나무와 흰 플라타너스*(두 나무 모두 웨스트버지니아, 켄터키에서 흔히 볼 수 있다.)*를 떠난다. 그 어둠과 그 온도와 그곳의 소리를 사랑했고, UMWA를 위해 회사와 싸웠지만, 이제 나를 위해 싸워줄 수 있는 건 없다. 언젠가 죽어서 천국에 가면 그땐 기계에 밀려나 일자리를 잃을 걱정은 안 해도 될 텐데….* 1964년 발표되면서 웨스트버지니아, 켄터키, 펜실베이니아 등 주요 석탄 산업 지역에서 특히 유행하다가 존 바에즈 같은 포크 가수들이 커버하면서 전국적으로 유명해진 광부의 노래다.

존 프라인의 〈파라다이스Paradise〉는 켄터키주 뮬렌버그 카운티의 탄광 개발로 환경이 파괴되고 공동체가 사라진 현실을 담담하게 비판하는 환경 노래·노동 노래다. 노래는 "피바디의 탄광 열차가 고향을 끌고 가버렸다"라는 반복되는 후렴구로 유명한데, 실제로 존 프라인 부모의 고향이었던 '파라다이스'라는 이름의 아름다운 마을이 피바디 에너지가 주도한 대규모 노천채굴로 사라졌다고 한다. 이 부분은 미국 대중문화에서 광산 지역의 상실과 환경 파괴를 상징하는 구절이다. 원래는 포크·컨트리로 만들었지만 역

〈파라다이스〉

시 블루그래스의 대표 레퍼토리 중 하나가 되었다. 컨트리와 블루그래스는 아주 가까운 친구다. 예를 들어 미국을 대표하는 가수 존 덴버는 포크와 컨트리 가수로 알려졌지만, 블루그래스도 자주 불렀다. 〈파라다이스〉를 블루그래스로 부르기도 했다.

〈파라다이스〉는 탄광 개발로 사라진 고향 마을을 애도하지만, 사실 사라지는 것은 단지 마을만이 아니었다. 노래를 듣노라면, 광부가 이미 사라졌다. *회사는 세상에서 가장 커다란 삽을 가져와서 나무와 땅을 벗기고, 석탄을 파낸 다음, 토지는 방치한다. 그러곤 인간의 진보라고 쓴다. 하지만 아들아, 내가 죽으면 아직 거기 남은 그린 리버에 재를 뿌려 다오. 그래도 그곳에서 천국은 멀지 않으니…*. 탄광이 사라지기 전, 먼저 광부가 사라진다. 1920년대 초 80만 명에 달하던 광부는 2020년 현재 6만 명 정도로 추산된다. 1/10도 남아 있지 않은 셈이다. 기계화 · 자동화의 물결에 밀려나고, 석유 · 전기 등 소위 '청정' 에너지에 치이면서 탄광에 대한 수요는 줄어들고 광산 노동자는 사라진다.

'광부의 아내들Miner's Auxiliaries'과 '브룩사이드 위민스 클럽'은 전혀 다른 집단이다. '광부의 아내들'은 UMWA의 보조 조직으로 파업 노조 지원 · 음식 제공 · 연대 시위 등 다양한 역할을 담당했던 전국적인 조직이다. 한편 브룩사이드 위민스 클럽은 1973년 할란 카운티 파업 당시 결성되었던 특정 지역에 국한된 여성 조직으로, 법이 남성 광부의 피케팅을 가로막자 뛰쳐나와 남성들보다 더 크고 우렁찬 투쟁을 통해 승리를 쟁취하는 데 결정적인 역할을 했던 조직이다.

할란 카운티에서 광부들, UMWA의 지도자들이 맞서 싸웠던 회사는 듀크 전력, 앞서 말했던 담배 왕 제임스 뷰캐넌 듀크가 화력 발전소에 공급할 석탄을 채굴하기 위해 세운 회사였다. 왜 담배 회사가 화력 발전이냐고? 돈 되는 건 다 하는 날강도 재벌이니까. 그리고 날강도들은 노조와 충돌하니까. 역사는 거짓말을 하지 않는다. 어쨌든 이제 우리는 듀크 덕분에도 자연스럽게 담배 농장이 있던 남부로 눈을 돌리게 된다. 이제 세 번째, 시민권 노래의 이야기로 가보자.

3장 —— 해방의 길을 노래가 먼저 걷다

노래는 언제나 사람들의 삶보다 한 걸음 먼저 걸었다. 노래는 제도와 법보다 먼저 세상에 나와 자유를 속삭이고 해방의 길을 열었다. 사람들은 그 속삭임을 따라 천천히, 그러나 끈질기게 세상에 발을 디뎠다.

신앙은 억압의 도구였지만 동시에 해방의 언어이기도 했다. 대각성 운동으로 만들어진 흑인교회는 영가라는 노래를 만들어냈고, 영가는 교회에서만 불리지 않고 지하철도의 암호가 되고, 긴 여정을 버티는 기도가 되었다. 흑인들의 자유를 향한 길에는 영가가 놓여 있었다.

노래만으로 백인들의 총칼에 맞서 싸울 수는 없었다. 노예제 폐지를 위해 함께 무장 투쟁에 나선 백인 급진주의자들과 흑인 공동체의 연대는 미국 사회 전체에 흑인 문제가 중대한 과제임을 알렸다. 인종 연대에서 노래는 투쟁의 깃발이 되었다. 노래는 전쟁터를, 시위 현장을 따라다니며 분노와 희망을 증언했고, 점차 함께 부를 수 있는 합창이 되었다.

1960년대 노래는 민권운동과 맞닿았다. 특히 비폭력을 외친 행진, 교회의 찬송, 노동 현장의 노래, 대공황 때의 민중가요, 대학의 포크가 합쳐지며 거대한 거리의 물결이 되었다. 노래는 행진을 이끄는 구호이자 서로를 지탱하는 약속이었다. 수많은 지역의 노래가 모여 전국적인 합창이 되는 순간, 미국 민주주의는 마침내 활짝 피어나는 듯했다.

기존 권력이 암살과 폭력으로 대응하며 운동의 열기는 폭력의 일상화로 변질되었다. 합창만으로는 세상을 바꿀 수 없다는 좌절과 더불어 흑인의 목소리를 반영하는 언론의 부재에 대한 절망, 이에 따른 새로운 저항의 언어가 필요하다는 인식이 합쳐지며 흑인 음악은 새로운 형식으로 진화했다. 이 정치적인 색채를 가득 담은 음악이 소울, 재즈, 스포큰 워드, 그리고 힙합이었다.

특히 힙합은 거리의 시였고 흑인의 저널리즘이었다. 연이은 폭동과 폭력으로 미국 대도시가 불타갈 때 힙합은 현장을 기록하고 희망을 담으며, 공동체를 달래주는 집단 치료제가 되었다. 미국 사회에 대한 강력한 비판이기도 했다. 하지만 자본은 힙합이 이런 역할을 하도록 놓아두지 않았다. 점점 힙합은 상업화되고 지질해지며, 원래의 정치색을 잃어만 갔다.

21세기 들어 흑인의 노래는 다시 거리로 소환되고 있다. 하지만 이제 흑인만의 문제가 아니라는 인식, 소수자와 약자가 함께 부르는 노래, 그리고 기억을 지우려는 억압에 맞서 이름을 불러내는 기억 투쟁의 형태로 노래는 확산하고 있다. 노래는 기억 정치의 가장 큰 무기다.

노래는 역사의 가장 앞자리에 있다. 교회에서 시작된 낮은 속삭임은 거리를 가득 메우고, 오늘날 전 세계가 함께 부르는 노래가 되었다. 노래는 언제나 먼저 걸었고, 사람들은 그 뒤를 따랐다. 해방의 길은 언제나 노래에서 먼저 시작되었다.

강은 흐르고,
노래는 해방을 부른다

미시시피강은 미국 역사에서 자유와 속박, 해방과 착취가 교차하는 상징 공간이다. 한편으로 이 강은 노예 경매소와 플랜테이션 농장이 위치한 질곡의 강이었고, 다른 한편으로는 도망 노예들이 '지하철도'를 따라 북쪽 자유주로 향하던 해방의 길이기도 했다. 마크 트웨인의 『허클베리 핀의 모험』(1884)은 이 강을 배경으로 흑인 노예 짐과 백인 소년 헉의 여정을 따라간다. 이 소설의 절정은 젊고 순수하다는 점에서 미국을 상징하는 헉이 도덕적 판단을 내리는 대목이다. 그 도덕적 판단은 흑인 노예 짐과 관련된 것이다. 도망 노예 고발이 이제껏 배운 윤리에 합당하고, 개인적으로도 이익이라는 걸 알지만, 우리의 주인공 헉은 "에라이 결심했어! 지옥에 가지 뭐!" 하며 짐을 탈출시키기로 결심한다. 열다섯 소년이 내뱉은 반항은 미국 문학사에서 가장 위대한 도덕적 결단으로 추앙받는다.

주정뱅이 아버지로부터 버림받은 헉은 동네 아줌마들에게서 보살핌을 받고 자라는데, 이들에게 받는 교육이란 성경 공부가 전부다. 이미 사춘기에 접어들어 담배도 줄기차게 피워대며(당시엔 위스키와 마찬가지로 담배도 보약이라고 여겨져 청소년들이 피워도 이상하지 않았다.) 자기 나름의 세계를 구축하고 있는 헉에게 이런 형식적이고 억압적인 사회적 규범이 마음에 들 리가 없다. 소설 말미에 헉은 '문명'을 피해 서부로 떠나며, 문명이나 예절 대신 자연과 더불어 자유롭고 독립적인 삶을 택한다. 헉을 미국의 상징으로 보자면 그럴듯한 내용이다. 앞서 말했듯, 미국 서부 개척은 미국 남부와 동북부 사이의 치열한 정치 게임이었고 미국 원주민에게는 학살의 동의어였다는 점이 간과되어 아쉽지만, 미국이라는 나라의 '자유'의 시작을 묻고 있는 훌륭한 텍스트임엔 틀림없다. ('깜둥이nigger'라는 표현을 빌미로, 이 책을 금서로 지정하자는 세력도 있는데 최근에는 이에 맞서 이 표현을 현재 상황에서 가장 억압받는 존재인 '로봇'으로 바꾼 텍스트도 등장했다고 한다.)

이야기를 앞으로 돌려서, 헉이 받는 교육에 비춰보면 남부의 교회는 노예를 인간 취급하는 것을 지옥에 가는 일로 가르치고 있었던 모양이다. 흥미로운 점은 북부의 교회는 이와 정반대로 노예도 인간이고 인간은 평등이라는 권리를 타고났다고 생각하고 있었다는 점이다. 18세기는 계몽주의의 시대였고, 계몽주의는 합리주의의 시대, 이성이 강조되는 시기였다. 미국이라는 나라 자체가 모국으로부터 차별받기 싫다고 독립한 나라인데, 차별을 인정한다는 것 자체가 벌써 받아들일 수 없었다. 이런 사람들이 먼저 북부에 자리 잡았다. 대체로 장사꾼이었던 이들은 사업은 파트너가 있어야 가능하다는 사실을 알고 있었다. 장사는 상대를 평등한 주체로 인정하는 데서 비롯한다.

남쪽은 농사짓는 사람들이 자리 잡았다. 그것도 플랜테이션 농업이다. 플랜테이션은 대단위 노동력을 동원한 단일품종 재배를 특징으로 한다. 담배 · 설탕 · 목화 등이 대표적인 작물이다. 단일품종 재배니만큼 지력이 버티지 못해, 사실 플랜테이션은 애초에 오래 갈 수 없는 구조다. 미국 남부 역시 비슷한 사정이어서, 해가 풍부하게 비치고 날씨가 좋다고 해서 '선스테이트', 혹은 '선벨트'로 불리던 주들의 농업 역시 쇠퇴의 조짐이 보였다. 사실 루이지애나 매입(1803)이 없었더라면 미국의 설탕 사업은 진즉에 망했을 것이다. 졸지에 넓은 땅이 생기자 가장 먼저 몰려간 것도 사탕수수 플랜테이션 농장주들이었다. 담배의 수익성도 떨어지고 있었다. 목화도 마찬가지다. 산업혁명이 일어나지 않았더라면, 목화에서 씨를 제거하는 조면기가 발명되지 않았더라면 노예제도는 저절로 폐지되었을 테고, 남부 교회가 노예제도를 폐지하자는 놈들은 지옥에 떨어질 것이라고 저주하지 않아도 되었을 것이다. 남부와 북부는 노예를 놓고 피비린내 나는 전쟁을 벌이지 않아도 되었을 것이다. 서로 자기의 신념이 옳다고 믿는, 하지만 속으로는 이 제도의 유지가 자기에게 유리한지를 두고 주판알만 튕긴 꼰대들 탓에, 무려 70만에 달하는 젊은이들이 목숨을 잃지 않아도 되었을 것이다.

미국은 노예 제도를 가장 오랫동안 유지하고 이 제도를 두고 핏빛 전쟁을 벌인 유일한 나라다. 미국이, 특히 남부 미국인이 흑인을 보는 시각에는 남다른 구석이 있었다. 다른 나라에서 흑인들은 고된 노동, 굶주림, 질병에 속절없이 죽어갔다. 농장주들은 노예의 죽음을 방치하다시피 했다. 예를 들어 미국에서 가까운 카리브해 국가들에 수입된 흑인들은 계속해서 죽어나가 총 사망자가 몇백만인지 짐작도 하기 힘들었다. 하지만 미국 남부에서는 흑인 인구가 오히려 계속해서 늘어났다. 그들에게 흑인은 '노동력'이자 '자산'이었기 때문이다. 미국의 흑인 노예는 언제든 돈으로 바꿀 수 있는 환금성 자산이었다. 앞서도 언급했지만, 해방 전에 노예들의 린치가 상대적으로 드물었던 것도 이런 까닭이다. 미국 남부인들에게 '아메리칸드림'이란 흑인 노예를 사서, 이 노예가 자식을 많이 낳아서, 많은 노동력을 확보한 다음, 몇몇 노예를 판 돈으로 땅을 사서, 플랜테이션 농사를 지어서, 저 푸른 초원 위에 그림 같은 유럽풍 저택을 짓고 살아가는 것이었다. 그러기 위해서는 일단 노예가 필요하다. 그 노예는 '흑인'이고 '흑인'은 일종의 시드머니다. 아무리 돈 없고 배경이 없는 사람이라도 열심히만 노력하면 잘 살 수 있다는 북부의 '아메리칸드림'과 남부의 '미국의 꿈'은 근본부터 달랐다. 남부인들에게는 처음부터 차별이 각인되어 있었다. 남부의 교회는 이 차별을 정상화하고, 영속화하려 했다. 내가 아무리 쓰레기라도 흑인은 아니잖아. 감사합니다. 하나님.

이런 맥락에서 미시시피강을 노래한 곡을 몇 편 살펴보자. 〈올드 맨 리버Ol' Man River〉는 미국 최초로 인종 문제를 다룬 뮤지컬 〈쇼 보트Show Boat〉(1927)에서 흑인 노동자 조가 부르는 미국 최초의 흑인 서사 곡으로, 미국에서 가장 유명한 '영가'형 뮤지컬 곡이다. *우리는 강가에서 온몸이 쑤시고 아플 정도로 땀 흘리며 고되게 살고, 술을 마시곤 감옥도 가지만, 그리고 반복되는 고통과 차별, 희망 없는 삶에 지쳐, 더는 살아가기도 싫지만, 저 미시시피강은 모든 것을 보면서도 그저 말없이 흘러간다. 우리의 고된 플랜테이션 노동도 저 강이 흐르듯, 금세 잊힌다….* 노동자들의 절망과 고통을 미시시피강의 묵묵한 흐름과 대조하며, 끝없는 외침과 저항과 투쟁이 부딪치고 있는 커다란 벽을, 인종차별과 계급이라는 벽을 부각한다. 다만 그 강의 무심한 넉넉함 앞에서 흑인들은 역설적인 위로를 받는다. 아예 폴 로브슨을 염두에 두고 만든 노래로, 블루스와 영가의 잔향을 담은 바리톤이 강물처럼 널리 퍼져가며 듣는 사람을 젖게 한다. 폴 로브슨은 가사를 바꿔 "나는 울지 않고 웃을 거야. 죽을 때까지 투쟁할 거야"라고 부르며, 체념 대신 투쟁의 결의를 담았다. 이 한 줄이 뮤지컬 넘버를 해방가요로 바꿔놓았다. 시민권 운동을 상징하는 대표적인 노래다.

〈올드 맨 리버〉

〈프라우드 메리Proud Mary〉는 〈미드나이트 스페셜〉을 노래한 CCR 존 포거티의 곡이다. '프라우드 메리'는 미시시피강을 오가는 증기선 이름이다. 도시와 노동을 떠나 자유와 평화, 새로운 시작을 찾는다는 내용으로, 강은 소설 『허클베리 핀』에서와 마찬가지로 자유·인생·변화·해방, 그리고 공동체적 연대의 상징으로 등장한다. *밤이고 낮이고 일하며 잠 한숨 못 자고 걱정만 해야 하는 '근사한' 직업을 때려치우고, 증기선을 타고 계속 굴러간다*(〈올드 맨 리버〉에도 나오지만, *증기선은 계속해서 굴러가고 돈다.* "계속 굴러간다"는 당시 '도망 노예가 탈출 중'이라는 의미로 지하철도에서 흔히 사용한 표현이었다고 한다.). *사람들이 멋지다는 도시는 아무리 보아도 좋은 게 없다. 하지만 강에는 돈이 없어 행복한 사람들이 있다. 그 사람들과 함께 자유롭게 계속 굴러간다*…. 반문화 운동을 대표하던 CCR의 노래는 가정폭력 탈출이라는 스토리를 가진 티나 터너를 만나, 선창과 후창, 현장성이 더해지며 실천적인 저항, 흑인 여성을 상징하는 곡이 된다. 느긋한 템포에서 시작해 격렬하다 못해 폭발적인 에너지를 터뜨리는 퍼포먼스를 보고 있노라면 그래, 해방이 이런 거지, 라는 생각도 든다. 어릴 적 이 노래를 조영남의 〈물레방아 인생〉으로 들었다. 미시시피강이 갑자기 한강 뚝섬 싸구려 유원지로 둔갑한 기분이다.

〈프라우드 메리〉

미시시피강은 노예제를 퍼뜨린 강, 흑인 시신을 던진 강, 착취의 강, 폭력의 강인 동시에 노예들이 자유를 찾아 탈출하는 '해방의 강'이기도 했다. 게다가 이 거대한 강은 성경의 강과 연결되며 종교적인 의미까지도 획득했다. 피트 시거가 부른 〈리버 오브 마이 피플River of My People〉에서도 강은 성경적 해방과 현실적 노예제에서의 탈출을 상징한다. 화자는 이 고난의 땅을 건너 더 나은 세상으로 가고 싶다. *자유의 바다로 흘러가는 우리 민족의 강, 때로는 혼탁하고, 때로는 넓고, 때로는 성내고, 때로는 무슨 생각 하고 있는지 알 수 없지만, 우리 민족의 강은 우리의 세월과 웃음과 눈물을 싣고 흐른다*…. 여기서 미시시피강은 흑인 공동체의 역사다. 자유를 향한 집단적 여정의 기록이다. 이 곡은 시민권 운동에서 널리 불리며, 자유와 연대와 인내와 희망의 메시지를 전한 노래였다. 우리나라에서는 〈스텐카 라진〉이란 노래로, 코사크 민족의 한숨과 저항을 담고 흐르는 고요한 돈강의 노래로 불렀다. 이게 원곡이다.

〈프라우드 메리〉(티나 터너 버전)

〈리버 오브 마이 피플〉

스토노 폭동과 흑인교회의 탄생

조너선 에드워즈, 조지 화이트필드 등이 주도했던 대각성 운동(1730~40년대)의 주무대는 미국 남부, 특히 사우스캐롤라이나였다. 노예제가 확대되고 있던 남부에서 대각성 운동에 너무도 많은 사람이 몰려든 나머지, 교회가 감당할 수 없는 지경이 되자 화이트필드는 넓은 들판을 이용하기로 한다. 그러면서 이 노천 집회 저 뒤쪽에서 흑인 노예가 기웃거릴 수 있게 되었다. 화이트필드는 노예제 폐지에 관심이 없었지만 설교할 때만큼은 "신 앞에서 모든 인간은 평등하다"라는 복음주의 메시지를 던졌다. 그리고 모두 함께 열정적으로 찬송가를 불렀다. 흑인 노예들은 집회에 참여하며 해방과 자유에 대한 가능성을 느낀다. 교세를 늘리는 데 관심이 있던 교회도 어느 정도 노예들에게 문을 열기 시작한다.

노예들은 성경을 접하며 이스라엘 민족의 박해와 해방의 이야기를 자신들의 처지와 동일시하기 시작했다. 이들에게 기독교는 자유와 해방을 위한 저항의 종교였다. 더 중요한 건 노래였다. 이제껏 까막눈에다가 의사소통도 제대로 되지 않아 입도 뻥긋할 줄 몰랐던 흑인 노예들은 집회를 오가며 처음으로 노래를 부르기 시작했다. 해방의 노래는 부르기에 너무도 즐거웠고, 아무리 큰 소리로 불러도 제재받지 않았다. 이제 이들은 노래를 통해 처음으로 마음껏, 자유롭게, 감정을 발산하고 있었다. 백인들은 눈치채지 못하고 있었다. 한번 자유와 해방의 공기를 맡아본 사람들은 죽을 때까지 그 쾌감을 잊지 못한다는 사실을. 보잘것없다고 생각했던 찬송가가 결국은 나라 전체를 전쟁으로 몰고 가리라는 사실을.

1739년 9월 9일 사우스캐롤라이나 찰스턴 근처 스토노 강에서 최초의 대규모 노예 반란이 일어났다. 주도자들은 가톨릭 신자들이었다. 콩고에서 끌려온 이들은 본국에서부터 가톨릭을 믿어왔고, 폭동의 날짜도 성모 마리아 탄생 축일 바로 다음 날로 잡을 정도로 이미 독실한 가톨릭 신자들이었다. 이들은 '자유'를 외치며 당시 가톨릭 국가였던 스페인령 플로리다로 행군했다. 처음 20명으로 시작된 반란은 무기고를 탈취해 무장 행진을 벌였고 여기저기서 노예가 합류해 최대 100명까지 늘어났다(개신교도도 합류했으리라고 추정한다.). 이들을 제지하던 백인 20여 명이 사망하자, 민병대가 투입되어 격렬한 전투가 벌어졌다. 목숨을 각오한 전투 끝에 반란 노예 절반은 현장에서 죽고, 나머지는 대부분 처형되었다.

사우스캐롤라이나 의회는 1740년 '흑인법Negro Act'을 제정하여, 노예의 집회 · 독서 · 돈벌이 · 식량 재배 · 무기 소유 · 드럼 연주 등을 엄격히 금지하였다. 흑인 노예 반란이라는 위협을 목격한 백인 사회가 흑인의 집회와 지식을 봉쇄하려고 한 최초의 법률이었다. 흑인 노예는 이제 세 명 이상이 한 자리에 있어서는 안 되고, 토지 등 재산을 소유할 수도 없고, 읽고 쓰기 교육을 명시적으로 받을 수 없었다. 특히 읽기 · 쓰기 교육을 금지한 마지막 조항은 '문맹법anti-literacy law'으로 불렸는데, 사우스캐롤라이나뿐 아니라 남부 많은 주에서 흑인 노예들의 지식 정보 접근을 차단하기 위해 제정되었다. 사우스캐롤라이나에서는 노예제가 폐지될 때까지 지속되었던 법이다. 가장 흥미로운 건 드럼 연주와 춤을 금지한 조항이다. 흑인들에게 음악은 곧 춤이었고, 음악과 춤이란 곧 저항이었음을 나타내는 대목이다. 문제는 노래를 금지하지 않았다는 점이다. 어차피 노래는 막을 수 없는 법이다.

한번 느꼈던 그 자유와 해방의 느낌은 쉽게 잊히지 않았다. 이제 흑인들은 맨날 교회 뒤편에 앉아 '순종하라'는 강론의 장단에 맞춰 꾸벅꾸벅 졸다가, 밤이 되면 몰래 숲이나 헛간, 야산에서 모여 자체적으로 예배와 기도와 찬송을 한다. 눈에 띄지 않게, 목소리를 낮춰야 하기에, 숲에서 벌어지는 모임은 '숲속의 집회Bush Meeting', '비밀 예배소Hush Harbors'라고 불렀다. 이 공간에서 흑인의 음악 전통을 찬송가에 얹은 '영가'가 탄생한다. 그리고 이 영가는 흑인을 위한, 모든 억압받는 사람을 위한 저항의 노래로 발전한다. 몰래 만나서 낮은 목소리로 이야기하다 보니, 점점 심각한 비밀 이야기까지 하게 된다. 이제 만남의 주제는 기도와 더불어 '탈출'이 된다. 소위 '지하철도'의 시작이다.

〈메리 돈트 유 웝Mary Don't You Weep〉 혹은 〈오 메리, 돈트 유 웝Oh Mary, Don't You Weep〉은 성경 출애굽기에서 이집트 파라오 군대가 홍해에서 몰살되는 이야기를 담고 있다. 흑인들은 탈출과 해방의 이야기인 출애굽기에 매료되어 듣고 또 들었다. *메리야 울지 마. 파라오의 군대는 물에 빠져 사라졌어. 할 수만 있다면 모세가 섰던 그 반석 위에 서고 싶어. 이 낡은 세상은 이내 부서질 거야. 모세가 홍해에서 파라오의 군대를 쓸어버렸듯이 세상이 바뀔 테니, 메리야 울지 마…*. 여기서 '메리'는 마리아보다는 흑인 여성 일반을 가리키는 것으로 보인다. 노래는 흑인 지도자를 모세에 비유하여 모세가 이스라엘 민족을 해방했듯이 흑인 지도자들도 흑인들에게 자유를 가져다줄 것이라고 믿는다. 파라오는 물론 백인 억압자들의 상징이다. 따라서 노래는, 백인들은 결국 심판받고, 우리에겐 해방의 날이 올 것이라고 외치는 셈이다. 영가는 이렇게 상징을 사용하여 의미를 숨긴다. 선창과 후창 방식으로 집회에서 연대감을 형성하기에 적합하다. 그래서 마틴 루서 킹 주니어가 연설한 이후 군중들이 함

〈메리 돈트 유 웝〉

께 부르면서 연대감을 형성하는 데 많이 쓰였다. 반복되는 *파라오의 군대는 물에 빠져 죽었으니. 메리야 울지 마!* 구절이 유명해 〈파라오스 아미 갓 드라운드Pharaoh's army got drowned〉라고 불리기도 한다. 폴 로브슨의 영가 버전도 좋고, 브루스 스프링스틴의 록 버전도 좋고, 존 포거티의 블루스 버전도 좋고, 어리사 프랭클린의 소울 버전도 좋다.

또 하나의 해방가요 〈고 다운, 모지스Go Down, Moses〉 역시 출애굽기의 이야기를 바탕으로 흑인 노예들은 이스라엘 백성에, 흑인 지도자들은 모세에 비유하고 있다. 노예 해방 이전부터 지하철도에서 불렸다고 하는데, 남북전쟁 시기에는 모세가 '링컨'이 되며 북군에서 많이 불렸다고 한다. 최초의 흑인 영가로 알려져 있으며, 정치적 메시지가 암호화되어 숨겨져서, 흑인들이 백인 앞에서도 마음 놓고 부른 몇 안 되는 노래였다고 한다. *이스라엘 백성들이 이집트에 있을 때, 모세가 말했다. 나의 백성을 놓아주라. 하나님이 말씀하셨다. 모세여, 가라, 이집트 깊은 곳으로. 늙은 파라오에게 말하라. 내 백성을 놓아주라…*. 선창과 후창이 이어지며 끝없이 부를 수 있는 노래다. 절마다 노래하는 집단 나름의 정신을 담아 천천히, 장중하게 부른다. 반복을 통해 노래 부른 사람들의 결속감을 형성한다.

〈고 다운, 모지스〉

오늘날에도 흑인 집회가 있는 곳이라면 들을 수 있는 최초의 민족 민중 해방 찬가다. 저항을 상징하는 클래식한 바리톤 폴 로브슨, 교회와 운동 사이에서 가스펠 편곡으로 노래하는 머핼리아 잭슨, 재즈로 자유롭게 해석하는 루이 암스트롱, 모두가 훌륭하다.

스토노 폭동의 불길을 딛고 숲속의 비밀 집회에서 태어난 흑인교회는 종교를 넘어 해방을 가르치는 학교이자 음악의 실험실이었다. 여기서 탄생한 영가는 단순한 찬송을 넘어 탈출과 연대를 조직하는 암호였다. 흑인교회는 이후 시민권 운동의 심장이 된다.

해리엇 터브먼과 지하철도

남북전쟁 시기에는 링컨이 모세로 여겨졌다고 했는데, 사실 어울리지 않는 큰 감투를 쓴 느낌이다. 알다시피 링컨은 그다지 노예 해방에 적극적이지 않았다. 나름 학식과 교양을 갖춘 사람이었으니 노예제도 존속에 반대했던 것은 분명하다. 하지만 그가 너무도 인기 없는 대통령이 아니었다면, 그리고 주변 사람들이 자꾸 부추기지 않았더라면 노예 해방을 선언했을까 하는 의문은 남는다. 실제로 1863년 남북전쟁 중반에 있었던 이 선언은 전황이 북군에게 유리하게 움직이는 중요한 계기가 된다. 이 선언을 통해 많은 해방 노예가 북군에 합류하며 북군이 강화되고 남부의 노동력이 약화된 것은 부수적인 이익이었다. [남부에서 탈출하거나 북군 점령지에서 해방된 노예들에게 군은 가장 쉽게 구할 수 있는 직업이었다. 이들을 '콘트라밴드 contraband'('밀수품'이 아니다!)라고 불렀고, 이 중 많은 사람이 흑인으로 구성된 매사추세츠 54연대에 배치되었다.] 가장 중요한 점은, 북부가 마침내 근사한 전쟁의 명분을 (전쟁 시작 2년 만에!) 획득했다는 점이다.

사실 '자유와 독립'을 내세운 남부에 비해 '연방 유지'라는 북부의 대의는 초라하기 이를 데 없었다. (물론 남부의 자유도 알고 보면 '노예를 소유할 자유'에 불과했으니, 그것도 대단치 않다.) 하지만 노예 해방 선언이 발표되면서 전쟁은 '자유와 평등'이라는 도덕적 목표를 위한 싸움으로 의미가 확장되었다. 북부의 사기가 올라가고, 전 세계에서 전쟁에 대한 지지가 쏟아졌다. 내전에 시달리는 미국에서 충분한 목화를 얻지 못하게 된 영국이 이집트라는 대체 원자재 시장을 구하며 남부에서 관심이 멀어졌고, 이미 하와이라는 사탕수수 플랜테이션 최적지를 발견한 세계 자본 역시 남부에서 등을 돌리자 남부는 거의 모든 지지를 잃었다. 일단 '대의'를 확보한 뒤 최대한 소모전으로 버텨 승리를 노리는 '미국혁명'의 전략을 그대로 답습한 남부에게 노예 해방 선언은 남북전쟁의 분수령이었다.

노예 해방 선언을 미루던 링컨에게 지치지 않고 재촉하던 사람이 있었으니, 그가 바로 남북전쟁 전 이미 '모세'라고 불린 오리지널 모세, 해리엇 터브먼Harriet Tubman이다. 그녀가 '모세'라고 불린 이유는 출애굽의 모세처럼 자기 민족을 직접 억압의 땅에서 구해냈기 때문이다. 그 수단을 '지하철도'라고 부른다. '지하'라고 해서 실제로 땅굴을 이용했던 것은 아니다. 영화 〈배트맨〉에는 지하 동굴을 보며 브루스 웨인의 조상이 지하철도 운동에 동참했다고 암시하는 대목이 있는데, 여기서 '지하'란 그저 '은밀하다'의 은유다.

어쩌면 일부 땅굴을 이용했을 수도 있지만, 배트모빌이 질주하는 수준은 아니었다. '철도'는 탈출에서 사용되던 은어가 철도 관련 용어였기 때문에 붙었다. 예를 들어 탈출 노예는 '수화물', 길 안내자는 '차장', 은거지는 '역'으로 불렀다. 해리엇 터브먼 차장은 단 한 건의 사고도 없이 70개 정도의 수화물을 운송했다고 알려져 있다.

철도의 목적지는 펜실베이니아를 비롯한 북부 자유주들이었지만, 도망노예법이 제정되며 공무원들에게 탈출 노예 체포권이 주어지자, 아예 캐나다까지 확장되었다. 말이 캐나다지, 지하철도의 특성상 우회할 수밖에 없었으니, 정말 길고도 험난한 여정이었을 것이다. 일례로 해리엇 터브먼 본인이 탈출한 메릴랜드에서 캐나다 온타리오까지는 800킬로미터가 넘는 거리다. 이런 일을 13차례 했다고 하니, 강철 같은 여인이라 생각하겠지만, 사실 그녀는 어릴 때 입은 사고로 평생 왜소하고, 병약한 몸이었다. 이미 말했듯이 노예는 백인들에게 큰 '자산'이어서, 이들에게 해리엇은 지금으로 치면 자동차 도둑쯤으로 여겨졌다. 따라서 눈에 불을 켜고 잡으려 했다. 하지만 이렇게 교묘하게 감시망을 피해 다니는 사람이라면 1) 똑똑한 백인 남성일 것이다. 2) 아니면 백인 여성일 것이다. 3) 아니라면 흑인 남성일 것이다. 4) 그도 아니라면 건장한 흑인 여성일 거라는 '편견의 가설'을 모두 깨뜨렸기에 해리엇 터브먼은 잡히지 않았다.

남북전쟁이 벌어지자 그녀는 해방이 머지않았음을 직감하고 '그날'을 위해 북군에 가담해 열심히 싸웠다. 간호사·조리사로

지하철도의 전설적인 지도자이자 활동가. 남북전쟁 때는 북군을 위해 온갖 허드렛일도 마다하지 않았던 해리엇 터브먼. 사진은 남북전쟁 전후, 그녀가 40대 무렵에 찍은 것으로 추정된다. 해방 노예 여성을 찍은 가장 이른 초상 중 하나로, 역사적 가치가 높은 사진이다. 출처: 미국 의회도서관.

시작해 정찰 · 스파이 · 유격 지휘로 보폭을 넓혔다. 남부 지형이라면 그녀의 눈썰미를 따라올 사람이 없었다. 수로 · 습지의 수위와 조류를 읽어 병력을 귀신같이 이동시켜 유리한 지형에서 싸우게 만들고, 야간 기습 공격을 설계하여 제법 많은 전투를 승리로 이끌었다고 한다. (이게 바로 남군의 문제였다. 자기 땅에서 싸우는데도, 그 지형을 오히려 적들이 더 잘 알고 있었다.) 전쟁이 끝난 뒤에는 흑인 여성 참정권 운동에 적극적으로 투신했다. 지금은 미국 역사상 가장 위대한 인권운동가 중 한 명으로 존경받으며 20달러 지폐의 새 인물로 선정되어 미국 지폐에 등장하는 최초의 흑인이 되었다…가 트럼프의 집권으로 무산되었다.

해리엇 터브먼은 자신의 별명답게 〈고 다운, 모지스〉를 실제 출발 신호로 사용했다고 한다. 그녀는 이 노래를 즐겨 불렀는데, 노래의 빠르기를 달리하여 출발이 얼마나 남았는지를 알렸다고 한다. 〈스윙 로, 스윗 채리엇Swing Low, Sweet Chariot〉이란 영가 역시 출발 신호로 사용되었다는 이야기가 있다. 윌리스 윌리스라는 흑인 선교사가 이 노래를 작곡한 해가 노예제 폐지 이전인지에 대한 의문이 제기되면서, 이 노래를 출발 신호로 볼 수 있느냐 역시 논란이 되었지만, 마차가 와서 나를 천국으로 데려간다는 주제는 노예 해방 서사와 연결되며 지하철도 노래의 대표곡으로 자리 잡았다.

지하철도 노래 중 가장 유명한 노래로는 〈폴로 더 드링킹 고드Follow the Drinking Gourd〉를 들 수 있다. 북두칠성을 따라가다 보면, 결국은 자유의 땅에 이른다는 메시지다. *해가 다시 나고, 메추라기가 울면 (다시 말해 봄이 되면), 북두칠성을 따라가라. 거기엔 안내자가 있어 자유로 인도해줄 것이다. 강둑을 가다 보면 죽은 나무들이*

〈스윙 로, 스윗 채리엇〉

〈폴로 더 드링킹 고드〉

*보인다. 그 나무들이 가리키는 방향으로 가서, 페그 레그 조*Peg Leg Joe*가 남긴 표시를 찾아 따라가라*…. 여기서 페그 레그 조는 전설적인 지하철도 차장의 이름이다. 이쯤 되면 이 노래가 암호화된 '구술 지도'가 아닌가 하는 의심도 든다. 문장들은 계속 실제 지형지물을 언급한다. 현대 학자들은 이 암호설에 회의적이지만, 상징적 의미와 기억의 노래로서는 빼놓을 수 없는 곡이다.

'구술 지도'라고 의심받는 또 하나의 영가는 〈웨이드 인 더 워터Wade in the Water〉다. '물을 건너라'는 제목은 앞선 미시시피강처럼 자유와 해방의 은유이기도 하지만, 탈출 도중 개들의 추적을 피해 하천을 따라 이동하라는 명령이기도 했다. 해리엇 터브먼이 실제로 이런 용도로 이 노래를 이용했다는 이야기도 있다. *물에 들어가라, 물에 들어가라, 하나님이 물을 휘저을 것이다. 저 천사의 무리를 보라. 맨 앞 천사는 이스라엘 사람 같지 않으냐? 하나님이 물을 휘저을 것이다*…. 노래는 다시 모세를 호출하며, 모세가, 그리고 하나님이 해방시켜주리라는 믿음으로 끝난다. 시민권 운동을 대표하는 자유의 노래이기도 하다. 미국 현대무용을 대표하는 작품 앨빈 에일리의 〈계시Revelations〉에 이 노래가 나오는 부분을 소개한다.

〈웨이드 인 더 워터〉

모두가 선창과 후창의 형식이어서 한 사람이 "웨이드Wade"라고 외치면, 많은 사람이 "인 더 워터in the water!"라고 응답한다. 누군가 "폴로Follow!" 하면, 뒤에선 "더 고드the gourd"가 울려 퍼진다. 노래는 신호였고, 신호는 길이었다.

존 브라운

미국의 서부 개척은 땅을 넓히는 일이면서 동시에 표를 확보하는 일이었다. 1850년 캘리포니아가 노예제를 반대하는 16번째 자유주로 편입되며, 노예주 15 대 자유주 15라는 균형이 깨졌다. 캘리포니아에서 와이어트 어프를 비롯한 북동부 출신들이 제시 제임스 같은 남부의 악당들을 때려잡는 이야기가 나오고 널리 퍼진 것도 캘리포니아가 자유주라는 배경과 관련이 있다. 그런데 이제 캔자스가 덩치가 커지며 34번째 주 편입을 눈앞에 두게 되었다. 당시 캔자스 인구가 불과 몇천 정도여서 어떤 집단이 더 많이 가서 정착하느냐에 따라 자유주가 될 수도, 노예주가 될 수도 있었다.

남부에서는 보더 루피언스라는 무장 친노예 단체가 캔자스로 몰려들었고, 북부에서는 뉴잉글랜드 이주민 원조단이라는 단체가 정착민들에게 '원조'라는 이름으로 무기와 장비와 자금을 제공하고 있었다. 1856년 5월 21일 아예 이름도 드러내놓고 '깡패'였던 보더 루피언스(ruffian이 '깡패'라는 의미다.)는 자유파가 자리 잡은 로렌스라는 도시를 습격해 불을 지르고 약탈을 저지른다. 아버지 역시 지하철도 운동에 참여했을 정도로 뿌리 깊은 노예제 폐지론자였던 존 브라운은 이 사태를 보며 더는 평화적 수단에 기대지 않겠다고 결심한다. 노예제는 '악'이었고, 악은 무력으로, 즉각적으로 끝장내야 했다. 그는 5월 24일 노예파 마을 포타와토미에 쳐들어가, 로렌스 학살을 저질렀다고 의심되는 정착민 다섯 명을 끌어내어, 가족들이 보는 앞에서 잔혹하게 난도질하여 살해한다. (진짜 난도질했다.) 이렇게 남북전쟁의 전초전이라고 불리는 '피의 캔자스Bleeding Kansas'가 시작되었다.

이 두 건의 학살은 공격과 그에 대한 보복이라는 이름으로 대충 무마될 수 있었다. 그만큼 두 세력이 팽팽했다는 말이다. 하지만 '피의 캔자스'에서 아들을 잃은 존 브라운은 이 팽팽한 균형을 방치할 생각이 손톱만큼도 없었다. 그는 남부의 핵심 버지니아주 하퍼스 페리를 공격하기로 계획을 세운다. 거기엔 무기고가 있다. 무기를 탈취한 다음, 주위에 많은 흑인 노예에게 무기를 나누어 주고, 군사 조직화하여, 해방구를 세우고, 조금씩 확장해간다는 전략이었다. 1859년 10월 16일 브라운의 주도로 백인과 흑인이 뒤섞인 21명이 공격에 나선다. (19명이라고도 하는데, 현재는 존 브라운을 합쳐 22명이라는 게 정설이다.) 전신선을 끊고, 무기를 탈취하고, 원하던 인질까지 잡는 데는 성공했지만… 기대했던 흑인 노예들의 도움은 오지 않았다. 대신 노예제를 버릴 수 없는 버지니아 주민과 민병대가 몰려왔다. 당시 휴가 차 버지니아 자택에서 쉬고 있던, 나중의 남부군 총사령관 로버트 리마저 해병대를 이끌고 참전한다. 결국 36시간에 걸친 대치는 브라운 일당의 항복으로 끝을 맺는다. 감옥에 갇힌 존 브라운은 마치 소크라테스처럼 탈옥 권유도 사양하고, 모든 게 하나님의 뜻이라며 버지니아 법에 따른 교수형을 받아들인다. 마치 노동자의 상징 존 힐처럼, 그는 죽음을 통해 영원히 살기를 택한다. 정의로운 죽음은 살아 있는 사람들의 무기가 되는 법이다. 해리엇 터브먼은 그를 '유일한 위대한 백인'이라 불렀다.

정치인 링컨은 달랐다. 그는 연방의 땅 하퍼스 페리를 공격한 존 브라운의 행위를 '법을 어긴 무장 폭동'이라며 그를 '비공화주의자', 심지어 '미친놈'이라고까지 공격했다. 노예제도는 폐지해야 하지만 공화당과 연방은 지켜야 한다는 신념을 가졌던, 더구나 대선을 코앞에 두고 표 득실 계산에 여념이 없던 링컨에겐 충분히 예상할 수 있는 반응이었다. (하지만 모순된 두 가지 이익을 동시에 누릴 수는 없다.) 어쨌든 존 브라운의 죽음으로 노예제는 더는 미룰 수 없는 문제가 되고, 전쟁의 시계는 돌이킬 수 없이 앞당겨졌다.

전쟁이 터지면서 북군에서 가장 많이 불렀던 노래는 단연코 〈존 브라운스 바디〉다. 북군 병사들 사이에서 우리의 대의를 대표하는 존 브라운이라는 사람을 다룬 노래가 있다는 소문이 퍼지며 자발적으로 유행했다고 한다. 민중 해방의 영적 유산이 집단적으로 전승되는 좋은 예다. 전쟁 중, 이 노래의 파괴력을 눈치챈 줄리아 워드 하우라는 사람이 가사를 바꿔 〈배틀 힘 오브 더 리퍼블릭Battle Hymn of the Republic〉을 만들며, 북군의 대표적인 군가가 된다. 드디어 북군도 남군의 노래 〈딕시Dixie〉에 필적할 만한 노래를 얻었다. 〈존 브라운스 바디〉도 워낙 버전이 많다. 하지만 다음의 내용은 대충 비슷하게 반복된다. *존 브라운의 시신은 무덤에서 썩고 있다. 하지만 그의 영혼은 계속 행진하고 있다. 영광, 영광, 할렐루야! 그의 영혼은 계속 행진하고 있다….*

노예제 폐지를 위한 노래는 군가가 되었다가 나중엔 광부의 노래로, 또 시민권 운동에서도 불리며 자유와 정의의 노래로 돌아왔다. 앞서 소개한 노동가요를 대표하는 〈솔리대리티 포에버〉도 이 노래에 바탕을 둔 것이다. 우리나라에서는 "영광, 영광, 대한민국!"

〈존 브라운스 바디〉

〈배틀 힘 오브 더 리퍼블릭〉

〈아이 위시 아이 워즈 인 딕시랜드〉

이 울려 퍼지는 조영남의 〈나의 조국〉으로 애국주의를 벗어나지 못하다가, 조영남과 어울리던 트윈폴리오가 〈회상의 노래〉로 바꿔 부르기도 했다. 아마도 이 노래의 유일한 감상적인 버전이 아닐까 싶다. 재미있는 것은 이 노래가 영국 프리미어 리그에서 박지성이 속했던 맨체스터 유나이티드의 응원가이면서 동시에 손흥민이 속해 있던 토트넘 홋스퍼의 응원가라는 점이다. 두 팀이 경기를 벌일 때면 같은 부분은 우렁차게 함께 부르다가 가사가 갈라지면 목이 찢어져라 자기 팀 가사를 외치는 현대판 '노래 전쟁'을 볼 수 있다.

〈비극의 서막Tragic Prelude〉(1942)은 존 브라운을 묘사한 가장 유명한 작품으로 존 스튜어트 커리가 캔자스주 청사 내부에 그린 벽화다. 그림 한가운데 과장된 크기로 존 브라운이 서 있다. 한 손에는 노예제와 싸우는 무기 총을 들고 있고, 다른 손에는 성경을 들었는데, 「요한 계시록」 1장 8절의 알파와 오메가가 보인다. 존 브라운의 행동은 모두 신의 사명을 따른다는 확신에서 빚어졌다는 것을 표현하고 있다. 구도를 보면 들라크루아의 〈민중을 이끄는 자유의 여신〉이 떠오른다. 들라크루아의 그림에서도 자유의 여신이 중심에 서서 한 손엔 삼색기와 한 손에는 총을 들고 있다. 두 그림 모두 삼각형 구도로, 중심인물이 부각되며 극적 긴장감을 높이고 아래엔 혼란과 희생의 현장이 펼쳐지고 있다. 존 브라운의 긴 수염은 바람에 휘날리고, 눈은 충혈되어 광기에 가까운 열정을 드러내고 있다. 실제보다 과장된 흰 수염과 성경은 그가 단순한 인간이 아닌

구약의 예언자, 다시 말해 이제껏 계속 언급했던 '미국의 모세'임을 상징한다.

화염이 가득한 브라운 뒤쪽 왼편에는 성조기를 든 백인과 흑인 병사가, 오른편에는 남군 깃발을 든 무장한 백인들이 등장하여 인종 간 연대에 기반을 둔 혁명적 공동체와 남부의 저항 세력 간의 충돌을 암시하고, 그 결과 브라운 아래쪽에는 어쩔 수 없는 폭력이 초래한 안타까운 희생자들이 놓여 있다. 북군은 '연방의 단결'과 '충성'을 의미하는 푸른색, 염료가 부족했던 남군은 그와 구별되는 회색을 입고 죽어 있다.

왼쪽엔 토네이도, 소와 농부, 해바라기가 있는데, 이는 모두 캔자스의 상징이다. 캔자스는 주화가 해바라기일 정도로 해바라기가 흔하고, 토양과 날씨가 워낙 좋다 보니 별명이 '미국의 빵 바구니'일 정도로 농사가 잘되는 곳이다. 게다가 '토네이도 앨리'에 속해 있어서 언제 토네이도가 닥칠지 모르는 주이기도 하다. 『오즈의 마법사』의 배경이 캔자스인 이유다. 물론 토네이도를 남북전쟁이라는 파괴의 상징으로 볼 수도 있다. 어쨌든 이 모든 디테일은 이 그림이 1850년대 '피의 캔자스'를 배경으로 하고 있음을 가리킨다.

들라크루아가 유럽 낭만주의를 대표하는 작가라면, 존 스튜어트 커리는 미국 미술사에서 '리저널리즘Regionalism'을 대표하는 작가다. 우리말로 '지역주의' 정도로 번역되는데(사실 미국의 region은 서부, 동부 등 넓은 지역을 가리킨다.), 특히 1930년대에 유럽 모더니즘에 대한 반발로 등장하여 모더니즘이 강조하는 도시성과 엘리트주의

존 스튜어트 커리, 〈비극의 서막〉(1937~1942). 캔자스 출신 화가 커리는 제목을 통해 '피의 캔자스'를 남북전쟁을 넘어 미국의 모든 갈등의 시작으로 보는 역사관을 밝히고 있다. 그림의 주인공으로 등장하는 존 브라운은 유럽의 역사화 · 영웅화 전통과는 다르게 성인이나 악인 하나로 그려지지 않고, 광기와 이상이 교차하는 '비극적 예언자'로 묘사되어 발표 당시에도 논란이 되었다. 리저널리즘의 주제가 미국 정체성 찾기임을 생각하면, 결국 그는 미국을 정의와 이상, 폭력과 파괴가 처음부터 함께하는 나라로 규정하고 있음을 짐작할 수 있다. 출처: 위키피디어 커먼즈.

와는 달리 미국 중서부 농촌 지역을 배경으로 한 일상과 역사, 민중의 삶을 그린 사조를 가리킨다. 가장 유명한 작품으로는 그랜트 우드Grant Wood의 〈아메리칸 고딕American Gothic〉을 들 수 있다.

붉은 여름의 합창

지금부터는 1장의 흑인 대이동 이후 벌어지는 이야기다. 흑인들은 남부의 린치를 피해, 이민 제한 강화로 노동력 부족 현상이 드러나고 있던 중부와 북부로 이동한다. 대표적인 이주지가 시카고, 디트로이트, 뉴욕이다. 이 도시에 살던 백인 노동자들은 난데없이 나타난 흑인들과 얼마 안 되는 일자리와 주택을 놓고 경쟁해야 하는 처지가 되었다. 파업이 일어날 때마다 고용주들이 이제는 중국인이나 아일랜드인이 아니라 흑인을 미숙련 대체 인력으로 쓰면서 갈등이 더 격화되어갔다. 게다가 〈국가의 탄생〉에 고무된 백인들이 남부 시골에만 있었던 것은 아니다. 북부 도시에도 혐오의 불씨는 널려 있었다. 혐오와 차별은 시대와 장소를 가리지 않는다. 심지어 21세기 한국에서도 혐오와 갈라치기를 조장하며 대통령 후보가 된 사람도 있다.

문제는 1차 세계대전을 겪고 돌아온 흑인들이 과거의 흑인들과 달랐다는 점이다. 물론 참전 중에도 인종차별과 분리 정책으로 흑인들이 실제 전투에 참여하는 경우는 극히 드물었지만, 어쨌든 38만에 달하는 흑인이 군에 복무했고, 나라에 이바지했다는 자긍심과 더불어 시민권 의식을 갖고 돌아왔다. 게다가 대도시에 모여 산 세월이 쌓이면서 서서히 중산층 흑인 지식인이 출현하기 시작했다. 이들은 정치 · 사회는 물론 문화 · 예술 등 모든 분야에서 흑인 정체성과 권리를 적극적으로 표출하기 시작한다. 이들은 스스로를 '뉴 니그로'라고 불렀다. 이들 자신이 백인들이 부여한 역할에 만족하고, 차별과 억압에 순종하는 '올드 니그로'와 다르다고 붙인 이름이다. 한마디로 "조용히 있으라"는 사회의 압력에, "아, 됐고, 볼륨 업!"으로 답한 세대다. 이 뉴 니그로 운동이 뉴욕으로 가서 '할렘 르네상스'로 진화한다.

백인에 대한 열등감 · 자기혐오 · 자기 연민에서 벗어나, 흑인으로서의 자긍심 · 주체성 · 해방의 욕망을 뿜뿜 하고 있는 뉴 니그로들을 백인 우월주의자들이 그냥 보고만 있었을 리 없다. 1919년 미국 현대사에서 가장 참혹한 인종 폭력이 전국적으로 일어난다. 이 사태를 가리켜 '붉은 여름Red Summer'이라고 부른다. 사실은 봄부터 가을까지 이어졌고, 농촌에서도 폭력은 있었지만, 가장 격렬한 충돌은 대도시에서 여름에 일어났기에 흑인 인권운동가 제임스 웰던 존슨이 이런 이름을 붙였다고 한다. 가장 심각한 사건은 7월 27일에서 8월 12일까지 지속된 시카고 인종 폭동이었다.

7월 27일 한 흑인 소년이 친구들과 수영을 즐기다가 백인 전용이라 관습적으로 여겨지던 구역에 자기도 모르게 들어간다. 그리고 백인들이 던진 돌에 맞아 죽는다. 현장에 출동한 경찰은 돌을 던진 가해자 대신 흑인 한 명을 체포해 돌아간다. 이를 보며 분노한 흑인들이 경찰과 충돌하고, 백인들이 합세하며 흑인과 백인 간의 집단 폭력이 도시 전역으로 번진다. 백인들은 밤이 되면 말 대신 차를 몰고 총을 난사하며 흑인 거주 지역에 불을 지르고 돌아다녔다. 경찰은 아무것도 하지 않음으로써 현장에 있었음을 성실히 증명했다. 위기를 느낀 흑인들은 1차 세계대전 참전 군인들을 중심으로 무장해 방어를 시작했다. 경찰은 즉각 무장해제에 나서 이들을 체포했다. 결국 주 방위군이 동원되어 흑인 거주 지역을 차단하며 폭력은 소강상태에 진입했다. 13일간 폭동이 이어지며 흑인 23명, 백인 15명이 사망하고, 600명에 가까운 부상자가 발생했다. 1000가구 이상이 불타버렸다. 물론 모두 흑인 주택이었다. 흑인 참전용사 부대와 시민단체, 종교단체가 폭력 중단을 호소하면서 마침내 백인이 일으키고 백인이 흑인을 죽이다가 죽음을 맞은 '폭동'은 끝이 났다. 이쯤 되면 '폭동'이 뭔지, 그 정의가 뭔지 모르겠다.

같은 해, 백인 군인과 시민들이 흑인을 공격한 워싱턴 D.C. 폭동, 역시 백인 군대가 최대 240명의 흑인을 살해한 아칸소 일레인 학살, 기타 전국적으로 25~30개 도시에서 비슷한 인종 '폭동'과 방화, 약탈이 있었다. '학살'이라 불려야 마땅한 이 '폭동'들의 대부분은 백인이 도발하고, 경찰은 수수방관하거나 백인 편을 들어 흑

애틀랜타 인종 폭동을 그린 프랑스 《르 프티 주르날(Le Petit Journal)》의 1906년 10월 7일 자 표지. 백인 폭도들이 일방적으로 흑인 공동체를 공격해서 최소 25명 이상의 사망자를 낳았다. 흑인의 정치적 권리 획득, 일자리 경쟁, 언론의 '흑인 범죄' 선동 등이 원인으로 지목되었다. 역사는 반복된다. 출처: 위키피디어 커먼즈.

인에게 폭력을 행사하고, 흑인들이 먼저 손을 내밀어 타협에 이르렀다는 공통점을 가진다. 또 다른 공통점은 흑인들이 과거와는 달리 백인의 폭력에 조직적으로 대응하기 시작했다는 점이다. 이들은 무장 저항에서 그치지 않고, '폭동'이 끝난 다음에도 조직적인 법적·정치적 투쟁에 나섰다. 결국 '붉은 여름'은 미국 민권운동과 흑인 해방운동의 결정적인 전환점이 된다.

이 거대한 격랑 속에서 노래 두 곡이 서로 다른 방식으로 '함께 부르는 노래'를 확장했다. 하나는 〈리프트 에브리 보이스 앤 싱 Lift Every Voice and Sing〉이었다. 1900년 링컨 탄생 91주년을 기념해 만들어져 플로리다 잭슨빌 흑인 학교에서 초연되었다는 이 노래는 이후 지역 공동체에 빠르게 퍼졌고, 이미 1909년 설립된 전미흑인지위향상협회NAACP가 이 노래를 '흑인의 국가'로 공식 채택하며, 흑인교회·학교·시위 현장에서 널리 불렸다. *모두가 목소리 높여 하늘과 땅이 울리도록 자유의 노래를 부르자.* *험한 길을 걷고 모진 매를 맞으면서도, 우리의 희망은 죽지 않았다. 고난을 함께한 눈물의 하나님, 당신이 우리를 여기까지 인도해오셨다*…. '하나님'에서 알 수 있지만, 장엄한 느낌을 주는 전형적인 찬송가이다. 흑인이 있는 곳이라면 어디서나 들을 수 있고, 2018년에는 비욘세가 코첼라 페스티벌에서 부른 적이 있다. NFL 슈퍼볼 경기 시작 전 미국 국가와 별도로 연주되고는 한다. 이 노래를 기회 있을 때마다 열심히 부르는 알리샤 키스 버전을 소개한다. 영상 속 사람들이 입고 있는 티셔츠와 마스크에 새겨진 이름은 흑인 민권운동에서 중요한 의미가 있는 (가슴 아픈) 이름들이다.

〈리프트 에브리 보이스 앤 싱〉

음반으로 발매된 최초의 여성 블루스 보컬이라고 알려진 매미 스미스의 〈크레이지 블루스Crazy Blues〉는 붉은 여름과 그 고통의 기억을 다루는 대표적인 블루스다. 노래는 애인에게 버려진 여인의 푸념으로 시작한다. *밤에는 잠이 오지 않고, 밥도 먹을 수 없어요. 내가 사랑한 남자가 나를 버렸기 때문이죠. 의사도 소용없고, 장의사만 필요할 정도로 나는 미칠 듯한 슬픔에 사로잡혔어요…*. 사실 이 노래에는 붉은 여름에 대한 언급은 없다. 하지만 그해 여름 이후 흑인의 분노와 절망이라는 집단 정서를 청각화했다는 평을 받으며 흑인 청중 사이에서 폭발적인 반향을 일으켰다.

영가에서 보았듯 흑인의 정서는 한국인 정서와도 맞닿은 부분이 있다. 겉으로는 여성의 절망을 노래하지만, 실제로는 가정폭력·억압·분노를 차곡차곡 은유로 쌓아 그 감정을 이해할 만한 사람들에게 조금씩 흘려보낸다. 이후 200만 장 이상 팔리며 흑인 최초의 대중적인 히트곡이 된 이 노래는 혼자 듣는 레코드 음악을 공공연한 저항의 언어로 만들었다는 평가를 받는다. 바늘이 판을 타고 도는 동안, 뉴 니그로들은 심장 박동수가 동기화되었다. 합창의 방식이 바뀌었다. 광장에서 떼창으로 부르는 노래가 아니라, 수만 개의 축음기가 같은 시간대에 같은 마음을 재생한다. '분산 합창'의

〈크레이지 블루스〉

탄생이다. 이제 함께 부르는 노래는 반드시 한 장소에서 모두 모여 부르는 집단의 노래에서 여러 곳에서 마음을 모아 속으로 부르는 노래로 발전한다.

형식이 저항이다

대각성 운동 중 입이 트인 흑인들이 찬송가를 기반으로 자신들의 고난과 희망, 해방에 대한 열망을 담아 부른 노래가 영가의 시작이었다. (이를 흔히 찬송가의 '전유'라고 부른다.) 비밀 예배소에서 몰래 만나 부르던 노래인 만큼 자유와 저항을 노골적으로 드러내지 못하고, 암시 · 상징 · 은유적으로 불러야 했다. 늘 모이던 고정된 구성원이 아니라 형편이 닿는 사람들이 만나다 보니 각자의 기억에 따라 노랫말의 내용도 조금씩 달라졌다. 하지만 형식은 바뀌지 않았다.

영가의 가장 커다란 특징은 흑인 노동요에서 가져온 선창과 후창, 또는 부름과 응답이다. 한 사람이 부름을 던지면, 공동체가 응답으로 되받는다. 앞서 보았던 〈고 다운, 모지스〉에서 선창자가 "모세여, 가라" 하면 사람들이 "우리 민족을 가게 하라"라고 떼창을 하는 것이다. 흑인 노동요에서 비롯된 이 선창과 후창 형식은 목화밭은 물론, 철도 노동과 광산 노동에서도 자연스럽게 사용되었던 것으로, 지도자와 군중의 관계를 음악적으로 드러내면서 공동체의 결속을 강화해 집단적 저항의 가능성을 확보했다. 영가는 태생부터 개인의 노래라기보다는 집단의, 저항의 노래였던 셈이다.

구조의 반복이 영가의 두 번째 특징이다. 후렴구 반복 말고도 리듬 패턴 자체가 되풀이된다. 이 역시 단조로운 노동을 반복하는 사람들에게서 자연스럽게 등장한 형식이다. 이러한 가사와 리듬 패턴의 반복은 여러 메시지를 하나로 수렴하여 주장을 선명하게 강화하고, 내면화하는 효과를 갖는다. "우리는 결국 해방되리라"는 믿음이 리듬의 되돌이표를 타고 가슴에 박힌다.

세 번째 특징은 '당김음'과 오프비트다. 강박이 아닌 약박을 강조하는 이 아프리카 전통 리듬은 유럽 음악과 가장 차별화되는 형식으로, 이하 블루스나 재즈 모두에서 두드러지는 흑인 전통이다. 이는 기존의 질서에 대한 무의식적 저항이며, 새로운 질서를 꿈꾸는 자유의 형식이라고 할 수 있다. 나는 너희가 말하라는 대로 말하지 않는다. 나는 너희가 노래 부르라는 대로 노래하지 않는다. 누가 "원 투 스리 포"라고 외치면, 우리는 '앤and'에서 출발한다. 많은 블루스나 재즈 연주자들이 악보를 '못 읽었다'고 알려져 있다. 사실 못 읽은 게 아니라, 안 읽은 것이다. 문자 악보보다는 귀의 악보에 의존했기 때문이다. 존 콜트레인John Coltrane이 재즈에서 가장 대접받는 것도, 이런 귀로 쓰는 작곡의 미학을 극한까지 추구한 인물이기 때문이다.

마지막은 즉흥성이다. 이런 노래들은 리더가 누구냐, 어떤 상황이냐, 장소가 어디냐에 따라 같은 노래가 매번 달라진다. 악보는 늘 늦게, 무대가 끝난 뒤에야 도착한다. 악보가 필요 없으니 음악이 고정되지 않는다. 고정성보다는 유동성이, 논리와 이성보다는 현장성, 그때그때의 감정이 중요하다. 다양한 집단 사이의 마주침과 연대가 만들어내는 효과에 충실하다. 이렇게 노래는 구호가 되고 구호는 노래가 되면서 영가는 집단적 저항 형식이 된다. 검열은 빠르지만, 콧노래는 더 빠르다.

여기서 블루스가 태어난다. 블루스는 AAB 구조의 12마디 곡이다. 보통은 한 문장을 두 번 반복하고, 세 번째 문장에서 변화를 주는데, 이 변화가 예기치 못한 반전인 경우가 많다. 앞서 소개한 블루스의 여제 베시 스미스의 〈백워터 블루스Backwater Blues〉를 예로 들어보자. 노래는 이렇게 시작한다. "닷새 동안 비가 내리고, 밤이 되면 하늘은 온통 깜깜해졌네."(A) AAB 구조니 한 번 더 반복한다. "닷새 동안 비가 내리고, 밤이 되면 하늘은 온통 깜깜해졌네."(A 반복) 그러곤 "하필 그 불행이 밤에 가장 낮은 곳에서 벌어졌다네"(B)라며 비극을 시사한다. 다음 절은 "아침에 일어났는데, 차마 문을 열지 못했네"(AA)를 반복하고, "가련한 소녀는 이제 어디로

〈백워터 블루스〉

가야 하나 막막했다네"(B)로 마감하며, 홍수로 고향과 가족, 집을 잃은 한 흑인 소녀의 고통과 상실, 그리고 슬픔을 담은 이야기가 이어진다. AA 반복 구조는 현실, 그러니까 벗어날 수 없는 삶의 순환, 자연과 사회의 계속되는 폭력을 나타낸다. 그리고 반전의 B 부분은 그 고통에 대한 자기 인식, 그리고 그 고통에서 벗어나겠다는 정치적 선언이다.

블루스의 화자는 거의 1인칭 단수다. 그런 만큼 많은 블루스는 개인의 (고된) 경험을 이야기하고, 그 경험을 주체적으로 이겨내는 자기 회복을 다루면서, (트로트의 자기 연민은 없다. 체념은 있지만 자기 연민에 빠져 허우적대지는 않는다.) 결국은 집단적인 경험으로 승화시키려 한다. 또 이 1인칭 시점은 체제 안에서는 들을 수 없었던, 혹은 무시되었던 이야기들을 들려주는 역할도 한다. 블루스를 잘 모르는 사람이 〈백워터 블루스〉를 들으면 한 아이가 겪은 홍수 노래라고 생각했겠지만, 흑인 사회는 이를 흑인 거주지를 자연재해에 취약하게 설계한 도시와 사회에 대한 비판, 즉 구조적 폭력에 대한 고발이라고 여겼다. 구체적으로는 1927년 대홍수로 집을 잃은 70만 명이 넘는 흑인들의 분노와 고통의 외침으로 받아들였다. (흑인 사회는 이 노래를 들으며 1927년 미시시피 대홍수를 연상했다는데, 노래가 1927년 초에 발표된 사실이 밝혀지면서 지금은 그 전 해에 있었던 1926년 신시내티와 내슈빌 홍수를 배경으로 한 것으로 추정한다. 그때도 주요 피해자가 흑인이었다는 점에서 정의롭지 못한 사회구조에 대한 비판이라는 평가는 변함이 없다.)

베시 스미스는 무너져내릴 듯한 저음과 음절 사이의 긴 침묵으로 분노의 감정을 응축시킨다. 언제 터질지 모르는 절규가 침묵 속에서 쌓여간다. 같은 시대를 살았던 라흐마니노프라면 터뜨렸을 감정을 베시는 오히려 감춤으로써 드러낸다. 영가의 방식은 더 미세하고 더 깊다. 절제된 표현은 감춰진 분노의 크기를 헤아릴 수 없게 한다. 피아노와 보컬이 엇갈리며 스쳐 지나가는 타이밍은 개인과 사회가 하나가 아니라는 인식의 표현이다. 오데타는 이 노래를 흑인 여성의 저항을 상징하는 곡으로 재해석하기도 했다.

블루스와 재즈의 결정적인 공통점 중 하나는 블루노트blue note의 사용이다. 블루스라는 명칭의 유래에 대해 온갖 설이 있지만, 가장 유력한 설이 이 블루노트를 사용했기 때문이라는 것이다. 내림3, 내림5, 내림7에 해당하는 이 음note들은 서양 음악 표준 음계의 딱 떨어지는 칸에서 일부러 비켜난다. 정확한 반음으로 고정되지 않고, 사이에서 흔들린다. (보통은 그냥 플랫을 붙여 E♭, G♭, B♭ 정도로 표기한다.) 이 흔들림은 슬픔, 긴장, 아쉬움, 저항 등을 어느 한 음으로 고정하지 않겠다는 선언이다. (예를 들어 〈백워터 블루스〉에서는 E♭, B♭이 반복되며 깊은 슬픔과 더불어 저항의 가능성을 제기한다.) 결국 블루노트는 백인의 음악을 전유하여 흑인들의 삶의 방식을 표현하려는 형식이다. 블루노트를 통해 음악에서 감정을, 삶의 불안정성을, 조화를 이루지 못하고 살아가고 있는 현실을 드러내려는 것이다.

포크·블루스·영가·재즈를 넘나든 미국 흑인 음악을 대표하는 예술가이자, 미국 민권운동의 상징적 목소리인 마틴 루서 킹 주니어 목사가 '미국 포크 음악의 여왕'이라 불렀던 오데타가 직접 기타를 치며 부른 〈섬타임즈 아이 필 라이크 어 머더리스 차일드 Sometimes I Feel Like a Motherless Child〉를 들어보자. 전통 영가 중에서도 가장 깊은 슬픔과 저항을 담은 곡으로 알려져 있다. '엄마 없는 아이'는 강제로 가족을 떼어놓은 노예제도의 폭력, 고향이 없는 흑인들의 디아스포라적 정체성을 의미한다. Eb과 Bb의 블루노트가 슬픔과 저항을 노래한다. 그래서 이 노래는 단순한 눈물의 노래가 아니라 '침묵 속의 분노'를 품은 노래다. 웅장한 합창 버전도 있다.

〈섬타임즈 아이 필 라이크 어 머더리스 차일드〉

할렘 르네상스

린치와 차별이 일상이던 시절, 흑인 지도자 부커 T. 워싱턴은 여전히 흑인들의 경제적 자립과 교육을 통한 자기 성장, 백인 사회의 인정을 통한 점진적 변화를 강조하고 있었다. 하버드대학에서 흑인으로는 처음 박사 학위를 받은 W. E. B. 듀보이스의 생각은 달랐다. 그는 워싱턴의 "차별을 인정하고 천천히 기다리자"라는 주문에 정면으로 반대하며 시민권과 정치적 권리의 즉각적 쟁취를 요구했다. 지나친 단순화이겠지만, 둘을 보면 마틴 루서 킹과 맬컴 엑스의 관계가 떠오르는 것은 어쩔 수 없다.

1905년 듀보이스 노선에 동조하는 흑인 지식인 사회는 미국 최초 전국 규모 흑인 민권단체 '나이아가라 운동'을 결성한다. 지하철도의 종점이었던 캐나다 온타리오에서 '거대한 변화의 흐름'을 상징하는 의미로 '나이아가라 운동'이라 이름을 붙이고, "흑인이 열등함을 인정하거나, 억압에 순응하거나, 모욕 앞에 사과하는 인상을 남기는 것을 거부한다"라는 원칙을 발표한다. 지금이야 당연하게 느껴지는 말들이지만 당시에는 대단히 급진적인 선언으로 들렸는지, 수많은 탄압과 회유로 이 운동은 흐지부지된다. 하지만 듀보이스는 좌절 대신 좋은 경험을 했다고 생각한다. 1908년 일리노이주 스프링필드에서 인종 폭동이 발생하고 17명이 사망한다. 이 사태를 수습한다는 빌미로 듀보이스가 분주히 뛰어다닌 끝에 1909년 링컨 탄생 100주년을 기념하여 전미흑인지위향상협회NAACP를 결성한다. 이번에는 구체적인 목표를 세우고, 린치를 거부하며, 인종차별, 분리, 투표권 박탈 등과 맞서 싸운다는 취지 아래 다양한 인종의 유명 인사들을 끌어모은다. 이제 누구도 함부로 대할 수 없는 단체가 탄생했다.

듀보이스는 NAACP 기관지인 《더 크라이시스The Crisis》의 초대 편집장을 맡아 흑인 사회의 목소리가 된다. 학자로서 듀보이스는 '이중의식'으로 널리 알려져 있는데, 제도적 억압을 내면화한 흑인이 '내면의 자아'와 '백인의 시선에 비친 자아' 사이에서 분열을 겪는다는 개념이다. 그는 이러한 분열된 의식을 정신병의 원인이 아니라, 비판적 성찰과 저항의 토대로 보았다. 예를 들어 흑인 군인이 전쟁에서 돌아와 인종차별을 당할 때, 사회적 불의에 고통스러워하며 몸부림치는 데 그치는 것이 아니라 그 경험을 이중의식을 자각하는 계기로 삼아, 백인 중심적 시각을 넘어 흑인적인 관점과 더불어 보편적인 관점을 추구할 수 있게 된다는 것이다. 듀보이스는 이런 흑인 특유의 관점 · 흑인 미학 · 흑인이 사랑하고 즐길 수 있는 예술을 추구하며 흑인의 시각에서 바라본 정치 · 사회적 이슈도 소홀히 하지 않았다. 사회 비판과 문학 · 예술이 이상적으로 결합한, 백낙청이 편집할 때의《창작과 비평》을 떠올리면 된다.《더 크라이시스》를 통해 이제껏 폄하된 흑인들의 문화가 온전히 평가되며 퀀텀 점프의 계기가 마련되었다. 자, 이제 할렘 르네상스가 시작되었다. 지적인 성취를 쌓아가던 잡지와는 달리, 버블인 줄도 모르고 한껏 들뜬 사회 분위기를 그대로 반영한 할렘의 겉모습은 천박한 화려함으로 눈 둘 곳이 없었다.

벌써 백 년도 전에 한 달에 20만 부를 찍었다는《더 크라이시스》는 '할렘 르네상스의 산파'였다. 시 · 소설 · 평론 · 미술 · 사진 등 장르를 구분하지 않고 수많은 글이 쏟아져 들어오며, 신진 흑인 작가들이 발굴되었다. 이 잡지를 통해 흑인 커뮤니티의 자긍심, 집단 정체성, 문화적 연대가 고취되었다. 대표적인 작가로 랭스턴 휴즈, 카운티 컬런, 조라 닐 허스턴, 클로드 맥케이 등이 있다. 듀보이스를 보며 훌륭한 편집자가 얼마나 사회에 이바지할 수 있는지를 느낀다. 백낙청이나《사상계》의 장준하도 마찬가지다. 미국 정부가 여권 갱신을 거부하여 미국 입국이 금지된 듀보이스는 1963년 가나에서 사망한다. 1975년 대한민국 사람이라면 누구나 특정할 수 있는 사람에 의해 장준하는 의문사 당한다.

할렘 르네상스 시기는 미국에서는 '광란의 20년대Roaring 20's'라고 불리는 시기이고, 이 시기의 별명이 '재즈 시대'다. 한 마디로 재즈가 만들어지고 번성하며 모두가 리듬에 취해 미쳐 날뛰던, 제정신이 아닌 시대였다. 『위대한 개츠비』의 시대이기도 하다. 사실은 『개츠비』의 작가 F. 스콧 피츠제럴드 자신이 이 시대의 대변인이었다. 그의 아내 젤다도 예외가 아니었다. 매일 술과 약에 취해 자동차 위에 올라가 밤새 춤추며 청춘을 탕진하던 그들 곁에는 재즈라는 음악이 있었다. 그 재즈의 총본산은 당연히 할렘, 이미 전국구로 소문난 아티스트 듀크 엘링턴, 캐브 캘러웨이, 루이 암스트롱 등이 '코튼 클럽'에서 연주하고 있었다. 상류층 백인이나 감당할 만한 엄청 비싼 카바레였던 코튼 클럽이 부담스러운 사람들은 길만 건너(기엔 조금 멀지만) 아폴로 극장에서 춤추며 즐길 수 있었다.

〈테이크 디 '에이' 트레인Take the "A" Train〉은 당시 뮤지션이라면 누구나 꿈꾸던 코튼 클럽 밴드를 가장 오래 차지했던 듀크 엘링턴 오케스트라의 대표곡으로, 할렘과 할렘 르네상스를 상징하는 곡이다. "A" 기차는 뉴욕 지하철 A 노선으로, 할렘까지 가는 노선이다. 철로를 연상시키는 리프와 8마디 순환 구조가 이어지면서, 마치 지하철을 타고 할렘으로 향하는 듯한 느낌을 준다. 코튼 클럽과 아폴로 극장은 흑인 정체성과 문화의 핵심이었다. 따라서 이 노래

〈테이크 디 '에이' 트레인〉

는 *우리가 세상의 중심이다. 우리의 노래를 듣기 위해서는 이 열차를 타라*고 선언하는 셈이다. 1941년 만들어졌지만, 할렘 르네상스를 반영하는 노래답게 AABA 32마디의 간결하고 반복적이면서 세련된 중산층 취향을 겨냥한 소위 '틴 팬 앨리' 형식을 따르는 스윙 재즈다. 한 마디로 당시 스윙 리듬은 억눌림에서 벗어난 해방의 몸짓이었다. 흑인들에게는 '우리의 노래'라는 자긍심을 안겨준 동시에 백인들마저 세련된 재즈의 매혹에 빠지게 만든 몇 안 되는 멋진 곡이다. 시민권 운동 시기에도 상징적으로 자주 소환되었다. 기차·이주·해방·자기 탐색이라는, 모든 흑인 예술에서 빼놓을 수 없는 상징적 주제를 노래하기 때문이다.

〈더 니그로 스픽스 오브 리버스The Negro Speaks of Rivers〉는 랭스턴 휴즈가 1920년 미시시피강을 건너며 떠오르는 시상을 15분 만에 써낸 작품이다. 1921년 《더 크라이시스》에 발표되었고, 창작 당시 휴즈의 나이 17세였다. 앞선 듀크 엘링턴의 곡이 '기차'를 소재로 했다면, 이번엔 '강'이다. 역시 우리에게 익숙한 소재다. *나는 강을 안다. 나는 인간의 핏줄보다 오래된 강을 안다. 나의 영혼은 강처럼 깊게 자라왔다*…. 그러곤 유프라테스강, 콩고강, 나일강, 미

〈더 니그로 스픽스 오브 리버스〉

시시피강을 순서대로 읊는다. 인류 문명의 시작부터 지금 미국에 이르기까지 흑인들이 문명을 만들어왔다는 선언이다. 그리고 다시, *나는 강을 안다. 오래되고, 때 묻은 강들을 알고 있다. 나의 영혼은 강처럼 깊게 자라왔다.* 이 괴로운 역사를 겪은 우리 흑인은 깊고 강인하고 아름답다는 선언이다. 이 시를 통해 휴즈는 '재즈 시jazz poetry'라는 장르를 개척한다. 설명할 필요조차 느끼지 않는다. 원래 시가 재즈고 재즈가 시 아니었던가? 힙합도 그런 게 아닌가? 할렘 르네상스를 대표하는 작품 중 하나다.

거품은 오래가지 않는다. 1935년 한 16세 흑인 소년이 가게에서 칼을 훔치려다 체포된다. 경찰이 과잉 진압했다는 소문이 퍼지며(이 같은 소문은 반복된다.) 삽시간에 수천 명이 거리로 쏟아져 나왔다. 시위는 폭동으로 확장되며 경찰과의 대치가 닷새 동안 계속된다. 소위 '할렘 폭동'의 결과 흑인 3명이 사망하고, 100여 명의 부상자가 발생했다. 건물과 상점이 파괴·약탈당하자 백인 자본은 대거 철수를 시작했고, 그렇지 않아도 경제 대공황으로 휘청거리던 할렘의 간판들에선 불이 꺼졌다. 할렘 르네상스의 종말이었다.

미시시피 버닝

미국에는 '딥사우스deep South'라고 불리는 지역이 있다. 우리말로는 '깡촌'이나 미국 '남부 중에서도 남부' 정도의 의미다. 보통은 루이지애나 · 미시시피 · 앨라배마 · 사우스캐롤라이나 · 조지아 다섯 주를 가리키는데, '딥사우스'로 불리기 전에는 남쪽에 있다고 해서 '로어사우스Lower South', 면과 사탕수수 플랜테이션 농업이 발달한 곳이어서 '코튼 스테이츠Cotton States', 흑인들이 많다고 해서 '블랙 벨트Black Belt', 독실한 기독교 신자들이 많다고 해서 '바이블 벨트Bible Belt'라고 불렸다. 지금은 공화당의 텃밭이다. (1930년대를 기점으로 미국 흑인들은 최저 소득, 보편 복지를 강조하는 민주당으로 넘어가기 시작했다. 이후 트루먼, 린든 존슨 등이 평등권을 강조하는 정책을 펼치며 민주당은 흑인 정당이 되었다.)

남북전쟁 당시 가장 먼저 연방 탈퇴를 선언했던 이 주들에는 백인 우월주의가 뿌리 깊게 자리 잡고 있다. 흑인 해방이 이루어지고 난 후에도 KKK를 비롯한 백인 우월주의 단체의 린치가 그치지 않았고, 짐 크로 법은 견고하게 유지되고 있었다. 민권운동이 본격화하면서 이곳의 폭력은 폭발적으로 증가한다. 그중 2020년까지도 남부연합 문양이 들어간 주 깃발을 사용했던, '가장 인종차별적이고 폭력적인 주'였던 미시시피의 사례를 살펴보자.

1955년 8월 28일 에밋 틸이라는 14세 시카고 소년이 여름방학을 맞아 친척을 방문할 목적으로 미시시피를 찾는다. 친척들과 식료품점에 간 틸은 계산대에 있던 백인 여성에게 살갑게 말을 건다. (휘파람을 불었다는 증언도 있다.) 며칠 뒤 틸은 여성의 남편과 남편의 이복형제에게 납치되어, 알아볼 수 없을 정도로 구타당하고, 감히 백인 여성을 쳐다본 눈이라며 한쪽 눈이 훼손되고, 머리에 총상을 입은 채 강물 위로 떠올랐다. 틸의 어머니는 시카고 장례식에서 참혹한 고문의 흔적을 담은 얼굴을 공개했다. 사진이 언론에 공개되며 미국 사회 전체에 큰 충격을 주었고, 이 사건은 이후 흑인 인권운동의 상징이 되었다. 백인만으로 구성된 배심원단은 백인 가해자들을 무죄로 풀어주었다. 1962년 당시 21세이던 밥 딜런은 이 사건을 〈더 데스 오브 에밋 틸The Death of Emmett Till〉로 재구성하여 공개적으로 인종 폭력을 고발한 첫 백인 음악가가 된다.

1963년 6월 12일 NAACP 미시시피 지부 서기 메드가 에버스는 "짐 크로 법을 철폐하자"라는 문구가 적힌 티셔츠를 들고 차에서 내리는 순간, 길 건너에 매복해 있던 백인 우월주의자의 저격을 받는다. 가족들이 보는 앞에서 총격당한 에버스는 곧 사망한다. 하필 존 F. 케네디가 흑인 인권에 관한 연설을 한 날에 사건이 벌어져 미국 사회 전체에 큰 반향을 일으켰다. 범행 도구에서 지문이 확인되고 목격자 진술도 있었지만, 백인 배심원단이 점심을 꼬박꼬박 챙기느라 평결을 계속 미루어, 결국 범인은 석방되었다.

에버스 살인 사건과 더불어 버밍햄 교회 폭탄 테러가 있었고, 이에 대한 대응으로 워싱턴 행진이 있었던 1963년은 시민권 운동의 '분수령'이라고 불린다. 이제 시민권 운동은 조직적이고 대중적인 성격을 띠게 된다. 1964년에는 미시시피에서 대규모 흑인 유권자 등록 운동과 더불어 자유학교Freedom Schools 설립 운동이 일어난다. 1000명 정도의 백인 대학생이 여름방학을 이용해 시작한 운동이기에 이를 '프리덤 서머'라고 부른다. 이들은 흑인 유권자 등록이 문해력 테스트·인두세 등의 구조적 이유로 차단되고, 나아가 폭력과 협박으로 아예 투표라는 생각조차 못 하게 하는 '남부 중의 남부' 미시시피를 타깃으로 선정하여 여러 활동으로 유권자 등록률을 제고하려 했다. 물론 백인들만의 운동은 아니어서 많은 지역 주민과 더불어 NAACP도 참여했다.

흑인의 투표권을 제한하려는 주 정부의 체계적인 차별 움직임이 드러나자 백인들은 폭력적인 수단을 동원하여 무마하려 했다. 6월 21일 과속으로 체포되었던 세 명의 민권운동가가 석방되자마자 납치되어 살해된 후 불도저로 판 땅속 4.5미터 깊이에 암매장된다. 문제는 여기에 백인이 두 명 포함되어 있었다는 점이다. 흑인들의 죽음에는 꿈쩍도 하지 않던 FBI가 투입되어 대대적인 수사 끝에 세 사람의 시신을 발견한다. 1967년 연방법원은 범인들에게 살인이 아닌 민권 침해 혐의로 최대 6년 형을 선고한다. 마침내 남부의 흑인 차별은 북부 백인 사회의 관심사가 된다. 역사상 최초로 연방정부가 인종차별 사건에 개입하며 붙인 사건 이름이 바로 '미시시피 버닝Mississippi Burning'이었다.

그 밖에 1961년 NAACP 회원 허버트 리 피살 사건의 증언자 루이스 앨런이 1964년에 살해당한 사건, 버밍햄 교회 테러와 유사했던 수없이 많은 교회 방화 등 미시시피에서 흑인에 대한 테러는 끝도 없이 이어졌다. 1882년에서 1968년까지 미시시피에서 린치당한 흑인은 539명이었고, 가해자 처벌은 1퍼센트도 되지 않았다고 한다. 물론 많은 폭력은 보도조차 되지 않았다. 공식 집계는 영원히 불가능할 것이다. 미시시피로서는 인종 폭력으로 발생한 희생자 통계에서 미국 전체 1위를 면한 게 그나마 위안이 되지 않을까. 1위는 조지아주다.

니나 시몬Nina Simone이 〈미시시피 갓댐Mississippi Goddam〉을 쓰게 된 배경은 앞서 언급한 메드가 에버스 암살 사건과 더불어, 1963년 앨라배마주 버밍햄에서 벌어진 폭탄 테러 사건이었다. 흑인 침례교회에서 KKK가 설치한 폭탄이 터져 네 명의 흑인 소녀가 사망했지만, 가해자는 오랫동안 처벌받지 않았다. (버밍햄 교회 폭탄 테러를 다룬 노래로는 존 바에즈의 〈버밍햄 선데이Birmingham Sunday〉라는 추모곡이 있다.) 참지 못한 니나 시몬은 노래를 통한 저항을 시작한다. '저항의 디바'의 등장이다. 부르자마자 남부뿐 아니라 북부에서도 금지곡이 되며 니나 시몬은 음악계에서 고립된다. 많은 흑인도 등을 돌린다. 마틴 루서 킹 목사의 〈아이 해브 어 드림I Have a Dream〉 설교와는 반대로 분노를 폭발시키고 있었기 때문이다. *'천천히', 또는 '기다리자'라는 말은 우리가 목화를 따던 시절부터 수없이 들어왔다. 못 참겠다. 일어나자. 앨라배마 이야기는 나를 화나게 했고, 테네시 이야기를 듣고는 참을 수 없었다. 그리고 저 빌어먹을 미시시피 얘기는 다들 알고 있잖아. 피켓을 들어라, 대오에 합류하라. 저들은 우릴 빨갱이라 부르겠지만, 우린 그저 평등을 원할 뿐이다. 참아라, 참아라 들어왔지만, 거짓으로 가득 찬 세상은 우릴 마치 파리 새끼 모양 때려죽일 뿐이다. '천천히' '기다리자'라고 말하는 자는 더는 믿지 말자….* 'Mississippi Goddam'이란, '빌어먹을 미시시피!' 정도의 의미다. 마침내 노래에서 노골적인 욕설이 등장한다. 미시시피라는 땅과 백인 문화는 이제 명시적인 저주와 분노의 대상이 된다. 형식상으로는 브로드웨이 공연에서 들려올 법한 경쾌한 선율과 신랄하고 직선적인 노랫말이 정면으로 충돌하면서, 이제껏

〈미시시피 갓댐〉

들어왔던 그럴듯한 사탕발림을 이제 우리가 갖게 된 흑인의 언어로 깨부수고 돌파하겠다고 선언한다. 니나 시몬은 연주자들과 선창과 후창으로 웃음을 유도하다가, 곧 분노로 전환해 예술성과 저항성에 대해 다시 생각하게 만든다. 이 노래는 너희들이 알고 있는 예술이 아니다. 너희들의 예술만 진짜 예술인가? 예술은 분노이고, 분노는 노래가 될 수 있다. 피아노가 부서져라 내려치며 노래를 끝낸다. "끝." 앙코르 따윈 없다. 이제 나가서 투쟁하라.

〈도즈 스리 아 온 마이 마인드Those Three Are on My Mind〉는 1964년 프리덤 서머의 세 희생자를 추모하는 노래다. 시인 프랜시스 테일러가 노랫말을 쓰고, 피트 시거가 곡을 붙여 여러 집회에서 불렀다. 애가哀歌 어법을 따른 담담한 어조로 시작하는 노래는 희생자의 이름을 하나하나 부르며 그들의 죽음을 기억하고 잊지 않겠다고 다짐한다. *차가운 땅에 누워 있는 앤디와 그의 동지들이 떠오른다. 그 잔인했던 날이 떠오른다. 제임스는 얼마나 고통스러웠을까? 살인자들이 인간이라면 이들을 다시 볼 면목이 있을까? 마이클의 검은 눈, 같은 눈을 한 그의 신부가 떠오른다. 그리고 나란히 서서 눈물을 훔치던 자랑스러운 엄마들이 떠오른다*…. 계속 '떠오른

〈도즈 스리 아 온 마이 마인드〉

1988년 〈미시시피 버닝〉의 공식 포스터. 〈미시시피 버닝〉은 앨런 파커가 감독하고 진 해크먼과 윌렘 대포 주연으로 프리덤 서머 살해 사건을 다룬 1988년 영화다. 두 FBI 요원이 사라진 세 명의 시민권 운동가의 행적을 추적하며 파헤치는 지역사회와 경찰, KKK의 공모를 보면 모골이 송연해진다. 그래서 이 영화는 심리 스릴러보다는 공포 영화에 가깝다. 〈겟 아웃〉 같은 영화보다 훨씬 무섭다. 백인이 만든 흑인 영화를 이야기할 때마다 지적하는 이야기이지만, 아쉬운 대목은 1) 흑인은 그저 피해자 역할만 하고, 주체적인 역할에서는 밀려나 있다는 점. 2) 이게 그러니까 지금으로부터 40년 전 영화인데도, 많은 사람이 보면서, "지금과 다르지 않구나" 하고 느끼거나, "아니, 흑인이 그 시절엔 저런 상황이었다는 말야?" 하고 처음 느낀다는 점이다. '미시시피 버닝'은 좁게는 1964년 살해 사건을 가리키지만, 넓게는 1960년대 미시시피에서 있었던 그 모든 학살을 가리킨다. '버닝'이라는 사건 이름은 FBI 내부의 암호명 시스템에 따라 아무런 의미 없이 붙여졌다고 하는데, 하필 이 사건이 흑인 학살과 연관된 사건으로 밝혀지면서, 분노와 갈등의 은유로 붙여진 게 아니냐는 의심을 받았다. 프리덤 서머 동안 미시시피에서는 실제로 35건의 흑인교회 방화, 80채 이상의 흑인 주택 방화가 있었다. 참고로 KKK의 상징은 '불타는' 십자가이다.

다 on my mind'라는 구절을 반복함으로써 저항과 양심의 의미로서의 기억을 강조한다. 니나 시몬이 분노를 폭발시켰다면, 이 노래는 개인의 감정은 최대한 억제한 채, 단순히 벌어진 일을 반복적으로 나열하여, 역설적으로 파생되는 감정적 울림을 전달하는 전략을 사용하고 있다. 역시 남부에서는 금지되었던 곡으로, 백인 동지의 희생을 추모하는 이례적인 기록으로 인종 연대와 저항의 연대로 남은 노래다. 시민권 운동을 대표하는 위대한 가수 해리 벨라폰테의 목소리로 소개한다. 특유의 저음과 중후한 울림을 담아 애도에서 분노와 투쟁으로 확장되는 저항가요의 틀을 만든다. 해리 벨라폰테는 이 노래를 계기로 시민권 운동의 객관적 해설자에서 분노의 주체로 태도를 분명히 밝힌다.

노래,
깃발이 되다

1955년 12월 1일 앨라배마 몽고메리에서 로자 파크스Rosa Parks가 퇴근 버스 흑인 전용 좌석에 앉아 있었다. 당시 앨라배마주에는 흑인과 백인 좌석이 나뉘어 있었고, 백인 전용 좌석이 꽉 찬 경우, 백인을 위해 흑인 승객들은 자리를 비켜줘야 했다. 그런 경우는 많지 않았다. 백인은 보통 자동차를 몰고 다녔고, 돈이 없어 흑인들과 같이 버스를 타야 한다는 사실을 불쾌해했기 때문이다. 한데, 그런 일이 진짜 일어났습니다?! 버스가 가득 차자, 버스 기사가 (버스 기사는 모두 백인이었다.) 흑인 승객들에게 자리를 비켜 달라 요구했고, 로자 파크스는 단호히 거부했다. 기사는 경찰을 불렀고 로자 파크스는 체포되었다. 그리고 이제 미국의 시민권 운동이 불타오른다.

시민권 운동을 잘 모르는 사람들은 꼭 이 대목에 물을 탄다. 온종일 서서 일하느라 힘들었던 연약한 중년 여성이 예기치 않았던 불공정한 요구에 평소답지 않은 저항을 했다는 식으로 말이다. 그래봐야 그녀의 나이 42세 때였다. 당시 백화점 재봉사로 앉아서 노동하고 있었고, 그날 노동시간은 6시간 정도여서 피곤하지도 않았다. 무엇보다 그녀는 이 순간이 오기를 기다리고 있었다. 정말 고대하고 있었다. 그녀의 집안은 오랫동안 NAACP 회원이었다. 그녀 역시 회원이었다. 어린 시절 산탄총을 들고 할아버지와 함께 백인의 공격에 대비하던 기억이 있을 정도다. 이미 차별과 모욕을 더는 참지 않기로 다짐하고 있던 그녀에게 그런 일이 마침내 닥쳐온 것이었다. 사실 NAACP도 버스 분리 정책에 저항할 상징적인 인물을 찾고 있던 차였다. NAACP는 이제 그녀의 사례를 법정 투쟁과 운동의 상징으로 활용할 수 있게 되었다.

그 결과가 우리가 알고 있는 몽고메리 버스 보이콧이다. 흑인들은 무려 381일 동안 버스를 타지 않는 대규모 보이콧을 이어갔다. 마틴 루서 킹 주니어 목사라는 걸출한 지도자가 등장하여 시위를 주도했다. 시위에서 불린 대표적인 노래는 앞서 언급한 집단 저항, 비폭력 저항의 상징적인 노래 '흔들리잖게', 〈위 셸 낫 비 무브드〉였다. 결국 버스 내 인종 분리가 위헌으로 선언되며 몽고메리의 버스 분리 정책은 폐지된다. 로자 파크스는 이 용기 있는 행동으로 '흑인 인권운동의 어머니'가 되고, 마틴 루서 킹은 전국적인 인물로 부상한다.

마틴 루서 킹은 1957년 남부 흑인교회를 규합하여 남부기독교지도자회의SCLC를 세우고, 기독교 윤리와 비폭력주의를 결합하는 자신만의 운동 방향을 설정한다. 1963년 버밍햄 교회 폭파 사건보다 4개월 전에 일어난 버밍햄 캠페인은 SCLC가 주도했다. 주최 측은 전국적인 관심을 끌기 위해 이미 전국구였던 킹 목사를 초청한다. 하지만 시위에 대한 허가를 받지 못한 킹은 감옥에 갇힌다. 이 8일 동안 킹은 그 유명한 「버밍햄 감옥에서 보낸 편지」를 쓴다. 편지는 불의에 맞선 비폭력 저항과 사회정의 실현의 당위를 설파하는 미국 민권운동의 상징적 문서가 된다. ('비폭력 저항'의 창시자라 할 수 있는 헨리 데이비드 소로 역시 감옥 체험에서 영감을 받아 『시민 불복종Civil Disobedience』을 쓴다. 킹은 대학 시절 소로의 이 책을 읽고 비폭력 저항 개념을 받아들였다고 한다. 간디와 킹이 모두 소로의 제자인 셈이다.)

1963년 8월 28일이었다. 존 F. 케네디가 6월에 제출한 공공시설에서의 차별 금지, 흑인 투표권 보호, 공립학교 차별 철폐, 연방지원 프로그램 차별 금지, 고용 차별 금지 등 당시로서는 획기적인 내용을 담은 민권법이 남부 출신 의원들의 반대로 통과되지 않고 있었다. 그렇지 않아도 여러 폭동과 학살에 진저리가 난 흑인 주요 인권운동 지도자들이 이 법안 통과를 위한 시위를 계획한다. 그 결과 약 25만 명이 참여한 미국 역사상 최대 규모의 평화 시위 워싱턴 행진이 시작된다.

이미 여러 집회에서 떼창 문화가 없지는 않았지만, 비폭력 저항을 좌우명으로 삼은 마틴 루서 킹 주니어 목사가 운동의 정당성과 도덕적 우위를 확보하는 수단으로 음악을 내세우며, 떼창은 민권운동의 상징이 된다. 25만이나 되는 사람이 함께 노래를 부르며 연대감은 강화되고, 노래의 희망과 승리의 메시지는 참가자들의 마음을 울리며 운동을 대중적으로 확산시켰다. 특히 밥 딜런과 존 바에즈, 피터 폴 앤 메리와 같은 백인이 함께 노래하는 장면은 민권운동이 흑인만의 운동에 그치지 않고 미국 사회 전체의 문제임을 보여주는 상징적 장면이었다. 행진의 정점은 마틴 루서 킹의 연설 〈아이 해브 어 드림〉이 아니었다. 그 정점은 수십만 명이 한목소리로 부른 〈위 셸 오버컴We Shall Overcome〉이었다. 사람들은 이 노래를 따라 계속 움직였다. 단순한 가사와 느린 반복은 모두를 하나로 만들었다. 2002년 월드컵 당시 시청에서 축구 응원을 마친 수많은 붉은 악마가 '대한민국! 짜자자 짝짝! 세계 최강! 짜자자 짝짝!'을 외치며 광화문과 종로 일대를 휩쓸고 (단 하나의 사고도 없이) 돌아다녔던 것을 떠올리면 된다. 노래는 우리의 깃발이었다.

저항가요의 대표곡 〈위 셸 오버컴〉은 찬송가 〈아일 오버컴 섬데이I'll Overcome Someday〉를 피트 시거와 존 바에즈가 편곡해 만들었다. 무엇보다도 will을 shall로 바꾸며 미래에 대한 확신, 의지, 집단적 결의를 격조 있게 표현했다(지만, 문법은 어려워졌다.). 저항가

〈위 셸 오버컴〉

워런 K. 레플러가 촬영한 워싱턴 행진. 저 가운데, 링컨 기념관 앞 리플렉팅 풀을 헤치며 제니가 뛰어나올 것만 같다. 사실 영화 〈포레스트 검프〉에서 검프와 제니의 재회 장면은, 1970년대 초반 베트남전 반대 시위 현장을 배경으로 한 허구다. 존 F. 케네디는 자신을 지지하는 행진인데도, 흑인들이 이 풀에 오줌이라도 싸지 않을까 노심초사했다고 한다. 출처: 미국 국립문서보관소.

요가 대체로 그렇듯이, 성가적인 요소와 구호적인 요소를 품고 있는 단순한 노랫말이 천천히 반복된다. *우린 승리하리라. 우린 승리하리라. 우린 승리하리라, 그날에. 가슴속 깊이 한마음으로 나는 믿네. 우린 끝내 승리하리라….* 한 번만 들어도 누구나 따라 부를 수 있는, 떼창에 최적화된 노래다. 이 노래는 이내 세계 각국의 민권·노동·민주화 운동의 노래가 된다. 워싱턴에서는 존 바에즈가 불렀다. (앞서도 보았지만 딜런은 이런 집단 합창 쪽엔 많이 취약하다. 그가 전자기타를 들게 된 것도 이유가 있다.)

딜런의 노래 중 가장 유명한, 그리고 가장 부르기 쉬운 노래 중 하나인 〈블로인 인 더 윈드Blowin' in the Wind〉도 피터 폴 앤 메리의 버전으로 워싱턴 행진에서 공연되었다. 마틴 루서 킹은 이 노래를 가리켜 '우리의 투쟁을 담고 있는', '청년 세대의 가장 훌륭한 민권 노래'라고 극찬을 아끼지 않았다고 한다. *얼마나 많은 길을 걸어야 흑인들이 인간 대접을 받을까? 얼마나 더 많은 울부짖는 소리를 들어야 그 절규에 귀를 기울일까? 그 대답은, 친구여, 아무도 모른다….* 수사적 질문으로 시작하는 노래는 1절에서는 인종차별, 2절에서는 베트남전, 그러고는 인간의 자유 문제로까지 넓게 퍼져간다.

〈블로인 인 더 윈드〉

피터 폴 앤 메리는 1960년대 미국 포크 리바이벌을 대표하는 트리오로 민권운동, 베트남전 반대 등 사회적 문제에 적극적으로 참여했다. 밥 딜런의 곡을 커버하며 그의 이름을 널리 알리는 데도 큰 역할을 했다. 〈이프 아이 해드 어 해머If I Had a Hammer〉는 피트 시거가 1949년 만들고 그가 속한 그룹 더 위버스에서도 노래했지만, 피터 폴 앤 메리의 커버로 더 유명하다. 원래는 피트 시거가 평생 원수였던 파시즘을 때려잡자는 취지로 만든 노래였는데, 1950년 한국전쟁이 터지면서 반공주의의 등장과 더불어 휩쓸려 사라졌던 노래가 피터 폴 앤 메리를 만나 시민권 운동을 대표하는 노래가 되었다. *망치가 있으면 아침부터 때려잡겠네, 인종차별이란 위험을 때려잡고, 더는 침묵하지 않겠다는 경고를 날리고, 흑백과 종교를 넘은 형제애를 만들어내겠네. 나의 망치는 정의의 망치, 자유의 망치, 사랑의 망치⋯.* 단순하고 반복적인 구조로 누구나 따라 부를 수 있어 떼창에 적합해, 이후 반전운동 · 여성운동 등 다양한 해방운동에서 불리고 있다. 결국 파시즘 때려잡으려 만든 망치가 인종차별 · 전쟁 · 성차별까지 두들겨 부수는 다용도 망치가 된 셈이다. 링크는 워싱턴 행진 버전이다.

〈이프 아이 해드 어 해머〉

노래,
강물이 되어 흐르다

워싱턴 행진은 정말 장엄한 축제였을 것이다. 미국 역사상 최대 규모의 집회가 비폭력 평화라는 원칙에 따라 실제로도 조화롭고 질서정연하게 이루어졌다. 25만 명 중 5만 명은 백인이어서, 인종 간의 화합이 머지않은 듯했다. 그중에는 밥 딜런, 말론 브란도 같은 유명 인사도 있었고, 종교와 교육의 지도자들도 다수 참가했다. 무엇보다 이름만 알려져 있던 대표적인 흑인 민권운동 단체 지도자들이 모두 참석했다. '빅 식스'라고 불렸던 이들은 당대의 스타였다. 물론 그중에서도 가장 빛나는 별은 마틴 루서 킹이었다.

음악을 좋아하는 사람에게 워싱턴 행진이 정말 중요한 사건이었던 것은 당시만 해도 지역적으로 불리던 저항가요들이 이 행진을 계기로 한데 모여 '전국적 레퍼토리'가 되었다는 점 때문이다. 여기저기서 졸졸거리며 흐르던 저항의 작은 개울이 워싱턴 D.C.라는 미국의 수도를 상징적 무대로 삼아 집단 기억과 연대의 강으로 합쳐졌다. 남부 시골 교회에서 부르던 찬송가가, 북부 대학생들이 부르던 저항가요가, 서부의 노동자들이 부르던 노동가요가 워싱턴에 모였다. 부르는 사람들은 달랐지만, 단순한 구조, 반복되는 구절, 선창과 후창 등 비슷비슷한 형식 덕분에 지역과 피부색과 학력과 계급을 초월해서 모두가 부를 수 있었다. 게다가 즉흥성이라는 전통으로 원래의 노랫말이나 형식에 얽매이지 않고, 누구나 자신의 노래로 만들어 불렀다. 동네 숲에서, 감옥에서, 골목길에서, 교회에서 몰래몰래 조심조심 불러야 했던 노래는 수십만의 목소리로 울려 퍼졌다. 노래는 이제 특정 집단의 전유물이 아니었다. 노래는 지휘자가 없어도 사람들을 움직이는 저항의 리듬으로 시민권 운동의 영혼이 되었다.

워싱턴 행진에서 전국적인 노래가 된 몇 곡을 더 살펴보자. 우선 워싱턴 행진 이전 승리의 기록으로 그린즈버러 시트인과 자유 승차 운동부터 시작하자. 1960년 2월 1일 노스캐롤라이나주 그린즈버러에서 흑인 대학생 네 명이 백인 전용 식당에 앉아 자리를 떠나지 않는 연좌 시위Sit-in를 시작했다. 며칠 만에 수백 명의 학생이 동참하며 시트인 운동은 남부 전역 100개 도시로 퍼져나갔다. 결국 남부 식당에서는 인종 분리 정책이 폐지되었다. 1961년 5월에는 흑인과 백인 활동가들이 버스와 터미널에서 인종 분리 정책에 반대하여 백인 전용 좌석엔 흑인이, 흑인 전용 좌석에는 백인이 자리를 잡고 남부의 주들을 돌아다녔다. 그 결과 같은 해 9월 모든 주간 버스와 터미널에서 인종 분리는 금지되었다. 이를 '프리덤 라이드' 운동이라 부른다. 앞선 시트인을 주도했던 학생들이 모여 만든 학생비폭력조정위원회SNCC가 주도한 운동이었다. 두 운동 모두 수많은 폭력과 체포, 구타를 감수해야 했다. 그러나 두 운동 모두 법정 투쟁으로도 불가능했던 변화를 비폭력 저항으로 끌어내며, 시민권 운동의 전략과 주도권에 커다란 영향을 미쳤다. 이 두 운동에 직접 참여하지는 않았지만 노선을 놓고 맬컴 엑스와 대치하고 있던 마틴 루서 킹으로서는 대단히 반가운 일이었다.

그린즈버러 시트인과 프리덤 라이드에도 각각의 현장에서 불린 고유한 노래들이 있다. SNCC는 아예 산하에 SNCC 프리덤 싱어스Freedom Singers라는 선전팀을 만들어 여러 차례 공연을 가지기도 했다. 이들이 워싱턴으로 가져온 노래는 〈에인트 고너 렛 노바디 턴 미 어라운드〉와 프리덤 라이드 노래답게 버스가 등장하는 〈이프 유 미스 미 프롬 더 백 오브 더 버스If You Miss Me from the Back of the Bus〉다. 직역하자면 "버스 뒷좌석에 앉은 내가 그립다면"이지만, 사실은 흑인 전용 좌석인 뒷좌석에 앉지 않고 "앞자리에 탈 거

〈이프 유 미스 미 프롬 더 백 오브 더 버스〉

야"라는 선언이다. 이 노래의 후대 공연에서는 로자 파크스를 언급하고, 제목도 로자 파크스를 연상시키지만, 몽고메리 때는 존재하지 않았으므로 현장에서 불리지도 않았다. 이 노래는 프리덤 라이드를 대표하는 노래다. 〈위 셸 낫 비 무브드〉와 같은 뿌리에서 파생되어 멜로디가 유사하다. 참고로 워싱턴 현장에서 존 바에즈와 만난 SNCC는 그 후에도 계속 함께 공연하며 포크와 민권운동의 결합을 보여주었다.

워싱턴 행진 당시 〈위 셸 오버컴〉을 제외하고 가장 많이 알려진 노래는 〈디스 리틀 라이트 오브 마인This Little Light of Mine〉이다. 이 노래 역시 미시시피 교회에서 부르던 찬송가로 백인교회와 흑인교회 모두에서 사랑받았고, 가정과 시위 현장 모두에서 불린 몇 안 되는 노래다. 해바라기는 "우리들의 사랑으로 어두운 곳을 밝혀주리라"고 노래했는데, 이 노래는 "내 안의 작은 빛으로 세상을 밝혀주리라"고 노래한다. 영화 〈할란 카운티 전쟁〉에도 여성을 하나로 묶는 노래로 등장한다. 워싱턴에서는 영가 하면 빼놓을 수 없는 머핼리아 잭슨이 이 노래를 부르고, 마틴 루서 킹에게 "그 꿈 이야기를 들려줘요"라고 청하며 그 유명한 연설이 시작된다.

〈디스 리틀 라이트 오브 마인〉

〈오 프리덤Oh Freedom〉 역시 미시시피와 루이지애나에서 노예 시절부터 린치 당한 흑인을 추모하며 부른 노래로 제목에 '자유'가 있다 보니 프리덤 라이더들도 즐겨 불렀다고 한다. 오 *자유여! 오 자유여! 노예가 되느니 차라리 죽겠다. 그러면 천국에 가서 우리 주님을 볼 수 있으니. 더는 울지 않겠다. 더는 애도하지 않겠다. 노예가 되느니 차라리 죽겠다*…. 추모와 자유와 해방에 대한 갈망이 결연하면서도 처절하게 표현되는 인권운동의 주제가다. 워싱턴에서는 존 바에즈가 불렀고 군중은 한목소리로 응답했다.

마지막으로 울려 퍼진 곡은 〈디스 랜드 이즈 유어 랜드This Land Is Your Land〉로 1940년 우디 거스리가 〈갓 블레스 아메리카God Bless America〉의 낙관적인 가사를 듣고 "하느님은 가진 자들만 축복하는가?"라는 분노 속에서 만든 포크송이다. 미국의 빈곤과 불평등, 그리고 인종차별에 대한 비판으로 모든 진보 운동에서 중요한 역할을 해온 곡이다. *이 땅은 너의 땅, 이 땅은 나의 땅, 이 땅은 너*

〈오 프리덤〉

〈디스 랜드 이즈 유어 랜드〉

와 나의 땅. 교회 그림자 아래 구호소 앞에 굶주린 사람을 본다. 그 자리에 서서 나는 묻는다. 이 땅은 너와 나의 땅인가? 그러면서 미국의 불평등을 묵인하는 국가와 종교의 침묵을 비판한다. 정말 이 땅은 너와 나의 땅인가? 워싱턴에서는 피터 폴 앤 메리가 리드하며 계속 합창한다. "이 땅은 흑인의 땅, 이 땅은 백인의 땅, 이 땅은 모두의 땅." 2009년 오바마 대통령 취임식 전야 콘서트에서는 피트 시거와 브루스 스프링스틴이 함께 불렀다. 흑인 대통령의 취임이라니! 그땐 얼마나 좋았던지! 모두의 표정이 좋다. 우리나라에서는 젊은 시절 김도향이 속했던 투코리언스가 〈이 땅은 나의 땅〉으로 번안해 불렀다. 이 노래의 사회적 맥락을 충분히 이해하고 불렀는지는 의문이다.

셀마 행진

1960년대 초까지도 남부의 흑인 유권자 비율은 높지 않았다. 앞서 언급한 1964년 미시시피 프리덤 서머에서 미시시피 흑인 유권자 비율은 7퍼센트에도 미치지 못했다. 1965년 앨라배마 셀마시 투표 등록 흑인 비율은 1퍼센트에 불과했다. 폭력과 협박, 문맹 테스트, 인두세 등 직·간접적인 투표권 방해 행사가 있었다. 셀마 행진은 이러한 불평등을 고발하고 투표권 법 제정을 촉구하는 시위였다.

1965년 3월 7일 600명으로 출발한 시위대가 셀마에서 주도 몽고메리까지 87킬로미터를 행진하려 한다. 시작하기 위해서는 일단 에드먼드 페터스 다리를 건너야 한다. 다리에는 주 경찰, 카운티 보안관, 그러니까 공권력으로 구성된 진압 세력이 곤봉에 철조망을 감으며 기다리고 있었다. 해산 명령을 따르지 않자 경찰은 최루탄·곤봉·채찍 등으로 시위대를 공격하기 시작했고 말을 탄 보안관은 도망치는 시위대를 짓밟았다. 이를 '피의 일요일Bloody Sunday'이라고 부른다. (U2가 부른 같은 제목의 노래는 1972년 북아일랜드에서 있었던 참사가 주제로, 이 사건과는 관련 없다.) 문제는 이 무자비한 폭력이 텔레비전을 통해 전국에 생중계되고 있었다는 점이다. 많은 사람이 눈앞에서 펼쳐지는 이 잔인한 폭력을 보며 큰 충격을 받았다. 이 나라는 누구의 나라인가? '피의 일요일'은 사회적 공분을 불러일으키며 시민권 운동에 대한 대중적 지지를 폭발적으로 증가시키는 계기가 되었다.

이틀 뒤에 벌어진 2차 행진은 마틴 루서 킹 주니어가 맨 앞에 섰다. SCLC를 비롯한 전국의 종교 지도자들도 가세한다. 하지만 유혈 사태를 우려한 주 법원의 금지 명령을 받고 시위대는 다리 앞에서 멈추고 기도만 하고 돌아간다. 그래서 이날을 '기도하고 되돌아간 날'이라고 부른다. 무슨 자진 귀가형 시위냐?

3월 21일 연방 판사의 허가를 받은 집회는 3000명으로 다리를 돌파한다. 몽고메리에 도착할 때 참가자는 2만 5000명으로 불어나 있었다. 이미 전 해 노벨 평화상을 수상한 데다, TV로 집회와 행진이 생중계되면서 킹은 명실상부한 흑인 민권운동의 지도자로 각인된다. 1965년 8월 6일 린든 존슨 대통령은 마침내 '투표권 법'에 서명하여 흑인 유권자 등록을 막는 모든 제도적 장벽을 제거한다. 모두가 승리에 환호하는 자리에, 니나 시몬이 찾아온다. 그녀는 마틴 루서 킹에게 말한다. "나는 비폭력주의자가 아닙니다!"

셀마 행진에서 실제로 사람들이 불렀던 노래를 중심으로 이제까지 언급했던 노래들이 어떻게 불렸는지 정리해보자. 일단 사람들을 한데 모으기 위해 부르는 노래가 있다. 시민권 운동의 비공식 국가로, 듣자마자 모두를 감전시키면서 연대의 힘으로 끝내 이기리라는 낙관을 노래하는 〈위 셸 오버컴〉, '물가에 심어진 나무처럼' 우린 끝까지 흔들리지 않으리라 다짐하는 〈위 셸 낫 비 무브드〉가 먼저 불린다. 그리고 여기에 더해 바로 얼마 전 크게 히트한 니나 시몬의 〈미시시피 갓댐〉도 불렸다. 주최 측은 이 노래가 지나치게 급진적이면서 폭력적이라는 이유로 난색을 보이기도 했다. 하지만 정작 몽고메리에 도착하자 니나 시몬이 '짠' 하고 등장해 모두 앞에서 이 노래를 불러버린다. 어쨌든 이제 정신 무장은 끝났다. 사기도 높아질 대로 높아졌다. 이제 출발이다.

행진의 노래는 반복적인 리듬과 더불어 흔들리지 않는 결의를 표현해야 한다. 단순한 구조로 떼창이 쉬운 노래들이 선택되었다. 셀마-몽고메리 행진을 대표하는 노래는 피터 폴 앤 메리의 〈고 텔 잇 온 더 마운틴Go Tell It on the Mountain〉이었다. 기존의 흑인 영가를 "우리 민족을 보내라"라는 익숙한 가사로 바꾸고 해방과 저항

〈고 텔 잇 온 더 마운틴〉

정신을 담아 힘차게 노래한다. 이 노래를 부를 때 메리의 동작과 발성은 결기가 넘치는 듯하다. 또 흑백 촬영하고 그림자를 강하게 부각한 영상은 모든 사람의 그림자는 검다는 사실로 흑백 연대를 표현하고, 아직 해방되지 않은 암담한 현실을 과장된 몸짓으로 돌파하겠다는 의지를 강조한다.

출발한 다음엔 〈디스 리틀 라이트 오브 마인〉을 부른다. 누구나 알고 있는, 특히 여성과 어린이들이 좋아했던 노래다. 셀마-몽고메리 행진에는 많은 아이와 청소년 들이 실제로 참여했다. 원래 시위가 그런 법이다. 우리가 잘 아는 〈쿰바야Kumbaya〉도 많이 불렸다. 미국 남부 흑인 공동체에서 불린 노래로 원래 〈컴 바이 히어Come by Here〉인데, "주여 이리 임하소서"라는 제목을 흑인이 발음하면 '쿰바야'처럼 들려서 저런 이름이 생겼다. 둘은 같은 노래다. *누군가 웃고, 울고, 기도할 때, 주여, 여기 오소서*…. 항상 하나님이 함께해 주시리라는 간절한 기도이자 희망의 노래다.

힘들 때 부르는 노래는 〈킵 유어 아이즈 온 더 프라이즈Keep Your Eyes on the Prize〉다. 여기서 '상prize'은 결국 자유와 평등이다. 이 목표를 향해 어떤 좌절과 어려움이라도 함께 헤쳐 나가자는 다짐의 노래다. *바울과 실라가 감옥에 갇혔는데, 보석금조차 없었네. 하*

〈컴 바이 히어〉

지만 목표에서 눈을 떼지 마. 버텨야 해, 버텨야 해…. 민권운동을 하다 보면 돈도 떨어지고, 법적으로도 피해를 보고, 감옥에 갇히기도 하지만, 그래도 우리의 목표, 자유, 평등, 정의를 위해 버티고 투쟁해야 해. 흔들리지 마*. 여기서 '버텨야 해, 버텨야 해'가 반복되면서 시위대를 계속 하나의 목표로 향하게 만든다. 아스팔트를 버텨내는 힘은 희망과 불굴의 정신이다. 가스펠 · 소울 · 알앤비 · 포크 · 블루스 등 장르를 넘나들며 음악과 민권운동 모두에서 걸출했던 메이비스 스테이플스가 부른 버전을 소개한다..

다리 끝에는 경찰이 바리케이드를 설치하고 막고 있다. 충돌 직전이다. 어떤 노래를 불러야 할까? 우린 해답을 알고 있다. 〈에인트 고너 렛 노바디 턴 미 어라운드Ain't Gonna Let Nobody Turn Me Around〉다. 역시 흑인 영가에서 유래하여 반복적이고 단순한 구조로 함께 부르기 쉬워서, 시위대를 결속하는 데 효과적인 노래였다. *누구도 나를 돌아서게 할 수 없다. 나는 계속 걸어가며, 계속 설득하고 알릴 것이다. 자유의 땅까지 행진하면서…*. 도중에 누군가가

〈킵 유어 아이즈 온 더 프라이즈〉

〈에인트 고너 렛 노바디 턴 미 어라운드〉

'Nobody'를 'Jailhouse'로 바꿔 부른다. 그러면서 노래는 "어떤 감옥도, 경찰도, 차별도… 우릴 돌아서게 할 수 없다"로 계속 이어진다. 이제껏 노래가 그렇듯이 4/4박자로 행진 리듬과 잘 어울린다. 공포 속에서도 집단의 결속과 용기를 북돋운 노래다. 실제로 경찰이 다가올 때 시위대가 이 노래로 맞서는 장면이 TV에 계속 방영되면서 이 노래는 이후 모든 운동에서 중요한 노래로 자리 잡았다.

또 다른 노래는 2장에서 언급한 〈위치 사이드 아 유 온?〉이다. 애당초 중립이란 없다. 저 다리 위에서 우리를 가로막는 경찰 앞에서 시위대는 질문을 던진다. "당신은 어느 편에 서 있는가? 정의의 편인가, 차별의 편인가? 시민권 지지의 편인가, 반대의 편인가?" '노조 아니면 파업 파괴자'라는 이분법은 시민권 운동에서는 '프리덤 라이더 아니면 KKK'라는 이분법으로 바뀐다. 다시 한번 말하지만, 중립은 없다. 중립이란 배신자, 또는 겁쟁이들이나 하는 말이다. 두 곡 모두 그때그때 상황에 대처하며 즉흥적으로 대응하기에 알맞으면서 전투력을 최대로 끌어올리는 노래였다.

몽고메리 주 의사당 앞에 도착한 시위대는 마틴 루서 킹의 〈하우 롱? 낫 롱How Long? Not Long〉이라는 연설을 듣고, 자연스럽게 〈위 셸 오버컴〉을 부르며 마무리한다. 마치 종교 행사 같은 느낌을 준다. 군데군데서 〈오 프리덤〉과 〈디스 리틀 라이트 오브 마인〉이 들려오며 행진은 끝났지만, 저항은 끝나지 않았다는 결의를 다진다. 하지만 무엇보다도 수천 명이 손을 잡고 함께 눈물을 흘리다,

웃음을 짓다, 함성을 지르며 부르는 〈위 셸 오버컴〉이야말로 미래를 위한 다짐이자 기도이며, 행진이 이제껏 숨져간 흑인들을 추도하는 동시에, 민권운동 역사의 전환점임을 선언하는 노래였다.

사랑의 왕의 죽음

비폭력 노선에 찬성할 수 없다는 니나 시몬의 말을 들은 킹의 반응은 "그럴 수도 있죠"였다고 한다. 하지만 이내 와츠 폭동Watts riots이 터지며 킹은 자신의 비폭력 평화 노선에 심각한 회의를 품기 시작한다. 비폭력 평화 시위의 정점, 시민권 운동의 정점이었던 셀마-몽고메리 행진의 승리에 취해 있던 킹은 1965년 8월 11일 미국 로스앤젤레스 와츠 지역에서 폭동이 발생했다는 소식을 듣는다. 마케트 프라이라는 흑인 청년이 음주 난폭운전 혐의로 경찰에 체포되었다. (경찰은 '좋은 차를 모는 흑인'을 자주 표적 삼곤 했다. 무조건 세우고 어떻게 해서든 괴롭혔다.) 체포 과정에서 또 경찰의 폭력성이 부각되고, 주민들의 항의가 경찰에 대한 저항으로 확산하며, 6일에 걸쳐 대규모 시위 · 방화 · 약탈이 이루어졌다. 34명이 죽고, 1000명 넘는 부상자가 발생했다. 3500명이 넘는 흑인이 체포되었다.

킹은 갑자기 웬 2024년 대한민국의 총리로 빙의하여 "우리는 서로 사랑해야 합니다"라고 소리치거나 "파괴는 해결책이 아니다"라는 성명을 발표한다. 어떻게 해서든 흑인 지역으로 들어와야만, 사람들이 보는 앞에서 맞아야만 그나마 목숨이라도 건질 수 있다는 생각에 필사적으로 와츠까지 차를 몰고 와, 음주운전 · 난폭운전 혐의를 무릅쓰고, 차에서 내려서는 방어권 따윈 인정받지 못하고 일단 죽어라 두들겨 맞는 (그래도 죽지는 않았다.) 흑인들에게 이런 성명은 정말 한갓진 소리이자, 공허한 외침에 지나지 않았다. 그래서 와츠 폭동은 많은 흑인 청년이 블랙파워, 흑표당Black Panther Party 등 더 급진적인 세력으로 향하는 계기가 된다. 그러면서 같은 해 살해된 맬컴 엑스가 살아 있는 마틴 루서 킹보다 더 주목받기 시작했다. 자, 우리의 위대한 지도자 마틴 루서 킹은 어떻게 행동해야 할까?

와츠 폭동을 목격한 킹은 이제까지의 자기 생각에 문제가 많았음을 인정한다. 가장 먼저 실천한 변화는 1966년 시카고에 집을 구한 일이다. 이제까지 킹 목사는 앨라배마를 본거지로, 비폭력 · 도덕적 호소를 수단으로 남부 중심의 법적 차별 철폐를 이끌어 왔다. 시카고 이사는 이 노선의 근본적인 변화를 의미한다. 남부에서 아무리 투쟁해봐야 그의 목소리는 북부까지 들리지 않았다. 그렇다면 그의 운동은 부분적이고 지역적인 운동에 불과했다. 저들은 우리의 비폭력에 대해 더 큰 폭력으로 대응한다. 공권력은 대놓고 흑인을 살해한다. 킹은 생각한다. 운동의 중심을 옮긴다. 지역적인 운동에서 전국적인 운동, 체계적이고 구조적인 운동으로 확장한다. 아무리 시민권, 투표권이 보장되더라도 흑인들은 전국적으로 못살고 있다. 이 경제적 불평등이야말로 근본적인 문제다. 남부를 떠난 킹에게 새로운 시각이 등장한다. 비폭력 노선도 새롭게 정의한다. 여전히 '폭동'에는 반대하지만 비조직적인 무질서라는 의미에서 반대한다. 그가 말한 '새로운 비폭력'은 무질서한 폭동이 아니라 조직화된 집단행동이라는 점을 분명히 했다.

킹은 인종주의 · 제국주의 · 자본주의가 낳는 빈곤을 미국의 '세 가지 악'으로 규정했다. 놀라운 변화다. 이제는 누가 맬컴 엑스인지 누가 마틴 루서 킹인지 구별이 되지 않기 시작한다. 이제껏 베트남전쟁에 관해서도 침묵을 고수해온 그는 1967년 4월 4일 뉴욕 리버사이드 교회에서 〈베트남 너머: 침묵을 깨야 할 때〉 연설을 하면서 베트남전쟁 같은 정의롭지 못한 제국주의적 전쟁에 들이는 돈을 빈곤 문제에 투입해야 한다고 주장한다. 그의 비폭력 철학이 구조적 변혁 선언으로 변화했음을 보여주는 연설이다. 당시 애국주의에 젖어 있던 백인들에게 그는 외친다. 베트남전을 지지하는 당신들은 아무리 우리의 시민권 운동에 찬성한다고 해도 같은 편이 아니다. 폭력의 원인은 미국이라는 정부, 체제다. 이들이 외국의 빈곤과 국내의 빈곤을 초래하는 원흉이다. 투표권도 제대로 주지 않으려 들면서 베트남에서는 제3세계 사람을 마구 죽이라고 흑인을 징집하는 정부를 악이라 말 말고 대체 무엇으로 불러야 하는가? 인종주의와 제국주의, 자본주의의 빈곤은 연결된 세 개의 악이다. 이 세 개의 악 사이의 고리를 끊지 않고는 진정한 정의는 불가능하다.

킹은 한 걸음 더 나아가 『여기서 어디로 갈 것인가?: 혼란 혹은 공동체?』(1967)라는 책에서 "인종차별보다 더 깊은 고통은 가난이다"라는 선언을 통해 제2의 시민권 운동이라 할 수 있는 '경제적 권리로서의 기본소득'을 제안한다. 이제 시민권에 주거 · 직업 · 최저 소득 보장이라는 경제적 권리가 포함되어야 한다. 이를 위해서는 기본소득이 필요한데, 여기서 그의 기본소득은 '보편적이고 무조건적인 소득'으로, 인간의 존엄성과 연관된 개념이다. 인간은 어떤 조건 없이 평등하고 자유로워야 한다. 자본주의에서 인간이 태어날 때부터 갖는 그 '양도 불가능한' 자유와 평등이라는 권리를 가로막는 가장 큰 원인은 '부의 불균형'이다. 따라서 구조적으로 축적되는 그 '부의 불균형'을 자연스럽게 받아들이거나 개인의 능력 탓으로 설명해서는 안 된다. 정부는 그 부의 불균형을 최소한으로 억제해야 할 의무와 책임이 있다. 어차피 모든 국민에게 일자리를 주기란 불가능하므로, 모든 국민에게 기본소득을 지급하라.

킹은 1968년 워싱턴 D.C.로 향하는 '전국 빈민 행진'을 조직한다. 그간 인종차별 철폐 시위는 흑인이 대부분이었지만, 기본소득을 요구하는 이 캠페인에는 백인 · 흑인 · 라틴계 · 미국 원주민 · 아시아계 등 수도 없이 많은 인종과 민족이 참여한다. 이제 킹은 인종주의와 싸우는 시민권 운동의 지도자가 아니라 계급 해방 · 민중 해방을 부르짖는 민중의 지도자로 탈바꿈하고 있었다. 니나 시몬도 다시 킹의 옆에 선다. 킹의 변화를 두려워한 세력에게 킹은 1968년 4월 4일 살해당한다.

1968년 5월 워싱턴은 킹 목사의 부활을 바라는 도시Resurrection City가 된다. 워싱턴 D.C. 내셔널 몰에 수백 개의 텐트와 무대, 예배 공간, 급식소가 설치된다. 이미 셀마 행진 때부터 아니 어쩌면 그보다 훨씬 전부터, 흑인들의 정치적인 시위는 음악 · 예술 · 종교 행사이기도 했다. 킹 목사의 둘도 없는 친구였던 해리 벨라폰테는 노래는 물론 기획 · 모금 · 섭외까지 모든 일에 앞장선다. 메인 텐트에서는 매일 예배와 콘서트가, 공공무대에서는 시 낭송을 비롯해 온갖 퍼포먼스가 열리고, 주변 건물에는 젊은이들이 '빈민들의 종합예술'이라는 이름으로 벽화, 인쇄물을 그리고 붙인다. 인종과 지역을 넘은 최초의 미국 빈민 연대 시위로 기록된 '빈민 행진'은 한 달 동안 진행된 후 폭우와 시위 허가 기간 만료로 경찰이 개입해 철거한다. 하지만 킹이 남긴 그 정신은 그대로 남아 예술은 투쟁이, 투쟁은 예술의 도구가 된다.

'빈민 캠페인: 도덕적 재각성을 위한 전국적 호소Poor People's Campaign: A National Call for Moral Revival'는 킹의 정신을 계승한 반빈곤 · 사회정의 운동이다. 이 단체는 "Fight Poverty, Not the Poor(빈곤과 싸워야지, 가난한 사람들과 싸워선 안 된다)"라는 구호로 잘 알려져 있다. 〈에브리바디즈 갓 어 라이트 투 리브Everybody's Got a Right to

Live〉는 1968년 '빈민 행진'을 대표하는 노래로 경제 정의와 생존권을 부르짖고 있다. 캠프의 공식 주제가였으며, 전 세계적으로 가난한 사람들의 권리를 위한 운동의 주제가가 되었다. 모든 *사람에겐 생존권이 있다. 이 운동이 실패하느니 감옥에 가겠다. 가난한 사람도 치료받을 권리가 있다. 이 운동이 실패하느니 감옥에 가겠다….* 역시 같은 부분이 반복되며, 선창과 후창 방식으로 현장에서 의료·주거·생계 등 각 공동체의 요구로 가사를 바꿔 부르며 끝없이 변주됐다. 현장에서 피트 시거, 스윗 허니 인 더 록 등 다양한 가수들이 다양한 장소에서 불렀던 노래는 2018년 재조직된 새 빈민 운동의 주제가로 되살아났다.

니나 시몬은 처음엔 킹의 노선에 비판적이었지만, 그의 변화와 함께 연대가 깊어졌다. 킹이 죽은 지 사흘 후, 그녀의 밴드 베이시스트 진 테일러가 즉흥적으로 만든 곡을 공연 전날 받은 니나는 거의 리허설도 없이 애도로 시작하여 의문·격노·투쟁 의지로 하나의 이야기를 엮는다. 제목은 〈와이? (더 킹 오브 러브 이즈 데드) Why? (The King of Love Is Dead)〉였다. 여기서 '사랑의 왕'은 비폭력과 사랑을 말하던 마틴 루서 킹의 애칭이다. *왜 그는 죽었는가? 누군가*

〈에브리바디즈 갓 어 라이트 투 리브〉

를 사랑하려 노력한 일밖에 한 게 없는데. 이제 우리 도시엔 무슨 일이 벌어질까? 내 사람들은 봉기하고 있다. 그는 산 위를 보았고, 이제 멈출 수 없다는 걸 알았다. 여러분도 이제 잠깐이라도 멈춰 생각이란 걸 해보자. 이제는 더는 참지 못한다. 행진하자. 계속 설득하자. 계속 사랑하자. 계속 행진하자…. 노래는 단순한 추모가 아닌 정치적 각성과 투쟁의 호소로 끝을 맺는다. 통상적인 버스-코러스Verse-Chorus가 아닌 13분간의 연설, 또는 정치 선동으로 평가되는 이 곡에서 니나 시몬은 클래식과 블루스와 가스펠과 재즈라는 모든 음악 장르를 동원하여 치 떨리는 분노와 노여움을 표현한다. 비폭력 운동의 미학과 현실의 폭력을 하나에 담은 이 통곡으로 니나 시몬은 한 명의 가수가 아닌 '정치적 예언자'로 자리매김한다. 그러나 사랑하던 랭스턴 휴즈, 로레인 한스베리, 맬컴 엑스 같은 친구를 이미 잃은 데다가, 또 이제 마틴 루서 킹마저 잃은 그녀는 이 노래로 FBI의 감시 대상이 되고, 방송과 공연이 제한되면서 "더는 이 나라를 사랑할 수 없다"라는 선언과 함께 미국을 떠난다. 니나 시몬은 그런 가수다.

〈와이? (더 킹 오브 러브 이즈 데드)〉

영화 〈퍼펙트 데이즈〉에서 주인공은 니나 시몬을 듣는다. 주인공이 벗어나지 못하고 있는 그 시절, 그 '완벽한 나날'엔 니나 시몬을 알고 듣는 것 자체가 정치적인 행동이었다. 이 맥락에서 벗어난 해석은 대체로 공허하다. 7분 11초 버전을 소개했지만, 12분 55초 버전도 꼭 보기 바란다.

킹의 마지막 노래

마틴 루서 킹이 1968년 4월 4일 멤피스에 있었던 이유는 흑인 환경미화 노동자 파업을 지원하기 위해서였다. 이 파업은 같은 해 2월 열악한 노동조건과 낮은 임금, 인종차별, 노조 결성권 부재에 반발해 시작되었다. 같은 달 쓰레기차에 깔려 두 명의 흑인 노동자가 사망했는데(흑인 노동자만 아무런 보호장비도 없이 위험한 자리에 배정되었다.), 언제나 그렇듯이 시 당국은 아무런 사과도, 책임 인정도, 보상도 없이 장례식에도 참여하지 않았다. 멤피스는 남부 테네시주에 있는 도시다.

노동자들의 분노는 폭발했다. "흑인 노동자를 쓰레기와 함께 압축기에 넣은 것만으로 부족했는가?"라는 질문은 무관심한 정부를 고발하는 절규였다. 그들은 "아임 어 맨I Am A Man"이라는 구호로 파업에 돌입한다. 앞에서 기차 노동자를 다루며 언급한 적이 있지만, 흑인은 백인들에게 '인간'이라고 불리지 않았다. '니그로', '니거', 아니면 기껏해야 '보이Boy'였다. 그래서 흑인들의 난 "맨Man이야"라는 외침은 인간의 평등과 존엄성을 존중해 달라는 요구로 들어야 한다. (1장에서 많은 블루스가 흑인의 '남성성'을 강조하는 것도 같은 이유라고 지적한 바 있다. 블루스에서 흑인들의 성적 능력 과시는, 그것이 그들이 린치를 당한 가장 흔한 이유였던 사실을 생각하면, 일종의 역사적인 금기에 대한 저항으로, 안쓰럽게 들리기도 한다.) 시 당국은 언제나 그랬듯이 파업을 불법으로 규정하는 즉시 강경 진압에 나서고, 경찰과 충돌이 일어나며 많은 부상자가 발생한다. 킹 목사는 처음으로 '노동자' 파업 지지를 위해 멤피스를 찾아 행진을 이끌고, '생활임금 보장'과 '차별 철폐'를 동시에 요구하는 연설로 자신이 얼마나 바뀌었는지를 대중 앞에서 각인시킨다.

4월 3일, 킹은 〈나는 산꼭대기에 다녀왔다〉라는 제목의 마지막 연설을 한다. 죽음 하루 전이었다. 제목만 봐도 이미 죽음을 각오한 듯하다. "산에 다녀왔다"라는 말은 모세를 떠오르게 한다. 모세는 이스라엘 민족을 이끌고 40년을 떠돌아다니다 마침내 느보산에 올라 약속의 땅 가나안을 바라보았으나 그 땅에 들어가지 못하고 죽었다. 평화와 사랑의 지도자로서 평생 흑인을, 그리고 이제 삶의 마지막에 빈민을, 민중을 이끌게 된 마틴 루서 킹도 산에 올라, 앞으로 다가오고야 말 그 평등과 평화의 땅을 보며, 자신은 그 땅에 이르지 못할 것임을 직감한다. 우리나라의 한 대통령이 남긴 "나의 시대가 오더라도 거기엔 내가 없겠죠?"라는 탄식과도 겹친다.

애덤 존스가 2012년 5월 멤피스 시민권 박물관에서 1968년 멤피스 위생 노동자 파업 "I AM A MAN" 행진 장면을 재현한 작품을 찍은 사진. 실제 흑인 위생 노동자들이 시위하던 장면을 모형 인물(디오라마)들이 팻말을 들고 서 있는 형태로 복원했다. 출처: 위키피디어 커먼즈.

킹은 연설에서 자신이 그 정의와 평등의 땅에 가지 못할 수 있지만, 미국 사회는 결국 그곳에 도달하리라는 확신을 전한다. 그러곤 자신은 두렵지 않다며 오직 하나님의 뜻을 따를 뿐이라고 선언한다. 유언과 같은 이 연설의 가장 감동적인 부분은 인종차별과 싸우는 과정에서 '품위와 절제'를 잃지 말자고 호소하는 대목이다. 훗날 미셸 오바마가 했던 "저들이 저급하게 행동해도, 우리는 품위 있게 간다When they go low, we go high"라는 말의 유래이기도 하다. 그리고 마지막으로 연대와 지속적인 투쟁을 호소한다. "우리는 혼자 걸을 수 없다. 그리고 우리는 뒤돌아갈 수 없다."

연설을 끝낸 킹은 오랜 친구였던 가수 벤 브랜치에게 말한다. "오늘 밤 집회에서는 〈프레셔스 로드, 테이크 마이 핸드Precious Lord, Take My Hand〉를 불러줘. 예쁘게, 정말 예쁘게 불러줘." 그러나 그는 노래를 듣기도 전에 암살당한다.

1968년 4월 9일 킹의 장례식에서 〈프레셔스 로드, 테이크 마이 핸드〉는 그의 영혼을 위로하는 주제곡으로 울려 퍼졌다. 킹이 가장 좋아하던 이 노래는 그의 든든한 동지였던 영가 가수 머핼리아 잭슨이 불렀다. *주님, 이 손을 꼭 잡고, 저를 이끌어주소서. 저는 지치고, 연약하고, 힘도 없습니다. 폭풍과 어둠 속에서도 저를 빛으로 인도하소서. 이 손을 꼭 잡고, 주여, 저를 집으로 인도하소서….* 킹 목사의 신념과 민권운동의 정신을 상징하는 노래로, 머핼리아 잭슨의 진심을 담은 노래는 지금도 듣는 이를 눈물짓게 만든다.

샘 쿡의 〈어 체인지 이즈 고너 컴A Change Is Gonna Come〉도 킹 목사가 생전에 아끼던 노래 중 하나였다. 제목을 들으면 〈벗이여 해방이 온다〉가 떠오른다. 당시 대중적으로 인기 있던 알앤비 가수

〈프레셔스 로드, 테이크 마이 핸드〉

샘 쿡은 워싱턴 행진에서 밥 딜런의 〈블로인 인 더 윈드〉를 듣고 너무나 감격하면서도 "왜 우리 흑인은 저런 노래를 만들지 못할까?"라는 부끄러움에 사로잡혔다고 한다. 그 후 자동차 여행 중 직접 인종차별을 경험하고 자신이 아무리 유명해봐야 백인에겐 여전히 깜둥이일 뿐이라는 깨달음과 더불어 이 노래를 쓰기 시작했다. 그가 대중적인 알앤비에서 사회적 의식을 담은 소울 아티스트로 전환하는 계기가 된 곡이다. *나는 강가 작은 텐트에서 태어나 그 이후로 평생 도망치며 살아왔네, 이제껏 정말 오랜 세월이 흘렀지만, 변화는 올 거야. 반드시 올 거야*…. 강은 여러 번 언급했듯 흑인의 운명을 실어 나르는 역사적 공간이다. 텐트는 뿌리 없이 떠도는 가난한 민초들의 삶을 가리킨다. 한 마디로 "나는 흑인으로 이 땅에서 소외된 채 태어나, 많은 차별을 받아왔다. 그러나 이런 현실을 바꾸고 말 것이다"라는 내용이다. *나는 형제에게 도움을 청했지만, 그는 결국 나를 다시 무릎 꿇게 만들었어. 오래 버틸 수 없을 거라 생각한 적도 있었어, 하지만 이제 난 계속 나아갈 수 있을 것 같아. 변화는 올 거야. 반드시 올 거야*…. 백인 · 법 · 경찰 · 정부에게 도움을 청해봐야 그들은 나에게 굴욕을 강제할 뿐이다. 그러므로 우리 흑인은 서로를 도와야 한다. 그래야 변화가 온다. 변화는 오고야 말 것이다.

〈어 체인지 이즈 고너 컴〉

민권운동의 현실을 반영하면서도 포기하지 않는 희망과 인내, 정의와 믿음에 대한 신념을 담은 이 노래의 메시지를 킹이 마음에 들어 했던 모양이다. 샘 쿡의 개인적인 경험이 흑인이라는 인종의 집단 경험 속에 잘 녹아들어 진정성과 더불어 감정적 깊이까지 획득하고 있다. 킹의 죽음 이후에는 그의 비전을 계승하는 시민권 운동의 노래가 되었고, 당연히 추모식에서도 울려 퍼졌다.

맬컴 엑스

맬컴 엑스의 원래 성은 리틀Little이었다. 흑인 노예제 시절 흔히 강제로 주어진 성이었다. 당시 많은 흑인이 그랬듯 그는 사소한 죄를 짓고 교도소에 들어가 철이 들어 출소한 직후 자신의 성을 엑스X로 바꾼다. 자신의 진짜 아프리카 조상 성을 '모른다'라는 의미였다. 이러한 이름 바꾸기는 그가 몸담았던 네이션 오브 이슬람Nation of Islam에서 흔한 관행이어서, 그와 막역한 사이였던 권투선수 캐시어스 클레이는 이름과 성 모두를 아예 무하마드 알리로 바꿨다. 그러곤 징병을 거부하고 베트남 대신 감옥행을 택했다.

'네이션 오브 이슬람'은 이슬람이라는 이름 때문에 무슨 아랍계 테러 단체 같지만, 사실은 흑인 해방을 넘어 흑인 우월주의에 이슬람의 일부 요소(그마저 일부다처제 같은 시대에 뒤떨어진 요소)를 결합하여 만들어진, 규모도 크지 않고 사이비 냄새가 나는 종교 집단이었다. 이 조직의 회원 수를 500명에서 수만 명까지 불리는 데 결정적인 역할을 했던 맬컴 엑스가 견디지 못했던 것도 바로 이 대목이다. 그는 이슬람의 전통을 자기 멋대로 받아들여 여성들을 학대하는 교주 엘리야 무하마드의 '도덕적 타락'과 '위선'을 참지 못했다. 결국 조직을 탈퇴한 그는 네이션 오브 이슬람 회원들에게 암살당한다. (물론 조직 차원의 명령이 있었는지, 정부 기관이 공모했는지, 실제 범인이 맞는지에 이르기까지 아직 그의 죽음에는 석연치 않은 구석이 많다. 넷플릭스에 이 부분을 짚은 6부작 다큐멘터리 〈누가 맬컴 X를 죽였나?〉가 있다.)

흥미로운 부분은 마틴 루서 킹이 생애 말기에 노선을 바꿨듯, 맬컴 엑스도 중요한 전환을 보여준다는 것이다. (참고로 둘의 사이는 그다지 좋지 않았다. 맬컴 엑스가 보기에 킹의 사생활은 문제가 있었다. 사실 킹의 여성 문제는 FBI에서도 계속 공격하는 대목이다.) 1964년 네이션 오브 이슬람을 떠나기 전까지 그는 비폭력주의 대신 '필요하다면 모든 수단을 동원한' 저항, 자기 방어, 흑인 우월주의를 주장하고, 백인 사회와 통합을 거부하며 흑인만의 독립된 공동체 설립을 부르짖었다. "흑과 백이 분리되어야 한다"에서 더 나아가 "백인은 악마"라고 과격한 표현까지 사용했다. 마틴 루서 킹과 잘 지냈던 그나마 진보적인 대통령 존 F. 케네디의 암살을 보고도 "자업자득"이라는 뉘앙스의 반응을 보여 백인은 물론 흑인 사회에서도 거센 비판을 받기도 했다.

하지만 같은 해 메카 순례에서 다양한 무슬림들이 평등하고 평화롭게 어울리는 모습을 보고 그는 인종 분리주의 주장을 철회

맬컴과 킹. 1964년 3월 26일 워싱턴 D.C. 국회의사당에서 민권법 토론과 표결이 진행되고 있을 때, 두 사람은 로비 활동과 기자회견을 위해 같은 장소에 있다가 우연히 마주쳤다. 이 1분 정도의 만남이 두 사람의 유일한 만남이었다. 맬컴은 같은 해 네이션 오브 이슬람을 떠나 더 유연한 노선을 걷기 시작하며 킹과 본격적인 협력을 준비하지만, 이듬해 초반 암살당하며 그의 꿈과 더불어 흑인들의 꿈도 산산이 조각나버렸다. 출처: 위키피디어 커먼즈.

한다. "과거의 발언을 후회한다"라며 반성한 그는 모든 인종 간의 공존을 넘어 화합과 연대의 가능성까지 열린 마음으로 받아들이게 된다. 마틴 루서 킹을 '우리 민족의 동료 지도자'로 부르며, 협력의 가능성을 열어두기도 했다. 그에게 흑인 인권 문제는 이제 인종 문제를 넘어 보편적인, 다시 말해 세계적인 인권 문제가 된다. 그 문제의 해결도 더는 폭력적인 수단이 아니라 세계적인 연대와 외교가 우선이 된다. 하지만 그에게 킹을 다시 만날 기회는 주어지지 않았다. 마틴 루서 킹이 '흑인의 권리'를 미국 자본주의 경제라는 근본적인 체제 문제와 연관시키며 살해된 것처럼, 맬컴 엑스도 흑인 민권 운동을 국제주의와 접목하여 미국이라는 체제 자체를 위협하는 운동으로 진화시키려다가 살해되고 만다.

사람들은 보고 싶은 것만 본다. 마틴 루서 킹은 비폭력 무저항 운동의 아이콘이고, 맬컴 엑스는 무장 흑백 분리주의 선동가이다. 1965년 맬컴 엑스의 암살을 목격하고, 경찰 폭력과 인종차별을 '흑인 폭동'으로 경험한 캘리포니아에서는 다음 해 1966년 경찰의 차별과 폭력에 대해 '모든 수단을 동원한 자기 방어'의 목적으로 '흑표당'이 결성된다. 이들은 무장한 상태로 흑인 커뮤니티를 순찰하며 경찰을 감시한다. 그러나 미국 주류 언론은 흑표당을 '맬컴 엑스의 노선을 추종하는 과격 무장 단체'로 낙인찍었다.

이즈음 폭발적 반향을 일으킨 곡이 제임스 브라운의 〈세이 잇 라우드: 아임 블랙 앤 아임 프라우드Say It Loud: I'm Black and I'm Proud〉다. 1968년 마틴 루서 킹 암살 이후 전국적으로 일어난 폭동과 함께 이 노래는 블랙파워 운동의 상징이 되었다. 이제껏 평화와 화합을 추구하는 민권운동의 가요와는 달리 이 노래는 흑인의 자

〈세이 잇 라우드: 아임 블랙 앤 아임 프라우드〉

긍심을 고함처럼 토해냈다. 노래는 짧은 군중 구호와 결합된 선창과 후창이 반복되는 전통적인 구조로 흑인의 자긍심을 긍정적 에너지가 넘치는 다운비트에 실어 외친다. 이 노래를 들으며 처음으로 흑인이라는 자부심을 느낀 청소년과 어린이가 많았다고 한다. *소리 높여 외쳐라. 나는 흑인이고, 그 사실이 자랑스럽다. 어떤 사람들은 우리가 사악하다고, 어떤 사람들은 뻔뻔하다고 하지만, 우리는 정당한 대우를 요구할 뿐이다. 우린 비난받고 경멸받았고, 태어나면서부터 형편없는 취급을 받아왔다. 형제여 우리는 정당한 몫을 받을 때까지 멈출 수 없다. 무릎을 꿇고 사느니보다, 서서 죽기를 원한다*…. 여기서 그 유명한 "무릎을 꿇고 사느니보다 서서 죽기를 원한다"라는 표현이 등장한다. 많은 방송국이 선동적이라는 이유로 방송을 금지했지만, 'Black'이란 용어를 처음으로 명시적으로 사용하여 흑인의 '자기혐오'를 끊어내며, 블랙파워와 "블랙 이즈 뷰티풀Black is Beautiful" 운동의 효시가 된, 흑표당의 비공식 주제가 같은 곡이다.

〈아 유 레디Are You Ready〉는 1965년 이웃이자 가까운 친구였던 맬컴 엑스를 잃은 니나 시몬(둘은 뉴욕 할렘 부근 마운트 버넌이라는 동네에서 살았다. 맬컴의 아내 베티가 사체를 수습하러 간 날, 니나가 그들의 아이들을 돌보았다는 유명한 일화도 있다.)이 비폭력 노선의 한계를 절감하며 "이제 싸울 준비가 되었는가?"라고 질문을 제기하는 노래다. 니나 시몬은 언젠가부터 선창과 후창 대신 찬송가, 질문과 대답, 혹은 분노의 삼중 구조로 노래하기 시작했다. 낮은 목소리로 분노를 억누르며 권위 있게 노래하는 스타일은 여전하다. 어느 공연인지는 기억나지 않지만, 끼어드는 관객에게 화를 내는 대목도 있다. 즉흥성이 중요한 재즈 연주가에게서는 보기 드문 행동이다. 소개한 영상은 '흑인들의 우드스톡'이란 별명을 가진 1969년 할렘 문화 페스티벌Harlem Cultural Festival에서 니나가 노래하는, 미국에서 마지막으로 볼 수 있는 공연이다. 흑표당이 이 공연의 보안을 담당했다. *이제껏 잘못을 뉘우칠 준비가 되었는가? 자신을 마주하고, 어느 편에 속하는지를 성찰할 준비가 되었는가? 살기 위해서라면 죽일 준비가 되었는가? 배우고, 울고, 살고, 죽을 준비가 되었는가?* "살기 위해서는 죽여야 한다"는 무장 자위권은 맬컴 엑스의 선언이었고, 흑표당의 철학이기도 했다. 계속해서 kill, die 등 격렬한 표현으로 민권운동이 이제 목숨을 건 투쟁이 된 현실을 알리면서, '준비되었는가?'라는 반복된 질문으로 내면의 각성과 결단을 촉구하고 있다. 이 시절 니나의 노래는 날카롭고 직설적이어서 듣는 이를 압도한다. 당시 정부 당국에겐 정말 불편하고 위협적이었으리라.

〈아 유 레디〉

흑표당

〈포레스트 검프〉에서 링컨 기념관 앞에서 제니를 오랜만에 만난 검프는 그녀의 친구들을 소개받는다. 어울리지도 않는 베레모에 검은 가죽 재킷을 입고 허세를 부리는 흑인과 군복 차림에 붉은 완장을 두른 채 제니를 구타하는 백인 남자 친구, 그 장면 뒤로 체 게바라의 사진과 흑표당을 창당한 휴이 뉴턴과 흑표당의 이론가이자 지도자였던 앨드리지 클리버의 사진이 걸려 있고, 구석엔 "파워 투 더 피플Power to the People"이라는 구호를 담은 피켓, "컬럼비아 이즈 디 에너미 오브 올 블랙 피플Columbia is the enemy of all black people"이라고 적힌 포스터가 어지럽게 널려 있다.

〈포레스트 검프〉는 코미디와 드라마에 역사적 풍자를 얹은 코미디-드라마 장르의 영화다. 그런 만큼 영화에서 묘사된 사람이나 사건들이 극적인 효과를 위해 왜곡되고 과장될 수 있지만, 이 장면은 어디서부터 왜곡이고 어디까지 과장인지 혼란스럽기만 하다. 일단 복장부터 말하자면, 흑표당이 흑인들의 무장 자위self-defense와 제3세계 민중과의 연대라는 취지에 맞게 검은 가죽 재킷을 입고 베레모를 쓰고 다닌 건 사실이다. 하지만 붉은 완장을 차지는 않았다. 붉은 완장 하면 중국의 홍위병이나 크메르루주가 떠오른다. 급진적이라는 말도 아까운, 치기 어린 극좌 빨갱이들의 상징이다. 체 게바라 사진은 워낙 흑표당이 연대하는 지역과 집단이 많다 보니 중남미 혁명 전선들과도 좋은 관계를 유지했다는 맥락에서 이해할 수 있다. 〈파워 투 더 피플Power to the People〉은 존 레넌의 노래다. 1971년에 등장한 곡이니 이 영화의 에피소드보다 늦게 발표되었다. 게다가 흑표당은 "인민에게 모든 권력을All Power to the People"을 표준 구호로 사용했고, 여기서 '모든All'이 빠지는 경우는 드물었다. 컬럼비아가 흑인의 적이라는 포스터는 1968년 컬럼비아대학교가 뉴욕 할렘 재개발에 일조하고 베트남전 관련 군사 연구에 참여한 흔적이 발견되면서, 그렇지 않아도 흑인 비율도 적은 학교가 흑인에게 미운 짓만 하고 있다며 학생들이 캠퍼스를 점령했던 사건에서 나왔던 구호다. 흑표당도 지지를 보내긴 했지만 어디까지나 학생 중심의 점거 시위였고 영화에 등장하는 흑표당의 워싱턴 D.C. 지부에서 뉴욕까지 원정 갈 일은 아예 없었다.

어차피 경계선 지능 인물의 시각에서 그린 영화니 어쩔 수 없지 않겠냐는 반론도 있을 수 있지만, 인지적 어려움과 사실 왜곡은 별개의 문제다. 그런 의미에서 붉은 완장은 악의적인 왜곡이다.

게다가 붉은 완장을 찬 군복을 입은 백인이 주인공의 여자 친구를 때린다. 일단 흑표당에서 백인은 영화에서처럼 높은 지위에 올라갈 수 없다. 흑표당은 마틴 루서 킹에 맬컴 엑스를 더하고 사회주의로 버무린 정당이다. 세간의 눈으로 보기에도 "흑인이 백인보다 우월하다"라는 흑인 우월주의를 바탕으로 하는 정당이다. 거기에서 제일 꼭대기에 백인이 있고, 그리고 그 백인이 모든 사람이 지켜보는 데서 여성에게 폭력을 행사할 리는 없다. 흑표당의 폭력은 매우 제한적이다. 원래 흑표당은 백인 경찰의 폭력에 대한 자기 방어 차원에서 만들어졌다. 흑표당이 폭력을 행사할 때는 백인, 특히 백인 경찰의 폭력에 대해 저항권을 행사할 때뿐이다. 마틴 루서 킹은 "오른쪽 뺨을 맞으면, 왼쪽도 내주어라"라고 했지만, 차마 그것까진 못하겠다고 만든 당이다. (그래서 영화 속에서 제니에게 폭력을 행사한 인물은 앞서 밥 딜런을 이야기하며 잠깐 언급한 '웨더맨Weatherman' 조직으로 보인다. 당시 흑표당은 반전 시위에서 민주사회학생연합SDS과 자주 어울렸는데, 이 SDS의 과격파가 분열하여 결성한 극좌 무장 조직이 웨더맨이다. SDS는 평화적 정치 참여를 강조한 반면, 웨더맨은 폭력을 옹호했다.)

그럼 흑표당은 무엇을 했는가? 커뮤니티 활동을 했다. 마틴 루서 킹의 후기 성찰대로 빈곤과 경제적 불평등 문제를 가장 근본적인 문제로 설정하고 무료 아침 식사 · 무료 건강검진 · 무료 교육 · 무료 법률 지원 · 노숙자 보호 · 노인 지원 · 약물 중독자 지원 등 경제적 정의와 공동체 자립을 위한 프로그램은 물론, 주택권 운동 · 주거 안정 프로그램 · 청소년 프로그램 등 사회적 약자의 기본 권리를 위한 다양한 프로그램을 운영했다. 흑표당은 마틴 루서 킹의 개혁적이지만 추상에 머문 빈곤 타파 이념과 맬컴 엑스의 역시 추상적인 국제주의를 실질적이고 구체적인 사회 변혁과 운동의 실천으로 전환하고, 지역사회 기반 조직력을 바탕으로 실천 중심의 행동을 전개해나갔다. 그중 하나가 무장 자위였을 뿐이다. 무장 자위는 경찰의 위협으로부터 흑인 여성과 아이들을 보호했고, 더 나아가 지역사회 방범 활동을 통해 범죄 억제 효과도 가져왔다.

일부 백인들에겐 이렇게 흑인들이 공동체의 삶을 직접 변화시키며 다른 소수 민족과 연대하여 운동을 확산시키고 스스로 세상을 바꿔나가는 것보다는 거리 시위에서 분노를 폭발시키는 게 차라리 익숙하고 예측 가능하게 보였을 수 있다. 당시 FBI 국장 에드거 후버도 마찬가지였다. 그는 이런 흑표당을 '국가 내부 안전에 강대한 위협'으로 보고 체계적 와해 공작을 편다. 그 공작이 마틴 루서 킹도 죽이고, 맬컴 엑스도 죽였던 '대 정보 활동 프로그램 COINTELPRO'이었다.

코인텔프로의 대표적 사례가 흑표당 일리노이 지부장이었던 프레드 햄프턴 암살이다. 어느 날 햄프턴의 집에 들이닥친 FBI 요원들이 잠든 그를 향해 100발에 가까운 총을 발사한다. 이쯤 되면 학살이다. 이에 대한 대응으로 FBI를 향해서는 총알 1발이 발사되었다. 이 한 발을 가지고 FBI는 '정당방위'를 주장했고, 햄프턴을 살인미수 범죄자로 만들었다. 햄프턴은 정확히 셀 수도 없이 무수한 총탄을 맞고 사망했다. 그의 나이 21세였다. 이 사건은 〈유다와 검은 메시아〉라는 제목으로 영화화되었다. 영화는 FBI의 공작을 강조하면서 흑표당의 사회복지와 커뮤니티 조직에 대해서는 상대적으로 소홀히 다루지만, 전반부만 보아도 이 조직이 정말 빈민 구제를 열심히 했고 다른 범죄 집단을 길들이면서 많은 해외 청년 조직들과 연대하여 시카고 흑인 지역을 좋은 동네로 만들었다는 생각이 든다.

영화를 보며 무엇보다 인상적이었던 것은 프레드 햄프턴 역을 맡은 대니얼 컬루야의 연설이었다. 듣는 순간 이건 진짜다! 하는 느낌이 들었다. 강렬하고 매혹적이었던 그의 연설은 왜, 어떻게 그런 힘이 있었을까? 영화에도 나오지만 그가 맬컴 엑스의 연설을 모방하고 있었기 때문이다. 그는 맬컴 엑스의 연설을 엘피LP를 통해 계속 듣고, 또 들으며, 똑같이 말하려 애쓴다. 영화에는 여자 친구와 맬컴 엑스의 유명한 연설을 마치 시처럼 주고받는 장면도 있다. 하도 듣다 보니 다 외웠다는 말이다. 이 연인들에겐 맬컴 엑스가 당대의 셰익스피어였던 셈이다. 맬컴 엑스의 연설을 듣고 있노라면 절로 가슴이 뜨거워진다. 영어를 모르는 사람이라도 그의 연설을 듣다 보면 같이 분노하고, 같이 슬퍼하며, 함께 일어나고 싶어진다.

맬컴 엑스의 연설

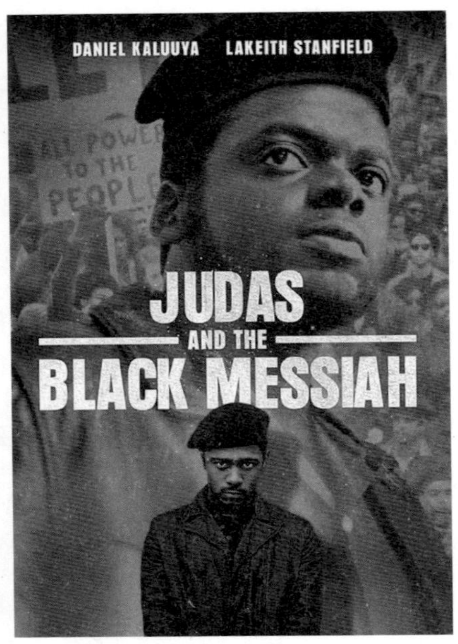

2021년 영화 〈유다와 블랙 메시아〉의 공식 포스터. 흑표당의 급진 정치와 더불어 FBI의 코인텔프로(COINTELPRO)의 흑표당 탄압 과정을 비판적으로 그린 영화로, 블랙 메시아는 반짝이던 흑인 지도자 프레드 햄프턴, 유다는 그를 배신한 윌리엄 오닐을 의미한다. 포스터 속 군중이 든 피켓에는 흑표당의 대표 구호, "모든 권력은 인민에게"가 쓰여 있다. "All"은 생략하지 않는다.

힘이 넘치는 직설적인 어조, 강렬하면서도 리듬이 넘치는 웅변, 그리고 거기에 실린 급진적 메시지라는 특징을 갖는 맬컴 엑스의 언어를 대중적으로 전용한 그룹은 그 이름도 의미심장한 라스트 포이츠The Last Poets다. 시인 맬컴 엑스가 죽음으로써, 시와 에세이의 시대도 저물고 총과 폭력의 시대가 오리라 예견하는 '시의 마지막 시대'의 시인들은 맬컴 엑스의 생일(5월 19일)에 맞춰 결성된다. 이 '마지막 시인'들은 흑인 특유의 강렬한 타악기에 맞춰 인종차별, 빈곤, 경찰 폭력, 혁명 등의 사회 · 정치적 주제를 시로 표현한다. 이런 스타일을 스포큰 워드Spoken word라고 부르는데, 니나 시몬에게서도 볼 수 있다. (넷플릭스에는 LA 폭동의 원인이 된 로드니 킹 사건을 다룬 〈로드니 킹〉이라는 영화가 있다. 스파이크 리가 만든 이 영화가 바로 스포큰 워드 형식이다.) 스포큰 워드는 흑인 공동체의 저항과 자긍심을 표현하는 블랙파워 운동의 문화적 상징으로 자리 잡았다.

라스트 포이츠를 대표하는 곡은 〈웬 더 레볼루션 컴즈When the Revolution Comes〉다. 힙합의 직접적인 선구로 평가되는 곡이다. *혁명이 오면 TV에서 볼 수 있겠지만, 거기에 광고는 사라질 것이다. 거짓 목사와 사기꾼들이 사라지고, 마약중독자는 깨어날 것이다. 경찰은 무기를 잃고 쓰러지며, 거리에는 피가 흐를 것이다. 혁명이 오면 총과 소총이 시와 에세이의 자리를 차지하고, 흑인 문화 센터는 음식과 무기를 공급할 것이다….* 흑표당을 대표하는 노래다. ('혁명'이라는 말이 사용되면 아, 흑표당 계열이구나, 하고 생각해도 크게 틀리지 않는다. 사회주의자들이다.)

〈웬 더 레볼루션 컴즈〉

블랙파워와
블랙 이즈 뷰티풀

블랙파워나 블랙 이즈 뷰티풀 운동은 흑표당과 밀접한 연관이 있다. 간단하게 말하자면 블랙파워나 블랙 이즈 뷰티풀이 "흑인도 독자적인 권력을 가져야 한다," "흑인은 아름답다"라는 추상적 선언이라면, 흑표당은 그 추상성을 구체적으로 메워가는 실천 조직이다. 블랙 이즈 뷰티풀은 외모를 넘어 흑인 문화와 정체성에 대한 자긍심을 회복하려는 운동이고, 백인 위주로 만들어진 미적 기준에 도전하는 운동이다. 블랙파워 운동의 문화적 토대이기도 하다. 블랙파워는 직역하면 '흑인 권력'으로 "흑인도 자기 삶에 대한 권력을 가져야 한다"에서 출발하여 흑인의 주체적인 자기 결정권, 독립성, 그리고 이를 위한 경제·정치적 권력 획득을 목표로 한다. 이 두 운동을 구심점 삼아 스펙트럼이 매우 넓어 공통점을 뽑기 어려울 정도로 다양한 단체가 그 자장 안에서 활동했다.

1968년 멕시코시티 올림픽 200미터 경주 시상식에서 미국 국가 연주 중 두 선수가 검은 장갑 낀 주먹을 높이 치켜들어 흑인 인권과 저항을 상징하는 블랙파워 경례를 한다. 신발을 벗고 양말만 신은 것은 흑인의 빈곤을, 목에 건 구슬 목걸이는 연대를 뜻한다. IOC와 미국 올림픽 위원회는 두 선수에게 제재를 가했지만, 훗날 이 사진은 인권 · 평등 · 저항을 대표하는 사진으로 길이 남는다. 출처: 위키피디어 커먼즈.

이런 운동과 흑표당 사이에는 근본적인 차이도 있다. 예를 들어 마틴 루서 킹은 생전에 두 운동을 모두 흑인 우월주의로 보고, 극좌파 반백인주의로 비판했다. 많은 백인 민권운동가의 시각도 그랬다. 이에 비해 흑표당은 사회주의적 노선을 표방했으나, '극좌'로 환원되지는 않았다. 또 흑표당은 맬컴 엑스의 정신을 계승하여 당시 1960년대 탈식민주의 시대를 맞아 막 독립하던 아프리카 국가들과는 물론, 쿠바, 팔레스타인, 중국, 심지어는 유엔에 이르기까지 반제국주의 네트워크 구축에 열심이었다. 요약하면, 블랙파워가 공동체의 자립을 강조했다면, 흑표당은 국제주의적 연대와 인종 간 통합도 중시했다. 이런 정당이 흑인 우월주의를 주장한다는 건 모순이다.

흑표당 일리노이 지부의 젊은 지도자였던 햄프턴은 이런 말을 남긴다. "우리는 인종차별주의에는 연대로, 파시즘에는 국제주의로, 자본주의에는 사회주의로, 제국주의에는 평화로 맞선다." 갈라치기에는 연대로, 혐오에는 사랑으로 맞선다. 항상 더 나은 대안을 제시하며 싸운다. 올바른 싸움이란 이런 것이다. 이런 싸움의 방식을 가진 정당이 "우리는 백인보다 우월하다. 우리는 백인보다 아름답다"라고 선언한다고? 흑표당이 폭력에 비폭력으로 대응하지 못했던 건 당시 평화적이고 합법적인 방법만으로는 목숨을 지킬 수 없었던 현실 탓이다. 그래서 흑표당은 폭력보다는 무장 '자기 방어'라는 표현을 사용했다.

흑표당의 중심은 커뮤니티 프로그램이다. 그중에서도 문화 프로그램은 핵심 중 핵심이었다. 흑인 해방을 위해서는 흑인 역사가 필요하다. 흑인의 정체성으로 흑인의 과거와 현재와 미래를 꿰뚫어볼 수 있는 시각이 있어야 한다. 그런 시각을 위해서는 세상을 보는 눈이 필요하고, 세상을 제대로 보기 위해서는 기본적인 문화 교육이 필요하다. 문화를 가장 쉽게 접하는 방식은 예술·음악·문학 등이다. 이런 행사를 통해 흑인 미학의 자긍심을 고취하고 블랙파워를 문화적으로 뒷받침해야 한다. 흑표당은 자체 신문을 발간하고 포스터나 그래픽 등 시각 매체를 적극 활용했다. 〈포레스트 검프〉 흑표당 에피소드에 사진이나 포스터가 많은 것도 그런 이유다. 지역사회에서는 문화 행사 · 영화 상영 · 연극 공연 · 시 낭송 · 음악 공연을 통해 공동체의 문화적 결속을 도모하고, 특히 청소년들에게 흑인 문화의 자긍심을 심어준다. 청소년들은 특히 흑표당의 상징인 검은 베레모 · 검정 가죽 재킷 · 아프로헤어 같은 패션에 열광했다. "블랙 이즈 뷰티풀" 운동의 핵심 메시지, 흑인의 미와 정체성에 대한 긍정적인 인식 전환이 블랙파워 혹은 흑표당이라는 정치적 실천과 결합하는 부분이다. 앞서 언급한 〈유다와 검은 메시아〉를 보면 흑표당 행사에 블랙파워를 상징하는 '검은 주먹 쥔 손Black Power Fist'이 등장하기도 하는데, 이러한 상징 사용은 지역 · 시기에 따라 달랐고 흑표당 강령과 완전히 동일시하는 것은 무리였다.

흑표당에서는 음악이 끊기지 않았다. 문화 프로그램에서 음악은 정치 교육과 해방 의식 고취의 중요한 도구였다. 지역사회 행사나 집회, 교육 세미나는 혁명적인 흑인 음악가들의 노래를 듣고, 가사와 시의 내용을 분석하며 자본주의와 인종차별 구조를 비판하는 자리였다. 누누이 말하지만, 흑표당을 대표하는 한 단어는 '폭력'이 아니라 '연대'다. 소울, 재즈, 저항 음악가들과도 연대했다. 앞서 언급한 제임스 브라운의 〈세이 잇 라우드: 아임 블랙 앤 아임 프라우드〉는 흑표당 당가 같은 역할을 했고, 제임스 브라운 역시 흑인 민권운동에 깊은 관심을 가졌다. 시와 음악을 결합한 혁명적 예술

집단 라스트 포이츠도 흑표당 이념과 블랙파워 운동에 깊이 공명하며 문화 운동을 도왔다.

흑표당에는 아예 당의 정치적 메시지를 음악과 퍼포먼스로 전달하려는 목적으로 당원 네 명으로 구성된 밴드 더 룸펜The Lumpen이 있었다. 이름부터 마르크스의 '룸펜 프롤레타리아트'에서 따온 것으로, 체제에서 소외된 사람들을 대변하겠다는 의지를 반영하고 있다. 흑표당답게 정치와 노래는 하나였고, 주로 경찰 폭력·경제적 불평등·흑인 공동체 억압을 주제로 한 노래들을 불렀다는데, 흑표당 출신인지라 검열과 배척으로 상업 발매가 드물어 현존하는 음원은 많지 않다. 해체 후에도 멤버들은 계속 흑표당원으로 활동했다고 한다.

맬컴 엑스의 죽음을 다룬 가장 유명한 음악 중 하나는 아치 셰프Archie Shepp의 〈맬컴, 맬컴: 셈퍼 맬컴Malcolm, Malcolm: Semper Malcolm〉이다. 제목은 당시 활동가들이 연대와 애도를 표할 때 반복하던 구절을 옮긴 것이다. 라스트 포이츠의 〈맬컴〉에도 이 구호가 계속 등장한다. 여기서 'Semper'는 '항상'이라는 의미로, 언제나 항상 그를 잊지 않겠다는 의미다. 스포큰 워드 형식이다. 1965년 맬컴

〈맬컴, 맬컴: 셈퍼 맬컴〉

엑스의 암살 직후 애도곡으로 발표되면서 즉흥 연주와 스포큰 워드를 결합한 새로운 형식으로 재즈의 혁명이라 평가받은 곡이다. 콜트레인과 더불어 가장 정치적인 재즈 연주가로 꼽히는 아치 셰프는 여기서 색소폰과 스포큰 워드를 담당한다. 즉흥성이 큰 스포큰 워드·프리 재즈의 특성상, 완전한 가사 기록은 남지 않았다.

흑표당을 대표하는, 그리고 스포큰 워드 장르를 대표하는 또 하나의 시인이자 뮤지션은 길 스콧-헤론Gil Scott-Heron이다. 별명은 '랩의 대부' 또는 '블루스의 백과사전'이다. 별명만 보아도 그가 어떤 사람인지, 어떤 평가를 받는지 알 수 있다. 당연히 라스트 포이츠와도 잘 어울리던 그는 그들의 〈웬 더 레볼루션 컴즈〉을 듣다가 "혁명이 오면 우리는 TV로 보겠지만, 광고는 없을 거야"라는 구절을 듣고, 〈더 레볼루션 윌 낫 비 텔레바이즈드The Revolution Will Not Be Televised〉를 만들었다. 혁명은 *집에 앉아 TV나 보면 일어나지 않는다.* 혁명은 *마약에 빠져 시간을 보내서는 일어나지 않는다.* 혁명은 *유명 배우나 가수가 부르는 노래가 아니다.* 혁명은 *거리에서 직접 행동하는 사람들에 의해 이루어진다*…. 명시적 언어, 반복적 구호, 시적 낭독…. 맬컴 엑스가 떠오른다.

〈더 레볼루션 윌 낫 비 텔레바이즈드〉

블랙 이즈 뷰티풀 운동을 대표하는 노래로는 니나 시몬이 부른 〈투 비 영, 기프티드 앤 블랙To Be Young, Gifted and Black〉이 있다. 막역했던 동료 여성 흑인 작가 로레인 한스베리를 기리는 애도이자 흑인 청소년, 특히 흑인 여성들에게 보내는 응원의 노래다. 노래 제목은 한스베리의 자서전 제목이기도 하다. *우리 젊고, 재능 있는 흑인 아이들아, 정말 소중한 꿈이구나, 젊고 재능 있는 검은 아이들아, 내 얘기 좀 들어보렴. 너희는 젊고, 재능 있는 흑인이니, 너희 영혼은 완벽하고, 세상은 너희 손안에 있어. 자부심을 가져. 이제 더는 울지 마*…. 흑인 청소년들을 앉혀놓고, 우린 말도 안 되는 이유로 힘들었지만(니나는 흑인이라는 이유로 피아니스트 꿈을 접어야 했다. 나중에 카네기 홀에 서면서도 "클래식 피아니스트로 이 무대에 섰다면…" 하고 아쉬움을 토로했다.), 이제는 너희의 세상이 열릴 것이라며 희망과 자긍심을 고취하여, 많은 후대 흑인 예술가들에게 영향을 미친 노래다. 이전 노래들과 달리 분노가 아니라 배려와 친절이 느껴진다.

〈투 비 영, 기프티드 앤 블랙〉

버밍햄의 폭탄, 색소폰의 추도사

1963년 앨라배마주 버밍햄 흑인 지역의 중심이자 당연히 민권운동의 중심이기도 했던 16번가 침례교회에서 새벽에 폭탄이 터져 어린 소녀 네 명이 목숨을 잃었다. 당시 폭탄 테러는 백인 우월주의자들의 전유물이었다. 흑표당은 자기 방어를 하면서도 미국 헌법이 보장한 무기인 총기만을 사용했다. 혼란이 아닌 정당하고 합법적인 혁명을 지향한 흑표당에게 무차별적 파괴를 상징하는 폭탄은 금기와도 같은 것이었다. 앞서 무고한 네 소녀의 희생이 민권운동의 분기점이 되었음을 〈미시시피 갓댐〉과 〈버밍햄 선데이〉와 함께 언급한 바 있다.

의식 있는 흑인 재즈 연주자였던 존 콜트레인은 사건에 대한 응답으로 〈앨라배마Alabama〉를 써 인종차별에 대한 분노와 슬픔을 표현한다. 그는 사건 현장에서 추도 연설을 했던 마틴 루서 킹의 리듬과 운율을 연구해 음악적 모티브로 만들어 색소폰 멜로디로 옮긴다. 예를 들어 킹은 “These children, unoffending, innocent, and beautiful”이라는 말로 연설을 시작한다. 콜트레인은 이 문장을 거의 같은 음절로 나누어 표현한다. These/children/unoffending/innocent/and/beautiful식으로 음이 하나의 단어처럼 분리되어 있고, 사이사이에 숨을 쉬듯 호흡을 멈춰 실제로 말하는 느낌을 준다. 좀 더 구체적으로 말하면 킹은 These(강세)-짧은 멈춤-children(중간 강세)-(완전 멈춤)-unoffending-innocent-and-beautiful이라고 말하는데, 콜트레인의 멜로디 역시 첫 음-잠깐 쉼-다음 음-멈춤-중간 강도의 음으로 전개된다. 게다가 멜로디의 높낮이 변화도 크지 않고 일정한 리듬에 음들이 맞춰져 실제 킹의 말을 듣는 기분이 든다. 킹의 연설을 들은 사람이라면 콜트레인의 연주에서 그 언어적 메시지를 그대로 떠올린다.

존 콜트레인은 ‘시츠 오브 사운드Sheets of Sound’라는 초고속 연주로 유명하다. 여기서 ‘sheets’란 종이 한 장처럼 평평하게 펼쳐진 표면을 의미하는데, 그의 연주를 듣노라면 너무도 빠르고 촘촘한 음들이 이어져서 하나하나의 음으로 들리지 않고 겹겹의 소리가 한꺼번에 밀려오는 듯한 느낌을 받는다고 해서 만들어진 표현

〈앨라배마〉

이다. 우리말로는 '음의 장막'이라고 한다. 피아노라면 도미솔을 한꺼번에 칠 수 있다. 하지만 색소폰으로는 그게 불가능하니 순서대로, 도, 미, 솔 하고 분다. 이런 방법을 아르페지오라고 하는데, 이걸 피아노가 도미솔을 한꺼번에 치는 속도로 분다. 따라서 그의 연주 스타일은 극도로 조밀한 음들이 빠르게 흐르며 소리가 물결처럼 쏟아져 나오는 인상을 준다. 그의 연주를 들으면, 어린 시절 교과서에 그림을 그려 빠르게 넘기던 애니메이션 효과가 떠오른다. 아, 이 분은 하나의 악기로 그야말로 다른 차원을 넘나드는 분이구나! 이러한 엄청난 기교는 마음껏 기교를 펼칠 수 있는 공간, 프리 재즈라는 장르와 잘 어울린다. 그 전의 모든 규제를 벗어던진 게 프리다고 보면 된다. 이전에는 최소한의 규율로 즉흥연주를 진행한 모달 재즈가 있었다.

이 음악은 추도사에 기반을 두고 있다. 즉흥 연주와 초고난도 기교를 중심으로 하는 프리 재즈보다는, 느리고 묵직한 템포에 애절한 멜로디를 섞은 영가나 블루스에 어울린다. 그래서 콜트레인은 모달 재즈를 선택한다. 콜트레인은 보통 연주자가 하나의 모드(음계)에 오래 머무르며 안정감을 주는 모달 구조 안에 불협화음적인 요소와 블루노트를 사용해 긴장감을 조성하며 슬픔을 더한다. 종종 불규칙한 리듬은 억눌린 슬픔이 간헐적으로 터져 나오는 듯한 인상을 주고, 여러 번 반복되며 하강하는 멜로디는 아무리 억누르려고 해도 계속 이어지는 통곡 효과를 낸다. 사이사이에 숨소리와 같은 소리, 음과 음 사이의 한숨 같은 쉼 등을 넣어 감정을 극대화한다. 뒤로 가며 사운드는 점점 강렬해지지만 억제된 슬픔이라는 감정은 끝까지 유지한다.

콜트레인도 여러 번 이 곡에 대해 '슬픔과 애도의 표현이자, 인종차별과 폭력에 대한 분노, 그리고 희망과 변화에 대한 염원을 담은 곡'이라고 밝힌 바 있다. 이러한 목적을 위한 그의 치밀한 설계는 듣는 이로 하여금 마치 그 비극의 현장에 서 있는 듯한 체험을 하게 만든다. 이 음악을 통해 재즈 역시 정치적 메시지를 위한 강력한 수단으로 등장한다. 콜트레인이 이 음악으로 남긴 슬픔과 분노, 그리고 염원은 음악과 사회적 정의가 어떻게 상호작용하며 승화될 수 있는지를 보여준 훌륭한 사례다.

콜트레인은 1960년대 미국 흑인 사회·문화 운동을 상징하는 인물이었다. 많은 흑인 청년은 그를 마틴 루서 킹이나 맬컴 엑스와 같은 급의 흑인 해방운동의 지도자로 숭배했다. 블랙파워에서도 그의 영향력은 상당했다. 콜트레인은 맬컴 엑스의 사상에 주로 공감했지만, 여기 〈앨라배마〉에서 보듯이 마틴 루서 킹의 노선도 존중했다. 그래서 마틴 루서 킹이 주도한 몇몇 행진에서 연주도 하곤 했다. 하지만 무엇보다 "음악으로 사람들의 마음을 움직여야 한다"라는 신념은 굽히지 않았다. 이는 흑표당과 비슷한 노선이지만, 그렇다고 흑표당원도 아니었다. 대표작은 누가 뭐래도 〈어 러브 슈프림A Love Supreme〉으로 1965년 미국 민권운동이 터지던 시기에 발표되어, 블랙파워와 흑인 해방운동의 정신적 무기이자 저항의 사운드

트랙 역할을 했다. 당시 흑인들은 이 음악을 억압과 차별을 버티고 이를 극복하는 인간 영혼의 찬가로, 예술을 통한 해방의 메시지로 받아들였다.

아직 급진적 전환을 이루기 전의 킹이어서 그렇겠지만, 버밍햄 추도사 내용은 킹의 다른 연설과 대동소이하다. 역시 비폭력 무저항을 이야기하고, 선한 백인들에게 등을 돌리지 말라는 내용이다. 다만 그 유명한 "유 두 낫 워크 얼론You do not walk alone"이 처음 등장한 연설로 유명하다. 정의에 대한 확신과 더불어 연대를 나타내는 이 표현은 이후 워싱턴 행진을 비롯한 수많은 행진에서 조금씩 형태를 달리하며 반복되었고, 킹 연설의 한 부분을 차지하면서 그를 대표하는 문장이 되었다. 프리미어 리그 리버풀의 공식 응원가는 같은 의미를 갖는 〈유 윌 낫 워크 얼론You Will Not Walk Alone〉인데, 킹의 연설과는 관계가 없다. 이것도 제법 심금을 울리는 이야기지만 축구 팬들에게는 익숙한 이야기이므로 여기서는 더 다루지 않겠다.

마틴 루서 킹 연설

강처럼,
폭포처럼

킹의 연설은 한마디로 '유장'하다. 그의 말에는 강이 흐른다. 급히 서두르지 않으면서 그렇다고 멈춰 서지도 않으면서 서서히 넓은 바다를 향해 힘을 모은다. 실제 그의 연설 속도는 분당 60~70단어로, 차분하고 느린 템포다. 마치 4/4 박자의 느린 발라드를 듣는 듯하다. (그러고 보니 이 분야의 거장도 존 콜트레인이다. 그의 《발라즈Ballads》 앨범을 들어보라!) 한마디로 말하자면 음악적이라는 말인데, 흑인교회 설교 전통이 워낙 음악적 리듬과 반복을 강조하다 보니 그 스타일이 몸에 익어서 그런 면도 있겠다. 연설 리듬이 일정하기에 재미있는 효과도 생겨나는데, 짧은 단어는 조금 길게, 긴 낱말을 조금 빠르게 발음하는 것처럼 들린다. 그래서 연설의 모든 낱말이 일정한 길이를 갖고 있다는 착각을 불러일으키기도 한다. (이런 착각은 나만 하나?) 사실은 그가 강조하고자 하는 낱말을 또렷하게 천천히 발음하는 습관에서 비롯한 현상이기도 하다. 그의 연설에 늘 등장하는 'freedom', 'justice', 'dream' 같은 낱말들은 다른 낱말에 비해 좀 더 길게 발음한다. 의도적인 쉼표도 많아서 마치 음악의 마디 역할을 하고 낱말과 표현이 흐름을 타며 올라갔다 내려갔다 하며 강약과 고저 멜로디가 형성된다. 크고 따듯한 목소리는 신뢰를 주고 중요한 부분에서는 목소리를 더 키워 청중의 감정을 자극한다. 청중들은 감동한다. 하지만 거기서 끝이다. 폭발은 일어나지 않는다. 터질 듯 터질 듯 터지지 않는다. 눈꺼풀에 매달린 눈물은 끝내 떨어지지 않는다.

맬컴 엑스는 날카롭다. 상처 입은 한 마리 흑표범처럼 언제 달려들지 모른다. 도무지 박자를 짐작할 수 없다. 그의 언어는 킹보다 훨씬 빠르고 밀도가 높아, 두 배는 많은 말이 쏟아져 나온다. 분당 평균 120단어 이상이 그야말로 '폭포수처럼 쏟아진다.' (우리는 'Sheets of sound'라는 표현을 알고 있다.) 어휘 선택도 훨씬 직설적이고 강하고 공격적이다. 존 F. 케네디의 죽음을 보며 "죽을 놈이 죽은 건데 뭐"라는 반응을 보여 논란을 불러일으킨 것은 앞서도 언급한 바가 있지만, 그 외에도 "백인은 악마다" "미국에 흑인의 나라를 세우자" 같은 말들은 너무나 노골적이다. 이를 킹의 "나에게는 꿈이 있습니다. 이글거리는 불의와 억압이 존재하는 미시시피주가 자유와 정의의 오아시스가 되는 꿈입니다" 또는 "어둠으로 어둠을 몰아낼 수는 없습니다. 오직 빛으로만 할 수 있습니다. 증오로 증오를 몰아낼 수는 없습니다. 오직 사랑으로만 할 수 있습니다"와 비교해

보라. 킹의 연설이 설득과 포용, 희망을 강조한다면, 맬컴 엑스는 은유나 상징 따위는 없이 명확한 메시지를 단호하게 전달한다. 킹이 말을 길게, 멋지게 한다면, 엑스는 짧게, 누구나 알아들을 수 있게 말한다.

맬컴 엑스는 이렇게 직설적이고 강한 표현을 날카롭고 공격적인 어조로 쏟아내, 청중들에게 충격을 주려고 했다. 낱말들은 정해진 박자에 떨어지지 않고, 기대한 말과 전혀 다른 낱말이 튀어나오면서 그의 연설은 '불규칙하고, 즉흥적인' 성격을 띠었다. 그러면서도 리듬감 있는 반복구를 사용하여 음악적인 효과를 잃지 않았다. 여기서 떠오르는 장르는 누가 뭐라고 해도 재즈다. 목소리도 사람을 따라가는지, 단호하고 격렬한 꼬챙이 같은 발성이다. 청중들은 그의 연설을 들으며 무엇보다 동요한다. 그는 사람들이 가슴 속 저 깊이 숨겨놓았던 분노의 불꽃을 찾아내 꼬챙이로 헤집어 기필코 불을 지핀다. 내가 이따위로 살아왔다니, 이런 방식으로 나도 모르게 체제의 앞잡이 노릇을 해왔다니, 이제 나도 거리로 나서겠다, 내 안의 불로 세상을 불태워버리겠다. 폭동은 그렇게 시작한다.

킹에게 가장 잘 어울리는 곡은 샘 쿡의 〈어 체인지 이즈 고너 컴〉이다. 느리고, 엄숙한 설교 스타일과 영가를 세련되게 접합한 느낌을 주면서 따듯하고 희망적인 메시지를 담아 노래한다. 노랫말이 '강'으로 시작해서 더 그런 느낌이 드는지도 모르겠다. 실제로 킹 목사도 좋아했다는 곡이다. 흑인 음악의 한 흐름은 이렇게 마틴 루서 킹 목사라는 거대한 강을 통해 흘러나왔다. 영가-블루스-가스펠-리듬앤블루스-소울이라는 흐름이다. 리듬앤블루스Rhythm & Blues와 알앤비R&B는 같은 말처럼 보이지만, 굳이 구분하자면, 리듬앤블루스가 알앤비에 비해 흑인 공동체의 현실과 저항을 더 많이 담고 있고, 알앤비는 우리나라에서도 소몰이 창법으로 널리 알려진 개인적이고 대중적인 주제를 다루는 음악이다. 소울은 영가-블루스-가스펠에 리듬앤블루스를 더한 장르, 1960년대 흑인 민권운동과 함께 등장한 장르라고 보면 된다.

맬컴 엑스 하면 떠오르는 노래는 〈웬 더 레볼루션 컴즈〉이다. 라스트 포이츠 자체가 워낙 맬컴 엑스빠이다 보니 연구가 많아서 그렇겠지만, 맬컴 엑스가 노래를 불렀더라도 아마 이런 느낌이었으리라. 한번 들으면 영원히 잊지 못할, 분노와 저항을 내리꽂으면서도 리듬감 있는 어조는 라스트 포이츠에게서도 그대로 나타난다. 또 한 명의 맬컴 엑스빠, 스파이크 리가 감독한 〈맬컴 엑스〉에서는 그를 상징하는 노래로 어레스티드 디벨롭먼트의 멋진 레게 리듬의 힙합 〈레볼루션Revolution〉이 나온다. 사실은 맬컴이 죽을 때까지 레게는 등장하지도 않았다. 물론 들었더라면 아주 좋아했겠지만. 이렇게 맬컴 엑스가 만든 또 하나의 강은 재즈 포이트리-스포큰 워드-재즈/힙합이라는 흐름이다.

〈레볼루션〉

재즈 포이트리와 스포큰 워드는 1950년대 비밥 재즈와 떼어 놓기 힘든 장르다. 다음 장에서도 설명하겠지만 소위 비트 제너레이션 작가들은 맨날 재즈 클럽에서 살다시피 했다. 이 힙스터들은 상당히 수준 높은 재즈를 즐겼는데, 우리는 그 재즈를 일컬어 비밥이라고 한다. 비밥 시대, 최고의 뮤지션들과 최고의 시인들은 무대 위에서 매일 같이 연주하고 시를 읊었다. 그것도 모자라 재즈를 배경으로 시를 읊었다. '즉흥성'을 중시했던 소위 '재즈 시' 대부분은 물론 남아 있지 않다. 이미 들어보았지만, 스포큰 워드는 랩과 크게 다르지 않다. 재즈를 배경으로 시를 낭송하면 그건 재즈 시, 시보다는 말, 연설이다 싶으면 스포큰 워드, 거기에 리듬, 라임, 플로를 얹어 음악 위주로 표현하면 랩이 된다. 그래서 앞서 말한 라스트 포이츠나 길 스콧-헤론이 랩의 시조가 된다. 그래서 이후 모든 저항적인 랩에는 맬컴 엑스의 흔적이 남아 있는 것이다. (내가 이렇게 반복하는 이유는 반복이야말로 맬컴 엑스의 대표적인 음악적 특성이었기 때문이다.)

(말이 나온 김에 니나 아줌마처럼 한 마디. 얘들아, 젊고 재능 있는 아이들아. 힙합 하면 디스가 전부인 줄 알고, 남들 비하하고 욕하고 자기 가진 거 자랑하는 건 줄 아는 아이들아. 디스는 해야 할 때, 해야 할 대상에게 하는 거란다. 또 자기 자랑은 자기라는 인간에 대한 자부심이지, 자기 재산에 대한 자랑은 아니라는 거. 그건 정말 어리석은 짓이라는 거. 그건 힙합의 먼 선조쯤 되는 맬컴 엑스라는 분께서 하신 말씀이야. 너희들이 디스해야 할 대상은, 너희들에게 누가 누가 더 디스를 잘하나 경쟁하게 만든 세상, 이렇게 살아야 한다고, 여

기서 이겨야 잘 사는 삶이라고 강요하는, 너희들보다 나이 많고 돈 많은 인간들이 만든 세상이란다. 그러니 제발 너희들끼리 디스하지 마라. 너희들끼리 싸우지 마라. 그러다가 가족들 얘기만 나오면 눈물 찔찔 짜지 마라. 그게 바로 하지 말아야 하는 것들이란다.)

시민권 운동에서 가장 유명한 곡으로 커티스 메이필드의 1965년 곡 〈피플 겟 레디People Get Ready〉가 있다. 가스펠과 리듬앤블루스가 융합된 세련된 소울이다. "사람들아, 준비하라"를 반복해서 집단 참여를 유도하는, 저항 노래에 흔한 선창과 후창 형식이지만 커티스 메이필드의 부드러운 고음은 마치 기도문 같은 느낌으로 뭔가 신성하고 엄숙한 분위기를 조성한다. *사람들아, 준비하라. 저기 기차가 오고 있다, 짐은 필요 없다. 그냥 믿음만 있으면 문을 열고 타도 좋다*…. 모든 사람이 조건 없이 정의와 해방의 기차를 탈 수 있으니, 모두가 민권운동에 동참하라는 초대장이다. 직설적 구호 대신, 관용과 포용의 정서가 두드러진다. 민권운동의 영적 정당성을 담은 이 노래는 마틴 루서 킹을 연상시킨다.

〈피플 겟 레디〉

폭동 이후의 노래: 와츠택스

1965년 8월 로스앤젤레스 와츠 지역에서 흑인 대중이 집단적 분노를 물리적으로 표출한 최초의 대규모 도시 폭동, 소위 와츠 폭동이 일어났다. 이제 더는 못 참겠다. 백인들과의 연대는 싫다. 한쪽 뺨을 맞아 아픈데, 다른 쪽 뺨을 내밀지는 못하겠다. 블랙파워를 중심으로 흑인들의 분노는 폭발한다. 그 결과 34명이 죽고 1000명 이상이 다쳤다. 이후 계속될 도시 폭동의 전조는 사람들이 더 이상 어깨를 겯고 〈위 셸 오버컴〉을 부르지 않았다는 사실에서도 드러났다. 슬픈 일이지만, 이제 당분간 연대는 없다. 마틴 루서 킹조차 이 폭동을 보면서 자신의 노선을 수정한다.

1972년 와츠 폭동 7주년을 기념해 스택스 레코드를 중심으로 LA 메모리얼 콜로세움에서 '와츠택스Wattstax' 콘서트를 연다. '와츠택스'는 와츠와 스택스가 합쳐진 이름이다. 약 10만 명이 운

1972년 열렸던 와츠택스 콘서트를 기록한 1973년 다큐멘터리 영화 〈와츠택스〉의 오리지널 극장 포스터. 중앙에는 와츠택스의 붉은 로고가 있고, 아래에는 흑인 관객들의 에너지와 스타일을 상징하는 인물들이 포즈를 취하고 있다. 문구는 "10만이 넘는 흑인 공동체가 흑인 정체성에 눈을 뜨고, 흑인의 삶과 투쟁과 문화적 자긍심을 있는 그대로 말한다"라는 내용이다.

집하며 '흑인들의 우드스톡'이라 불렸던 이 콘서트는 이제 전국적으로 혁명의 불씨가 잠잠해지고 있던 7년 후 세상이 어떻게 바뀌었는지를 묻고, 폭동으로 인한 집단 트라우마를 치유하며, 그 인식 위에서 정치적 자각과 흑인 자긍심을 고취하는 것을 목표로 했다.

1973년 다큐멘터리 영화로도 제작되었고, 2022년에는 공연 50주년을 기념해 콘서트 전체를 담은 박스 세트가 발매되었다. 기존 음원에서 빠졌던 스포큰 워드까지 포함해 가스펠, 펑크, 리듬앤블루스, 소울 등 당시 흑인 음악 전체와 사회 분위기까지 온전히 느낄 수 있는 문화유산이라는 평가를 받는다.

스택스 레코드가 중심이 되어 폭동 이후 무엇을 묻고, 무엇을 다시 세울지를 질문한 것도 의미 있었다. 스택스는 미국 남부 멤피스를 중심으로 한 소울 음악의 요람이었고, 흑인 민권운동과 블랙파워 운동이라는 문화적 흐름 속에서 성장한 레이블이었다. 반면 흔히 비교되는 모타운은 디트로이트에 본거지를 두고, 흑인 음악을 백인들에게 알맞은 음악으로 변화·확산시키는 데 역점을 두었다. 한마디로 스택스는 진보적이고, 모타운은 대중적이었다고 볼 수 있다. 물론 모타운에도 마빈 게이Marvin Gaye 같은 예외적 인물이 있었다. 마이클 잭슨도 그를 보며 “야! 저 아저씨 정말 멋있다”라고 감탄했다고 전해진다. 흑인을 백인까지는 아니지만, ‘깨끗하고 세련되게’ 만드는 것이 모타운의 전략이었고, “탑 10에 들 자신이 없으면 녹음하지도 마라”라는 모토는 널리 알려져 있다. 모타운의 등장과 더불어 음악은 거대한 상업화와 맞서야 했고, 결국 그 싸움에서 패배하고 만다.

모타운과는 달리 지역사회와 밀접하게 연결되어 있던 스택스에는 남부 출신 흑인 아티스트가 많았고, 이들은 흑인 정체성·인종차별·경제적 불평등 등의 주제로 현실에 대한 공감과 연대를 표현하려 했다. (연대가 회복되었다!) 스택스를 대표하는 아티스트는 오티스 레딩, 스테이플 싱어스, 아이작 헤이즈 등이었다. 이 중에서 와츠택스의 주인공은 누가 뭐라고 해도 아이작 헤이즈Isaac Hayes였다. 그는 이미 영화 〈샤프트Shaft〉 주제곡으로 흑인 음악과 대중문화 전반에 강력한 영향을 미쳤고, 당시 흑인 문화를 상징하는 인물로 한 해 뒤 발표된 〈와츠택스〉 다큐에서도 주인공으로 부각되기도 했다. 이 영화 주제가는 멋진 펑크+소울이지만, 기악곡이다 보니 노래를 주제로 한 이 책에서는 넘어가기로 한다.

오티스 레딩Otis Redding의 〈시팅 온 어 독 오브 더 베이Sitting on a Dock of the Bay〉는 폭동과 직접 연결되지는 않는다. 앞서 마빈 게이가 모타운에 어울리지 않는 인물이라고 지적했는데, 스택스에서는 오티스 레딩이 그런 느낌을 준다. 흑인들의 분노를 터뜨리기보다는 개인적인 고립감과 사회적 소외를 다룬 노래가 많기 때문이다. 그래서 그런지 와츠택스에도 참여하지 않았다. 그렇다고 해서 흑인 음악이 아닌 것은 아니다. 오히려 지나칠 정도로 세련된 음악이라 놀라울 뿐이다. 노래는 조용하고 평화롭지만, 가사는 한마디로 암울하다. *온종일 조수나 보며 부두에 앉아 있다. 삶의* 모든 *의*

〈시팅 온 어 독 오브 더 베이〉

미를 잃고, 다가올 미래에 대한 희망도 없고, 여기에 앉아 그냥 시간만 낭비하고 있다. 외로움은 나를 떠나지 않는다. 고향을 떠나 어디를 가도 소속감을 느끼지 못하고, 다른 사람이 하라는 대로 다 해봤지만, 아무 소용없었다…. 민권운동, 블랙파워라는 사회적 · 시대적 배경에서 개인이 느끼는 무력과 고독감, 당시 흑인들이 느낀 변함없는 현실과 희망의 부재를 노래한다. 체념과 무력함이 지나칠 정도로 사무치다 보니 좋아하는 노래이지만, 좀처럼 틀게 되지 않는다.

스테이플 싱어스The Staple Singers야말로 스택스를 대표하는 그룹이다. 아버지와 세 딸이 주로 이 가스펠 그룹의 멤버로 활동했고, 아들도 들락날락했다. 그룹의 리더 팝스 스테이플스는 자신이 적극적인 민권운동가였고, 멤피스라는 주요 활동 무대에서 짐작하겠지만 이분은 마틴 루서 킹 목사빠였다. 킹 목사가 가는 곳이면 어디든 모습을 보였던 이들의 음악은 킹이 주도하는 시민권 집회에서 필수 배경음악 역할을 했다. 1968년 멤피스에서 암살된 킹 목사를 추도하며, 그의 이상을 음악으로 계승하겠다는 의지 표명으로 사람들 마음을 적시기도 했다. 〈아일 테이크 유 데어I'll Take You There〉가 바로 그런 곡이다. "There"는 더 이상 고통도, 가난도 없고 자유와 평등, 평화가 넘치는 곳, 킹 목사가 그토록 생전에 자기 민족을 이끌고 가고자 원했던 바로 '그곳'이다.

와츠택스는 와츠 폭동을 노래하지 않았다. 그 이후에 무엇을 할 것인가를 놓고 노래로 토론을 벌인 무대였다. 이제 흑인이 주체가 되어 자신의 고통과 아름다움을 드러내겠다는 선언이자, 흑인 문화 자체를 정치화하겠다는 천명이었다.

〈아일 테이크 유 데어〉

길고 무더운 여름:
불타는 디트로이트

1964년 민권법, 1965년 투표권 법이 통과되었지만, 흑인들의 현실은 크게 달라지지 않았다. 일자리는 날로 줄어갔고, 흑인 거주지는 슬럼화되며 고립되어갔다. 경찰의 폭력은 끊이지 않았다. 애초 많은 도시에서 경찰은 도망친 노예를 추적하는, 우리로 치면 추노꾼 출신이 많았다. 경찰력이 부족하면 그런 사람들이 가장 먼저 공직에 임명되고는 했다. 이미 흑표당과 블랙파워에 익숙해진 젊은 흑인들은 마틴 루서 킹의 비폭력 노선에 실망하기 시작했다. 부글부글 끓고 있던 흑인 사회를 경찰이 폭력으로 도발하면서 폭동은 점화되었다. 그 시작은 65년 와츠 폭동이고, 불길은 66년, 67년, 68년 계속 이어진다.

절정은 1967년이었다. 여름 동안 150개 이상의 도시에서 폭동이 발생하고, 계속 이어졌다. 이 시기를 '길고 무더운 여름Long Hot

Summer'이라고 부른다. 그중에서도 가장 규모가 큰 폭동은 디트로이트 폭동이었다. 이 사건도 경찰이 흑인 공동체의 중심 역할을 하던 술집을 불법 영업이라는 핑계로 급습하며 시작된다. 문제는 그날 술집에는 베트남전 참전 흑인 병사 귀환 파티가 열리고 있었다는 점이다. 백인 경찰들은 나라를 위해 목숨을 건 흑인 군인들을 체포했고, 흑인 공동체의 분노는 폭발했다. 폭동이 5일간 계속되자 연방군과 주 방위군 1만 7000명이 탱크와 장갑차를 몰고 도심에 등장했고, 공수부대까지 투입되며 도시 전체가 군사 점령 상태에 들어갔다. 폭동의 결과 흑인 43명이 사망하고, 1700여 명이 부상당하며, 7000여 명이 체포된다.

디트로이트 폭동이 주목의 대상이 된 건 그 규모 때문만은 아니었다. 일단 남부의 흑인에 비해 북부 흑인들은 차별받지 않는다는 신화가 깨졌다. 폭동은 인종차별 · 빈곤 · 경찰 폭력이 일부 지역에 그치지 않는, 미국 전역의 현실임을 드러냈다. 이를 계기로 미국 전체에 폭동이 번져 나갔다. 당시 일리노이 주지사 오토 커너는 위원회를 설치하고 이 폭동의 원인과 진상을 조사한다. 그러곤 "미국은 두 개의 사회로 나뉘고 있다. 하나는 흑인, 하나는 백인. 별개이고, 불평등하다"라는 결론을 도출한다. 결국 폭동은 구조적으로 고착된 인종차별과 경찰국가의 탄압, 그리고 경제적 절망에 대한 분노의 표출로 밝혀졌다.

흥미로운 부분은 이 '길고 무더운 여름'의 정점이었던 디트로이트 폭동이 흑인을 대표하는 레이블 모타운이 있던 데서 일어났다는 점이다. 앞서 상업성을 중시한 레이블로 소개한 모타운의 모토는 "흑인의 것을 세련되게 만들어 돈 많은 백인에게 팔자" 정도였다. 설립자 베리 고디는 정치나 인종 문제는 꺼렸다. '백인 우호적'이라는 젊은 아티스트의 비판은 무시하거나 억눌렀다. 하지만 폭동 이후 더는 침묵할 수 없었던 마빈 게이가 그 유명한 〈와츠 고잉 온What's Going On〉을 만들고 이 노래를 발표하지 못한다면 모타운을 떠나겠다고 선언한다. 그는 베트남전을 다녀온 동생에게 충격적인 현실을 듣고, 이제까지 해왔던 사랑 타령은 버리고 사회 비판적인 음악에 대한 확신을 굳히고 있던 참이었다. 회사의 간판스타를 내치지 못했던 고디는 시험 삼아 발매를 허락했고, 그렇게 나온 모타운 최초의 콘셉트 앨범은 발매 즉시 빌보드 차트 2위에 오르며 비평가와 대중의 뜨거운 호평을 동시에 받았다. 이 주체적 예술가와 상업적 기업의 대결에서 게이가 승리하며 모타운은 정치·사회적 메시지가 부각되는 흑인을 대표하는 레이블이 되었다. 그러나 이를 참지 못한 고디는 아예 흑인 공동체와 단절하고 로스앤젤레스로 회사를 옮겨 그전보다 더 탈정치적인 레이블로 만들었다.

"와츠 고잉 온"은 노래 제목이자, 앨범 제목이다. 콘셉트 앨범이라는 건 간단히 말하자면 노래들이 모두 연결되어 하나의 이

〈와츠 고잉 온〉

야기를 전하고 있는 것이라고 보면 된다. 앨범은 베트남전에서 돌아온 흑인 청년이 폭동으로 무너진 도시를 보면서, 세상에서 무슨 일이 벌어지고 있는지 이해하려는 노력을 담고 있다. 흑인들의 일자리는 어디 있는지? 내 친구들은 왜 모두 약에 빠져 있는지? 환경은 왜 이리 파괴되었는지? 왜 경찰은 우릴 패는지? 신은 있는지? 이런 의식들이 펼쳐지다가 다시 처음으로 돌아간다. 도시의 고통이 무한 반복된다는 주장이다. 오늘날까지 흑인 음악의 가장 위대한 성취 중 하나로 꼽히는 앨범이다. *어머니, 당신들은 너무도 많이 울고 있어요. 형제들은 너무 많이 죽고 있어요. 이 세상에 사랑을 가져오는 방법을 찾아야 해요. 증오를 이기는 건 사랑뿐이거든요. 시위하는 사람에게 폭력을 행사하지 말아요. 대체 무슨 짓들을 하는 거예요?*

마빈 게이가 앞장서자 더 템테이션스도 뒤를 따른다. 이미 마틴 루서 킹과 맬컴 엑스를 잃은 흑인 사회는 그 부재한 지도자들을 〈파파 워즈 어 롤링 스톤Papa Was a Rollin' Stone〉으로 추억한다. *아버진 떠돌이였지. 모자를 벗는 곳이면 어디든 집이었지. 아버지가 돌아가시자, 우린 모두가 혼자가 되어버렸지…*. 지도자를 잃은 흑인

〈파파 워즈 어 롤링 스톤〉

공동체의 공허와 방황을 무겁고 음산한 분위기로, 무려 12분 동안 펑크·사이키델릭·소울로 풀어냈다. 애플뮤직 사운드가 얼마나 좋은지 몇 번이고 듣게 된다.

존 리 후커는 블루스 〈모터 시티 이즈 버닝Motor City Is Burning〉에서 폭동의 현실을 직접적으로 담았다. 1969년에는 디트로이트를 대표하는 록 밴드 MC5가 강렬한 록 버전으로 커버했는데, 노랫말도 더욱 격렬하게 만들어 폭동을 흑인 반란으로 해석했다.

스티비 원더는 〈리빙 포 더 시티Living for the City〉라는 노래로 구조적 차별을 고발했다. 경찰 체포와 재판, 감옥 소리를 실제로 녹음해 넣어, 다큐멘터리 같은 사실감을 주면서도 펑키한 키보드 솜씨로 초현실적인 사운드를 구현한다. 천재 음악가의 정치적 색채가 가득한 음악이다.

〈모터 시티 이즈 버닝〉

〈리빙 포 더 시티〉

사실 이런 노래들은 모두 폭동이 끝난 후 당시를 돌이켜보며 등장한 곡들이다. 그리고 성격상 대체로 듣는 음악으로, 흑인 공동체가 공감하며 세대를 넘어 함께 부르는 노래는 아니다. (모타운 음악이 그렇지 뭐.) 1967년 폭동에서 사람들이 가장 많이 듣고 함께 불렀던 노래는 〈댄싱 인 더 스트리트Dancing in the Street〉였다. 당시 모타운을 대표했던 3인조 여성 보컬 마사 앤 더 밴덜라스가 1964년 발표했던 여름 노래, 파티 송이다. 한마디로 〈강남스타일〉이다. 하지만 폭동이 일어나며 라디오에서 몇 번 들려왔던 이 노래는 이내 폭동을 상징하는 노래가 되었다. "거리에서 춤추자"라는 메시지는 "거리를 점령하자, 거리에서 연대하자"라는 의미로 해석되어 길거리에서 많은 사람이 춤추며 함께 불렀다. 단순한 댄스곡이 청년문화와 인권운동을 만나 집단적 저항의 상징으로 확장되고 전유된 대표적인 노래다. 우리에게도 이런 노래가 있지 않나? 뭐 다 같이 만세였던가?

화이트 플라이트와 레드라이닝: 힙합과 레게의 등장

모타운의 LA 이사는 불가피한 측면이 있었다. 길고 무더운 여름은 이듬해 킹 목사의 암살로 오히려 더 뜨거워지며 들불처럼 미국을 집어삼킨다. 68년 한 해에만 110개의 도시에서 흑인 폭동이 벌어졌다. 폭동은 격화되었고, 대응도 거칠었다. 한편으로는 흑인 사회를 달래기 위한 유화책도 등장했고, 폭력 장기화로 피로감도 쌓였다. 결국 지도자 부재로 인한 동력 상실, 전략의 미비 등으로 흑인 운동은 숨을 고르며, 내면을 다지는 국면으로 접어든다.

그사이 미국 도시에서는 소위 '화이트 플라이트white Flight'라는 현상이 나타난다. 디트로이트 같은 도시에서는 백인들이 줄줄이 빠져나갔다. 한때 디트로이트는 흑인들의 최종 목적지였다. 캐나다가 가까운 미시간주 북쪽 끝까지 도착해, "이젠 자유다"란 생각에 안도의 한숨을 내쉬던 곳이다. 20세기 초엔 자동차 산업 발달과 더불어 '모터 시티'라는 별명도 얻으며 일자리도 많았다. 워낙 일자리가 많아서 그런지 1940년 이미 1차 흑인 대이동이 거의 끝난 후에도 디트로이트의 인구 중 백인 비율은 90퍼센트가 넘었다. 하지만 디트로이트 폭동을 겪고 난 1970년에는 이 비율이 55퍼센트로 줄어든다. 급격한 백인 탈출이 있었다는 얘기다. 1980년 이후 산업 자동화와 탈산업화 등으로 일자리가 줄어들며, 이 현상은 심화한다. 일이 없는 흑인들은 도심을 점령하고, 일이 없는 백인들은 도시를 떠났다. 백인이 떠난 도시는 세수가 줄며 재정이 파탄 나고 학교·상업시설·병원 같은 도시 기반 시설도 붕괴한다. 이러한 시설들은 모타운처럼 백인을 따라 이동한다. 버려진 건물은 방치됐다. 범죄율은 상승한다. 인종 분리는 심화됐다. 2013년 디트로이트는 최초로 파산을 선언한 도시가 되었다. 2020년 현재 백인 비율은 11퍼센트에 불과한, 거의 흑인들이 점령한 유령도시가 되어버렸다.

인종 분리는 물리적으로도 나타났다. 연방정부 산하의 준공공기관 HOLC의 지시로, 보험회사와 은행은 흑인과 백인 지역을 구분하고 흑인 지역에는 대출과 투자를 허용하지 않았다. 이를 '레드라이닝Redlining'이라 부른다. 빨간 줄 긋기. 어디서 많이 듣던 말이다. 그 결과 흑인은 대출이 불가능했고, 따라서 주택을 살 수 없었다. 가장 큰 자산 축적 수단인 주택 구입 기회를 정부가 앞장서 막은 셈이다. 그래 놓고 흑인들이 못 사는 이유는 "투자를 잘못해서"라고 한다. 2009년 서브프라임 사태에서 유색인종이 백인보다 훨씬 큰 피해를 본 것은 금융기관의 차별과 구조적 불평등 때문이었다. 다른 우량하고 건전한 투자 수단이 금지된 사회에서는 서브프라임 모기지론 같은 잘못된 방법에 귀가 솔깃할 수밖에 없었고, 이는 더 늘어난 자산 격차와 사회·경제적 불평등을 낳았다. 지금도 백인과 흑인 간의 금융 문해력financial literacy 격차는 엄청나다. 사실 유색인종 사회에서 금융 문해력이라는 말을 쓸 수 있는지조차 의문이다. (《언 유어 레저Earn Your Leisure》라는 팟캐스트의 진단이다.) 금융 문해력이 없다 보니, 자식에게 어떻게 투자해야 하는지, 어떻게 두 발로 이 세상을 설 수 있는지 가르칠 수 없다. 빈곤은 깊은 상처를 남기며 세습된다. 평균 흑인 가정은 평균 백인 가정이 소유한 부의 단지 10퍼센트만을 갖고 있다.

시카고나 뉴욕도 사정이 크게 다르지 않았다. 1977년 뉴욕 정전 폭동New York City Blackout Riot은 흑인이라는 인종보다는 계급적 성격이 강조된 폭동이다. 1977년 7월 13일 하필 후덥지근하던 여름밤 뉴욕의 발전설비가 고장 났다. 이미 공공 서비스 부족에 스트레스를 받던 시민들은 흑인 지역으로 고착되어 있던 브루클린, 브롱크스, 할렘을 중심으로 폭동을 일으켰다. 1000건 이상의 방화가 있었고, 3000여 명이 체포되었다. 언론은 '도둑질과 폭력'을 강조하며 인종차별을 부추겼다. 언론은 대체로 그렇다.

우리에게 익숙한 '깨진 유리창' 이론은 바로 이 사건을 배경으로 부상한다. 불공정한 도시 행정과 대출기업의 차별적인 정책으로 버려지고 피폐한 건물과 집이 많을 수밖에 없었던 브롱크스 같은 지역에서 폭동이 일어나자, 정책 입안자들과 언론은 "무질서가 범죄를 낳는다"라고 한목소리로 외쳤고, 이 이론으로 '무관용zero tolerance' 정책이 도입되고, 시장 루돌프 줄리아니, 경찰청장 브래튼이 낙서 · 무임승차를 포함한 모든 '경범죄'까지 단호하게 처벌하는 철권을 휘두른다. 폭동의 원인은 구조적 불평등이 아니라 '작은 무질서'로 환원되고, 그 단순한 인식에 따라 경찰 폭력과 인종차별은 정당화된다. 대체 유리창 낙서가 더 큰 문제인가? 대출을 못 받아 굶어 죽는 게 더 큰 문제인가?

그랜드마스터 플래시의 〈더 메시지The Message〉는 이 질문에 대한 대답을 제시한다. 정전 폭동의 절망적 도시 분위기를 반영하는 이 노래엔 깨진 유리창도 실제로 등장한다. *깨진 유리창은 어디에나 있고, 사람들은 계단에다 오줌을 누고, 신경도 안 쓴다. 나를 더는 몰아붙이지 마. 이제 정말 터지기 직전이야. 정신 잃지 않으려고 애쓰는 중이야*…. "Don't push me, 'cause I'm close to the edge/I'm tryin' not to lose my head"가 반복되면서 폭력 또는 정신적 · 심리적 붕괴를 바로 앞에 둔 도시 빈민의 내면이 고스란히 드러난다. 단순하고 수준 낮은 디스와 자랑질의 파티 음악이었던 1980년대 힙

〈더 메시지〉

합을, '도시 흑인의 저항의 언어'로 확장했다고 평가받는 걸작이다. 언제 들어도 좋은 '의식적인 랩Conscious Rap'의 효시다.

마이애미는 철도가 개통하면서 도시화가 시작되었다. 철도와 부두가 동시에 필요하다 보니 가까운 바하마 쪽 흑인들이 노동자로 대거 투입되었다. 그 때문에 마이애미는 워낙에 흑인 비율이 높은 도시였다. 이 흑인들은 주로 '남부의 할렘'이라는 별명을 가진 오버타운이라는 장소에 모여 살았다. 이 지역에도 역시 빨간 줄이 그어졌고, 그러고서도 뭐가 마음에 안 들었는지 주 행정부는 1960년대 오버타운을 가로지르는 고속도로를 건설하며 인구의 90퍼센트를 강제 이주시키고 수천 채의 집을 파괴했다. 도시 하나가 송두리째 날아가버렸다. 많은 사람이 가까운 거리에 있는 리버티 시티로 이주하여, 이제는 리버티 시티가 대표적인 흑인 커뮤니티가 되었다.

1979년 12월 17일 플로리다주 마이애미 리버티 시티에서 아서 맥더피라는 전직 해병대원이 백인 경찰에게 집단 구타당해 사망한다. 사고로 맥더피가 죽었다고 허위 보고한 경찰들은 살인 혐의로 기소되지만 모두 무죄 평결을 받는다. 폭동이 일어나고, 군대가 투입되며 18명이 사망하고, 수백 명이 부상하고, 850명이 체포되며 사흘간의 '무질서'는 끝난다. 언론은 여전히 흑인 폭력성을 강조하고, 마이애미는 이때부터 '폭력 도시'라는 낙인이 찍힌다. 폭동 이후에도 주거와 교육의 인종 분리는 고쳐지지 않고 오히려 심화되며 교육 기회 격차와 사회적 이동성의 제한이 심각한 문제로 부각되고 있다. 2024년 현재 마이애미 백인 주거지역에서 거주하는 흑인은 5퍼센트도 안 된다고 한다.

마이애미가 카리브해에 가깝다 보니, 예전부터 카리브해 음악과 많은 교류가 있었다. 혜성처럼 등장한 밥 말리Bob Marley는 이미 마이애미를 비롯한 미국 전역에서 유명세를 떨치고 있었다. 그가 1973년 발표한 〈겟 업, 스탠드 업Get Up, Stand Up〉은 레게 역사상 가장 유명한 정치적 노래이자, 흑인 해방운동과 제3세계 민중 저항운동을 연결하는 노래로 80년 마이애미 폭동에서도 흔히 들을 수 있었다. *일어나, 저항해, 너의 권리를 위해 싸워. 사람들은 위대한 신이 하늘에서 내려와서 모든 일을 해결해줄 것이라고 믿지만, 그런 건 없어. 억압자들이 거짓말로 사람들을 잠깐은 속일 수 있지만, 진실은 결국 드러나기 마련이지…*. 선창과 후창이 반복되는 구조로, 집단적 리듬감을 고조시킨다. 폭력 대신 의식 혁명을 촉구하는, 전 세계 피억압 민중을 위한 투쟁의 노래다.

〈겟 업, 스탠드 업〉

LA 봉기:
힙합이 분노와 연대의 마이크를 들다

원래 로스앤젤레스의 대표적 흑인 구역은 이미 짐작하고 있었겠지만, 와츠 지역이다. 와츠 폭동이 일어났던 곳이다. 1차 대이동으로 북동부, 중서부로 이주한 흑인의 흐름은, 1940년대부터 시작한 2차 대이동으로 서부 대도시까지 확장한다. 전쟁 산업, 특히 군함 건조로 엄청난 호황을 누리던 로스앤젤레스는 그중에서도 매력적인 목적지였다. 흑인들이 들어오면 백인들은 떠났다. 백인 부동산 업자들은 흑인들이 동네에 이주한다는 소문을 퍼뜨린다. 백인들은 집을 싸게 팔고 이주한다. 그 결과 그 동네는 '박살' 나서 흑인 구역이 된다. 백인들이 떠나는 현상을 '화이트 플라이트'라 한다면, 부동산 업자들이 백인 동네를 박살 내는 수법을 '블록버스팅blockbusting'이라 한다. 부동산식 공포 마케팅의 원조인 셈이다.

흑인들이 사우스 LA, 특히 사우스 센트럴South Central과 콤프턴Compton에 자리를 잡으면서 백인과 유대인, 아시아인들이 떠나자, 그 지역은 흑인 커뮤니티가 되었다. 문제는 한곳에 정착하면 좀처럼 떠나지 않으려는 한국인들 상당수가 거기에 남아 있었다는 점이다. (나중에는 한국인들도 많이 떠난다. 이는 그냥 '교외화suburbanization'라고 부른다.)

1991년 3월 3일 이른 저녁 로드니 킹이라는 청년이 당시만 해도 누구나 무시하던 현대차를 몰다가 과속 단속을 하던 경찰에게 제지당한다. (고급 승용차를 몰지 말아야 하는 이유는 앞서 언급했다. 이번엔 무시당하던 차를 몰았다는 게 문제다. 대체 흑인은 어떤 차를 몰아야 하는가?) 목숨의 위태로움을 직감한 로드니 킹은 굳이 주택가까지 차를 몰고 가 세웠고, 네 명의 경찰이 그에게 일방적인 폭행을 가한다. 이 장면이 촬영된 비디오가 뉴스를 통해 방영되며, 또 한 번(너무도 여러 번) 전국적인 공분을 일으켰다. 하지만 1992년 4월 29일 경찰관 네 명은 무죄 평결을 받았다. 분노한 흑인들이 경찰서 앞에 모여 시위를 시작했다. 누군가 돌을 던졌고, 이를 도화선으로 경찰에 대한 공격이 시작되었다. 이날을 기념하여 '4 · 29 시민 봉기4 · 29 Civil Uprising'라고도 한다. 도시 폭동 중 가장 커다란 규모로 5월 4일까지 진행된 이 폭동으로 63명이 목숨을 잃고, 4000여 명이 부상하고, 1만 2000명 이상이 체포되었다. 피해의 약 40퍼센트를 한인 사회가 감당했다.

한국인들이 큰 피해를 본 건 두 가지 이유에서다. 하나는 이미 미국의 주류가 사용해왔던 갈라치기 전술 때문이다. 미국 주류가 철도 파업과 탄광에서 다른 민족 혹은 인종을 스캡으로 동원했던 방법을 인종 폭동에 활용하지 않았을 리가 없다. 당시 "한국인이 몰려온다Koreans are coming"라는 표어 아래 한국민은 미국 사회에 잘 적응하고 있는 '모범 민족'으로, 한국은 아시아를 대표하는 네 마리의 용으로 포장이 되고 있을 때였다. 졸지에 우리는 다른 소수 민족이 본받아야 할 (다른 말로는 질시의 대상) 집단이 되어버렸다. 하지만 이미 마틴 루서 킹과 맬컴 엑스를 통해, 흑표당을 통해, 연대의 중요성을 알고 있던 흑인 사회는 그리 쉽게 혐오 조장에 넘어가지 않았다. 한국인을 비롯한 동아시아인들은 "황인종은 흑인 권력을 지지한다"라는 구호로 화답했다.

로드니 킹 사건 직후인 1991년 3월 16일 남부 LA 지역에서 한국인 두순자가 운영하던 리커 상점에서 흑인 소녀 라타샤 할린스가 총에 맞아 사망한다. 언론은 불과 15세 소녀가 겨우 오렌지 주스 한 병을 훔쳤다는 이유로 뒤에서 총을 쏴 죽였다고 한국인의 잔혹성을 부각하며 호들갑을 떨기 시작한다. 예전부터 한국 하면 떠오르는 이미지, 한국전쟁 때 우리가 도와줘 겨우 살아난 주제에, 이제 좀 잘산다고 거들먹거리고, 돈밖에 모르고, 흑인은 무시한다는 이미지를 그대로 재생산하여 혐한 감정을 부추긴다. 그해 11월 두순자는 집행유예를 받고 석방된다. 흑인 사회가 드디어 불타오른다. “개를 죽이면 감옥에 가지만, 흑인을 죽이면 집행유예를 받는다”라는 말이 퍼진다. 아이스 큐브는 〈블랙 코리아Black Korea〉를 만들어 “그러다 너희는 곧 전국적인 보이콧의 대상이 될 거야. 블랙 파워를 존중하지 않으면, 너희 가게를 태워버릴 거야”라고 협박하며, “너희들이 아무리 노력해도 우리 흑인 사회를 흑인 한국으로 바꾸지 못해”라고 일갈한다. 경력 초기엔 사회적 메시지를 다루며, 인종·빈곤·흑인·여성의 현실을 ‘의식화된 랩’ 또는 사회 참여적 랩으로 표현해왔던 투팍2Pac 역시 라타샤를 추모하며 〈킵 야 헤드 업Keep Ya Head Up〉을 발표한다. 특히 차별과 편견에 맞서는 흑인 여성들의 존엄성을 지지하는, 초기 투팍다운, 언제 들어도 따듯한 노래인데 하필 이 노래의 배경이 두순자 사건이어서 그저 안타까울 따름이다.

로드니 킹 폭행 사건의 평결이 계기가 되어 봉기한 흑인들이 흑인 커뮤니티에서 쏟아져 나왔다. 정신없이 달리고, 외치고, 노래하다 보니 엉뚱하게 닿은 곳이 한인 타운이었다. 처음부터 공권력의 보호 대상은 베벌리 힐스를 비롯한 백인 부유층 지역과 관공서 건물에 국한되었다. 공권력은 한국인들을 이이제이의 대상으로 삼아, 분노로 폭발하고 있는 흑인들 앞에 껍질째 던져두고 달아났

〈킵 야 헤드 업〉

다. 아니, 길 대부분을 차단하고 한인타운으로 가는 길만 열어 아예 그리로 가서 분노를 폭발하도록 설계했다.

얼마 전 '루프탑 코리언'이라는 편향된 밈이 트럼프 대통령 아들 입에서 언급되며, 다시 한번 그때의 기억을 소환했다. 한국인들은 지붕 위에서 무장하고 싸웠다. 급성간염이나 부동시 같은 중병을 앓지 않는 한, 총기를 다뤄 본 경험이 있던 한국인들은 감히 범접할 수 없는 무시무시한 자경단을 만들었다. 사실, 흑인과 한인 사이는 그리 나쁘지만은 않아서, 일어났던 약탈 대부분은 히스패닉이 저질렀고, 히스패닉 갱들로 한국인이 사망하자, 흑인 갱스터들이 한국인 대신 보복했다는 사례도 있었다. 문제는, 이런 사건의 발단이 누군데, 왜 우리에게 그 아픈 기억을 강제 소환하느냐는 거다. 흑인을 죽여 그 분노를 한국인에게 터뜨리게 만들어놓고, "흑인들은 한국인에게 안 돼요. 한국인들은 다 저격수예요"라며 공공연히 두 집단을 이간질하고 있다.

사실 LA 봉기의 원인은 두 사건, 로드니 킹 구타와 두순자의 총격 살인 사건으로만 환원할 수는 없다. 극단적으로 말하자면 1980년대까지 정말 많은 죽음을 바쳐가며 쌓아온 200년에 가까운 노력이 단 한 순간에 신기루처럼 사라지고 있었다. 눈에 보였다. 적어도 몇몇 사람에게는 보였다. 부상하고 있던 신자유주의는 미국 흑인들, 그리고 수많은 유색인종 집단에게 전쟁을 선포하고 있었다. 흔히 '마약과의 전쟁'이라 부르는 이 전쟁의 다른 이름은 '흑인을 비롯한 미국 빈민과의 전쟁'이고, 애초에 승리할 수 없는 이 전쟁, 국민을 적으로 삼는 이 어처구니없는 전쟁에, 미국은 불을 향해 날아드는 부나방처럼 일말의 주저 없이 뛰어들고 있었다.

1987년 콤프턴에서는 NWA라는 이름의 그룹이 결성되었다. 이지 이, 닥터 드레, 아이스 큐브, MC 렌, DJ 옐라로 구성된 이 어마무시한 그룹의 이름은 '까칠한 흑형들Niggaz Wit Attitudes'(영화 〈스트레이트 아우터 콤프턴Straight Outta Compton〉에서의 번역이다.)의 줄임말이다. 이들은 《스트레이트 아우터 콤프턴》이라는 데뷔 앨범에서 사회적 메시지를 강렬한 가사와 과격한 랩에 담아 소위 갱스터 랩의 시대를 열었다. 그중에서도 언제나 이 모든 폭동의 실마리를 제공하는 경찰을 비판한 〈퍽 더 폴리스F**k tha Police〉는 LA 폭동의 주제가였다. 비슷한 노래로 아이스 티의 〈캅 킬러Cop Killer〉(경찰 살해범)라는 하드코어 메탈이 있다. 너희가 우리를 죽인 만큼 이제부터

〈퍽 더 폴리스〉

〈캅 킬러〉

우리도 너희를 죽이겠다는 섬뜩한 노래다. 수십만 장이 팔렸지만, 정부의 압박을 이기지 못한 워너 브라더스 레코드는 결국 앨범에서 이 노래를 삭제하며 검열 논란을 불러일으켰다.

1992년 반자본주의, 반제국주의, 다인종 연대를 강조하며 혜성같이 등장한 레이지 어겐스트 더 머신Rage Against the Machine(여기서 Machine은 기계가 아니라, 비인간적이고 억압적인 국가권력 체계의 은유다.)의 〈킬링 인 더 네임Killing in the Name〉 역시 경찰 폭력에 대한 록의 대표적인 응답으로 꼽힌다. "네깟 놈들이 무슨 권리로 우리를 죽이는가?" 정도의 의미를 갖는 〈킬링 인 더 네임〉은 마지막에 모두가 떼창하는 "엿이나 먹어. 니들이 시킨다구 내가 할 줄 알아?Fuck you, I won't do what you tell me!"로도 유명하다. 이후 모든 시위 현장에서 #FYouIWontDoWhatYouTellMe/#RATMResistance 해시태그로 등장하며 시민 불복종의 대표 구호가 되었다.

LA 폭동으로 두 가지가 분명해졌다. 첫째, 국가는 소수 집단의 생명과 권리를 보호하지 않는다. 아니 오히려 소모품으로 간주한다. 둘째, 언론은 흑인의 목소리를 대변하지 않는다. 다큐멘터

〈킬링 인 더 네임〉

리 〈업라이징: 힙합 앤 LA 라이어츠Uprising: Hip Hop and the LA Riots〉를 보면 다큐멘터리 제작자가 "우리는 CNN도 없고, 폭스도 없다. 우리가 직접 우리의 이야기를 기록해야 한다"라고 말한다. 그 빈자리를 힙합이 메우며, 힙합은 흑인 공동체의 '비공식 언론'이 된다. 앞서 말한 NWA나 투팍의 노래들은 경찰 폭력, 인종차별, 사회적 불평등을 다루며 폭동이 필연적으로 일어나리라 예견했다. 아이스 큐브Ice Cube의 〈위 해드 투 테어 디스 머더퍼커 업We Had to Tear This Motherfucker Up〉은 LA 폭동의 원인과 경과를 소상하게 알리는 저널리즘 같은 작품이다. 언론이 제 역할을 포기하면서 힙합은 정치가 되었다.

마약과의 전쟁,
흑인 커뮤니티를 공격하다

1979년 중동의 미국 괴뢰정부였던 팔레비 정권이 무너진다. 그리고 중동 지역의 패권을 놓고 페르시아 시아파를 대표하는 신정국가 이란과 아랍 수니파를 대표하는 세속국가 이라크 사이의 8년에 걸친 전쟁이 시작된다. 페르시아/아랍, 시아/수니, 신정/세속이라는 구분은 이슬람교라는 종교보다도, 반미라는 정치적 태도보다도 강했던 모양이다. 1차 세계대전과 2차 세계대전 초기 양쪽을 동시에 지원하며 돈을 쓸어 담던 미국이라는 나라는, 이번 전쟁도 호기라고 생각한다. 이라크의 사담 후세인은 (대략 30조 원 정도로 추정되는) 수없이 많은 지원을 받으며 친미로 돌아선다. 미국의 최신 무기와 맞서 싸우다 지친 이란은 적국으로 간주해왔던 미국에 무기 판매를 요청한다. 미국은 덥석 받아들인다. 결국 미국제 최신 무기로 중무장한 양국의 전쟁은 장기화하며 미국의 배만 불린다.

문제는 적국인 이란에 대한 무기 판매는 불법이었다는 점이다. 실제 가격보다 훨씬 부풀려 받은 무기 대금은 어차피 밝혀지면 안 되는 '검은돈'이니, 이 돈 역시 검은 일에 쓰기로 한다. 그 일은 바로 점점 빨갛게 물들고 있는 남미를 다시 푸른색으로 칠하는 작업이었다. 좌파 정권들이 들어서고 있던 남미의 저항 세력은 소위 콘트라Contra로 불렸다. 말이 좋아 콘트라지, 사실은 마약재배업자와 그의 사병들, 나르코스와 떨거지들이라고 불러야 할 정도였다. CIA의 불법 자금은 이 남미의 양아치들에게 (당연히 불법) 무기를 지급하는 데 사용된다. 벼룩도 낯짝이 있었는지 공짜로 무기를 받을 수는 없었던 양아치들은 그 대가로 당시 신제품이던 크랙 코카인(분말 코카인을 베이킹소다 등으로 처리해 결정 형태로 만든 것으로 가열해 흡연하는 방식이다. 타는 소리crackling sound 때문에 크랙이라 불린다.)을 안겨준다. 운반도 쉬웠던 크랙은 이렇게 무기를 내린 비행기에 실려 미국으로 향한다. 이 '노예 3각 무역'을 떠올리게 하는 거래를 '이란-콘트라 사건'이라 부른다. 실화라고 박박 우기는 영화 〈아메리칸 메이드〉는 이 사건을 배경으로 하고 있다. 잘생긴 톰 아저씨가 실존 인물과 비슷하게 보여야 한다고 살을 무지 찌워, 가장 망가진 모습으로 등장한 영화로도 잘 알려져 있다.

1980년대 마이애미에서 시작된 크랙은 그야말로 '단절적 혁신'의 대표주자였다. 손쉬운 유통, 엄청나게 저렴한 가격과 강력한 중독성으로 미국을 점령해나갔다. 코카인은 더 이상 백인 부유층의 상징이 아니었다. 누구나 쉽게 접근할 수 있게 되면서 흑인 빈곤 사회를 대표하던 헤로인을 빠르게 대체하면서 사회 전체로 퍼져나갔다. 심지어 '크랙 전염병'이라는 표현까지 돌자 미국 정부는 더는 가만히 있을 수 없었다. 레이건 행정부는 1986년 마약 남용 방지법을 통과시키며 '마약과의 전쟁'을 천명한다. 그런데, 잠깐, 그 시작이 누구였더라?

'마약과의 전쟁'은 이제 우리나라에서도 여러 번 들었으니 알겠지만, 나름의 목표가 있는 캠페인이다. 일단 어떤 문제를 덮어야 한다. 이를 위해서는 희생양을 만들어야 한다. 그 나쁜 놈을 죽을 때까지 패며 모든 관심을 그놈에게 돌려야 한다. 미국에서 그 '나쁜 놈'은 누구였을까? 당연히 흑인이다. 심지어 '마약과의 전쟁'에도 계급 차별이 있다. 예를 들어 크랙은 5그램만 소지해도 최소 5년 형을 선고받는다. 하지만 기존의 코카인(보통은 영화에서 보듯 돈을 말아 코로 흡입하는 분말 코카인)은 500그램을 갖고 있어야 같은 형량을 받는다. 아무리 중독자라도 몇 그램이면 충분한데, 500그램씩이나 갖고 다니는 사람이 어디 있겠는가? 그냥 이런 말이다. 분말 코카인은 막 해라. 돈 많은 놈들이 마약 하면 안 잡겠다. 하지만 돈도 없는 너희 같은 흑인 놈들이 마약 하면 죽여버리겠다.

마약범은 급격히 늘어났다. 1980년 5만 명에서, 1997년엔 30만 명 정도가 투옥된다. 흑인 인구의 투옥률도 급격히 증가했다. 미국 내 흑인 비율은 13퍼센트 정도이지만, 감옥에서는 무려 33퍼센트를 차지하고 있다. 무단 횡단만 해도 달려들던 경찰이 아무렇지도 않게 폭력을 행사하며 주머니를 뒤졌다. 경범죄도 손쉽게 중

범죄로 둔갑했다. 감옥은 흑인으로 미어터졌다. 마약 전쟁 예산 중 많은 돈이 새로운 감옥을 짓는 데 사용되어야 했다. 그러고도 공간이 모자라, 경제 사범 같은 '잡범'들은 조기 석방하고 새로운 흑인 마약 상용자를 집어넣어야 한다. 2020년 현재 미국은 세계에서 죄수가 가장 많은 나라다. 인구 10만 명당 수감자가 710명 정도로, 2위를 차지하고 있는 비슷한 신자유주의 국가인 영국보다 무려 7배는 많다. 그러고도 모자라 계속 감옥을 짓고 있다. 미국은 과연 범죄가 다른 나라보다 많은 나라인가? 수감자 비율이 높은 흑인들은 원래 그렇게 폭력적인 인종인가? 흑인에게는 감옥이 사회인가? 사회가 감옥인가?

앞서 우리는 몇 가지 추세를 목격했다. 흑인은 모여 산다. 그 이유가 뭐든, 예전에는 남부에, 지금은 도심 일부 지역에 몰려 산다. 그 지역에서 백인들이 빠져나가며 흑인 공동체는 가난의 공동체로 전락한다. 사회 기반 시설들이 덩달아 사라지며 흑인들은 사회의 기본적인 혜택도 받지 못한다. 대표적인 것 중 하나가 교육이다. 학교가 사라지거나, 혹은 학교 다닐 형편이 되지 못하는 아이들은 일찍 사회에 나온다. 게다가 신자유주의 이후 무관용 정책이 도입된 학교에서는 조금만 잘못을 저질러도 퇴학당한다. 흑인은 백인과 비교해 퇴학이나 정학 등 중징계를 받는 비율이 3~4배 더 크다. 학교를 나와 봐야 할 일이라곤 없다. 그저 동네에서 약 파는 형님들의 망이나 봐줄 수 있을 정도다. 심심하면 찾아오는 경찰은 무단 횡단만 해도 체포한다. 감옥에 가면 이제 형님들에게 본격적으로 범죄를 배운다. 출소해서는 그 배운 바를 성실하게 실천에 옮기며 흑인 범죄자로 살아간다. 이게 소위 '학교-감옥 파이프라인school-to-prison pipeline'이다.

미국 힙합에서 가장 영향력 있고 정치적인 그룹 퍼블릭 에너미Public Enemy는 1987년 처음부터 '흑인 사회의 목소리'로 본격 데뷔했다. 이듬해 발표한 두 번째 앨범 《잇 테이크스 어 네이션 오브 밀리언즈 투 홀드 어스 백It Takes a Nation of Millions to Hold Us Back》은, 퍼블릭 에너미는 물론 힙합 전체를 대표하는 콘셉트 앨범으로 레이건 시대 마약과의 전쟁과 신자유주의 정책에 대한 저항의 음악이다. 앨범에서 가장 유명한 노래는 정치적 힙합 선언이라 할 수 있는 〈브링 더 노이즈Bring the Noise〉, 퍼블릭 에너미에 대한 언론의 비판에 대응하는 〈돈트 빌리브 더 하이프Don't Believe the Hype〉지만, 다른 음악들도 훌륭하다. '이유 없는 반항'을 패러디해 중단 없는 저항을 다짐하는 〈레벨 위드아웃 어 포즈Rebel Without a Pause〉도 멋지다. 〈라우더 댄 어 밤Louder Than a Bomb〉은 이란-콘트라 스캔들과 미 제국주의를 정면으로 겨냥하고 있다. *형제들은 지금 쫓기는 신세가 되어, 총을 들었어. 왜냐면 CIA가 니카라과에서 더러운 짓을*

〈라우더 댄 어 밤〉

하고 있기 때문이지. 그래 놓고 FBI와 CIA는 언제나 거짓말을 하지…. CIA의 무기 거래가 미국 내 흑인들을 범죄와 폭력으로 내몰면, FBI는 그런 흑인을 때려잡는 데 골몰하고 있다는 고발이다.

〈나이트 오브 더 리빙 베이스헤즈Night of the Living Baseheads〉는 누가 보더라도 조지 로메로의 좀비 영화 〈살아 있는 시체들의 밤〉의 패러디다. 'Baseheads'란 크랙 코카인에 중독된 사람들을 가리키는 말로, 크랙이 마치 좀비 바이러스처럼 사람들의 삶을 파괴하고 사회를 황폐화시키는 모습을 묘사한 것이다. 중요한 건, 이런 상황을 흑인이 원한 것은 아니라는 점이다. 투팍의 삶을 그린 영화 〈올 아이즈 온 미All Eyez on Me〉에도 나오지만, 흑인들이 좋아서 마약을 하는 게 아니다. 마약에서 벗어나고 싶다. 그렇지 못하게 애초에 만들어놓은 게 누구인가? 퍼블릭 에너미는 이렇게 흑인이 흑인에게 마약을 팔고, 결국 공동체 모두가 좀비화되어 내부에서부터 무너지는 현상을 안타까워하며, 동시에 이를 방관하는 사회구조에 대한 분노를 터뜨린다. *마약 거래자들은 결국 실패자가 된다. 같은 동네에서 형제가 형제에게 마약을 팔다니. 좀비처럼 거리를 걷는다. 이건 음악이 아니다. 무서운 현실 이야기다. 중독자들은 마약을 찾고 또 찾는다. 매일같이 다른 방법은 없다고 말한다. 정말, 끔찍하*

〈나이트 오브 더 리빙 베이스헤즈〉

다…. 흑인 공동체와 붕괴, 자기파괴를 씁쓸하지만 강렬하게 노래한다. 이만큼 강한 공동체 의식을 보여주는 작품이 또 있었던가?

퍼블릭 에너미 하면 떠오르는 곡은 역시 〈파이트 더 파워 Fight the Power〉다. 스파이크 리가 만든 〈똑바로 살아라〉의 주제가로 〈퍽 더 폴리스〉와 더불어 흑인 해방운동을 대표하는 노래이기도 하다. *엘비스도, 존 웨인도 백인 영웅이야. 우린 우리만의 영웅이 필요해. 우리 음악을 금지해도, 소리는 더욱 커지지, 정부와 언론의 왜곡과 차별에 맞서 우리는 우리 힘으로, 우리 목소리로 권력과 싸워야 해…*. 퍼블릭 에너미는 권력의 미시적인 작동 방식을 이야기한다. 권력은 감옥으로도 폭력으로도 우리를 죽이지만, 존 웨인으로 매릴린 먼로로 우리의 눈을 멀게 만들기도 한다. 엘비스 노래를 부르고 조영남의 노래를 듣는 우리는 아무 생각 없는 꼭두각시 인형으로 폭력적인 체제에 자신도 모르게 영합하여 우리의 형제를 억압한다. 따라서 먼저 그 프레임에서 벗어나야 한다. 주류 언론, 교육, 사회 시스템에서 벗어나 생각할 수 있어야 한다. 우리의 힘과 목소리로 저들의 역사와 권력에 맞서야 한다. 주류 문화의 배경음악으로 남을 것인가? 우리 편의 확성기가 될 것인가?

〈파이트 더 파워〉

기억 투쟁

1987년 7월 9일 연세대학교에서는 이한열 열사 영결식이 열리고 있었다. 막 감옥에서 나와 초췌한 모습의 문익환 목사는 양심수 대표로 단상에 올랐다. 한평생 민주와 해방을 위해 싸워온 불굴의 투사도 이제는 불꽃이 스러지는지 너무도 피곤하고 지쳐 보였다. 하지만 굽은 허리로 천천히 걸어 나온 그는, 어느새 형형한 안광을 쏘아대며, 조사의 형식 따윈 무시한 채 다짜고짜 돌아가신 열사들의 이름을 토해내기 시작했다. 진짜 토해내는 것 같았다. "전태일 열사여! 김상진 열사여! 장준하 열사여!…" 잠시 침묵이 흐르던 청중들 사이에서는 조금씩 눈물이 터져 나왔고, 25명의 이름을 끝까지 호명한 사자후가 끝날 즈음엔 모두가 알고 있었다. 우린 이 싸움을 이긴다. 이기고야 말 것이다.

2020년 5월 25일 미니애폴리스에서 조지 플로이드는 데릭 쇼빈이라는 경찰의 무릎에 목이 눌려 9분 29초 동안 수도 없이 "I can't breathe(숨을 쉴 수 없어요)"를 외쳤지만 결국 질식사한다. 이 장면은 소셜 미디어를 통해 전 세계로 퍼져나간다. 다음 날 미니애폴리스에서 첫 시위가 일어나고 이후 200여 미국 도시와 전 세계로 시위는 확산된다. 늘 그렇듯이 경찰의 무력 진압이 시작되고, 시위대와의 충돌·방화·약탈이 마치 짜놓은 각본처럼 진행된다. 주 방위군이 동원되고, 대도시에서는 야간통행금지령이 선포되고, 최소 1만 4000명이 체포되고 경찰관들은 기소된다.

다만 달라진 게 있다면 2급 살인 혐의로 기소된 경찰관 데릭 쇼빈이 22년 6개월의 중형을 선고받았다는 사실이다. 경찰의 공권력 남용이 마침내 죗값을 제대로 치른 최초의 사건이다. 이는 미국뿐 아니라 전 세계적으로 퍼져나갔던 "블랙 라이브스 매터Black Lives Matter, BLM" 운동의 영향이라고 볼 수 있다. 사실 BLM 운동은 2014년 미주리주 퍼거슨에서 처음 대중적인 구호로 등장했다. 마이클 브라운이라는 흑인 청년이 비무장 상태에서 총에 맞아 죽으면서 2014년 8월부터 시작된 항쟁이 미국 200여 개 주요 도시로 확산해갔다. 앞서 보았듯이 흑인 폭동은 도시의 흑인 지역에 국한된 지역적인 성격을 띤다. LA 폭동은 한국인들을 일종의 '폭동 파괴자'로 이용하려는 경찰의 잘못된 판단으로 폭동의 규모를 키운 대표적인 사례다. 하지만 이제 폭동은 흑인 구역에 국한되지 않고 도시 규모로 확산된 후 다른 도시로까지 번져 전국적인 폭동이 된다.

용어도 바뀌었다. 이제는 더 이상 흑인 '폭동riot'이라 부르지 않는다. 기존 언론을 불신하고 나름의 저널리즘을 갖게 된 흑인 사회는 이제 '항쟁unrest', 또는 '봉기uprising'라는 용어를 써서, 자신들을 비조직적이고 그때그때의 감정에 따라 행동하는 범법자와 차별화한다. 구조적인 차별과 경찰 폭력에 대한 대중적인 저항의 성격을 갖기 시작한 퍼거슨 항쟁이 내세운 BLM이라는 구호는, 흑인 민중의 투쟁이 사회 전체의 소수자와 노동계급 해방과도 긴밀히 연결되어 있다는 인식을 확산시키며 마침내 플로이드 항쟁에서는 소수자와 빈민이 가세하는 도화선이 되었다. (심지어 조지 플로이드 항쟁에서는 백인 참여가 절반 이상이었다고 한다. 한국인도 풍물패라는 형식으로 이 항쟁에 참여하여, 세련된 시위 문화를 전수한다. 당시 한국인들이 들었던 표어는 "우리 역시 흑인처럼 미국에 살고 있는 소수자다"였다.) 여러 인종이 참여하면서 시위 규모는 이제 도시 차원을 넘어 전 세계로 확산된다. 조지 플로이드 항쟁은 미국 전역 2000여 개 도시에서, 60개 이상의 나라에서 일어난 전 지구적 반인종주의·반차별주의 운동이 되었다.

소셜 미디어와 디지털 기술을 이용하여 전 세계로 생중계되던 이 조직적 항쟁에서는 폭력이 사라졌다. 처음에는 과거와 유사한 약탈 문제로 경찰과의 충돌이 있었지만, 이내 약탈은 진정되고 비폭력적 대중 시위가 자리를 잡으며, 오히려 경찰의 과잉 진압이 전 세계적인 분노를 샀다. 약탈과 방화를 목적으로 하는 폭동이 아니다 보니, 시위의 요구도 구체적이었다. 경찰 개혁 및 경찰 예산 삭감, 이민 · 관세 집행국 폐지, 학교 경찰 폐지, 소수자 커뮤니티 지원 등 제도 중심의 구체적인 요구가 터져 나왔다. (여기서 흥미로운 점은 2020년 봄이 코로나19 팬데믹 절정기였음에도 불구하고 코로나 방역이나 보건 대책 요구가 주요 의제로 부상하지는 않았다는 점이다. 실제로 흑인들의 코로나 사망률이 백인과 비교해 1.6배였지만, 전염병보다 공권력이 흑인 사회에 더 큰 위협이었다는 말이다. 가슴 아픈 이야기다.)

트럼프 정권은 시위 참가자들을 여전히 '폭도thugs'와 '약탈자'로 부르며 물리력을 동원해 시위를 해산했다. (몸에 "Thug Life"라는 문신을 새기고 다닌 투팍이 들었으면 좋아했으려나, 트럼프에게 인정받았다고? 농담이다. 사실 투팍의 문신은 "The Hate U Give Little Infants Fucks Everybody," 다시 말해, "어린아이에게 보이는 혐오가 모두를 망친다"의 약자로, 사회적 약자에 대한 혐오를 멈춰야 한다는 메시지다.) 트럼프는 시위대의 몇몇 주요 요구에 대해서 수용 의사를 비치기도 했지만, 결국 제스처로 끝났고, 경찰 개혁 등 약속했던 제도적 변화는 중단하거나 무시했고, 흑인 인권·다양성 정책들은 축소하거나 폐기하는 방향으로 나아가고 있다. 왜 불길한 예감은 늘 적중하는 걸까?

퍼거슨 항쟁에서부터 시작된 시위의 대중화는 플로이드 항쟁에서 더 많은 참여와 연대가 이루어지며 두드러졌다. 시위의 양상도 방화와 약탈을 벗어나 다시 평화로운 행진이 주를 이뤘다. 단지 70년대까지는 시위대가 노래를 불렀다면, 이제는 크게 노래를 틀어놓고 행진하며, 선창과 후창 구조에 맞춰 함께 구호를 외치는 정도에 그친다는 점이 다르다. 함께 부르기엔 노래가 너무 빠르고,

노랫말이 너무 길고 복잡해졌다. 그만큼 구호와 슬로건은 다양해졌다. 조지 플로이드의 사망 직후 발표된 H. E. R의 〈아이 캔트 브리드I Can't Breathe〉는 노래보다도 구호로 더 자주 울려 퍼졌고, 그 외에도 "블랙 라이브스 매터Black Lives Matter", "노 저스티스, 노 피스No Justice, No Peace(정의가 없으면 평화도 없다)"가 대표적인 구호였다.

퍼거슨 항쟁에서 시작되고, 조지 플로이드 항쟁과 이후 브리오나 테일러 항쟁Breonna Taylor Protests(2020년 미국에서 조지 플로이드 항쟁과 거의 동시에 일어나며 BLM을 촉발했다. 경찰의 잘못된 과잉 대응 과정에서 비무장 흑인 여성이 사망한 사건에 대한 전국적 항의운동이다.)까지 이어지는 중요한 캠페인은 "흑인 피해자의 이름을 말하자"는 캠페인이었다. 이 운동은 저넬 모네이의 〈헬 유 톰바우트Hell You Talmbout〉(말이 되는 얘기야?)라는 노래로 대표된다. 2021년에는 브리오나 테일러의 사망 1주기를 기념한 〈세이 허 네임Say Her Name〉이라는 노래도 등장한다. '이름을 말하자'는 폭력에 의한 죽음이 구조적 침묵 속에서 묻혀가는 현실이 또 다른 억압의 지속이라는 문제의식에서 출발한 또 하나의 투쟁 방식이다. 소위 '기억 투쟁'은 다른 말로 '망각에 대한 저항'이고, 죽은 이를 역사화하려는 노력이다. 다시 말해 우리의 역사, 잊힌 역사를 잊히지 않게 하고, 죽은 자를 다시 투쟁의 현장으로 불러내 함께 싸우려는 행동이다. 말하지 않으면 사라진다. 이제까지 서술해왔던 방식, 예를 들어 무슨 무슨 폭동으로 몇 명이 사망하고, 몇 명이 다치고, 이런 식의 숫자 나열은 그 저항의 중요성을, 구체적으로 살아 실천하고 움직이던 우리의 친구와 동료들을 추상화하여 떠오르기 힘든 존재로 만드는 효과를 낳을 뿐이다. 숫자는 고통을 희석하지만, 이름은 고통을 우리 곁으로 데려온다. 기억은 저항이다. 27년 전 문익환의 열사 호명은 이 땅의 민주주의의 계보를 세우는, 망각과 역사 왜곡이라는 억압에 맞서는, 시대를 앞서간 기억 투쟁이었다.

켄드릭 라마Kendrick Lamar의 〈올라이트Alright〉는 2015년 4월 볼티모어에서 프레디 그레이라는 흑인 청년이 경찰 폭력으로 사망한 사건에 항의하는 시위를 계기로 대중적 저항의 상징으로 등장한다. 노래 자체는 흑인의 역사적 고난과 희망을 노래하며 "모두가 힘든 상황이지만 '괜찮을 것'이라는 희망을 갖자"는 흔한 메시지를 담았지만, 중독성 있는 후크 "위 곤 비 올라이트We gon' be alright"가 시위대에 퍼져나가며, 20세기의 〈위 셸 오버컴〉이 되었다. 당연히 조지 플로이드 봉기에서도 많이 불렸다. 힙합+재즈+영가의 하이브리드로 행진 중에는 청년들이나 불렀지만, 이 부분만은 모두가 참여하는 시위 구호로 발전했다. "이제는 못 참겠다"가 아니라 "우리는 살아남는다"는 낙관이 시위대의 기운을 북돋우는 심리적 치유의 노래로 '현대 미국에서 가장 중요한 저항 노래'로 평가받는다.

〈올라이트〉

2020년을 대표하는 저항 노래는 단연 릴 베이비Lil Baby의 〈더 비거 픽처The Bigger Picture〉다. 제목에서처럼 조지 플로이드 항쟁을 '큰 그림' 속에서 보자는 대단히 이성적인 저항 힙합이다. *이건 그저 흑백 갈등이 아냐. 삶의 방식의 문제야. 사람들은 경찰 부패가 문제라고 하지만, 사실 그건 문제의 일부일 뿐이야. 흑인은 아무리 돈이 많아도 여전히 갇힌 존재일 뿐이야…*. 하나의 고통스러운 사건을 보며, 개인적 분노에 얽매이지 말고, 그런 사건을 흑인들의 삶 전체를 지배하는 구조적인 문제로 바라볼 때, 비로소 행동의 변화와 연대를 구축할 수 있다는 깨달음을, 이전까지는 이런 의식이 조금도 없어 보였던 릴 베이비가 차분하고 무게감 있게 전달해서 그런지 좀 더 진정성 있고, 설득력 있게 느껴진다. 후렴으로는 "I Can't Breathe"를 반복해서 조지 플로이드 사건과 연결한다. 노래를 들을 때마다 서태지의 〈교실 이데아〉가 떠오른다. 같은 주제를 노래하기 때문이다. "거짓뿐인 진실 속에 우릴 가두려 하지 마라."

2014년 미국 흑인 여성 미셸 쿠소가 경찰에 살해된 후, 법학자 킴벌리 크렌쇼는 대중의 관심이 주로 흑인 남성 피해자에게 집중되고, 흑인 여성은 침묵 속에서 더 쉽게 지워지고 있는 현실에 주

〈더 비거 픽처〉

목했다. 그녀는 "흑인 여성들은 가장 먼저 죽고, 가장 나중에 기억된다"라는 유명한 말을 남긴다. 브리오나 테일러도 하나의 예였다. 이후 "세이 허 네임－브리오나 테일러"라는 구호가 "세이 히스 네임－조지 플로이드"와 함께 불리기 시작한다. 선창자가 나서 "세이 허 네임"하고 외치면 군중이 "브리오나 테일러!"라고 응창하는 형식이다. 이런 형식을 리스팅 송listing song이라 부른다. 당연히 사람들의 이름이 계속해서 붙으며, 노래는 점점 길어진다. 〈헬 유 톰바우트〉를 발전시킨, 기억 정치 예술의 전형으로 평가받는다. 이 노래의 현재 버전은 7분 10초인데, 더 길어지지 않기를 바랄 뿐이다.

기억은 저항이고, 호명은 조직이다. 우리가 이름을 말할 때, 망각의 관성이 끊긴다. 우리가 함께 부를 때, 개인의 상처는 공동체의 언어가 된다. 그때 항쟁은 일회적 분노를 넘어 지속 가능한 정치로 변모한다.

〈세이 허 네임〉

4장 —— 우리의 무기여, 우리의 사랑이여

1930년대 대공황은 노동자들을 죽음의 문턱까지 내몰았다. 기차 · 광산 노동자들은 임금 삭감과 직장폐쇄와 싸워야 했고, 하릴없이 다른 일자리를 찾아 나서야 했다. 농사지을 땅을 잃어버린 농민들은 정처 없는 방랑의 길을 떠나야 했다. 우디 거스리와 피트 시거는 이렇게 전 미국인이 한꺼번에 움직일 수밖에 없던 시기에 노동자들 속으로 들어가 그들의 노래를, 각 지역의 노래를 채집했다. 그리고 그 노래로 그들을 위로하고 노래를 변형시켜 그들에게 싸움의 무기를 제공했다.

집권 세력은 사회를 급격히 우경화시키며 이들의 입에 재갈을 물린다. 하지만 그 와중에도 피트 시거가 뿌린 씨앗은 대학 캠퍼스와 남부 흑인교회에서 포크 리바이벌의 새싹으로 자라났다. 그리고 이제 포크는 흑인 음악, 노동자 음악, 대학생들의 음악과 결합하며 대표적인 저항의 음악이자 젊음의 음악으로 자리매김한다. 포크는 교회와 캠퍼스를 넘어 거리를 가득 메우며 사회운동의 리듬이 된다.

한 젊은 시인이 포크를 한 차원 끌어올리고는 다시 이 차원에서 탈주한다. 그는 대중을 좇기보다는 자신의 언어를 기록하는 시인이 되고자 한다. 그는 포크의 성을 안에서 부수며, 오히려 포크의 외연을 확장한다. 그러면서 포크는 거리의 집단적 목소리와 예술적 성찰로서의 개인의 노래라는 두 길로 갈라진다.

서부로 간 포크는 공동체적 생활과 대안 언론, 약물이 뒤섞이며 삶의 방식 전체를 바꾸려는 시도가 된다. 음악은 이제 무대 위 공연이 아니라 함께 사는 방식이고, 새로운 공동체를 위한 도구였다. 1968년 이 젊음의 문화는 기성 문화와 크게 충돌한다. 하지만 거대한 저항의 파도는 보수의 벽 앞에서 처절히 좌절된다. 청년들은 분노와 위로로 갈라진다. 한쪽은 거리에서 끝까지 싸우려 하고, 다른 한쪽은 조용히 자기 방에 틀어박힌다.

1969년 우드스톡은 청년문화의 초신성처럼 폭발한다. 수십만 명이 모여 비와 진흙을 견디며 평화와 사랑, 자유를 합창했다. 영가와 포크, 블루스와 록이 한 무대 위에서 뒤섞이며, 역사상 다시는 오지 못할 것 같은 집단적 떼창의 순간을 만들어낸다. 물론 기적은 오래가지 않는다. 불과 몇 달 뒤 알타몬트의 폭력과 이듬해 켄트 주립대의 총탄은 청년들을 직접 겨냥하며 거리에서 끝까지 싸우던 세력을 기어코 쓰러뜨린다. 집단의 구호였던 합창은 결국 포크와 함께 흩어진다. 하지만 개인의 속삭임은 과거의 경험을 되새기며 새로운 길을 찾는다. 잊지 말자.

4장은 포크의 장이다. 우디 거스리가 어떻게 음악을 모으고 노래했는지, 포크가 어떻게 민권운동과 결합하며 타올랐는지, 히피와 포크는 어떻게 연결되었는지, 젊은 세대가 세상을 어떻게 바꿔보려 했는지, 그러다 어떻게 패배하고, 개인 속으로 침잠하게 되었는지, 청년문화의 흥망성쇠를 따르며 함께 부르는 노래가 어떻게 시대의 무기이자 위로가 되었는지, 그리고 어떻게 사라져갔는지를 추적해보려 한다.

대공황과
프로테스트 포크의 시작

1929년 10월 24일 '검은 목요일'이 시작되며 뉴욕 주식 시장은 대폭락했다. 주식에 비정상적으로 의존하던 기업·은행·개인 모두가 하룻밤 사이 파산의 위기에 내몰렸다. 실업률은 25퍼센트까지 치솟았다. 일자리를 간신히 지킨 사람들도 급격한 임금 삭감을 감수해야 했다. 대표적인 피해자가 광산 노동자였다. 미국 경제에 기대고만 살았던 유럽은 휘청거렸다. 늘 그렇듯이 미국은 관세를 인상하며 자기만 살아보겠다는 이기적인 태도를 보였고, 이에 대한 대응으로 독일과 이탈리아에서는 파시즘이 부흥하며 세계 평화는 다시 한번 위기에 처했다.

그나마 먹을 것이라도 있어 버티던 농민마저 무너져내리기 시작했다. 1차 세계대전이 끝나면서 무기를 팔 곳을 잃은 군수산업은 무기 대신 대형 농기계를 찍어내기 시작했다. 그 기계들은 문자 그대로 산을 깎고, 들판을 밀었다. 1929년 공황이 닥치자, 식량 조달을 우려한 정부는 이 새로 생긴 땅에 단일 경작으로 밀을 심고, 엄청난 양의 소를 풀었다. 농부들은 은행에서 대출받아 농기계를 사고, 밀과 소를 샀다. 그러곤 망했다.

하필 1930년부터 가뭄이 밀어닥쳤다. 농기계로 산과 들을 없애고, 남아 있는 풀마저 소들이 다 뜯어 먹은 상태였다. 표층을 잡아줄 식물이 사라지면서 한 치 앞도 보이지 않는 먼지 폭풍이 일기 시작했다. 모든 게 흙과 먼지에 덮이며 사라졌다. 집도 차도 흙에 묻혀 사라지는 판에 농사는 지을 엄두도 내지 못했다. 1930년대 중반에 오클라호마를 중심으로 나타난 이러한 현상을 '더스트 볼 Dust Bowl'이라 부른다. 영화 〈인터스텔라〉에서 보았던 모래폭풍은 실제로 이미 일어났던 일이다. 농민들이 '괴물Monster'이라 불렀던 은행은 농민들이 처한 상황은 아랑곳 않고 무조건 대출한 돈을 갚으라고 협박한다. 실제 무기로도 협박한다. 하는 수 없이 농민들은 야반도주에 나선다. 소문에 들으니 저기 어디 무지개 넘어Over the Rainbow 캘리포니아라는 땅이 있다는데, 365일 날씨가 좋아 농사가 너무너무 잘 된다더라. 얼마 안 되는 살림을 몇 킬로미터만 가도 퍼질 것만 같은, 그렇지만 무지무지 비싸게 구매한 중고 트럭에 싣고 밤에 몰래몰래 출발한다. 길은 '66번 국도Route 66'라고 한다.

하지만 길에 나서자마자 돌아오는 무리를 만난다. 거기엔 이미 농사지을 땅보다 사람이 더 많다는 말, 캘리포니아 사람들은 우리 같은 시골 촌뜨기를 게으르고 무식하다며 오키Okie라고 부르

1935년 4월 14일 텍사스 스피어먼(Spearman) 지역을 덮친 모래폭풍. 1935년은 대공황의 절정기이자, 더스트 볼의 절정기였다. 당시 사람들은 이 더스트 볼을 '검은 벽' 또는 '바다 같은 구름'이라고 표현했는데, 사진을 보아도 과장이 아니다. 이 먼지와 모래는 자동차는 물론 집까지 덮어버렸다. 사진 하단의 손글씨 "DUST STORM APPROACHING SPEARMAN, TEXAS. APRIL 14, 1935(1935년 4월 14일, 텍사스 스피어먼으로 접근하는 모래폭풍)"가 적혀 있는 걸 보면, 미국 정부 기록 사업으로 촬영한 사진일 가능성이 크다. 출처: 미국 정부기록보관소.

고, 한국 사람들이 이주 노동자 취급하듯 한다는 이야기, 심지어 '스캡'도 있어서 아무리 노동해도 먹고살 정도도 벌지 못한다는 이야기를 듣는다. 그래도 여기서 굶어 죽는 것보다는 낫겠지. 가자. 존 스타인벡의 소설 『분노의 포도』는 이렇게 시작한다.

1937년 이 66번 국도엔 25세의 우디 거스리도 있었다. 오클라호마 출신으로 비정규직으로 일하고 있었지만, 일은 없어지고,

아버지 일은 망하고, 아내와 가족은 자기만 쳐다보는 상황에서 더는 자신이 좋아하는 음악을 할 수 없었던 우디 거스리는 일단 먼저 출발해서 자리를 잡고 연락하기로 한 후 눈물의 길을 떠난다. 돈 한 푼 없었던 그는 트럭·히치하이크·기차 등 여러 수단을 통해 이동하고, 농장 일용직과 이주 노동자 캠프, 유랑자 숙소hobo jungles를 전전하며 캘리포니아로 나아간다. 이런 온갖 장소에서 자고 먹고 어울리다 보니, 각자 다른 고향에서 떠나온 수많은 사람을 만나고, 그들로부터 들은 이야기·노래·경험을 차곡차곡 쌓아간다. 흑인 영가도 배우고(〈아이 에인트 갓 노 홈I Ain't Got No Home〉), 철도 노동자의 노래도 배우고(〈하드 트래블린Hard Travelin'〉), 미주리의 민요(〈소 롱, 이츠 빈 굿 투 노 야So Long, It's Been Good to Know Yuh〉)도 배운다. 그 노래를 자기식으로 편곡하고 새로운 가사를 만들어 붙여 노래한다.

캘리포니아에 도착한 우디 거스리는 자기도 모르는 사이에 이미 민중의 노래 보따리를 짊어지고 있었고, 이 노래들을 공연하며 대중의 관심을 끌어 라디오 방송국 진행자가 된다. 이 방송의 주요 청취자 역시 '오키'였다. 방송에서 풀어놓는 진솔한 사연과 노래는 이주민들에게 큰 위로가 되며 많은 인기를 끌었다. 마침내 그는 원하던 대로 가족과 함께 살 수 있게 되었다.

미국 사람들이 가장 좋아하는 노래로 꼽히곤 하는 〈오버 더 레인보Over the Rainbow〉는 1939년 영화 〈오즈의 마법사〉에서 도로시 역을 맡았던 주디 갈랜드가 불렀다. 원래는 대공황기의 어려움을 비판하고 뉴딜 시대를 기대하는 정치적인 메타포를 담으려 했는데, 당대 최고의 아이돌 주디 갈랜드가 부르면서 꿈과 환상과 동화적인 느낌이 지나치게 강조되었다며 작사가와 작곡가가 아쉬워했다고 한다. 하지만 이 노래가 지루하다고 해서 아예 빼자는 의견도 당시에 많았다니, 노래가 살아남은 것만도 작사가와 작곡가는 다행으로 여겨야 하는지도 모르겠다. 2차 세계대전 때는 군인과 가족 들이 서로를 그리워하는 노래로, 1960년대~70년대는 '무지개 깃발'의 기원이 되며 엘지비티LGBT 성소수자 커뮤니티의 상징으로(주디 갈랜드가 퀴어의 아이콘이기도 하다.), 9 · 11 이후에는 미국의 대표적인 비가로 자리 잡은, 변화무쌍한 수용의 역사를 보여주는 곡이다.

〈루트 66(Get Your Kicks on) Route 66〉은 1946년 냇 킹 콜Nat King Cole이 처음 불렀고, 이후 수도 없이 커버되어왔다. 여기서 kick은 '재미, 쾌락' 뭐 그런 의미다. 그러니 제목은 〈66번 국도는 재미있기도 하여라〉 정도이다. 노래는 실제 66번 국도의 경로를 요약하

〈오버 더 레인보〉

〈루트 66〉

며 관광지화된 도시들을 나열한다. (윤형주의 〈즐거운 하이킹〉이라는 노래가 떠오른다.) 1946년이라는 해에 주목해야 한다. 미국의 대공황은 공식적으로 2차 세계대전과 더불어 끝난다. 공황의 가장 커다란 비용이 25퍼센트에 달하는 실업이었는데, 전쟁은 이 실업률을 0퍼센트로 만드는 마법이었다. 전쟁은 사회를 극우화한다. 사람들은 이전에 어떻게 살았는지, 국가가, 체계가, 자본이 어떻게 우리를 착취했는지를 까맣게 잊고, 아름다운 미국을 노래 부른다. 자본은 과거의 아픈 기억마저 착취하여 돈을 버는 수단으로 삼는다. 그 대표적인 상품이 바로 이 '66번 국도'다. 이제 이 길은 존 스타인벡이 말한 '엄마의 길'이 아니다. 미국의 소비문화와 오락문화를 상징하는 환상적인 자동차 여행을 위한 도로다. 오키들이 눈물로 걸었던 고통과 억압의 길은 이제는 쾌락과 낭만의 길이다. 이 '미국의 꿈의 길'을 '악몽의 길'로 뒤집은 것이 〈이지 라이더〉와 〈매드 맥스〉다.

〈도 레 미Do Re Mi〉는 자신이 '오키'였던 우디 거스리가 이주 농민 노동자와 빈민의 현실을 담은 대표적인 사회 비판 곡이다. '도레미'는 돈을 의미하는 속어다. *동쪽 사람들은 매일 집을 떠난다지. 하지만 캘리포니아로 가려거든 조심해야 해. 내가 직접 경험했으니*

〈도 레 미〉

좀 들어봐. 캘리포니아는 낙원이나 천국처럼 보이지. 하지만 그렇게 근사한 곳은 아니야. 돈이 없으면 말짱 꽝이지. 땅도 살 수 없고, 일자리를 구하기도 힘들어, 사람들은 다 공짜 밥 얻어먹으려 줄 서 있어. 차라리 그냥 고향으로 돌아가…. 거스리는 위대하다. 농민 계급의 분노를 유머와 언어유희로 포장하여, 마치 자신이 『분노의 포도』에 등장하는 민중의 지도자 존 케이시처럼, 톰 조드처럼 말한다. "당신의 문제는 개인 탓이 아냐. 사회구조가 잘못이야." 프로테스트 포크는 이 노래로 시작한다.

붉은 10년:
우디와 피트의 만남

어찌 보면 대공황은 불가피한 일이었다. 당시 미국은 물론 전 세계의 그 어떤 경제학자도 이런 정도의 경제위기를 예견하지 못했다. 당시 스스로 경제에 대해 가장 박식하다고 자부하던 후버 대통령 역시 마찬가지였다. 그의 미숙한 초기 대응으로 한번 꼬꾸라진 경제가 더욱 추락하자 미국인들은 정책 실패나 무능을 비꼬아 모든 것에 '후버'를 붙여 조롱하기 시작했다. 가난한 사람들의 판자촌은 '후버빌', 신문지는 '후버 담요', 지키지 못할 약속은 '후버 레인'이라 불렀다.

카를 마르크스 한 명만이 대규모 경제위기를 예측했다. 문제는 당시에는 그의 말을 제대로 이해할 수준의 경제학자가 미국에는 없었다는 점이다. 그의 예언이 사실로 판명되고, 러시아에서는 1917년 볼셰비키 혁명이 일어나며 미국은 처음으로 '붉은 물'

이 들기 시작한다. 대공황과 노동자 운동이 가장 활발했던 이 시기, 1930년대를 가리켜 '붉은 10년Red Decade'이라고 부른다. 실제로 공산주의 노선에 동조하는 지식인들도 많았고, 미국 공산당이 활발히 활동하던 시기다. 문학·미술·음악에서는 대공황기의 노동운동, 이주민 문제, 경제 불평등이 폭넓게 다루어졌고, 아무래도 이런 주제를 다루다 보니 형식에서도 사회적 리얼리즘이 부각되었다. 『분노의 포도』는 소설로서 시대를 대표하는 작품이지만, 존 포드가 만들고 헨리 폰다가 주연한 같은 이름의 영화 역시 사회적 리얼리즘 문화를 대표하는 사건이었다. 또 이 시기에 라디오와 레코드 산업이 급성장했다. 라디오는 루스벨트 정책의 충실한 선전 도구였던 동시에 당대 유행하던 포크·블루스·재즈를 미국 전역에서 즐길 수 있게 하며 대중음악의 가능성을 열어주었다. 덕분에 미국 최초의 전국구 포크 가수 우디 거스리가 등장할 수 있었다.

뉴딜 정책에서 가장 주목받아야 할 측면은 누가 뭐래도 사회보장제도의 시작이다. 루스벨트 대통령은 실직 예술가들에게 일자리를 제공하고, 국민에게는 예술 교육과 공연 기회를 확대 제공한다는 취지로 공공사업진흥국Works Progress Administration, WPA을 만들었다. WPA 산하에는 음악가와 작가, 영화와 연극 종사자들을 지원하는 하위 단체가 만들어졌다. 연방 음악 프로젝트Federal Music Project, FMP는 1935년 7월에 설립되었다. 관변 조직 하면 일단 문화를 지배하려는 발상으로 읽기 쉬운데 당시 FMP는 진정으로 미국 예술인들의 생계를 걱정했고, 아무 대가도 요구하지 않았다.

앞서 우디 거스리가 전통 민요를 수집했다기보다는 사람들을 만나며 흡수하고 기록했다고 했는데, FMP는 아예 작정하고 전통 민요 수집에 나섰다. 당시 FMP는 '음악을 통한 민중 계몽 운동'을 추구하고 있었는데, 이 방향을 설정한 사람이 수석 자문위원이었던 예술 이론가 찰스 시거Charles Seeger였다. 피트 시거의 아버지다. 하버드에서 음악의 사회성을 주제로 한 논문을 썼고, 자식에게 정치와 예술의 결합, 반엘리트주의 예술철학을 가르쳤던 그는 음악을 '계급투쟁의 언어'라고 생각했고, 이를 실천하기 위해 미국 작곡가 조합을 결성하기도 했다. 찰스의 동료 존 로맥스와 앨런 로맥스 부자는 남부와 서부의 민요, 블루스, 철도 노동자의 노래, 죄수들의 노래를 채록했다. 찰스가 머리였다면, 존과 앨런 로맥스는 손과 발이었던 셈이다.

어릴 적부터 미국 전통 민요, 흑인 음악, 라틴 음악을 들으며 자란 피트는 존경하는 아버지의 이념과 음악적 지향을 내면화했고, 아버지 따라 들어갔던 하버드대학을 중퇴한 후, 아버지 소개로 미국 의회 도서관 산하 국립 민속음악 아카이브에서 일한다. 어쩌면 피트는 찰스에 의해 철저히 훈련된 정치적 민속 예술가였다. 자식을 민중 가수로 만든 것도 모자라, 민중 가수 발굴을 자신의 사명으로 삼고 있던 찰스 시거는 저기 멀리 캘리포니아에 꽤 유명한 라디오 진행자가 있는데, 민속음악도 꽤 잘한다는 소문을 듣는다. 그는 1940년, 소설 『분노의 포도』 관련 문화 행사에 우디 거스리를 초대한다. 이미 우디는 이 소설의 주인공을 제목으로 한 〈톰 조드〉라는 노래로 전국적인 인기를 얻고 있었다. 행사에서 노래한 그는 이번에는 미국 의회 도서관에서 〈디스 랜드 이즈 유어 랜드〉 등 미국 민속음악을 녹음한다. 피트는 그의 노래를 듣는 순간, '내가 찾던 바로 그 목소리'라며 깊은 충격을 받았다고 고백한다. 우디는 피트에게 형 같은 존재였다. 피트보다 일곱 살 많았던 그는 피트에게 노랫말을 통해 인간애, 유머, 사회정의를 가르쳤다. 두 사람은 곧바로 뜻이 맞아 올머낵 싱어스The Almanac Singers를 결성하고 반파시즘·노동운동·반전운동을 노래로 퍼뜨리는 최초의 진보적 포크 그룹으로 등장한다.

『분노의 포도』를 읽고 감동한 우디는 단숨에 소설을 요약한 17절 분량의 가사를 써 내려갔다고 한다. 나중에는 "이 노래를 부르면 책을 안 읽어도 돼"라고 농담하기도 했다. 사실상 이 곡은 미국 이주민의 고통과 계급의식, 연대 의식을 담은 민중 서사시의 결정판이라고 할 수 있다. 특히 소설에서 톰 조드가 어머니에게 하는 작별 인사가 그대로 옮겨진 부분이 압권이다. *굶주린 아이들이 울고, 자유롭지 못한 사람이 있고, 권리를 위해 싸우는 사람이 있는 곳이라면 어디든, 저는 거기 있을 거예요…*. 소설에서는 예수를 상징하는 존 케이시 목사가 죽은 후, 이제까지 보잘것없던 전과자 톰 조드

〈톰 조드〉

가 민중의 지도자 역할을 자임하는 대목이다. 하느님의 아들로 태어난 예수가 아니라, 이제는 평범한 농민이 누구라도 그 역할을 해야 한다는 신념을 전파하는 부분이다. 훗날 브루스 스프링스틴은 이 노래에 대한 응답으로 〈더 고스트 오브 톰 조드The Ghost of Tom Joad〉를 불렀다.

1940년 우디 거스리가 미국 의회 도서관을 위해 녹음한 노래 중 가장 유명한 전통 민요로는 〈컴버랜드 갭Cumberland Gap〉을 들 수 있다. 로맥스 부자의 프로젝트는 작곡가가 명확하지 않거나 오랜 세월 지역사회에서 불린 구전 민요를 수집하는 것이었다. 지역으로는 애팔래치아 민요·미시시피강 유역 블루스·서부의 카우보이 송·범죄 발라드 등이 주를 이루었다. 우디는 자신의 대표곡과 더불어 오키와 농민 들의 노래를 불렀다. 〈컴버랜드 갭〉은 남동부 애팔래치아 루트 뮤직이다. 루트Root란 간단하게 특정 지역이나 민족, 지역사회 전통에 뿌리를 두고 구전으로 전해 내려오는 음악을 말한다. 상업적인 대중음악과는 달리 지역적이고 문화적인 색채가 짙은 것이 특징이다. 대중적이 아니라는 점을 들어 포크와 구별한다. 이 노래는 애팔래치아 지역을 대표하는 민요로 현대 포크, 컨트

〈컴버랜드 갭〉

올머낵 싱어스는 "노래로 사람들을 조직할 수 있는가?"를 실험한 최초의 포크 프로젝트였다. 이들은 포크 그룹이라기보다는 정치적 노래 실험 공동체적 성격이 강했다. 구성원들이 올머낵 하우스라는 주거 공간에서 함께 생활해서, 이런 이름을 붙였다고 한다. 이들은, 노래는 '정치적 행위'인 만큼 상업화될 수 없으며, 노래는 개인이 아닌 집단의 것이며, 노래는 공연이 아닌 참여라는 생각을 실천했다. 따라서 이들은 공연에서 자신들이 노래하기보다는 청중들을 노래하게 만드는 데 열심이었다. 짐작했겠지만, 중심은 피트 시거였고, 우디는 가끔 공연을 빼먹기도 해서 구성원이 들쭉날쭉하다. 대충 5~6명이다. 올머낵 하우스가 열린 공간이다 보니 잠깐 같이 살다가 노래하기도 하고, FBI의 감시와 추적으로 몸을 숨겨야 하는 사람도 있었기 때문이다. 사진 왼쪽부터 우디 거스리, 밀러드 램펠, 베스 로맥스 호스, 피트 시거, 아서 스턴, 시스 커닝햄(1940년경, 뉴욕). ©마이클 옥스 아카이브/게티 이미지.

리를 포함한 다양한 장르에 영향을 주었고, 역사적으로도 대중적으로도 사랑받는 몇 안 되는 노래다. 구전인 만큼 다양한 버전의 가사가 존재한다. 우디가 부른 버전은 고향을 떠나 새로운 곳으로 향하는 내용이었다.

피트 시거가 주도한 포크 프로젝트 그룹 올머낵 싱어스의 가장 대표적인 노래는 노동운동의 대표 가요라 할 수 있는 그 유명한 〈위치 사이드 아 유 온?〉이다. 반파시즘, 반전 가요도 많이 불렀지만, 이내 전쟁이 터지며 일부 곡은 스스로, 혹은 방송사 규정으로 금지곡이 되었다. 결국 2차 세계대전 중 피트 시거의 입대로 그룹은 해산된다.

노조 결성 방법을 유머러스하게 가르치는 노래 〈토킹 유니언Talking Union〉(노조란 말야)은 파업 현장에서 즐겨 부르던 노래다. *정당한 임금을 원한다면, 내가 알려주지. 조합원과 상담해. 조합이 없다면, 만들어야지. 강한 조합을 만들어. 오래 갈 수 있게. 노동시간도 줄이고 노동조건도 개선하고 유급 휴가 가야 할 거 아냐? 아이들을 해변에 데려가야 하지 않겠어?* 이런 식으로 시작과 방해·연대·승리의 서사를 말하듯 노래한다. 가장 핵심적인 구호는 "함께하지 않으면, 아예 기회도 없어"라는 계급 연대의 강조였다. 장르는 토킹 블루스Talking Blues로, 말하듯이 부르는 블루스다. 앞서 여러 번 등장한 리드 벨리가 이 장르의 대표적인 인물이다. 세 개 안팎의 반복 코드와 느긋한 리듬은 밥 딜런이나 존 바에즈, 브루스 스프링스틴 등 정치적 포크에 큰 영향을 미쳤다.

〈토킹 유니언〉

라디오와 포크의 종말

미국의 1930년대에서 1950년대 사이에는 언급할 만한 내용이 많지 않다. 이 책의 주제가 '함께 부르는 노래'인데, 이 시기는 그런 노래를 찾기 힘들기 때문이다. 가장 주요한 원인은 라디오의 대중화였다. 라디오와 더불어 뉴욕의 틴 팬 앨리Tin Pan Alley를 중심으로 한 대중 음반 산업이 발전하면서 노래는 함께 부르는 것이라기보다는 '함께 듣는 것'이 되어버렸다. 노동자·농민 들도 노래를 부르기보다는 듣는 데 익숙해졌다. 시위 현장에서도 함께 노래를 부르는 대신 유명 가수가 만든 노동 노래를 음반으로 틀었다. 게다가 그 노래들이 워낙 강렬하고 완성도가 높았다. 〈위치 사이드 아 유 온?〉이나 〈솔리대리티 포에버〉, 〈조 힐〉 같은 노래들은 시대를 뛰어넘는 호소력이 있어서 새로운 노래의 필요성이 느껴지지 않았다. 1935년 와그너법 이후로 노조가 법적으로 보호되고, 산업별노조

Congress of Industrial Organizations, CIO가 주도권을 잡으면서 대규모 시위보다는 소규모 시위로, 파업과 투쟁보다는 교섭과 타협 위주로 시위의 양상도 변해갔다. 다 함께 노래 부를 현장이 점점 사라져갔다. 이제 사람들은 교회에서, 모닥불을 중심으로, 파업 현장에서 함께 노래하지 않고 집 안에 모여 라디오를 들었다. 노래는 부모에게서, 동료에게서 배워 부르던 것에서 연예인이 부르고 음반 회사가 돈을 버는 상품이 되었다.

피트 시거는 "사람들이 나에게 노래를 불러 달라고 하는 순간, 민요는 끝났다"라고 말한 적이 있다. 노래는 참여하는 것이지, 공연하는 것이 아니라고 믿었던 그는 순식간에 수동적으로 변해버린 청중을 보며 당황했다. 이전처럼 노래하는 그룹이라곤 올머낵 싱어스 정도뿐이었다. 이 지점에서 피트와 우디는 조금씩 분열한다. 나이가 좀 더 많던 우디는 거리와 공장과 농장에서 '관객'이 아닌 '동료'들과 함께 아무런 규칙 없이 가사도 바꿔가며 마음껏 노래 부르고 싶어 했고, 피트는 '정제된 메시지'로 하모니와 멜로디를 강조하며 폭넓은 청중에게 다가가는 대중 가수가 되려 했다. 물론 피트가 사회적인 메시지를 버린 것은 아니다. 다만 그 메시지를 희석해서 스며들게, 눈에 띄지 않게 침투하게 만들어야 한다고 믿었다. 두 사람은 자연스럽게 멀어지고, 헌팅턴병에 걸린 우디는 정신병원에 들어가서 다시는 나오지 못했다. 피트는 위버스를 만들어 자신이 바라던 대중음악 활동을 펼쳐나갔다. 붉은 10년이 끝나며 두 사람은 FBI의 감시 대상이 되어 죽을 때까지 고생한다.

틴 팬 앨리(Tin Pan Alley), 1910. 현재 파크 애비뉴와 브로드웨이 사이, 음악 출판사들이 늘어선 웨스트 28번가로 당시 음악 산업의 중심부였다. 초기 음악 시장은 음반보다는 악보 중심의 시장이었다. 음악을 즉석에서 뚝딱 만들어 악보에 기록해 파는 음반사-출판사가 워낙 많다 보니, 이 동네에 가면 무슨 양은 냄비 두드리는 소리(사실은 싸구려 피아노 소리)가 난다고 해서 이런 별칭이 붙었다고 한다. 음악의 역사에서는 미국을 중심으로 한 대중적인 음악, 보컬 중심의 음악을 번성하게 한 인큐베이터 역할을 했다. 한 마디로 미국으로 건너온 클래식은 틴 팬 앨리를 거치며 재즈로 발전했다. 출처: 위키미디어 커먼즈.

포크는 이렇게 죽었지만, 그 무덤에서 대중음악이 피어났다. 그 대중음악의 이름이 재즈다. 그러나 재즈보다 먼저 1930년대를 주름잡은 노래 한 곡을 소개하고자 한다. 어찌 보면 라디오의 시대가 낳은 역설 같은 노래다. 라디오는 '다 함께 노래 부르는' 문화에

치명타를 가했지만, 일부 지역의 노래, 일부 문화의 노래를 전국화하는 중요한 역할을 했다. 라디오 덕분에 노동가요가 전국으로 유통되고, 흑인 노래도 누구나 아무렇지도 않게 들을 수 있었다. 관객은 비록 수동화되었지만, 이 대중매체를 통해 정치적 메시지를 대중에게 각인시킬 수 있는 길도 열렸다. 피트 시거가 주목한 건 후자의 기능이었다.

이 시기에 가장 유명했던 노래는 〈브라더, 캔 유 스페어 어 다임?Brother, Can You Spare a Dime?〉이다. E. Y. 입 하버그가 썼다. 나중에 〈오버 더 레인보〉도 쓴 사회주의자 작사가다. 원래 〈아메리카나〉라는 뮤지컬에 수록된 노래였지만, 빙 크로스비의 노래로 미국 전역에 퍼졌다. *한때 나는 철도를 지었고, 철도는 시간을 앞질러 달렸다. 한때 고층 건물도 세웠다. 지금은 모두 끝났지만. 이보세요 십 센트만 줄 수 있겠소?* 1932년 대공황 한가운데 발표된 이 노래는 몇몇 방송국에서는 '국가를 비하하는 노래'라고 방송 금지되기도 했다. 이 노래는 미국식 자본주의를 비판한 최초의 '대중가요' 가운데 하나였다. 한때 우리에게도 "500원만"이 유행했던 것처럼, 이 노래의 "10센트만 주세요"도 가난과 좌절, 실업을 상징하는 표현이

〈브라더, 캔 유 스페어 어 다임?〉

되었다. 빙 크로스비뿐 아니라, 폴 로브슨, 그리고 최초의 아이돌 스타로 눈부시게 떠오르던 프랭크 시내트라도 불렀다. 1973년에 발표한 시내트라의 노래가 가장 손이 많이 간다. 앞의 두 음반이 시대에 맞닿아 있고, 그래서 차마 손이 가지 않을 정도로 처절하다면, 시내트라는 60이 가까운 나이에 자신의 젊은 시절을 돌아보며 회한과 애수를 담아 집단 기억을 되살린다.

〈롤 더 유니언 온Roll the Union On〉은 이 시기 노동운동의 핵심 구호이자 투쟁가였다. 원래는 남부 지역에서 농업 노동자를 중심으로 불리던 곡인데, 올머낵 싱어스의 공연으로 전국적인 노래가 되었다. IWW와 CIO를 대표하는 노래이기도 하다. *월급을 안 올려주면, 우리는 노조로 민다. 법원이 가로막아도, 우리는 노조로 민다. 경찰이 막아도, 우리는 노조로 민다….* 후렴구 "노조로 민다"가 무한 반복되는 선창과 후창 구조로, 1937년 GM 플린트 점거 파업에 등장하여 지금도 여전히 시위가 있는 곳이라면 어디서든 불리고 있다. 노조는 도로를 다지는 롤러가 되어, 앞을 가로막는 것이 사장이든, 판사든, 경찰이든, 자본가든 모조리 밀어버리고 짓밟으며 전진한다. *비록 지금 누가 뭐라 해도, 우리는 전진, 우리는 전*

〈롤 더 유니언 온〉

진… 힘찬 전진뿐이지…. 단결하세, 단결하세, 해방의 함성으로, 단결하세, 단결하세, 해방의 함성으로! 우린 이 노래를 〈단결가〉라고 불렀다.

아무리 짓밟아도 꽃은 피어난다 I: 피트 시거의 커뮤니티 순례

2차 세계대전이 일어나며 피트 시거나 우디 거스리는 참전을 두고 고민에 빠진다. 자신의 기타에 "이 기계는 파시스트를 죽인다"라고 써 붙이고 다니던 우디 거스리나 "이 기계는 혐오를 쫓아낸다"라고 벤조에 써 다니던 피트 시거는 반전주의자이기도 해서 파시즘과의 전쟁에 참여하기도, 참여하지 않기도 애매한 위치에 있었다. 결국엔 파시즘 타도가 더 주요 의제라고 결정한 피트는 참전하고, 우디도 어쨌든 전쟁에 '고양이 손'이라도 보탠다.

문제는 이 파시즘과의 전쟁이 불러일으킨 반작용이었다. 전쟁이 끝나고 미국은 소련과 양극 체제를 구축하고, '냉전'에 돌입한다. 미국은 소련을 악의 제국으로 설정하고, 소련과 가장 먼 반대 노선을 찾는다. 극좌 전체주의에 반대하는 노선은 물론 극우 파시즘이다. 그래서 외국의 극우 파시즘과 싸웠던 전쟁은 뜻밖에도 국

1943년의 우디 거스리. 1943년은 우디에게 변곡점이 된 해였다. 1942년 올머낵 싱어스가 해산되면서, 평생 반전이라는 대의에 헌신하던 우디 역시 입대할 결심을 굳힌다. 파시즘과 싸우는 게 먼저였기 때문이다. 기타에 붙인 '파시스트를 죽이는 기계'는 사실 올머낵 싱어스 시절부터 이미 붙이고 다니던 문구다. 취사병 보조(우디는 자신을 '전쟁 노동자'라고 생각했다.)로 입대한 그는 임무를 뚝딱 해치우고, 기타를 들고 노래를 부르는 동시에 채집하러 다녔다. 그래서 1943년은 우디가 노래의 수집과 기록을 위해 다시 민중 속으로 뛰어든 해로 기록되고 있다. 이후, 우디와 피트는 자주 만나지 못했다. 근본적으로, 한 사람은 구르는 돌멩이였고, 다른 한 사람은 민중을 조직하는 설계자였기 때문이다. 출처: 위키미디어 커먼즈.

내 파시즘을 키우는 결과로 이어졌다. 게다가 1950년 6월 25일에는 스탈린의 허가를 받은 김일성이 남침을 개시하며 한국전쟁이 발발한다. 이 전쟁으로 그렇지 않아도 이미 오른쪽으로 기울던 미국은 정신분열증적인 극우화 단계로 접어드는데, 그 시기를 대표하는 인물이 조지프 매카시다.

미국에는 '붉은 공포Red Scare' 시기가 두 번 있다. 첫 번째는 1917년 볼셰비키 혁명이 성공하고 1차 세계대전 직후인 1920년 정도까지다. 두 번째는 1947~1957년이다. 1950년 매카시는 난데없이 "정부, 군대, 언론, 할리우드에 공산주의자들이 침투했다"라고 주장한다. 그를 중심으로 한 청문회가 열리며 별다른 근거도 없이 그저 혐의만으로 정부·언론·교육·문화계 인사 수백 명이 심문당하고 블랙리스트에 오른다. 매카시는 모든 자료가 그의 가방 안에 들어 있다고 허세를 부렸지만, 나중에 들여다본 그의 가방에는 술병이나 굴러다니고 있었다.

할리우드 블랙리스트는 잘 알려져 있다. 예를 들어 당시 가장 중요한 배우였던 찰리 채플린은 산업사회를 비판하는 영화들로 '반미' 낙인이 찍혔고, 영국에 잠시 체류하던 채플린의 입국 비자는 거부되었다. 하지만 우리는 피해자보다 가해자들을 더 잘 기억한다. 처벌받지 않은 가해자 중에는 자신만 살자고 적극적으로 동료들을 밀고한 '배신자' 엘리아 카잔, 그리고 동료들의 있지도 않은 범죄 혐의를 들춰내며 당시 싸구려 배우에서 당대의 영웅으로 떠올랐던 미국배우조합 위원장 로널드 레이건이라는 인간들이 있다.

음악에서는 당시 노동운동과 연관된 포크가 집중 타깃이 된다. 하원에 설치된 반미활동조사위원회HUAC에선 시도 때도 없이 피트 시거를 불렀다. 하도 자주 불러대다 보니 약속한 콘서트 시간을 맞출 수 없었다. 블랙리스트에 오른 음반은 판매 정지가 되었고, 새로운 음반을 발매할 수도 없었다. 돈을 벌 수 있는 길은 모두 차단했다. 이제 사람과 만나는 기회도 차단할 차례다. 1949년 8월 27일 뉴욕주의 소도시 픽스킬에서 폴 로브슨의 공연이 예정되어 있었다. 현지 반공단체와 백인 우월주의자들이 몰려와 시위를 벌인다. "빨갱이는 물러가라," "흑인은 제자리로 돌아가라." 폭도들은 구호에 그치지 않고 돌과 불 붙은 쓰레기를 던진다. 공연은 시작도 못 했다. 같은 해 9월 4일, 위버스가 동참했다. 물론 피트 시거도 함께였다. 이번에는 간신히 공연은 마쳤지만, 그 이후가 문제였다. 귀가하던 관객들과 피트 시거의 가족이 매복한 폭도들에게 습격당해 많은 사람이 다쳤다. 언제나처럼 경찰은 방관했다. 로브슨은 졸지에 '흑인+빨갱이+반전주의자'로 삼중 표적이 되었고, 피트 시거와 위버스는 '폭동을 유발하는 위험한 밴드'로 공연과 방송이 모두 금지되는 블랙리스트에 올랐다.

피트 시거는 청문회에서 정치 성향을 묻는 질문에, 다른 사람들처럼 자기부죄 거부권을 근거로 한 묵비권을 행사하지 않고, 표현의 자유 침해를 이유로 답변을 거부했다. 쉽게 말하자면 그는 자신이 빨갱이냐고 묻는 질문 자체가 표현의 자유와 결사의 자유를 침해한다고 주장한 셈이다. 그는 노래로 정치적 신념을 표현할 권리는 헌법이 보장하며, 의회가 이를 침해한다고 주장했다. 결국 그는 의회 모독죄로 기소되었다.

이제부터 피트 시거의 '커뮤니티 순례'가 시작된다. 대규모 공연이 봉쇄되자 그는 대학 강당, 교회, 노조 모임 같은 소규모 공간을 찾아다녔다. 적은 수의 관객 앞에서 노래를 가르치며 합창을 조직한다. 이 순례가 포크 리바이벌의 씨앗이 된다. 생각해보면 피트 자신도 농부였다. (김민기도 농부였다.) 그는 뉴욕 허드슨강 근처에 작은 오두막을 직접 짓고 살며, 채소를 키워 먹었다. 그러면서 모았던 노래를 기록하고, 정리하고, 녹음하며 살았다. 피트는, 노래는 다른 사람을 정신적인 부자로 만드는 수단이지 자기의 물질적인 부를 축적하는 수단은 아니라고 믿었다.

피트는 '공연'을 '집단 행위'로 만들고 싶었다. 노래는 누구의 소유도 아닌 함께 공유하는 것이어야 했다. 커뮤니티 순례 중 시거는 그런 전통을 오래 지켜온 공간을 하나 발견한다. 바로 흑인교회였다. 이후 그는 아예 청중과 노래를 함께 만드는 방식으로 나아갔다. 흑인 청중들은 놀라울 만큼 자연스럽게 호응했다. 이렇게 흑인교회에서 발굴하고 함께 다듬어간 대표적인 노래가 바로 〈위 셸 오버컴〉이다. 포크는 자연스럽게 지역 흑인 활동가들의 레퍼토리에 들어가며 전국으로 확산되었고, 단순한 음악 장르나 한 인종의 음악을 넘어 저항과 연대의 언어가 되어갔다.

1954년 매카시가 급격히 몰락하며 '붉은 공포'도 전환기를 맞는다. 해럴드 레벤탈이라는 프로듀서는 이 변화를 블랙리스트 예술가들을 복권할 좋은 기회로 보고, 먼저 위버스의 카네기 홀 공연을 추진한다. 아직 안심할 수 없는 상황이었지만, 위버스는 1955년 카네기 홀에서 '기적 같은' 귀환을 선보인다. 앞서 말했듯 피트 시거는 우디 거스리보다 조금 덜 직설적이고, 조금 더 음악적이다. 물론 여전히 미국 정부 눈에는 급진적으로 보이겠지만…. 무대에서도 위버스는 1950년대 초와 달리 정치색 짙은 노래를 배제하고, 사랑 노래, 다문화 민요, 관객이 쉽게 따라 부를 수 있는 노래를 한다. '빨갱이 음악'이라는 고정관념을 희석하고 '포크'라는 이미지를 강조하는 전략이었다.

그 대표적인 노래가 〈굿나잇, 아이린Goodnight, Irene〉이었다. 원래 리드 벨리가 1934년에 불렀던 블루스 · 포크로, 사랑의 실패와 가난으로 절망과 체념에 빠진 화자가 투신자살에 실패하고 다시 자살을 암시하는 노래다. *안녕, 아이린, 이제 꿈에서 보자고. 나는 여기 살고 있지만 가끔은 강에 뛰어들어 물에 잠기는 꿈을 꿔. 안녕 아이린, 이제 꿈에서 보자고. 지난 토요일 밤 우린 결혼했지, 이제 우린 헤어져 난 다시 마을로 돌아가야 해. 안녕 아이린. 나는 아이린을 사랑해. 신도 알지. 바다가 마를 때까지 사랑할 거야. 아이린이 나를 외면한다면 나는 죽어버릴 거야. 안녕 아이린, 안녕….* 위버스의 버전은 죽음을 암시하는 부분, 인종차별과 사회적 빈곤을 이야

〈굿나잇, 아이린〉

기하는 부분은 삭제하고 그저 사랑하는 사람을 그리워하는 노래로 바꾸어 공연장에서 관객이 쉽게 따라 부르는 노래로 만들었다. 어쨌든, 다시 노래를 함께 부를 수 있는 세상이 왔다. 이제 노래를 억압하는 세상은 단호히 거부한다. 이제 노래로 이 빌어먹을 세상을 바꾼다. 노래는 우리의 무기다. 포크 리바이벌의 시작이다.

아무리 짓밟아도 꽃은 피어난다 II: 피트의 대학 순례와 시민권 운동과의 결합

1955년 위버스의 일회성 컴백이 이루어졌다. 이제껏 매카시의 바람잡이나 하고 있던 언론은 '포크의 귀환', 혹은 포크의 '사회적 · 음악적 재탄생'과 같은 찬사를 퍼부으며 이를 대중음악사의 중요한 순간으로 기록했다. 하지만 사회적 분위기는 이제 가까스로 해빙기에 접어든 정도였다. 공연을 마친 피트 시거는 다시 커뮤니티 순례에 나설 수밖에 없었다. 이미 농촌과 소도시를 돌며 교사 · 목사 · 노조 간부 등에게 노래집을 배포한 그는 50년대 후반부터는 미국 전역의 캠퍼스를 돌아다니는 '대학 순례'에 나선다. 그러면서 포크 리바이벌과 학생운동이 결합하기 시작한다.

대학은 당시에도 권력이 함부로 손대기 어려운 공간이었다. 젊은 대학생들은 마음을 열어 피트를 맞았고, 노래를 즐기며, 역사를 배웠다. 피트는 전략적으로 움직였다. 50년대에 그는 조지아, 미시시피, 텍사스 등 남부를 돌며 흑인 학생회와의 관계를 공고히 한다. 이때부터 흑인들이 나서서 〈위 셸 오버컴〉을 적극적으로 부르기 시작한다. 남부에서는 몇몇 지역 라디오에 출연해서 어린이 동요를 가르친다. 세상을 바꾸려면 동요부터 제대로 가르쳐야 한다는 믿음에서 비롯된 행동이었다. 그는 아이들에게 〈디스 랜드 이즈 유어 랜드〉와 더불어 재미있는 노래 하나를 더 가르치는데, 1956년 최고의 앨범 《칼립소Calypso》에 있던 〈바나나 보트 송Banana Boat Song〉이었다. 이 경쾌한 칼립소로 미국에 데뷔한 해리 벨라폰테는, 익살스러운 노래와는 달리, 마틴 루서 킹의 문화 보좌관쯤 되는 사람이었고, 이에 따라 당연히 블랙리스트에도 오르고 FBI의 감시도 받고 있었다.

마틴 루서 킹도 지역에서 들려오는 이야기를 듣고 있었다. "웬 백인이 흑인교회를 휘젓고 다니며 포크를 가르치는데, 사람들이 미치도록 좋아한다"는 이야기였다. 킹이 피트를 불렀고, 그 현장에서 만난 해리와 피트는 곧바로 죽이 맞았다. 해리로서는 신뢰할 만한 백인 동지가 필요했고, 피트로서는 대중적이면서도 정치적인 감각을 겸비한 스타와의 연대가 반가웠을 것이다. 당시 스타였던 해리는 피트의 남부 대학 순례에 자비로 버스와 장비를 제공했다고 한다. 피트가 한 흑인교회에서 처음 들었을 때 "이거 미국 국가가 되겠는걸" 하고 반응했다는 〈위 셸 오버컴〉은 이렇게 흑과 백이 합쳐지며 민권운동을 대표하는 노래가 되었고, 심지어 킹은 워싱턴 행진에서 "이 노래가 우리를 여기까지 이끌었다"라고 치켜세웠다.

피트가 뿌린 씨앗은 1960년 시트인과 1961년 프리덤 라이더 운동, 1964년 프리덤 서머 등으로 구체화되었다. 한국의 1970~80년대에 노학연대라는 기치 아래 많은 젊은이가 노동 현장에 뛰어들었던 것처럼, 미국에서도 많은 대학생, 그중에서도 특히 백인 대학생들이 민권운동에 적극적으로 가담했다. 젊은이들은 민권운동의 핵심 에너지로 부상하고 있었다. 그리고 이들은 이제 모두 같은 노래를 부르고 있었다. 함께 부르는 노래는 젊음의 무기였다.

시민권 운동에 참여하면서도 대학 순례를 멈추지 않던 피트 시거가 60년대 초반 하버드와 MIT를 순례하면서 포크는 '지적인 저항 문화의 상징'으로 자리 잡는다. 그리고 이후 서부를 순례하면서 포크는 '반전의 노래'로 발전한다. 존 바에즈, 톰 팩스턴, 필 옥스 등 60년대 포크 리바이벌의 주역들은 모두 대학 시절 시거의 노래와 강연을 들으며 노래를 '결심'했다고 한다. 피트는 이 일련의 순례를 통해 TV나 라디오가 없어도 노래는 남는다, 아니 번창할 수도 있다는 사실을 증명했다. 실제로 〈이프 아이 해드 어 해머〉나 〈웨어 해브 올 더 플라워스 곤?Where Have All the Flowers Gone?〉과 같은 노래는 전파를 타지 않고도 대학생이면 모르는 사람이 없는 노래가 되었고, 시위 현장을 통해 전국적인 노래로 성장했다. 사실은 이런 피트야말로 진정한 의미의 '음유시인'일 텐데… 미국에서는 곧 또 하나의 음유시인이 갑툭튀하여 피트 시거와 정반대의 길을 걸으며 세상을 뒤집어놓는다. 그의 이름은, 물론, 밥 딜런이다.

1955년의 카네기 홀을 경험한 포크는 일단 '안전하고 세련된 형태'의 포크를 파일럿 삼아 세상에 조심스레 선보인다. 바로 킹스턴 트리오The Kingston Trio다. 하와이 · 카라브해 · 아일랜드 민요 · 미국 전통 포크송을 유머러스하고 경쾌하며 아름다운 하모니로 들려준 이 젊은이들은 왠지 복고적인 느낌을 주며, 엘비스의 현란한 춤에 지친 사람들에게 위로를 전했다. 더불어 포크 하면 정치적이라며 부담스러워하던 사람들도 이들의 정갈한 하모니에는 귀를 기울이지 않을 수 없었다. 깔끔한 대학생 같은 이미지의 지적이면서 무해한 포크가 시장에 먹히며 포크는 순식간에 상업 장르로 부활한다. 이 파일럿의 대성공으로 이후 피터 폴 앤 메리, 존 바에즈 등이 등장할 환경이 조성되었다.

연세가 있는 독자라면 이 '깔끔한 대학생 이미지의 지적이면서 무해한 포크'에서 트윈폴리오를 떠올릴 수도 있지만, 킹스턴 트리오는 트윈폴리오와는 다르다. 포크의 본령은 민요, 다시 말해 이야기이고, 그 이야기는 민중의 삶이다. 아무리 예쁘게 입고 아름다운 소리를 낸다고 해도, 그것만으로 포크가 되지는 않는다. 당시 킹스턴 트리오와 흔히 비교되는 그룹으로 에벌리 브라더스가 있었다. 〈바이 바이 러브Bye Bye Love〉, 〈올 아이 해브 투 두 이즈 드림All I Have to Do Is Dream〉으로 유명했다. 이들도 2인 화음을 쌓으며 겉으로 보기엔 비슷한 노래를 했지만, 사랑과 청춘만 노래한 이들의 음악은 아무도 포크로 생각하지 않는다. 에벌리 브라더스나 한국의 트윈폴리오는 앞서 소개한 버블검 사운드에 가깝다. 그래서 에벌리는

'일반 대중'에게, 킹스턴 트리오는 '대학생'에게 더 인기가 있었다.

킹스턴 트리오의 대표곡은 〈톰 둘리Tom Dooley〉다. 포크니만큼 19세기 있었던 실제 살인 사건을 기반으로 한다. 톰 둘리라는 남성이 약혼자를 살해하고 체포되어 교수형에 처해지는, 소위 살인 발라드murder ballad 장르의 노래다. 원곡에는 살인의 동기 · 과정 · 무덤을 파고 묻는 장면 · 교수형을 앞둔 남성의 심경이 제법 상세히 묘사되어 있지만, 킹스턴 트리오 버전에서는 그 부분이 대거 생략되어 그저 여성을 죽이고, 곧 교수형을 당하리라는 줄거리만 남았다. 그래도 사건-감정-체념이라는 살인 발라드의 구조는 유지되었다. 안전하고 매력적이면서 대중적인 포크의 대표 사례다.

〈바나나 보트 송Banana Boat Song〉은 영화 〈비틀 주스〉를 대표하는 장면에서 등장해 사람들 대부분에겐 즐거운 파티 송이나 조금 더 아는 사람에겐 노동요로 기억되지만, 실은 식민주의 · 노동 · 저항의 모든 요소가 담긴 서인도 제도의 민중가요이자, 흑인 민중의 목소리로 빌보드를 점령한 최초의 사례로 기록되는 노래다. 원

〈톰 둘리〉

〈바나나 보트 송〉

래 바나나 농장에서 불렀던 노래로, 밤새 바나나를 수확하고 해가 뜨면 바나나를 항구에 선적하는 이주 노동자들의 고달픈 삶을 그리고 있다. *아침이 밝았으니 이제는 집으로 가고 싶다. 이봐요, 감독관 양반, 내가 얼마나 땄는지 좀 달아줘요. 여섯, 일곱, 여덟 덩어리. 아침이 밝았으니 이젠 집에 가고 싶다*…. 힘든 노동이 끝나 집으로 가서 쉬고 싶은 간절함에 감독관이 정확하게 세주지 않으면 일당을 뜯길 수도 있다는 조바심이 겹쳐진다. 배경을 모르는 백인 청중은 이국적인 노래로 흥겹게 들었지만, 흑인 공동체는 억압 속 저항의 노래로 들었다. 이 노래로 '칼립소 왕'이 된 해리 벨라폰테는 마틴 루서 킹과 협력하며 세계적인 흑인 문화운동가로 성장한다. 1956년 앨범 《칼립소》의 대성공은, 노동요의 리듬과 집단성이 대중적인 무대에서도 얼마든지 통한다는 사실을 증명했다.

밥 딜런 I:
밥 딜런의 상경과 포크의 여왕(들)

1961년, 미네소타 북부 작은 광산 마을 출신 촌뜨기 밥 딜런은 기타 하나 달랑 들고 뉴욕으로 향한다. 교통수단은 당연히 기차였다. 딜런에게 기차는 하나의 '운명의 선로'처럼 느껴졌다. 자신의 운명이 마치 기찻길처럼 끝없이 한 점으로 달려가고 있다는 느낌이었다. 기차를 택한 데는 다른 이유도 있었다. 우선, 자신이 하는 포크 음악이 철도 노동자의 노래와 맞닿아 있다는 인식이 있었다. 그리고, 무엇보다 뉴욕행의 목적 중 하나가 우디 거스리와의 만남이었으니, 호보와 함께 떠돌아다니며 음악을 채집하고 부르는 그런 우디의 유랑 정신을 계승하는 척이라도 해보고 싶었다. 거짓말에도 능했던 딜런은 나중에 고향을 묻는 질문에 아무렇지도 않게 '오클라호마'라고 대답하곤 했다. 평생 기차를 타고 떠돌았다고도 했다.

뉴욕행 기차에 오른 밥 딜런은 평생 존경하던 우디 거스리와의 만남을 고대하는 한편, 포크 가수로서 홀로 서야겠다는 결심도 굳히고 있었다. 1년 남짓 다닌 대학은 그에게 포크만 가르쳐주었을 뿐이다. 여느 젊은이들처럼 엘비스 프레슬리와 리틀 리처드를 듣고 도끼빗을 뒷주머니에 꽂고 머리에 파리가 미끄러질 정도로 기름을 바르고 다니던 그는, 어느 날 한 친구가 들려준 《오데타의 발라드와 블루스》를 듣고 그 자리에서 감전된 듯 얼어붙는다. 그는 이때를 인생을 바꾼 경험이라고 회상한다. 남들처럼 엘비스를 따라 전기 기타를 들고 엉덩이를 흔들어대던 그는 하룻밤 사이 어쿠스틱 기타와 하모니카를 집어 들고 전혀 다른 가수로 탈바꿈한다.

생각해보면 오데타가 그리 접하기 힘든 가수도 아니었다. 피트 시거가 '대학 순례'를 하며 포크가 민권운동과 학생운동을 결합하는 촉매제 역할을 하는 사이, 흑인으로서 포크를 부르는 오데타가 주목의 대상이 되면서 많은 대학에서 초청받았다. 그녀는 특히 남부 흑인 대학을 위주로 공연하여 이 지역 흑인 대학생들에게 큰 영향을 미쳤다. 인종차별로 오페라 가수를 포기했던 그녀는 클래식 성악 발성으로 장중하고 깊은 소리로 포크를 불렀다. 딜런은 "어디서도 들어본 적이 없는 목소리"라며 감탄했다. 별명은 당연히 '포크의 여왕'이다.

하지만 '포크의 여왕' 하면 당장 우리에게는 다른 인물이 떠오른다. 그 인물은 물론 존 바에즈Joan Baez다. 존 바에즈는 그야말로 갑툭튀라는 말이 어울리는 음악가다. 고등학교를 졸업하자마자,

동네에서 포크를 불렀는데, 그 목소리는 한 번 들으면 영원히 잊기 어려웠다. 맑고 청아한 소프라노는 모든 악기를 뚫고 마치 한 옥타브가 높은 천상의 목소리처럼 다가왔다. 무명일 때는 대학가 위주로 공연했다. 이미 포크는 대학생의 음악이었기에, 그곳에 수요가 많았기 때문이다. 대학가를 존 바에즈라는 신인이 휘어잡으며 다시 한번 "포크는 젊음의 음악이다"라는 명제가 각인되었다. 1959년 있었던 하버드대학 공연이 바로 그 정점이었다. 우리나라에서도 한때 포크 하면 이런 목소리여야 한다는 듯, 은희, 이연실, 박인희, 양희은 등등 비슷비슷한 목소리들이 쏟아져 나왔다. 목소리만 비슷하면 어쩌자는 건지 모르겠지만….

어쨌든 이렇게 딜런이 상경하던 무렵엔 오데타나 존 바에즈 같은 포크의 스타들이 이미 있었다. 앞서 말한 위버스나 킹스턴 트리오는 두말할 나위 없다. 딜런은 이런 스타들을 꿈꾸며 포크의 중심지, 뉴욕 그리니치 빌리지로 진출한다. 놀랍게도(?) 딜런은 이미 미네소타 시절부터 유명한 우디 거스리 흉내꾼이었다. 뉴욕 오픈 마이크 무대 위에 서서 노래 부르기 시작하자, 사람들 사이에서 가장 먼저 나왔던 말도 "쟤, 우디 거스리 흉내 좀 내는데?"였다고 한다. 이렇게 자신의 노래보다는 '누군가의 흉내'로 먼저 유명해지면서 포크계에 몇몇 영향력 있는 인사들을 만났고, 그 인연을 통해 마침내 존경해 마지않던 우디 거스리를 만나게 된다. 무턱대고 우디를 찾아가서 만나지는 않았다.

앞서도 말했지만, 딜런의 삶은 그 자체로 변신과 탈주의 연속이다. 그래서 딜런을 그린 어떤 작품도 만족스럽지 않다. 이제 딜런을 중심으로 미국 음악 운동의 변화를 살펴보자. 그 시작은 1950년대 비트 제너레이션과 딜런의 만남이다.

오데타는 킹스턴 트리오와 더불어 포크 리바이벌의 도화선이다. 《오데타의 발라드와 블루스》에서 가장 유명한 노래는 〈테이크 디스 해머Take This Hammer〉로, 첫 번째 트랙이다. 딜런이 충격을 받았던 것도 이 노래로, 리드 벨리의 노래다. *이 망치를 가져가 감독관에게 전하라, 나는 떠났다고 말하라. 그가 도망쳤냐고 묻거든, 날아가버렸다고 말하라*…. 도망running이 아닌 날아감flying이다. 죽음으로 얻은 탈출과 자유다. 아이러니와 해학을 특징으로 하는 전형적인 남부 흑인 죄수 노동가prison work song로, 깊고 낮게 울리는 목소리, 절제되었다가 폭발하는 기타, 강박적 리듬이 노랫말과 결합해 딜런은 물론 당시 많은 청중에게 큰 충격을 주었다. 이 노래를 첫 트랙으로 고집했던 것도 오데타였다. 자신의 음악 정체성이 흑인의 고통과 저항에서 출발했음을 밝히는 선언과 같은 곡이다. 그리고 이 노래를, 노동요를 넘어 민권운동과 흑인 정체성, 인간 존엄

〈테이크 디스 해머〉

성에 호소하는 노래로 재해석한다. 딜런의 우상이 거스리였던 것처럼, 그녀의 우상은 리드 벨리였다. 그래서 그녀의 또 하나의 별명은 '여성 리드 벨리'였다.

존 바에즈를 전국적으로 유명하게 만든 노래는 1집의 첫 번째 트랙 〈실버 대거Silver Dagger〉(1960)다. 미국 전통 발라드로, 한 젊은 여성이 어머니의 경고를 듣고 구애하는 남성을 거절하는 내용이다. 거절할 수밖에 없는 이유는 엄마가 한 손에 은빛 단도를 들고 있어서다. 그 단도로 자신을 찌르겠다는 건지, 딸을 찌르겠다는 건지, 남자를 찌르겠다는 건지는 알 수 없지만…. *내 사랑, 노래 부르지 말아요. 어머니가 깨어나실 거예요. 어머니 말로는, 저는 당신의 신부가 될 수 없대요. 모든 남자는 거짓말쟁이라니까요. 그러니 다른 아가씨를 찾아 구애하세요. 저는 결심했답니다. 평생 혼자 잠들기로….* 고운 소프라노와 단아한 기타 반주로 노래하는 존 바에즈는 이 노래로 단숨에 순결한 포크의 목소리로 떠올랐다. 오데타처럼 부를 수도 있는 포크가 곱고 예쁜 노래로 통념화된 것도 사실 이 노래의 힘이 컸다. 우리만 그런 게 아니다.

〈실버 대거〉

밥 딜런 II:
비트 제너레이션과 히피를 연결하다

딜런이 찾아간 뉴욕 그리니치 빌리지는 이미 힙스터들의 성지였다. 힙스터는 1940년대부터 존재했던, 자신만의 스타일을 추구하며 기성 문화에는 혐오를 느끼는 사람쯤으로 정의할 수 있다. 그리니치 빌리지는 50년대 재즈의 성지이기도 했다. 흔히 비트 제너레이션 Beat Generation으로 묶이는 『네이키드 런치』의 윌리엄 버로스, 『길 위에서』의 잭 케루악, 『울부짖음』의 앨런 긴즈버그는 날마다 그리니치 재즈바를 찾아 술을 마시고, 재즈 시를 읊었다. 재즈의 '비트'를 사랑한다고 해서 이들은 자신들을 '비트 제너레이션'이라 불렀다. 소련의 인공위성 '스푸트니크'가 성공적으로 발사된 후 사람들은 이들을 이상하게 옷을 입고, 수염을 기르고, 재즈에 맞춰 흐느적거리며 시를 읊는 괴짜들이란 의미로 '비트닉'이라 부르기 시작했다. 설명은 여러 갈래지만, 재즈에서 벗어난 설명은 모두 공허하다.

이들은 '힙'하고 '쿨'했다. 보수적이고 자기 만족적이며 싸구려 대중문화에 매몰된 사회와 거리를 두며 자신만의 감각과 리듬으로 살아간다는 점에서 '쿨'했고, 그러기 위해서는 세상이 어떻게 돌아가는 줄 파악하고, 그 세상보다 한 걸음 더 앞서 나가 세상을 본다는 점에서 '힙'했다. 이 용어들 역시 재즈에서 등장했다. 케루악이 즐겨 사용했던 표현이 바로 "hip to the beat"였다. 우리말로 치면, "이 음악의 결을 제대로 이해하고 감각적으로 박자를 타고 있는 거야?" 정도의 말이다. 그래서 원래 '박자'쯤을 의미하는 '비트'가 '음악/재즈의 감각'을 뜻하게 되었다. 당시 이들이 열심히 들었던, 또는 열심히 참여했던 재즈는 비밥이었다.

비밥은 이전의 스윙과는 완전히 달랐다. 모든 사람을 미친 듯이 춤추게 만든 〈싱, 싱, 싱Sing, Sing, Sing〉이나 〈인 더 무드In the Mood〉가 대표적인 스윙이다. 음향이 아직 발달하지 않았으니 많은 대중을 춤추게 하기 위해서는 엄청난 음량의 빅밴드가 필요하다. 그래서 스윙은 보통 빅밴드의 음악이다. 하지만 전쟁이 터져 많은 음악가가 입대하고, 빅밴드들은 해체된다. 전쟁이 끝난 후 춤은 로큰롤의 전유물이 되었다. 재즈는 아예 다른 길을 택한다. 이젠 춤추기 어려운 음악이 된다. 전통적인 멜로디 진행 대신, 불협화음과 예상 못 한 전환 등으로 청중에게 충격을 주면서, 재즈의 핵심이라 할 수 있는 자유와 즉흥성의 폭발이 비밥의 특징이 된다. 한마디로 비밥은 흑인 뮤지션들이 '클럽의 그림자'를 벗고 예술가로서 독립을 선언한 장르였다.

비트 제너레이션은 이 음악을 처음부터 이해하고 있었다. 그중에서도 긴즈버그는 공연에 적극적으로 참여하여 시를 읊었다. 그의 시는 길이가 들쑥날쑥하지만, 한 호흡으로 낭송하고, 낭독 때마다 리듬과 억양을 달리하며 즉흥적으로 변주한다. 언어 또한 이전과는 다르다. 신화의 이미지와 속어가 아무런 맥락 없이 충돌한다. (예를 들어 「울부짖음」에도 angelheaded hipsters, hydrogen jukebox 같은 표현이 나온다. '천사 머리를 한 힙스터', '수소 주크박스'라니?) 그런데 그 충돌이 기묘한 인상을 낳는다. 마치 전통적인 멜로디를 불협화음과 충돌시키는 찰리 파커의 연주를 연상시킨다. 찰리 파커도 그랬지만, 비밥은 지적인 음악이다. 긴즈버그를 비롯한 비트 세대도 전후 미국 사회의 속물성과 극우 정신분열적 매카시즘에 맞서는 지적인 반체제 집단이었다.

지적이면서 '힙'하고 '쿨'했던 이들은 대중과는 거리가 멀었다. 그나마 대중성이 있었던 이는 긴즈버그였다. 1956년 발표된 그의 시집 『울부짖음』은 마약, 동성애, 자본주의에 대한 분노 등 금기시되던 주제를 '절규'하듯 터뜨려 검열 재판을 불러왔다. 음란성 시비로 시작한 재판은 '표현의 자유'를 둘러싼 논쟁으로 번졌고, 젊은 이들이 긴즈버그를 읽기 시작하고 공감하며 소위 반문화 운동의 주춧돌이 놓인다.

이제 비트 시인들은 청년문화로 편입된다. 이 젊은이들과 어떻게 접점을 형성할 수 있을지 고민고민하던 긴즈버그는 어느 날 딜런이 부르는 〈어 하드 레인즈 어-고너 폴A Hard Rain's A-Gonna

Fall〉을 듣는 순간 흘러내리는 눈물을 주체하지 못한다. 자신의 시대가 저물고 있다는 것을 느끼고 있던 시인은 새로운 '세대'의 시인을 발견했다. 그가 바라 마지않던, 새로운 언어로, 대중이 이해할 수 있는 언어로 사회 비판적 전통을 이어가는 젊은 시인이었다. 그는 여러 인터뷰에서 딜런의 노래를 두고 '윌리엄 블레이크와 월트 휘트먼의 계보를 잇는 현대시'라고 평했다. (윌리엄 블레이크는 사회 비판과 묵시론적 · 신비주의적인 시를 썼다. 월트 휘트먼은 민주주의의 목소리 · 미국의 목소리 · 자유시 등을 떠올리게 하는, 미국의 대표적 시인이다. 긴즈버그는 딜런의 〈차임스 오브 프리덤Chimes of Freedom〉을 듣고 특히 '휘트먼의 20세기 재래'라고 평가했다.)

딜런 역시 긴즈버그를 읽으며 감탄했다. 긴즈버그가 딜런을 보며 눈물을 흘렸다면, 딜런은 긴즈버그를 보면서 시의 자유를 배웠다. 그러고 보면 딜런의 즉흥성, 자유연상, 금기와 충돌은 모두 비트 제너레이션의 특징이기도 했다. 그가 주로 출연하던 포크 클럽 가스라이트 카페Gaslight Café, 카페 와?Café Wha? 등은 전통적인 재즈 클럽 빌리지 뱅가드Village Vanguard, 재즈의 본산을 넘어 나중에 반문화 운동의 '문화 허브' 역할을 한 빌리지 게이트Village Gate와 가까웠다. 딜런은 공연하고 곡을 쓰는 초인적인 일정 중에도 옆 골목 재

〈어 하드 레인즈 어-고너 폴〉

즈 클럽을 들러 자유로운 즉흥 분위기를 체험하고, 가사와 시적 실험에 대한 영감을 얻었다.

마틴 스콜세이지가 만든 다큐멘터리 〈롤링 선더 레뷰Rolling Thunder Revue〉에는 두 사람이 함께 등장한다. 딜런이 긴즈버그를 평가하는 대목도 있다. 대충 이런 내용이다. "훌륭한 시인은 영원히 잊히지 않는 시구를 만들어내는 사람이다. 예를 들어 프로스트의 유명한 구절 'Miles to go before I sleep' 같은 거다. (로버트 프로스트의 「스토핑 바이 우즈 온 어 스노이 이브닝Stopping by Woods on a Snowy Evening」이라는 시의 한 구절이다.) 긴즈버그의 「울부짖음」의 시작 부분, '나는 우리 시대 최고의 지성인이라는 사람들이 미쳐가는 것을 보았네I saw the best minds of my generation destroyed by madness' 역시 영원히 잊히지 않을 시구다. 그래서 긴즈버그는 위대한 시인이다." 딜런은 그 자신이 시인이어서 그런지, 말하는 방식도 남다르다. 평론가처럼 이런, 이런 이유로 뛰어나다고 논리적으로 납득시키려는 대신 이미지의 힘으로 납득시킨다. 이 부분을 들으면 사실 바로 〈어 하드 레인즈 어-고너 폴〉의 한 구절이 떠오른다. *어디에 있었니, 내 푸른 눈을 가진 아들아? 나는 늑대에 둘러싸인 아기를* ***보았소****. 나는 아무도 없는 다이아몬드로 만든 도로를* ***보았소****. 나는 피가 뚝뚝 떨어지는 검은 가지를* ***보았소****.Oh, where have you been, my blue-eyed son? … I saw a newborn baby with wild wolves all around it… I saw a highway of diamonds with nobody on it… I saw a black branch with blood that kept drippin'….*

엘사 도르프먼, 〈음악 레슨: 롤링 선더 투어 중 딜런과 긴즈버그〉, 1975. 엘사 도르프먼은 1975년 10월~1976년 3월 미국 북동부를 유랑극단 형태로 다니며 곳곳의 동료 예술가와 합동 공연을 펼쳤던 롤링 선더 레뷰 1차 여행을 함께하며 백스테이지에서 딜런과 긴즈버그를 카메라에 담았다. 이미 대형 폴라로이드 카메라로 유명했지만, 투어 당시엔 흑백 35밀리 필름 카메라를 사용했다. 딜런과 긴즈버그의 교감을 상징하는 사진은 대체로 그녀의 작품이라고 보아도 좋다. 출처: 위키미디어 커먼즈, CC BY-SA 3.0.

긴즈버그와 딜런은 둘 다 목격자의 시점으로 위선과 불의로 파괴되고 있는 세상을 초현실적 이미지로 쌓아 올린다. (한때 초현실주의는 파시즘과 싸우는 무기였다.) 사실 두 사람의 접점은 책 한 권에 담기에도 모자랄 만큼 많다.

〈롤링 선더 레뷰〉를 보면 긴즈버그는 날이 갈수록 보이지 않는 존재가 된다. 처음에는 기타에 맞춰 시를 읊지만, 점점 무대에서 멀어진다. 딜런은 그를 투어에 초대하여 '정신적 안내자'로 대우하려 했지만, 정작 긴즈버그는 자신을 '투어의 말단 수행원servant'으로 설정했다. 실제로도 장비 정리와 청소 같은 일을 자청했다. 비트 제너레이션이 불교의 영향을 받으면서 이런 잡일도 수행처럼 여긴 이유가 있겠지만, 앞 세대가 다음 세대에게 보일 수 있는 최대한의 존중처럼 보여 마음이 짠하다. 이제 비트 제너레이션은 모든 걸 딜런에게 넘겨주고 무대에서 물러난다. 딜런은 비트 제너레이션의 반문화 정신을 청년들 사이에 대중적으로 확산시키며 히피 운동의 불씨가 된다.

사실은 비트 제너레이션이 없었더라면 딜런이 〈어 하드 레인즈 어-고너 폴〉 같은 사회 비판적인 노래를 쓸 수도 없었을 것이다. 내용도 내용이지만, 그 리듬감과 이미지의 충돌과 폭발은 긴즈버그를 떠올리게 한다. 딜런을 대표하는 노래답게 전통적인 포크 발라드 형식 속에 현대적이고 실험적인 언어를 넣어 즉흥적인 리듬으로 노래한다. 노래는 1962년 쿠바 미사일 위기 직전에 발표되었다. 따라서 'hard rain'은 핵폭발로 인한 방사능비라고 짐작할 수 있었지만, 딜런은 이를 넘어 전쟁, 인종차별, 빈곤 등 세상 모든 재앙을 가리키는 총칭이었다고 설명한다. 이즈음 딜런의 목소리는 변한다. 마치 인류의 파멸을 경고하는 선지자의 목소리처럼 들린다. 긴즈버그가 블레이크를 떠올린 것도 이 묵시론적인 맥락이었을 것이다. 60년대를 대표하는 노래로, 민권운동 현장에서도 불렸고, 후쿠시마 원전 사고 등 세계적인 재난이 올 때마다 소환되는 '재앙의 노래'이기도 하다. 우리나라에서는 양병집과 이연실이 〈소낙비〉라는 제목으로 번안해 불렀다. 가사는 뭔지 모르겠지만, 멜로디는 괜찮구나, 생각했던 기억이 있다.

포크 리바이벌

1930년대 우디 거스리와 피트 시거가 초석을 놓고, 1950년대 '붉은 공포'로 침묵을 강요당했던 포크의 불꽃은 50년대 말 킹스턴 트리오와 더불어 다시 점화된다. 피트 시거와 오데타는 대학과 커뮤니티와 교회를 순례하며 포크의 씨앗을 뿌렸고, 그 수많은 씨앗 중에 존 바에즈라는 아름다운 꽃이 피어나 남부 흑인 대학생들의 프리덤 싱어스와 어울리며 포크와 민권운동은 뜨겁게 포옹한다. 흑인 해방가요와 포크가 결합하며 포크 리바이벌 무대가 풍성해진다. 하지만 아직은 엘비스의 시대, 사람들이 노래 부르기보다는 노래를 듣고 보는 시대였다. 이제 상황이 바뀐다.

가장 중요한 게임 체인저는 물론 밥 딜런이었다. 포크가 좋긴 좋은데, 이게 우리로 따지면 옛날 민요다. 옛날 사람들의 이야기가 아무리 지금 우리에게 현재성을 가진다고 하더라도 다소 낡아

보이는 건 어쩔 수 없다. 한데, 느닷없이 나타난 한 촌뜨기가 혼자서 엄청난 힘으로 포크를 '지금-여기'와 강제로 이어 붙인다. 도무지 이해할 수 없는 일이다. 진짜 혼자다. 게다가 이렇게 많은 작품이 이렇게 짧은 시간 동안 쏟아져 나왔다. 영화 〈컴플리트 언노운〉에도 나오지만, 한때 딜런과 연인관계였던 존 바에즈는 허구한 날 공연하고 늦게 들어와서는 새벽까지 잠 안 자고 노래를 만드는 딜런을 보며 뭐 이런 인간이 다 있나, 이 인간은 내가 아니라 진짜 포크 음악을 사랑하는구나, 하는 생각에 그를 떠난다. 이 새로운 젊음의 언어가 없었다면 포크 리바이벌은 없었다.

또 하나 빼놓을 수 없는 인물은 프로듀서 앨버트 그로스먼Albert Grossman이다. 그는 "위버스가 60년대에 나타난다면 어떤 모습일까?"를 상상했다. 청중 친화적이면서도 급진적인 메시지를 아름답게 부를 수 있는 그룹. 그 상상을 실천에 옮겨 1961년 결성한 삼인조가 바로 피터 폴 앤 메리였다. 그러니까 미국의 포크 계보는 올머낵 싱어스-위버스-피터 폴 앤 메리로 이어지는 셈이다. 놀랍게도 딜런이 62년 같은 둥지에 들어온다. 사실 그리 놀라운 일도 아니다. 그로스먼의 주요 활동 무대가 그리니치 빌리지였기 때문이다. 이미 커피하우스에서 노닥거리다가 딜런과 마주친 경험도 있을 것이다. 그로스먼은 여기서 놀라운 전략을 내놓는다. 딜런의 노래를 피터 폴 앤 메리에게 부르게 해 상업적인 성공을 거두고, 딜런에게는 '시대를 대표하는 목소리'의 이미지를 씌운다. 딜런 하면 떠오르는 낡은 모자, 가난한 방랑자 같은 외모도 모두 그의 작품이다. 한마디로 그로스먼은 포크를 상업적인 성공으로 이끈 설계자였다.

1950년대 미국의 TV 보급이 급격히 늘었다. 라디오가 지배하던 시절은 저물고 이제 텔레비전이 대중문화의 주무대가 되었다. 엘비스가 최고의 아이돌이 된 것도 텔레비전과 떼어놓을 수 없다. 잘생긴 외모에 더하여 저러다가 어디가 부러질 것만 같은 격렬한 춤은 텔레비전이 없었다면 볼 수 없었을 테니 말이다. 텔레비전의 보급으로 1960년대 초 남부의 시트인, 버밍햄 사건, 워싱턴 행진 같은 민권운동도 전국에 중계되었다. 배경에 흐르는 〈위 셸 오버컴〉, 〈에인트 고너 렛 노바디 턴 미 어라운드〉 같은 노래들은 워낙 많이 듣다 보니 외울 지경이다. 이 노래들도 물론 포크 리바이벌의 자장에 속한 노래들이다.

그로스먼은 여기서 다시 투트랙 전략을 구사한다. 오데타나 딜런처럼 현장에서 압도적인 퍼포먼스를 보여주는 이들은 아예 라이브 무대로, 세련되고 대중음악적인 성격을 보이는 피터 폴 앤 메리, 킹스턴 트리오 등은 텔레비전으로 보냈다. (물론 오데타나 킹스턴 트리오는 그로스먼 라인은 아니었다.) 그래서 시위 현장이라는 무대에서도, 텔레비전이라는 무대에서도 포크가 퍼졌다. 텔레비전에서 포크라는 이름으로 듣던 노래는 너무도 귀에 쏙쏙 박혀서 몇 번만 듣고도 부를 수 있었다. (딜런과 비교해보라. 후기 딜런 노래는 뭐가 뭔지, 노래의 내용은 모르고, 다만 노래를 들었다는 이미지만 남는다.) 그러면서 다시 노래를 함께 부르는 세상이 왔다. 사람들은 길거리에서, 대학 캠퍼스에서, 교회에서, 커뮤니티에서, 그리고 노동 현장에서 다시 노래를 부르기 시작했다. 그 노래들은 민권운동과 결합한 저항의 노래들이었다. 이것이야말로 진정한 포크 리바이벌이다.

포크 리바이벌을 대표하는 그룹 피터 폴 앤 메리를 텔레비전 친화적 · 상업적 포크라고 하면 본인들은 억울해할 것이다. 사실 이런 말은 탈정치적이면서 무색무취했던 킹스턴 트리오에게 더 어울린다. 피터 폴 앤 메리는 사회운동의 메시지를 아름답게 표현하면서 상업적 성공까지 거두었다고 해야 정당한 평가인 듯싶다. 운동과 시장의 교차점에서 절묘한 균형을 이루면서, 누구나 따라 부를 수 있는 간결한 화음을 쌓아가는 세 사람의 목소리는 이후 포크의 원형처럼 받아들여졌다. 피트 시거를 염두에 두고 만들어지고, 딜런과 맞은 편에 놓인 그룹이다 보니 노래 대부분이 피트와 딜런의 곡이지만, 민요나 영가도 많이 불렀다. 동요의 성격을 띤 〈퍼프 더 매직 드래곤Puff, the Magic Dragon〉은 어린이들에게도 사랑받았다. 사실은 동심의 상실을 주제로 한 노래다. 피트의 노래 〈이프 아이 해드 어 해머〉도, 딜런의 노래 〈블로인 인 더 윈드〉도 이들의 노래로 더 유명하다. 뜻밖에도 넘버원 히트는 존 덴버가 만든 베트남

〈퍼프, 더 매직 드래곤〉

전을 배경으로 헤어짐의 슬픔을 노래한 〈리빙 온 어 제트 플레인Leaving on a Jet Plane〉 한 곡밖에 없다. 반전 노래로도 상업적 성공이 가능하다는 것을 보여준 상징적 사건이기도 했다. 존 덴버도 같이 노래하는 희귀한 버전도 있다. 첫 솔로 앨범이 나오기도 전이다.

〈리빙 온 어 제트 플레인〉

베트남전쟁과 반문화 운동

미국은 정말 배를 못 만드는 나라다. 아니, 참 이상하게도 배를 자주 잃는 나라다. 흔히 천조국이라 불리며, 그중에서도 해군력이 막강하여 태평양은 자기네 호수 정도로 여기고 전 세계 해군력을 모두 합쳐 1 대 1로 맞짱을 뜨더라도 톰 오빠 하나만으로도 모조리 물리친다는 그 전설의 미 해군은 어디 갔는지, 미국의 배는 수없이 불타고, 공격받고, 가라앉았다. 아마 시작은 우리에게도 익숙한 1866년 제너럴셔먼호가 아닌가 싶다. 남북전쟁 당시 남부를 온통 불살라버린 무시무시한 장군의 이름을 딴 배는 대동강을 거슬러 오르다가 조선 민중의 공격을 받아 불타버린다. 미국은 이 사건을 빌미로 신미양요를 일으킨다. 1898년 쿠바 아바나 항에서는 미 해군 전함 USS 메인이 폭발해 260명이 죽는다. 원인은 불분명했지만, 미국의 대응은 신속했다. 스페인에 대한 전쟁 선포였다. 1915년 미국으로 오던 영국 여객선 루시타니아호가 독일 잠수함에 격침되어 미국인 100여 명이 죽는다. 그때까지 중립을 선언하며 양쪽에서 꿀을 빨던 미국은 본격적으로 1차 세계대전에 참전한다. 미국의 참전으로 전승국이 자연스럽게 결정되었고, 뒤늦게 참전한 미국은 승리의 파이에서 가장 큰 몫을 챙겼다. 진주만에 방치된 전함들은 1941년 일본군의 기습으로 줄줄이 침몰했다.

1964년 통킹만에서 미국 구축함 USS 매독스가 북베트남 해군의 공격을 받는다. 배는 침몰하지 않았고, 약간의 탄흔만 남았다. 하지만 실제로는 있지도 않았던 '두 번째 공격'으로 배가 큰 피해를 보았다며 미국은 베트남과의 전면전에 돌입한다. 이미 프랑스를 물리쳐 사기가 오를 대로 오른 데다가 더는 제국주의의 지배를 받지 않겠다는 의지로 뭉친 베트남과의 전쟁 선언은 자진해서 수렁에 걸어 들어가는 일과 다름 없었다. 이후 50만 명까지 파병이 이루어지고 전쟁이 확대되었지만, 이렇다 할 소득 없이 장기화한 전쟁으로 미국 내에서 반전운동이 폭발했고, 결국 1973년 사실상 항복 선언을 하면서 미군이 철수하고, 1975년 북베트남은 베트남을 통일하며 사회주의 공화국을 세운다. 여기까지가 흔히 듣는 이야기다.

미국의 섣부른 베트남 개입은 여러 잘못된 판단에서 비롯했다. 무엇보다 냉전적 사고에서 생겨난 공산주의 확산에 대한 두려움이 있었고, 일거리가 줄어들어 전전긍긍하던 미국의 군산복합체로서는 방위 산업과 군사비 지출 확대의 명분이 필요했다. 그러나 종종 간과되는 이유가 하나 더 있다. 바로 '세대 전쟁'이다. 미국 내에서 급속도로 퍼지고 있는 청년 세대 문화는 아예 대놓고 '반문화 counterculture'라는 이름을 내세우고 있었다. 우리는 너희 기성 문화에 반대한다. 너희들이 중시하는 모든 가치관, 제도적 권위, 윤리나 도덕 모든 것에 반대한다. 우리는 너희 꼰대들이 싫다. 처음엔 비트 제너레이션을 중심으로 한 소수의 개인적 일탈은 밥 딜런이 선봉에 나서면서 이제 전후 부모 세대 전체를 '침묵의 세대'라 부르며 이들이 추구했던 자본 순응적 중산층 사회, 인종차별이나 '붉은 공포' 같은 사회적 불의 앞에서 보여준 침묵에 대한 거부감을 젊은 세대 전체가 온몸으로 부르짖기 시작했다. 당시 운동권 학생이었던 잭 와인버그라는 사람은 유명한 말을 남긴다. "30이 넘은 사람은 누구도 믿지 마라." 기성세대는 이러한 목소리를 억누르고 싶었다. 이미 사그라진 극우주의의 불씨를 되살려서라도 사회를 다시 자신들이 원하는 대로, 자신들이 보고 싶은 대로 만들고 싶었다. 가장 편리한 수단은 쿠데타 아니면 전쟁이다. 혹은 전쟁을 빌미로 한 쿠데타도 될 수 있겠다. 그래서 어떻게 보자면 반문화 운동에 대한 기성세대의 반응이 전쟁으로 나타났다고 볼 수 있다.

이제 미국은 밖으로는 베트남전쟁, 안으로는 세대 전쟁을 치러야 했다. 아니, 세대 충돌의 전장이 베트남전쟁이라는 현상으로 나타났다. 베트남전쟁이 원인이 되어 반문화 운동이 일어났다는 시각도 많지만, 사실 반문화 운동은 이미 언급했듯이 50년대부터 발아되어 60년대 초 본격적으로 시작되고 있었다. 물론 그 운동의 두 축은 민권운동과 포크 리바이벌이었다.

이상적인 삶의 허상과 그 뒤에 감춰진 미국 사회의 분열과 폭력성에 천착하는 필립 로스(Philip Roth)의 소설을 이완 맥그리거가 감독한 영화 〈아메리칸 패스토럴(American Pastoral)〉(2016)의 홍보 포스터. 뒤집어놓은 풍경으로 기성세대의 기만적이며 자기 만족적인 미국식 초원의 꿈을 전복하고, 불타는 교외의 집으로 미국의 번영 혹은, 중산층 신화의 허구를 보여준다. 청년들은 흑인 및 소수 민족을 착취하고 제3세계 민중의 삶을 희생한 대가로 자유와 번영을 누리면서도 부끄러움이라고는 모르는 부모 세대에 날을 세웠다. 시대의 폭력은 병든 사회의 징후에 불과하고, 겉으로 완벽해 보이는 삶은 이미 뿌리가 뽑힌 상태였다는 사실을 드러내지만, 기성세대가 청년 세대의 아우성을 철없는 아이들의 칭얼거림 정도로 받아들이며, 세대 간 사랑과 이해는 도달 불가능한 신기루가 되어버렸다. 소설과 영화 속 메리는 웨더맨 조직원으로 암시된다.

1966년 11월 로스앤젤레스 선셋 스트립은 젊은이들이 몰려들던 클럽과 음악 문화의 중심지였다. 하지만 이상하게 옷을 입고, 남자인지 여자인지 모를 정도로 머리가 긴 젊은 아이들이 맨날 요상한 음악이나 들으면서 춤을 추고 다니며, 심심하면 반전 구호를 외치는 게 마뜩잖은 사람들도 많았다. 문제는 이들이 보통 권력을 쥔 꼰대들이란 사실이다. 시 당국은 클럽을 '범죄 소굴'로 간주하고 폐쇄 정책을 편다. 철없는 젊은이들이 밤에 싸돌아다니면 사고나 친다는 이유로 밤 10시 통행금지를 선포한다. 긴장이 쌓여가던 와중 경찰이 팬도라스 박스란 클럽을 급습하여 폐쇄에 나서면서 마침내 청년들과 정면으로 충돌한다. 한꺼번에 거리로 쏟아져 나온 수천 명의 청년이 경찰과 대치하며 '반문화 운동 최초의 대규모 거리 저항'이 시작된다. 소위 선셋 스트립 봉기다.

이 사건을 계기로 반문화 운동은 몇몇 청년들의 단순한 취향이 아니라 집단적인 성격을 띤 사회정치적 저항으로 폭발한다. 청년들은 전쟁 반대에서 그치지 않고, 모일 수 있는 자유, 춤출 자유, 음악 들을 자유를 외쳤다. 제발 우릴 좀 놔둬. 우린 잘살고 있어. 세상을 망쳐놓은 너희들이 우리에게 이래라저래라 하면 안 되잖아? 한 마디로 반문화 운동은 그들의 문화와 생활을 지키려는 투쟁이었다. "우린 너희들과 달라, 우리 삶의 양식을 존중해줘"라는 외침이었다. 그리고 이들은 갈라치기나 혐오가 아닌 정말 자신들만의 문화, 대안 문화를 갖고 있었다.

선셋 스트립 봉기를 바탕으로 한 노래로 가장 유명한 곡은 버펄로 스프링필드의 〈포 왓 이츠 워스For What It's Worth〉다. 제목은 "내가 하는 말이 얼마나 값어치 있는지는 모르겠지만 좀 들어봐" 정도의 의미다. 제목에서도 느낄 수 있지만, 처음으로 체제 권력과 충돌한 청년문화 세대의 불안과 긴장을 불확실한 느낌으로 표현하고 있다. 유명한 기타 리프 역시 터질듯한 긴장감을 담아, 노래 전체의 분위기를 규정한다. 하지만 아직은 분노의 폭발은 오지 않았다. *저기 총 든 남자가, 내게 까불지 말라고 하네. 이제 전선이 형성되고 있어. 모두가 틀렸다면 아무도 옳지 않겠지…*. 모호한 제목과는 달리 얼마 가지도 않아 이 노래는 대표적인 반전 가요가 되었고, 시민권 운동의 현장에서도 울려 퍼졌다. 반문화 운동의 첫 번째 찬가로 불리는 노래다. 장르는 포크 록. 이 지점에서 우리는 다시 밥 딜런으로 돌아가야 한다.

베트남전쟁을 비판하는 노래는 많지만, 가장 아름다운 곡을 꼽으라면 단연 〈웨어 해브 올 더 플라워스 곤〉이다. 사실 이 노래는 전쟁이라는 맥락 없이 1955년 피트 시거가 러시아 민요를 듣다가 만들었다고 하는데, 1960년대 초 조 히커슨이라는 포크 가수가 가

〈포 왓 이츠 워스〉

사를 덧붙여 지금 같은 형식이 되었다. *꽃은 어디로 갔나? 처녀들이 꺾어갔다. 그 처녀들은 어디로 갔나? 청년과 짝을 지었다. 청년들은 어디로 갔나? 군인이 되었다. 군인들은 어디로 갔나? 무덤으로 갔다. 무덤은 어디로 갔나? 꽃들로 덮여 사라졌다….* 전쟁의 덧없음과 인간 희생을 담담하게 노래한다. 함께 부르는 저항가요의 전형과 같은 노래다. 피트 시거는 자신의 노래 중 '가장 멀리 퍼져나간 노래'라고 말했다.

〈웨어 해브 올 더 플라워스 곤〉

밥 딜런,
포크의 성벽을 안에서 부수다

딜런의 삶에는 몇몇 중요한 순간이 있다. 그를 다룬 영화들도 이런 사건을 축으로 전개된다. 그중에서도 빼놓을 수 없는 순간이 1965년 뉴포트 포크 페스티벌이다. 딜런이 이 무대에 전기 기타를 들고 등장하면서 포크의 순수성을 모욕하자 관객들이 야유를 퍼부으면서 공연은 난장판이 되고, 분노한 피트 시거가 다 때려 부수겠다고 도끼를 찾아다니고, 딜런은 도망가고, 뭐 그러면서 자연스럽게 '포크의 죽음'이 이루어지고 록이 시작되었다는 이야기는 음악 애호가라면 한 번쯤 들어보았을 것이다.

뉴포트는 1954년 재즈 페스티벌로 먼저 이름을 알렸고, 1959년 피트 시거를 비롯한 몇몇 사람이 재즈의 인기에 편승해 포크도 띄워보자는 심산으로 페스티벌을 열었는데, 난데없이 존 바에즈라는 스타가 나타나 청중을 휘어잡으며 단숨에 주요 음악 페스티벌로 격상했다. 64년까지는 민권운동과 밀착되어 바에즈, 오데타, 프리덤 싱어스, 그리고 조니 캐시 등이 참여했다. 컨트리 가수 캐시의 참여는 백인 꼰대들의 음악이 되고 있던 컨트리를 청년들에게 돌려주고 정치적 · 사회적 목소리를 부여하는 계기가 되었다. 한마디로 뉴포트는 다 함께 모여 노래를 합창하는 장소였다.

65년 이 무대에 딜런이 전기 기타를 들고 등장했다는 건, "내 노래는 합창하지 말라"는 선언처럼 들렸다. 포크의 본질에 대한 거부처럼 들리기도 했으니, 많은 사람이 배신감을 느낀 것도 당연하다. 하지만 딜런은 나름대로 할 말이 있었다. 그는 뉴욕에 도착하자마자 전국구 스타로 부상했다. 63년 발표한 〈블로인 인 더 윈드〉나 64년 발표한 〈어 하드 레인즈 어-고너 폴〉로 유명해진 그는 온갖 민권운동 행사에 불려 다니며 원치도 않는 민중의 대표자 행세를 해야 했다. 딜런은 그런 행세가 자신의 본성과 맞지 않는다고 상당히 불편해했다. 〈블로인 인 더 윈드〉 같은 노래는 너무 자주 부르다 보니 자신이 먼저 지겨워져서, 웬만하면 부르려 들지 않았다. 그러니까, 이 사람은 근본적으로 대중 가수가 아니다. 한 시대를 기록하는 시인이다. 일단 시인으로서 쓰는 글이 포크와 잘 어울렸을 뿐, 포크의 모든 것이 마음에 들었던 것도 아니다. 사람들이 딜런을 원했던 거지, 딜런이 대중을 원하지는 않았다.

(사실 딜런은 대중 추수주의를 가장 경계했다. 그는 싫어하는 그룹을 일관성 있게 싫어했다. 그 그룹들의 대체적인 성격은 이제 보면 지나친 대중성 추구라 볼 수 있다. 이글스는 포크 록, 컨트리 록 계열로 딜런의 혁신에서 큰

혜택을 입었지만, 겉멋만 가득하고 진정성은 부족한 그룹이라고 생각했다. 이글스의 노랫말을 보면 딜런과 통하는 면도 있어 보이지만, 치기 어린 멋 부림처럼 보이는 부분도 많다. 한때 비틀스와 유일한 라이벌 관계였던 비치 보이스는 그 내용의 빈약으로 욕을 먹었다. 사람들은 이들의 앨범 《펫 사운드Pet Sounds》를 대단한 혁신이라 생각했지만, 딜런이 보기엔 텅 빈 내용을 감추기 위해 그럴듯하게 꾸민 겉치장에 지나지 않았다. 함께 투어도 다녀서 사이가 좋은 것으로 보였던 그레이트풀 데드에 대해서도 가끔 폭언하며 주변을 싸하게 만들었는데, 딜런은 이들이 팬들을 신격화하듯 모신다며, 대중을 대하는 태도를 마음에 들어 하지 않았다.)

1964년 딜런은 미국 침공을 시작한 비틀스를 만난다. 서로는 서로에게 지워지지 않을 영향을 남겼다. 당시 "네 손을 잡고 싶어," "그녀는 널 사랑해" 뭐 이런 노래로 소녀들의 괴성이나 끌어내던 보이밴드는 노래가 사회적인 내용, 정치적인 내용을 담을 수 있고, 세상을 올바른 방향으로 이끌고 갈 수 있다는 사실에 충격을 받는다. 그러곤, 그다음 해 〈리볼버Revolver〉에서부터 록 역사상 가장 위대하다는 《서전 페퍼스 론리 하츠 클럽 밴드Sgt. Pepper's Lonely Hearts Club Band》까지, 믿기 힘들 정도의 명곡들이 줄줄이 쏟아져 나온다. 권태로운 〈노르웨이전 우드Norwegian Wood〉의 건조한 은유, 베토벤 9번 교향곡에 비교되곤 하는 〈어 데이 인 라이프A Day in Life〉의 장대한 구성, 마틴 루서 킹의 죽음을 애도하는 〈블랙 버드Black Bird〉의 시대적 공명에 이르기까지, 이 리버풀 출신 촌뜨기들의 극적인 변화는 밥 딜런이 아니었다면 상상하기 어려웠다.

한편 딜런은 비틀스에게서 대중적인 멜로디 감각과 전기 악기의 활용을 배운다. 록의 에너지와 대중성을 목격한 딜런은 포크와 록을 접목할 수는 없을까 하는 고민에 빠진다. 같은 해 자신이 부르면 미적지근한 반응만 일으키던 〈미스터 탬버린 맨Mr. Tambourine Man〉을 버즈라는 그룹이 부르며 빌보드 1위에 오른다. 상쾌한 12현 기타를 구사하는 로저 맥귄은 자신이 좋아하던 비틀스와 딜런을 대놓고 합쳐보았다. 〈미스터 탬버린 맨〉의 가사를 전기 기타와 비틀스식 하모니에 얹으면 어떤 노래가 나올까? 그렇지만, 노랫말이 너무 추상적이고 어려우니 조금은 잘라내야겠지? 그 조금이 딱 절반이었다. 그래서 딜런의 5분짜리 초현실적 이미지로 가득한 의식의 흐름 노래는 2분 30초짜리 문학적 상징이 가득한 경쾌하고 맑은 팝송이 되었다. 딜런은 "내 노래를 이렇게 부를 수도 있다니"라며 감탄을 거듭했다.

이미 딜런은 《브링잉 잇 올 백 홈Bringing It All Back Home》(1965) 앨범의 한 면은 일렉트릭 밴드 편성, 다른 면은 어쿠스틱 편성이라는 획기적인 시도를 마쳤고, 같은 해 그 유명한 〈라이크 어 롤링 스톤Like a Rolling Stone〉까지 발표해놓은 상태였다. 따라서 뉴포트 무대에 딜런이 섰을 때, 사람들이 '난동'에 가까운 반응을 보였

〈미스터 템버린 맨〉

다는 건 과장에 가깝다. 무슨 파리 스트라빈스키 공연도 아니고 이미 충분히 짐작할 수 있는 무대였기 때문이다. 피트 시거는 좀 모호하다. 포크 때문에 고생고생하고, 평생 포크 속에서 살았는데, 자신이 발굴하다시피 한 젊은이가 자기는 더 이상 합창하지 않겠다, 어쿠스틱 기타를 버리겠다고 하니 여러 복잡한 감정이 들었을 것이다. 다만 도끼 얘기는 당시 사운드가 워낙 형편없다 보니 딜런의 노랫말이 들리지 않아 화가 나서 했던 비유라고 해명한 바 있다. 우디 거스리, 앨런 긴즈버그, 조니 캐시 등은 딜런의 변신을 반겼다.

사실, 뉴포트 이전에도 변화의 조짐이 보였다. 사람들은 보고 싶은 것만 보려는 욕심에 진짜를 놓친다. 딜런의 목소리는 처음과는 많이 달라지고 있었다. 앞서도 소개했지만, 딜런은 우디 거스리 흉내로 유명해진 사람이다. 우디 거스리의 목소리는 흔히들 '캠프파이어의 음악'이라고 불렀다. 재미있지 않은가? 목소리의 특징이 '음악'이라니. 기타에 맞춰 부르는, 콧소리가 많고, 음정은 조금 불안한 목소리는 주변 사람들에게 "나도 이 정도는 부를 수 있어"라는 자신감을 부추겨 모두가 함께 부르게 만든다. 정작 그의 목소리는 들리지 않는다. 그래서 그의 목소리는 '캠프파이어의 음악'이다.

〈라이크 어 롤링 스톤〉

한편 피트 시거는 제대로 음악을 배운 사람이다. 정확한 음정의 테너로 사람들 사이를 뚫고 들어온다. 순식간에 주의를 자신으로 끌어들이는 목소리다. 이런 목소리는 합창의 지도자에게 잘 어울린다. 그는 합창의 리더로 노래를 가르치는 사람이다. 두 사람 모두 포크에 적합한 목소리다. 존 바에즈는 물론 피트 시거 계열로 볼 수 있다.

딜런의 목소리는 다르다. 우디에게 바친 그의 초기 노래 〈송 포 우디Song for Woody〉를 들으면 진짜 우디 거스리 아닌가 싶던 그의 목소리는, 민권운동의 목소리가 되면서 좀 더 계시적으로 바뀐다. 그리고 이제 뉴포트에는 신경질적이고 불안정하고 뭔가 자꾸 긁히는 듯한 목소리가 나오기 시작한다. 목소리 자체가 주의를 끄는, 주목해 들어 달라고 요구하는 목소리다. 그러기 위해서는 먼저 합창을 멈춰라. 일단 나의 노래를 들어라. 사실은 노래 때문에도 그런 인상이 들었을 수도 있다.

뉴포트에서 전기 기타로 부른 두 곡 중 '매기의 농장'쯤으로 번역되는 〈매기스 팜Maggie's Farm〉은 사실 억압적이고 위선적인 체제의 은유다. 매기의 엄마는 권위, 매기의 아버지는 착취적 자본, 매기의 오빠는 조지 오웰의 빅 브라더 같은 존재다. 딜런은 반복해서

〈매기스 팜〉

외친다. *나는 더 이상 이런 농장에서 일하지 않겠다*…. 기존 체제와 구속적 전통은 물론, 정치적 의무감에서도 벗어나겠다는 선언이다. 사람들이 가장 불편해했던 것은 물론 마지막 선언이다. 딜런이 운동을 떠나겠다는 건가? 하지만 딜런을 조금이라도 안다면 이는 그로스먼과 음악 산업에 대한 저항으로도 읽힌다. 사실 딜런에게 민권운동의 목소리라는, 시대의 대변자라는 무거운 짐을 지운 게 그로스먼이다. 딜런은 그런 짐을 무척이나 부담스러워했다. 시도 때도 없이 언론은 딜런이 민권과 사회에 대해 대표자로 발언해주길 원했다. 그러곤 상업적인 결실은 그로스먼이 챙겼다. 그것도 모자라, 딜런에게 록을 해야 돈이 된다고 부추겼다. 딜런은 그로스먼이 끔찍했다. 매기의 아버지는 결국 그로스먼을 비롯한 음악 산업이다. 매기의 엄마는 그에게 하나의 입장만 강요한 대중이다. 빅 브라더는 그의 일거수일투족을 감시하는 언론이다. 난 매기 농장에서 일하지 않겠다는 선언은 기존의 음악 산업과 언론과 대중이 원하는 대로 나 자신을 가두지 않겠다는 딜런의 해방 선언이었다.

딜런은 이렇게 포크에서 벗어나려 했다. 포크는 어쿠스틱 기타여야만 해, 포크는 발라드를 기반으로 해야 해(물론 여기서 발라드란 이야기가 있는 노래다.), 포크는 민중의 목소리를 반영해야 해, 반드시 함께 부를 수 있는 노래여야 해. 이렇게 포크를 꽉꽉 가두어 놓고 그 안에서만 노래하라니, 이건 자유가 아니라 폭력이다. 포크가 상업주의와 기성세대 문화, 보수주의에서 자신을 지키기 위해 쌓아놓은 성벽은 어느 순간 오히려 포크를 옥죄고 있었다. 이건 또 하나의 억압이다. 억압을 파괴하자. 그 누구보다 포크의 상징이던 딜런은 안에서 성벽을 부순다. 그리고 스스로 하나의 돌멩이가 되어 다시 구른다. 포크 록의 시작이다.

히피의 시작

1964년 버클리대학에서 언론자유운동Free Speech Movement이 일어난다. 이미 미시시피 프리덤 서머와 프리덤 라이더 운동, 그리고 1963년 워싱턴 행진에서도 버클리는 강력한 지원자였다. 하지만 버클리대학 당국은 캠퍼스 내 민권운동 지지 집회를 가로막았다. 학생들은 모든 정치적 집회 금지에 맞서 대학의 언론자유를 보장하라는 시위를 시작했다. 대학은 경찰을 투입해 800여 명을 체포했다. 하지만 시위는 멈추지 않았다. 시위에서는 이전 민권운동에서 배웠던 저항 방식이 유용하게 사용되었다. 학생들은 연좌농성 하고, 비폭력 구호를 외치고, 떼창으로 폭력에 맞섰다. (어디서 많이 본 광경이다.) "기계가 악취를 풍기기 시작하면, 우리의 몸을 그 기계 속에 던져서라도, 멈춰야 한다"라는 유명한 연설이 등장하기도 했다. 미국 학생운동의 시작이었다.

버클리 바로 앞 헤이트-애시버리 일대는, 인근 노스 비치가 비트 세대의 성지다 보니 이미 재즈와 시가 낯설지 않은 동네였다. 오래전부터 이민자들이 모여 살아서 다양한 문화가 자연스럽게 받아들여지던 곳이었고, 임대료도 쌌다. 처음엔 학교가 가까운 대학생들이 들어와 살기 시작했다. 이민자들이 함께 살던 집이 워낙 넓다 보니, 젊은이들도 아무렇지 않게 공동생활을 하게 되었다. 이내 이 자유로운 분위기의 대학촌에 일단의 예술가들이 합류하기 시작했다. 포스터 아트가 들어왔고, 언론자유 운동과 함께 대안 언론이 자리를 잡았다. 그리고 제퍼슨 에어플레인, 그레이트풀 데드, 재니스 조플린이 들어오며 거리는 히피와 사이키델릭 록의 성지가 된다. 서로의 집은 커뮤니티 센터가 되어 온갖 어중이떠중이 뮤지션이 모여들어 약을 하고, 낮엔 떠들고, 밤엔 연주한다. 이곳은 공동체 사회다. 어디서나 들을 수 있는 음악은 무료였고, 여기 가면 제퍼슨 에어플레인이 연습하는 곡을 듣고, 저기 가면 보헤미안 의상을 입고 서던 컴포트를 고래처럼 마셔대고 있는 재니스 조플린을 볼 수 있었다. 음악은 '듣는 것'이 아니라, 공동체의 일원으로서 '사는 방식'이었다. 많은 사람이 사이키델릭 록에서 놓치는 가장 중요한 부분이다. 하나의 삶의 방식으로서의 음악. 자유와 사랑과 평화로서의 음악. (신중현이 구속되지만 않았더라도 이런 음악을 더 펼쳐 보일 수 있지 않았을까 하는 아쉬움이 많다. 내게 그의 대표작은 언제나 〈아름다운 강산〉이고, 이 곡은 김정미의 목소리로만 듣는다.)

언론은 이 장발 청년들을 '진짜 비트닉을 따라 하는 가짜' 정도의 비아냥거리는 의미로 '히피'라고 부르기 시작했다. 정작 히피들은 자신을 '커뮤니티 멤버'(흑표당?) 또는 '꽃의 아이들'이라고 불렀다. 나중엔 언론의 호출을 전유하여 스스로 "우리는 사랑과 평화를 상징하는 히피다"라고 하는 사람도 많았다. 비트가 개인적 반문화 운동이라면, 히피는 집단적 반문화 운동이다. 나름의 대안 문화, 다시 말해 삶의 방식도 갖고 있다고 했다. 그 문화란 바로 자유와 사랑과 평화의 실천이었다. 이들에겐 비폭력주의가 확장된 전쟁 반대가 대표 구호였다. 이미 공동체적 집단생활 전통이 있던 장소에서 살면서, 자본주의 반대가 공동체적 삶의 추구로 이어지며 재산 공유, 협동적 생활 양식이 목표가 되었다. 자본주의 반대는 자본주의의 특성이라고 할 수 있는 가부장제, 환경 파괴, 도시에 대한 거부로 이어졌다. 이는 남녀평등, 자유로운 섹스, 자연과의 조화를 이루는 삶에 더해, 유기농·채식 문화 같은 형식으로 나타났다. 기성세대와는 다른 복장, 예술적 표현은 당연했다.

약물을 통한 의식의 확장도 히피의 특징이었다. 히피에게 엘에스디LSD는 좀처럼 벗어나기 힘든 자아와 사회의 억압에서 탈출하게 해주는 도구이자 '다른 삶의 방식을 보는 창'이었다. 히피 예술가들에게는 감각을 일깨워 못 듣던 음, 못 보던 색채와 행태를 듣고 볼 수 있게 하는 수단이었다. 게다가 LSD는 '함께하는' 성격의 약이어서 집단적 의식을 가능하게 했다. 무엇보다 LSD는 이들에게 '사랑과 평화로 가는 문'이었다. 특이하게도 다른 사람과의 경계를 무너뜨리는 느낌, 다른 사람과의 합일감을 준다고 알려지면서 이 약물로 경쟁과 전쟁 같은 자본주의의 폐해를 극복할 수도 있겠다는 생각이 퍼졌다. 실제로 우드스톡에 그 많은 인간이 모여들었는데도 심각한 사고 하나 일어나지 않은 것은 바로 LSD의 집단 복용 때문이라는 설도 있다. 어쨌든 공동체적 합일감이 정치적 저항과 연결되면서, 정부와 언론에서는 히피를 때려잡을 약한 고리를 발견한다. 학술적인 합의 따위는 기다리지 않고, 다시 말해 별다른 근거도 없이 정부는 1966년 LSD를 금지약물로 지정한다. 히피와의 전쟁을 선포한 셈이다. (자본주의는 니코틴같이 노동 효율을 높이는 약물은 금지하지 않는다. 대신 노동을 방해하는 대마초 같은 약물은 열심히 금지한다. "건강에 해로운가?"는 핵심적인 판단 기준이 아니다.)

딜런이 포크 록을 선언하며 포크에서 이탈하자 한때 포크의 성지였던 뉴욕 그리니치 빌리지는 크게 동요한다. 록과 전기를 받아들이자는 혁신파와 포크의 순수성을 지키자는 보수파 사이의 싸움은 결국 공동체 붕괴로 이어진다. 이 싸움을 달리 표현하자면, 노래는 '다 함께 부르는 노래'여야 한다는 사람들과 '우리가 함께 듣는 노래'로 충분하다는 사람들 간의 싸움이었다. 맬컴 엑스가 옳으냐, 마틴 루서 킹이 옳으냐를 놓고 싸우던 사람들이 이젠 순수 포크도 상업화가 된 거 아니냐? 포크 록은 상업적이지 않으냐? 상업적인 것과 대중적인 것, 대중 추수적인 것은 어떻게 구분할 거냐? 등등의 주제를 놓고 싸우고 있었다. 끝도 없는 싸움에 지친 포크 클럽은 이제 재즈/록 클럽으로 하나둘씩 간판을 바꿔 달고 있었다. 그러면서 딜런이 뉴욕으로 와 처음 무대 위에 섰던 '카페 와?'는 이제 전혀 다른 또 하나의 괴수가 등장하는 무대가 된다. 그의 이름은 바로 지미 헨드릭스Jimi Hendrix였다. 그는 사이키델릭 록의 절정이었다.

1964년 이미 뉴욕의 포크 신은 쇠락해가고 있었고, 반대로 캘리포니아의 한 동네에서는 새로운 문화가 꽃 피고 있었다. 그쪽에서 나왔던 〈미스터 탬버린 맨〉이란 노래는 동부의 어둡고 축축한 공기와는 달리 쨍하며 화사하고 아름다운 하모니를 싣고 있었다. 게다가 '템버린 맨'이라니. 템버린 맨에 대해서는 영적 지도자 혹은 의식의 확장을 가져다주는 LSD 등을 상징한다는 해석이 대표적이다. 요컨대 영적 환상을 노래한 한 개인의 시를, 서부에서는 '한 세대'가 함께 부르는 합창으로 번역하고, 한 걸음 더 나아가 함께 사는 음악으로, 함께 하는 삶으로 만들었다. 그게 뭘까? 포크 록이든 포크든 뭐라 부르든 상관없다. 서부로 가자.

마마스 앤 파파스가 노래하는 〈캘리포니아 드리밍California Dreamin'〉은 그리니치 빌리지에서 헤이트-애시버리로, 동부에서 서부로, 한 공동체에서 한 세대 전체로 문화가 전환되는 흐름을 상징하는 노래다. *모든 잎은 갈색이고, 하늘은 회색이다. 이런 계절에 캘리포니아에 있다면, 얼마나 편하고 따듯할까*…. 화자는 추운 겨울 뉴욕에서 캘리포니아, 그곳의 해방·자유·새로운 공동체를 갈망한다. 대표적인 서부 히피 공동체 찬가다. 실제로 많은 젊은이가 이 곡을 들으며 캘리포니아로 향했다고 한다. 히피들에게는 이주와 탈주, 새로운 공동체를 향한 갈망의 노래였다. 〈미스터 탬버린 맨〉에 이어 버즈의 대표곡이 된 〈턴, 턴, 턴Turn, Turn, Turn〉과 더불어 '함께 부르는 노래' 전통을 이어간 노래이기도 하다.

〈턴, 턴, 턴〉은 피트 시거가 전도서 3장에 곡을 붙여 만들었다. 1965년 버즈가 편곡한 버전은 '다 함께 노래하는' 포크 록의 전범이 되었다. 마지막에 등장하는 "평화를 위한 때, 아직 늦지 않았다"라는 구절을 빼놓고는 모두 성경 내용이다. 모든 *것은 돌고 돌고 돈다. 하늘 아래 모든 것에는 때가 있다. 태어날 때가 있으면, 죽을 때도 있고, 심을 때가 있으면, 거둘 때도 있다*…. 시위대가 목청껏 이 노래를 부를 때마다 경찰은 곤혹스러워했다. 성경을 노래하는데 잡아갈 수도 없는 노릇이니 말이다. 경쾌한 록 사운드와 아름다운 하모니로 빌보드 1위를 차지하며 포크 록이 대중음악의 대세임을 증명한 노래기도 하다. 그러면서도 마지막 구절 덕분에 반전가요로 자리 잡았다. 히피의 평화와 저항을 상징하는 대표곡이다.

〈캘리포니아 드리밍〉

〈턴, 턴, 턴〉

히피의 절정:
휴먼 비-인과 사랑의 여름

1966년 10월 캘리포니아 주 정부는 LSD 금지 법안을 통과시켰다. LSD 남용으로 정신질환자가 급증하고, 범죄자가 늘었다는 명분이었다. 베트남전과 관련해서는 시민들의 애국심을 훼손한다고 밝혔다. 참 재미있는 일이다. 애국심을 훼손하는 약이 다 있다니. 히피들은 이 LSD 금지를 반문화 운동, 다시 말해 사랑과 평화 운동에 대한 기성세대의 억압으로 받아들였다. 샌프란시스코 헤이트-애시버리의 반문화 활동가, 아티스트, 철학자들이 자발적으로 모여 이 공격에 어떻게 대처할지 논의한다. 그 결과 1967년 1월 14일 샌프란시스코 골든게이트 파크에서 휴먼 비-인Human Be-in이라는 행사가 벌어진다.

행사는 애초 LSD 금지에 대한 반대 집회적인 성격이 있었으므로, 당시 '사이키델릭 사제'로 불리던 티머시 리어리가 여기서 그 유명한 〈턴 온, 튠 인, 드롭 아웃Turn on, tune in, drop out〉 연설을 한다. 우리말로 옮기면, "의식을 깨우고, 공동체와 자연의 리듬과 조화를 이루며, 기존 사회 제도와 가치에서 벗어나라" 정도로 번역되는 말이다. 앞서도 말했지만, 이들은 그저 약물을 위한 약물을 추구한 것이 아니었다. LSD도 음악도 모두 이들에게는 하나의 삶의 방식이었다. 이후에도 "턴 온, 튠 인, 드롭 아웃"은 히피들을 대표하는 구호가 되었고, 당시 LSD의 열렬한 지지자였던 비틀스, 도어스, 그레이트풀 데드, 제퍼슨 에어플레인 등의 노랫말과 태도에도 깊은 흔적을 남겼다.

기성세대로서는 황당한 노릇이었다. 히피를 약쟁이 이미지로 고착시키려 법을 만들고 공권력을 동원했더니, 오히려 청년들은 "턴 온, 튠 인, 드롭 아웃"이라며 아예 이 기회에 결별 선언을 하고, 어른들과 다른 방식으로 우리끼리 한번 잘 살아보겠다고 모이고 있었다. '휴먼 비-인'이란 제목도 인간들아, 여기에 모여, 존재하자, 아닌가. 너희들이 바라는 대로 우리는 경쟁하고 싸우지 않는다. 돈을 못 벌어 안달하지 않는다. 다른 사람에게 폐를 끼치지도 않는다. 우린 그냥 여기 모여 존재할게. 그냥 우릴 놔둬. 이게 바로 휴먼 비-인의 메시지였다.

이제껏 개별 단위로만, 지역 단위로만 진행되던 반문화 운동은 67년 1월 한곳에 모였다. 음악은 미술과 만나고 시를 만나고 철학을 만났다. 최대 3만 명에 이르는 사람들이 만나며 사랑과 평화와 의식의 확장이 실생활로도 가능하다는 사실을 확인했다. 무료 진료소, 무료 급식소, 의류 교환소, 공동 주택 등 대안 공동체의 모든 것을 갖추고 있는 것처럼 보였던 샌프란시스코는 단숨에 히피 운동의 중심이자 낭만적 유토피아로 떠올랐다. 무대엔 당시 헤이트-애시버리에 살고 있던 제퍼슨 에어플레인과 그레이트풀 데드가 올랐다. (재니스 조플린은 아직 유명세를 얻기 전이고, 이들과는 결이 조금 다르다는 의미에서 초청받지 못했다.) 그레이트풀 데드는 사이키델릭 록을 즉흥적으로 만들어내며 끊임없이 연주했다. 사람들은 그 음악에 맞춰 "턴 온, 튠 인, 드롭 아웃"하고 있었다.

마마스 앤 파파스의 존 필립스는 아쉬웠다. 이렇게 캘리포니아가 사람들의 주목을 받는데, 대표적인 밴드가 맨날 즉흥 연주나 하고 있다니. 물 들어온 김에 노 젓는다고 자신들의 음악, 캘리포니아의 록 음악도 동부의 음악만큼이나 들을 만한 노래라고 알리고 싶었다. 그렇지 않아도 근처의 몬터레이에서 재즈 페스티벌이 개최되면서 서부 재즈도 자리를 잡아가던 참이었다. 아, 이를 이용해서 팝 페스티벌을 개최해보자. 동부에 뉴포트가 있었다면, 서부에는 몬터레이 재즈 페스티벌이 있으니, 이를 몬터레이 팝 페스티벌로 이어보자. 이렇게 해서 동부의 뉴포트가 지적이고 복잡한 비밥이라는 재즈와 대단히 정치적인 포크의 총본산이 되었다면, 서부의 몬터레이는 느긋하고 세련되고 감성적인 쿨 재즈와 대중적이고 가벼운 포크 록의 모태가 된다. 존 필립스는 이런저런 가수들에게 연락해 〈샌프란시스코San Francisco (Be Sure to Wear Flowers in Your Hair)〉

라는 홍보곡을 만든다. 스콧 매켄지가 부른 "샌프란시스코에 간다면 머리에 꽃을 꽂아라, 사랑의 여름이 너를 기다린다"라는 가사가 전 세계 라디오로 퍼져나간다. 따라 부르기도 쉬운, 누구나 함께 부르는 노래다. 언론도 꽃이 무슨 의미인지, 샌프란시스코가 어떤 곳인지, 히피가 뭐 하자는 놈들인지 등등 온갖 난리를 처대며 원치도 않았던 홍보를 해주면서 졸지에 이 노래는 몬터레이 팝 페스티벌뿐 아니라, 그해 '사랑의 여름Summer of Love'에 대한 '공식 초대장'이 된다. 그렇게 사랑의 여름은 시작되고, 끝난다.

사랑의 여름이 해피 엔드로 끝나지 않을 것이라는 조짐은 팝 페스티벌에서 벌써 보이기 시작했다. 일단 주최 측에서는 당시 영국 공연을 성공적으로 마친 (아니 사실은 이 정도로는 부족하다. 영국의 모든 기타리스트를 무릎 꿇리고 온?) 지미 헨드릭스를 동부를 대표하는 음악인으로 초청하고, 혜성같이 떠오르고 있던 신예 재니스 조플린도 동네 사람이니 무대에 올렸다. 먼저 무대에 올랐던 조플린은 아직 약물에 절기 전이어서 그녀에게 듣기 힘든 맑은(?) 목소리로 〈볼 앤 체인Ball and Chain〉을 불렀다. 록의 여제가 탄생하는 순간이었다. 다음 날엔 아직 미국에서는 무명이었던 지미 헨드릭스가

〈샌프란시스코〉

무대에 올라 〈와일드 싱Wild Thing〉을 연주했다. 그러곤 기타를 부숴 불태웠다. 지금이야 흔히 보는 퍼포먼스지만, 당시로는 충격이었다. 자, 히피만 있는 것은 아니었지만 어쨌든 사랑과 평화를 노래하는 축제다. 그런데 한 여성은 비명에 가까운 절규를 내지르며 무대 위에서 쓰러진다. 한 남성은 너무나 위태로워 보이던 연주를 하다가 기타를 마구 두드려 부수고 불태우며, 록은 파괴라고 외친다. 그에 앞서 오티스 레딩이 백인 록 청중 앞에서 소울을 부르고, 인도의 시타르 연주로 영적 차원을 강조하던 평화로운 이해와 교류의 무대는 삽시간에 세대 간 소통 불가능과 단절의 무대로 탈바꿈한다.

언론이 휴먼 비-인을 '히피의 탄생식'으로 보도하고, 스콧 매켄지의 노래가 초대장 역할을 하며 그해 여름 샌프란시스코에는 전 세계 수십만 명의 젊은이들이 몰려들었다. 헤이트-애시버리에만 10만 명 이상이 모였다. 이름 붙이는 데는 능통한 언론은 이를 '사랑의 여름'이라 불렀고, 도시는 약물·음악·패션·공동체가 결합된 새로운 삶의 실험장이 되었다. 하지만 히피들이 그토록 멀리하려던 자본주의와 권력은 이들을 그대로 내버려두지 않았다. 일단 헤이트-애시버리는 순식간에 젊음의 해방구에서 관광지로 전락했다. 자본주의에 반대하던 상징인 꽃무늬 셔츠와 치마, 머리에 꽃을 꽂는 패션은 저항이 아닌 유행의 상징이 되어버렸다. 정체를 알 수 없는 외지 사람들이 들어오면서 무료 시스템이 붕괴되었고, 과밀과 위생 문제가 꼬리를 물고, 범죄의 그림자도 커져만 갔다. 그러면서 부르지도 않은 경찰이 밀고 들어왔다. 시와 때를 막론하고 아무 곳이나 단속하고, 지나가던 사람 아무나 불심검문 하던 경찰은 불법적인 위장 단속도 서슴지 않았다. 길거리 청년들에게 접근해 순진한 얼굴로 약을 권하고, 청년들이 약을 받아들이는 순간 곧바로 체포하는 형식이었다. 사랑과 사람 간의 믿음을 중시했던 히피로서는 넘어갈 수밖에 없었던 체포 방식이었다. 길거리에서 음악에 맞춰 춤추는 히피들은 모두 '소란 방지법'으로 잡아갔다. 신분증이 없으면 일단 폭력부터 행사하고 이후 감방에 처넣었다. 한꺼번에 700명을 연행하기도 했다. 아무 곳에서나 즉흥적으로 열리던 무료 록 공연들은 모두 경찰이 개입하며 중단되었다. 게다가 이런 개입의 이유로 '주민 민원'을 내세우며, 사람들 간의 신뢰에 금이 가도록 만들었다. 이 모두가 '히피를 멈춰라Stop the Hippies'라는 작전하에서 이루어졌다.

히피는 그저 노래하고 춤추며 꽃을 나누려 했을 뿐이다. 경찰은 과잉 체포와 무차별 검문, 폭력으로 맞섰다. 때는 1967년, 이제 히피들도 참을 만큼 참았다. 웃으라면 웃고, 맞으라면 맞고, 그러면서도 행복한 표정을 보이던 꽃의 아이들은 68년을 기점으로 급격히 정치화되고 꽃병(화염병)을 던지기 시작한다.

'사랑의 여름'을 대표하는 노래는 보통 세 곡을 꼽는다. 스콧 매켄지의 〈샌프란시스코〉, 제퍼슨 에어플레인의 〈섬바디 투 러브Somebody to Love〉, 비틀스의 〈올 유 니드 이즈 러브All You Need Is Love〉

다. 67년이면 비틀스가 히피와 인도철학에서 영감을 받아 사랑과 평화의 메시지를 부르던 때였다. (이미 같은 해 〈루시 인 더 스카이 위드 다이아몬즈Lucy in the Sky with Diamonds〉를 발표하며 LSD 금지에 대한 반대를 천명한 바 있다. 노래 제목의 첫 글자를 따면 LSD이다.) 이런 맥락에서 '사랑만이 필요하다'는 선언은 남녀 간의 사랑을 넘어 전쟁과 갈등에 찌든 세계에 던지는 히피적인 메시지로 받아들여졌다. 제퍼슨 에어플레인은 앞선 휴먼 비-인에서는 LSD가 실제로 자신들에게 어떤 영향을 미쳤는지 그 긍정적인 측면을 노래하는 〈화이트 래빗White Rabbit〉이라는 노래를 불렀다. 몬터레이나 샌프란시스코에서는 그들을 '사랑의 여름'을 대표하는 밴드로 키워준 〈섬바디 투 러브〉를 노래했다. 노래는 훨씬 날카롭고, 성숙해졌다. *진실이 거짓으로 드러나고, 네 안의 모든 기쁨이 죽어버릴 때, 사랑할 누군가를 원하지? 사랑할 사람을 찾아야 해…. 이제 혼돈의 시기가 닥쳐온다. 그래도 사람들은 서로에게 의지해야 한다.* 이들은 히피의 이상을 약간 넘어선, 현실적인 사랑의 필요성을 노래한다. 재니스 조플린

〈올 유 니드 이즈 러브〉

〈섬바디 투 러브〉

도 그렇지만 제퍼슨 에어플레인의 여성 보컬 그레이스 슬릭의 목소리는 더 이상 존 바에즈나 피터 폴 앤 메리의 메리처럼 '아름다운 백인 여성의 목소리'가 아니다. 저항과 절규의 목소리다.

반문화, 자본주의와
건곤일척의 승부를 가리다: 68년

1968년은 미국뿐 아니라, 전 세계가 변화의 소용돌이에 휘말린 해였다. 중심에는 반문화 운동이 있었지만, 그 외에 굵직한 사건도 많았다. 일단 68년에 일어난 주요 사건들을 훑어보자. 1월에는 북베트남이 소위 '구정 대공세', 즉 테트Tet 공세를 감행했다. 어떻게 가까스로 격퇴는 했지만, 미국 개입의 한계는 적나라하게 드러났다. 전쟁을 이기고 있다는 선전은 거짓으로 밝혀졌다. 미국 내 반전 여론이 폭발하는 계기였다. 4월에는 마틴 루서 킹 목사 암살이 있었다. 그리고 전국적인 흑인 폭동이 줄지어 일어난다. 같은 4월에는 앞서 〈포레스트 검프〉를 다루면서 잠시 언급했던 컬럼비아대학 점거 시위가 있었다. 학생들이 군사 연구 중단을 요구하며 대학을 장악했다.

5월 프랑스에서는 5월 혁명이 시작됐다. 처음엔 대학생들의 등록금 인하나 미국적 커리큘럼 반대와 같이 사소한 요구로 시작된 시위는 노동자 총파업과 결합하며 프랑스 사회 전체가 마비되는, 세계 역사상 가장 커다란 규모의 혁명으로 이어졌다. 6월에는 로버트 케네디가 암살당한다. 민주당 대선 유력 후보였던 케네디가 죽으며 미국 진보세력은 아무런 대안을 찾지 못하고 우왕좌왕하는 모습을 보이기 시작한다. 미국 백인 진보의 몰락을 상징하는 사건이다. 8월에는 프라하의 봄이 종식된다. 자유화를 추구하던 두브체크 정권을 소련이 탱크로 짓밟아버린 사건이다. 이제는 모두 알고 있지만, 소련은 미국과 마찬가지로 젊은 나라가 아니다. 소련은 진보의 나라도 아니다. 소련은 좌파 국가도 아니다. 그저 독재 전체주의 정권일 뿐이다. 하지만 당시엔 몰랐다. 이후 사회주의권 청년운동은 회생 불가능할 정도의 타격을 입는다.

8월 미국 시카고에서는 민주당 전당대회가 열린다. 케네디를 잃은 민주당은 후보 선출을 놓고 파열음을 낸다. 이미 1월부터 격렬해진 반전 시위대가 여기에 몰려든다. 학생 운동가, 히피, 흑표당, 히피의 정치화된 버전으로 사랑과 평화보다는 혁명적인 변화를 직접적인 행동으로 추구하는 이피Yippies를 주력으로 하는 시위대였다. 히피와 이피도 구별하지 못하는 데다가, 흑표당과 백인 대학생의 결합이 생경했던 언론은 이 시위대를 열심히 찍었다. 그러면서 전 세계가 지켜보는 가운데 경찰의 집단 폭행 장면이 생중계로 송출되었다. 시위대는 징집 반대 구호인 "죽어도 안 간다!Hell

1968년 미국 정부 공식 조사보고서 「워커 리포트(Walker Report)」에 실린 사진. 1968년 민주당 전당대회는 베트남전 반대 시위가 정점에 달했던 시기에 열렸다. 이피는, 예를 들어, 수돗물에 LSD를 풀었다는 등 온갖 장난과 선전을 버무린 이야기를 퍼뜨렸고, 이에 일일이 대처하느라 피곤했던 경찰은 천진난만한 표정으로 노래하는 청년들을 무자비하게 패면서 젊음의 문화에 대응했다. 출처: 미국 국립문서보관소.

no, we won't go"와 함께 "전 세계가 지켜보고 있다!The whole world is watching!"를 외쳤다. 경찰은 아랑곳하지 않고 곤봉을 휘둘렀다. 훗날 조사위원회에서 시카고 경찰의 행동을 '경찰 폭동'으로 규정했을 정도였다. 아무리 윗선에서 폭력을 자제하라고 명령해도 경찰은 듣지 않았다. 그 알량한 권력을 과시라도 하듯 경찰은 비무장 청년들의 머리를 마치 수박처럼 하나하나 꼼꼼히 박살 냈다. 공권력의 잔인한 폭력은 시카고를 피로 물들였다. 많은 미국인은 이런 폭력을 텔레비전을 통해 처음 목격하며, 흑인 커뮤니티의 오랜 주장이 사실임을 확인했다. 경찰만 욕을 먹게 놓아둘 수 없다는 듯이 사법부도 가세했다. 사법부의 폭력은 당시를 기록한 영화, 〈시카고 8〉에서 자세히 다루고 있다. 왓챠에는 〈시카고 8〉이 넷플릭스에는 〈트라이얼 오브 더 시카고 7〉이 있는데(흑표당의 바비 실이 나머지 사람들과 분리 재판을 받으면서 한 명이 줄어 8이 7로 바뀌었다.), 두 편 모두 훌륭하니, 어느 쪽이나 선택해 보시도록. 부작용으로는 사법부를 폭파하고 싶어질 수 있다. 미국이라고 해서 사법부가 공정하다는 기대는 하지 말아야 한다. 그냥 깔끔하게 AI를 도입하자.

68년에 일어났던 전 세계적인 반문화 운동은 결과적으로 보수 반동의 승리로 귀결된다. 세상을 휩쓸고, 프랑스를 휩쓸어 가버릴 것처럼 보였던 프랑스 5월 혁명은 극우파 드골의 재집권으로 허무하게 끝난다. 68혁명 구호 중에는 '상상력에 권력을', '모든 금기를 금기시한다' 같은 것이 유명했는데, 따지고 보면 이는 미국 히피의 "턴 온, 튠 인, 드롭 아웃"과 크게 다르지 않았다. 하지만 기존 규범과 체제를 버리고 완전히 새로운 체계, 공동체를 만들어보자는 이들의 꿈은 혁명의 패배와 함께 신기루처럼 사라져버렸다. 미국의 민주당 전당대회 사건 역시 결국, '폭력과 혼란'을 극복하자며 '법과 질서'를 캐치프레이즈로 내세운 닉슨의 당선으로 끝난다. 그러면서 미국 민주당은 젊은이들의 지지도 잃는다. 미국 청년들의 정치적 무관심, 또는 정치적 무지가 시작되는 것도 이 시점이다. 이놈이나 저놈이나 다 똑같지 뭐. 정치가 뭐가 중요해? 나는 정치가 싫어. 이런 건 보수가 바라 마지않던 그림이다.

포기하지 않는 목소리도 있었다. 이들은 사회를 그냥 놓아 둘 수는 없다며 아예 혁명하자고 외친다. 물론 그 혁명은 증오와 파괴와 무질서의 혁명이 아니라, 사랑과 평화와 음악의 혁명이어야 한다. 바로 비틀스가 〈레볼루션Revolution〉에서 노래하고 있는 내용이다. 이제는 어느새 세대를 대표하는 혁명의 아이콘이 되어버린 존 레넌이 특유의 거친 블루스풍 보컬로, 긴급한 시대를 반영하는 디스토션distortion(일부러 찌그러뜨려 강렬하고 거친 톤으로 바꾼 소리)을 잔뜩 먹인 기타를 배경으로 노래한다. 발표 당시에는 '너무 미온적'이라는 평가도 받았다고 한다. 그럼 꼭 혁명을 폭력으로 해야겠냐?

비틀스와 항상 비교되고 싶어 하는 그룹, 게다가 블루스라면 절대 뒤지고 싶어 하지 않은 롤링 스톤스가 가만히 있을 리 없다. 68현장에 가깝게 있던 믹 재거는 자신이 목격한 현장에서 영감을 받아 〈스트리트 파이팅 맨Street Fighting Man〉(거리의 투사)을 쓴다. *힘찬 군중의 행진이 들리고, 여름이 오니, 거리에서 싸우기 딱 좋은*

〈레볼루션〉

〈스트리트 파이팅 맨〉

때야. 하지만 여기 런던 시내에서는 거리의 투사가 될 수 없어. 그저 로큰롤을 부르는 수밖에 없어…. 거리 시위와 정치적 혼란 속에서 세상이 바뀌기를 바라지만 자신의 무력감을 느낄 수밖에 없는 젊은이의 분노와 좌절, 그러면서도 음악을 통한 세상의 변화를 추구하는 노래다. 68을 대표하는 노래다. 시카고 전당대회에서도 많이 불렸다.

1968년, 자본주의 · 보수 권력과 맞붙은 건곤일척의 싸움에서 반문화는 패배한다. 그러나 음악은 증오가 아닌 사랑과 평화, 그리고 거리의 현실을 함께 증언하며 다음 세대를 준비하고 있었다.

포크의 분화 혹은 발전:
필 옥스와 사이먼 앤 가펑클

밥 딜런이 답답한 성벽을 부수면서 포크의 세계는 분화되고 확장되었다. 얼마 후 교통사고를 당한 딜런이 은둔에 접어들면서 포크는 또 한 번의 큰 변화를 겪는다. 일단 그가 던져놓은 포크 록은 히피 문화와 뒤섞이며 사이키델릭 록으로 발전했고, 즉흥 연주와 환각 공동체를 지향하는 그레이트풀 데드 같은 밴드가 등장했다. 한편 그가 버리고 간 정치적인 포크의 전통은 필 옥스Phil Ochs가 계승한다. 68년 민주당 전당대회에서 그의 노래가 울려 퍼지던 순간은, 포크의 관점에서 보면 필 옥스의 왕위 승계식처럼 보였다.

68년 구정 대공세 이후 베트남전이 확전하면서 징집이 확대되자 반전 시위가 더욱 격화되었고, 청년들은 어느 정도는 믿고 있던 정당 민주당을 움직여 전쟁 반대를 결의하게 만들려고 했다. 시카고에 많은 청년이 몰려든 까닭이다. 집회 현장에서 불렸던 대표적인 노래는 옥스의 〈아이 에인트 마칭 애니모어I Ain't Marching Anymore〉였다. 언론이 망가진 유구한 역사를 가진 미국에서, 흑인들이 힙합을 저널리즘으로 삼을 수밖에 없었던 것처럼, 필 옥스는 포크를 자신의 저널리즘이자 무기라고 생각했고, 이 노래는 아예 처음부터 전쟁 거부 선언문으로 만들었다. 노래의 화자는 미국 역사 속 수많은 전쟁을 거론하며, "나는 더 이상 행진하지 않겠다"라고 선언한다. 당시 시위대 지도자, 소위 '시카고 7인'은 이 노래를 '우리의 국가'로 삼자고 할 정도로 높게 평가했다. 옥스는 언제나처럼 반전 집회의 한복판에서 기타를 치며 노래하고, 청중은 자연스럽게 후렴을 함께 부른다. *꼰대들은 항상 우리를 싸우게 만든다. 정작 죽는 건 우리인데, "나는 더 이상 행군하지 않겠다."* 합창이 곧 정치 구호가 되는 집단 의례였다. 곤봉에 터져 피를 흘리면서도 사람들은 외친다. *나는 더 이상 행군하지 않겠다.* 다시 말해 너희들이 아무리 우리를 괴롭혀도 "우리는 절대 총을 들지 않겠다. 너희 배부른 꼰대들을 위해 평화를 사랑하는 다른 세계의 젊은이들을 죽이지 않겠다. 더는 너희들의 꼭두각시가 되지 않겠다"라며 노래했다. 당시 언론은 이 노래를 그저 '전쟁 회피자의 목소리'로 깎아내렸다.

〈아이 에인트 마칭 애니모어〉

딜런이 내면으로, 예술로 침잠하며 정치 집회를 멀리하던 시기(물론 그렇다고 해서, 딜런이 사회적 · 정치적 스피커의 역할을 아예 포기한 건 아니다. 몇십 년 후에도 〈허리케인Hurricane〉 같은 노래로 여전히 날카로운 현실 비판의 시선을 과시한다.), 필 옥스는 딜런을 대신하여 끝까지 현장에서 집단적 · 정치적 목소리를 대변하며 노래했다. 68년을 계기로 점차 개인화되고 사이키델릭과 결합하면서 정치성도 잃어간 포크는 차차 저물어갔다. 베트남전쟁이 끝나고 사회가 보수화되면서 설 자리를 잃은 옥스는 불과 35세의 나이에 스스로 생을 마감한다. 그의 죽음은 '함께 부르는 노래의 시대의 종말'을 상징하는 사건이었다.

뉴욕 그리니치 빌리지에서 필 옥스와 함께 노래하던 폴 사이먼Paul Simon 역시 딜런이 떠나버린 공백을 메우는 중요한 역할을 담당한다. 다만 필 옥스의 노선과는 다르게, 그는 은유적 사회 비판에 더해 아름다운 하모니를 추구했다. 그러니까 필 옥스가 우디 거스리로 돌아갔다면, 사이먼은 천상의 목소리를 가진 아트 가펑클을 영입하며 아름다운 하모니로 정치성을 완화한 새로운 포크 듀오를 만들려 했다. 필 옥스가 함께 부르는, 세상을 바꾸는 노래의 전통을 끝까지 지킨 마지막 순수 포크 가수였다면, 사이먼 앤 가펑클은 함께 듣는, 아름다운 포크의 전통을 이어가는, 정치와 예술이 결합된 포크 듀오였다. 밥 딜런을 둘로 나누면 이렇게 될까?

사이먼 앤 가펑클의 노래 중에서도 2집 〈파슬리, 세이지, 로즈메리 앤 타임Parsley, Sage, Rosemary and Thyme〉에 실린 〈스카버러 페어/칸티클Scarborough Fair/Canticle〉은 이들의 초기 포크의 정점이다. 영국 전통 발라드에 사이먼이 만든 노래 〈칸티클〉을 대위법적으로 얹었다. (요즘은 '메시mesh'한다고도 하던데, 원래는 '섞어 짜다'라는 의미의 '인터위브interweave' 혹은, 대위법에서 유래한 기법이니까 그저 '대위법적 결합counterpoint'이라는 말이 쓰였다.) 〈스카버러 시장〉은 시장에 가면 이런저런 일을 해달라고 부탁하는 내용이다. 그런데 그 부탁은 도무지 이행하기 불가능해 보인다. '솔기나 바느질 없이 셔츠 만들기', '물이 떨어지지 않는 우물에 셔츠를 빨기' 등이다. 그런데 이 불가능한 과제를 완수해야만 진정한 사랑이 다시 시작될 수 있다고 한다. 반복되는 '파슬리, 세이지, 로즈메리, 타임'은 각각 '위로, 지혜, 기억, 용기'를 상징하는, 중세부터 있었던 허브다. 진정한 사랑을 위해서는 이러한 덕목이 필요하다는 말이다. 이 주 선율은 가펑클이 부른다. 그런데 사이먼이 부르는, 종교적 찬가나 찬송가를 의미하는 '칸티클'에서는 전혀 다른 내용이 들린다. *한 군인이 총을 닦고 있는데 붉은 대열 속에서 전쟁의 울부짖음이 일어난다. 장군들은 이미 오래전 사라진 명분을 내세우며 군인들에게 서로 죽이라고 명령한*

〈스카버러 페어/칸티클〉

다…. 섬세한 어쿠스틱 기타로, 전혀 상관없이 한올 한올 풀려 나가려는 두 노래를 하나로 묶는다. 전통 민요와 노랫말은 노래를 시대를 초월한 목가적 분위기로 몰고 가려고 한다. 하지만 너무도 분명한 반전 메시지는 지금 베트남전쟁으로 너무도 많은 젊은이가 죽어가고 있다고 직시한다. 두 사람이 부르는 노래의 내용은 격렬하게 충돌한다. 사이먼 앤 가펑클은 이상화된 사랑과 낙원의 이미지(스카버러 시장)와 전쟁으로 죽어가는 젊은이들의 비명과 폭발의 이미지(칸티클)의 충돌을, 당시 젊은이들이 느끼고 있던 이상과 현실의 균열을 청각적 체험으로 만든다. 결국 듣는 사람은 이 아무런 명분 없는 전쟁, 꼰대들의 배만 불려온 전쟁의 종말은 불가능한 일이구나, 시대를 넘어, 언제나 불가능한 일이었구나, 하는 체념에 이르게 된다. 딜런의 자장 안에 있지만, 딜런보다 한층 정교해진 최고의 반전 음악 중 하나다.

데뷔 초부터 시적인 가사를 써 내려가던 사이먼은 처음부터 늘 딜런과 비교되곤 했다. 자신의 가사를 딜런보다 훨씬 세련되고 정교하다고 생각했던 그는 뭐를 하든 '딜런 2'라는 세상의 시각을 벗어나지 못해 불만이었다고 한다. 그래서 이 노래는 은유와 예술로 딜런을 벗어나고자 하는 그의 성공적인 시도로 여겨졌다. 1집과 2집 앨범에서 자신들의 뿌리인 포크를 강조하고 정치성과 아름다운 결합을 시도하던 사이먼 앤 가펑클은 3집 68년 영화 〈졸업〉의 사운드트랙과 더불어 대중문화와 결합하며 사회 비판적인 노래를 부르면서도 대중적 인기를 끄는 듀오가 된다. 영화는 중산층의 속

물근성 풍자와 더불어 세대 갈등을 부각하며 시대의 모순과 불안을 비춰주는 거울 역할을 했다. 마지막 장면이 특히 공감을 얻었는데, 우리의 젊은 주인공 벤저민은 결국 사랑하던 여성을 탈취해 도망가지만, 그의 표정은 그저 허무하게만 보인다. 원하는 것을 얻었지만, 앞으로는 어떻게 살 것인가? 혹은 원하는 것을 얻지도 못하고 나이만 들어가는데, 앞으로는 어떻게 살 것인가? 삶의 불확실성과 청년 세대 미래의 불확실성을 한 컷으로 잡아낸 카메라는 68세대의 약한 고리를 정확하게 비추고 있었다. 필 옥스의 죽음과 함께 청년 세대도 저물고 있었다.

분노의 노래와 위로의 노래

1968년을 계기로 반문화 운동 내에서도 자성의 목소리가 일어난다. 그 자성은 사이키델릭이 과연 기존 문화와 맞서 싸우는 방식으로 적절한가? 라는 질문으로 귀결되었다. 모두가 약에 취해 춤을 추고 의식을 확장해 다른 세상의 문을 두들긴다고 해서 현실은 바뀌지 않는다. 곤봉에 두들겨 맞고, 머리는 깨지고, 피를 철철 흘리며 끌려가서는 곧바로 징집 대상이 될 뿐이다. 사랑과 평화를 외치며 총구에 꽃을 꽂고 다녔던 젊은이들은 일면부지의 제3세계 젊은이들의 반제국주의 항쟁을 진압하기 위해 방아쇠를 당겨야 했다. 내가 왜 저쪽이 아닌 이쪽에서 싸우고 저들을 왜 죽여야 하는지 도무지 납득이 되지 않았다.

아, 이건 아니다. 다시 예전으로 돌아가자. 예전으로 돌아가 싸우자. 뿌리로 돌아가자. 이를 음악으로 옮기면 루츠 록roots rock이라고 한다. 이미 사이키델릭에서 벗어나고 있던 비틀스는 역사상 가장 거대한 합창 〈헤이 주드Hey Jude〉를 세상에 선물하고는, 예전의 로큰롤로 돌아가자는 〈겟 백Get Back〉을 부른다. 이번엔 비틀스보다 롤링 스톤스가 먼저 〈점핑 잭 플래시Jumpin' Jack Flash〉로 루츠록 스타일을 견인한다. 롤링 스톤스의 키스 리처드가 자기 집 정원사 '잭'을 보며 떠올린 노동계급의 투쟁과 생존, 젊음의 저항을 원래 자신들의 뿌리인 블루스 록으로 연주한다. '점프'한다는 말은 말 그대로 점프한다는 뜻도 되지만, 예전에 한참 유행했던 '살아 있네~' 정도의 느낌을 주는 표현이다. 그러니 제목은 '나는 문제없어'와 비슷하다. 힘든 *환경에서 태어나, 폭력적인 가정에서 자라나고, 물에 빠져 죽을 뻔도 하고, '머리를 관통하는 가시로 왕관을 쓰기도 했지만' 난 괜찮아. 나는 문제없어. 좋아! 좋아! 좋아!* 롤링 스톤스의 전성기를 대표하는 곡이다.

1969년에는 당대를 대표하던 또 한 명의 슈퍼스타가 돌아온다. 밥 딜런이다. 언제나 시대를 앞서가던 그는 이번에는 〈레이 레이디 레이Lay Lady Lay〉라는 곡으로 놀랍게도 미국 음악의 뿌리 컨트리로 돌아간다. 그 신경질적인 삐걱대던 코맹맹이 목소리도 어느

〈점핑 잭 플래시〉

새 감미로운 아저씨의 속삭임으로 바뀌고, 시적이고 철학적인 가사는 직설적이면서도 부드러운 표현으로 바뀌었다. "내 침대에 누워줘"라니, 딜런이? 부드러운 멜로디와 새로운 보컬 스타일은 딜런의 팬들에게는 또 다른 충격이었다. 이미 저항의 이미지는 벗어던졌지만, 설마 이렇게까지? 물론 그다음에 이어질 말은 '상업화'라는 단어다. 차마 딜런 앞에서 하기 힘들었던 말이겠지만. 하지만 너무도 힘들고 지친 젊은이들에게 이 담백하다 못해 단순하고 부드럽고 따듯한 곡은 분명한 쉼터였다. 위로의 노래의 등장이다. 이 노래를 들은 딜런 2는 〈브리지 오버 트러블드 워터Bridge Over Troubled Water〉를 써서 역시 모든 면에서 자신이 우위임을 입증하려 한다.

하지만 루츠 록의 대표는 단연 CCR이다. 그리고 CCR 하면 또 격렬한 분노의 노래가 떠오른다. 69년 〈프라우드 메리〉로 혜성처럼 나타나 흑인 해방을 부르짖는 "롤링 온 더 리버Rolling on the River"를 합창하게 한 루츠 록의 기폭제 CCR은 짧은 활동 기간 동안 주옥같은 노래를 쉴 새 없이 장대비처럼 쏟아붓는다. 정치에 대한 불신, 멈추지 않는 전쟁과 혼란에 대한 비판 〈후 윌 스톱 더 레인?Who'll Stop the Rain?〉(이 묵시론적 분노와 저항의 노래에서 그치지 않

〈레이 레이디 레이〉

는 비는 끝없는 전쟁과 비극의 상징이다.), 전쟁에 대해 청년들이 느끼는 허무와 피로를 담은 〈해브 유 에버 신 더 레인Have You Ever Seen the Rain〉(한때는 이 비가 베트남 숲에 뿌리는 제초제agent orange라는 소문도 돌았다.)도 유명하지만, 사실 이들을 대표하는 노래는 〈포르처닛 선Fortunate Son〉(금수저)이다. *성조기를 흔들기 위해 태어난 사람도 있어. 대통령 찬가를 들으면서 그들은 전쟁터에 가지 않으면 죽여버리겠다고 네게 대포를 겨누지. 하지만 난 아니야, 난 상원의원의 아들이 아니야. 난 금수저가 아니야. 반짝이는 별이 박힌 눈을 상속받고 태어난 이들이 널 전쟁터로 내몬다. "얼마나 우리가 더 죽어야 만족하겠니?"라고 물으면 한참 멀었다고만 대답하지. 하지만 난 아니야, 난 상원의원의 아들이 아니야. 난 금수저가 아니야…*. 기득권의 병역 회피를 폭로하는 "나는 아니다. 난 상원의원의 아들이 아니다"는 반전 시위가 있는 곳이면 어디서나 들리는 노랫말이자 구호가 되었다. 검사 아버지, 교수 아버지, 부자 아버지를 두지 못해서 군대에 끌려가는 건 미국도 마찬가지다. 반전운동을 계급적 분노와 연결하며 포크의 사회 비판을 록의 저항 에너지로 옮긴 루츠 록의 대표작이다. 베트남에 파병했던 박정희 정권하에서는 너무도 당연히 금지곡이었다.

〈포르처닛 선〉

록이 젊음의 음악이라는 이야기를 듣게 된 건, 바로 이 저항의 에너지를 담고 있기 때문이다. 그런 의미에서 사실은 CCR의 록은 거의 마지막으로 젊음의 세대를 대변한 록이다. 이후의 음악, 그러니까 프로그레시브나 아트 록, 구체적으로 레드 제플린 같은 그룹의 음악은 더는 젊음의 음악이 아니다. 거기에 어디 저항이 있고, 거기에 어디 함께 부르는 노래가 있는가? 마찬가지로 그 이전의 로큰롤도 젊음의 음악은 아니다. 엘비스 프레슬리는 대중 가수였지 젊은 세대를 위해 특화된 가수는 아니었다. 그 이전 최초의 아이돌이었던 프랭크 시내트라 역시 마찬가지다. 가수로서 모자란다거나 음악성이 부족하다는 말이 아니다. 그저 이들의 음악을 젊음의 음악, 젊은 세대의 음악이라고 볼 수는 없다는 말이다.

68의 혼란을 겪으면서 사람들은 단단하고 현실적인 사운드를 원했다. 사회적 불안기에 CCR, 밥 딜런, 비틀스, 롤링 스톤스 모두가 사이키델릭의 한계를 느끼며 뿌리로 돌아갔다. CCR과 롤링 스톤스는 가열 찬 분노를 터뜨렸고, 비틀스와 밥 딜런은 상처받은 대중을 달래고 공동체적 위안을 주려 했다. 사이먼 앤 가펑클도 여기에 합류한다. 이 시대 노래의 특징은 다시 모두가 함께 부를 수 있다는 점이었다. 낮에는 시위에서 CCR을 부르며 행진했고, 집에 돌아와서는 라디오에서 밥 딜런의 노래를 듣고 따라 부르며 마음을 치유했다.

우드스톡 무대에서도 마찬가지였다. 저녁이 내리면 CCR과 더 후The Who가 무대에 올라 앰프가 찢어져라 분노와 저항을 터뜨리고, 아침이 오면 존 바에즈, 조 코커가 무대에 올라 위로와 사랑을 노래한다. 이렇게 우드스톡은 69년 청년문화의 교차점이 되었다. 이전까지의 포크·사이키델릭·루츠 록 모두가 한자리에 모여, 분노와 위로가 서로 대립하지 않고 한 무대 위에서 번갈아 울려 퍼진 역사적 현장이자, 청년문화라는 아름다운 별의 폭발 현장이었다.

우드스톡과 68세대:
초신성의 폭발

1968년 1월부터 시작된 사회적 긴장은 파리 5월 혁명, 프라하의 봄, 시카고 민주당 전당대회 경찰 폭력, 마틴 루서 킹과 로버트 케네디 암살로 이어지며 끝없이 고조된다. 그 충격의 에너지가 차곡차곡 쌓이다가 마침내 69년 우드스톡에서 폭발한다.

우드스톡은 1969년 8월 15~18일, 뉴욕주 베델 근처 맥스 야스거 농장에서 열린 대규모 페스티벌이다. 네 명의 젊은 기획자는 5만 명 규모의 콘서트를 예상했지만, 실제로는 40만 명 이상이 몰려들어 티켓 판매는 불가능해지면서 사실상 무료 공연이 되었다. '사흘간의 평화와 음악3 Days of Peace & Music'이라는 슬로건 아래 열린 이 축제는 히피 문화와 반문화 운동이 응축된 상징적·역사적 사건이었다. 무엇보다 슬로건대로 정말 '평화'롭게 커다란 사건이나 폭력 없이 끝났다는 점에서 반문화의 이상이 구현된 순간으로 평가된다. 주인공은 기타 한 대로 베트남전쟁의 공포와 무의미와 혼돈을 울부짖은 지미 헨드릭스와 록의 여제 재니스 조플린이었다.

하지만 우리의 관점에서 풀어가자면 이야기는 좀 달라진다. 일단 우드스톡은 상업적인 행사였다. 젊은 세대의 물결이 주최 측 의도를 무너뜨리면서 상업화는 드러나지 못했다. 하지만 이후 미국 대중음악은 본격적인 상업화의 길을 걷게 되므로, 우드스톡은 상업화에 저항한 음악의 마지막 몸부림처럼 보이기도 한다. 애초부터 상업화를 추구했으니 당연히 돈 되는 뮤지션들 위주로 행사가 진행되어야 했다. CCR, 재니스 조플린, 그레이트풀 데드, 제퍼슨 에어플레인, 존 바에즈 등은 리스트에 올랐지만, 정작 기대했던 몇몇 이름은 볼 수 없었다. 비틀스는 이미 66년 이후 공연을 접었을 때니 부를 수 없었다. 롤링 스톤스는 창립 멤버 브라이언 존스의 죽음으로 충격을 받아 애도 기간을 보내고 있었다. 상업적인 대형 페스티벌이라면 경기를 일으켰던 도어스도 참여하지 않았다. 밥 딜런마저 참여하지 않았다. 사실 우드스톡이 우드스톡에서 열렸던 가장 중요한 이유가 밥 딜런이 바로 지척에 살고 있어서였는데, 가까이에서 페스티벌을 열면 혹시라도 불러낼 수 있지 않을까 하는 주최 측의 바람이 반영된 결과였다. 하지만 히피를 하나의 천박한 유행쯤으로 보던 딜런이 참여할 리 없었다.

슈퍼스타가 부재한 상태에서 무대에 선 스타들도 그리 만족하지는 않았다. 당시 최고의 밴드였던 CCR은 음향도 마음에 들지 않았고, 늦은 공연 시간에 약에 취한 관객들을 보며 연주를 때려치우고 싶은 마음뿐이었다고 한다. 오랜 대기 시간 중 약과 알코올에 취할 대로 취해버린 재니스 조플린은 박자를 놓치고 가사를 잊고 음정은 계속 떨어졌다. 비에 젖은 앰프와 마이크가 계속 삑- 소리를 내서 불안불안하게 연주하던 그레이트풀 데드는 결국 감전 사고로 연주를 중단해야 했다. 라이브 잼 밴드의 전설이었던 그레이트풀 데드로서는 수치스러운 공연이었다.

하지만 이 반문화의 아이콘들이 부재하거나 음 이탈을 냈다고 해서, 공연 자체를 실패로 볼 수는 없다. 이들의 빈자리는 산타나, 크로스비 스틸스 내시 앤 영, 조 코커, 리치 헤이븐스 같은 상대적으로 신인급 뮤지션들이 채우며, 오히려 무대를 풍성하게 만들어 주었다. 공연은 리치 헤이븐스부터 시작했는데, 원래 오프닝 아티스트들이 길이 막혀 오지 못하면서 가장 먼저 도착했던 헤이븐스가 어쩔 수 없이 떠밀려 무대에 오를 수밖에 없었기 때문이다. 주최 측은 오프닝 아티스트를 기다리느라 계속 앙코르를 연호해, 헤이븐스는 무려 2시간 40분 넘게 공연을 끌어간다. 마침내 지칠 대로 지치고, 모든 레퍼토리가 바닥난 리치 헤이븐스는 흑인 영가 〈섬타임즈 아이 필 라이크 어 머더리스 차일드〉를 즉석에서 변주하여 〈프리덤Freedom〉이라는 노래로 만들어 부르며 40만 명의 목소리를 하나로 모은다. 뿌리와 공동체를 빼앗긴 상실의 노래에 '자유'라는 단어를 무한 반복하다시피 붙여, 선창과 후창 형식으로, 고통의 노래를 해방의 노래로, 흑인 영가를 68세대 자유와 해방의 외침으로 만든다. 40만이 함께하는 이 노래는 우드스톡의 정신적 개막 선언으로 기록된다. 이 노래가 없었더라면 우드스톡이 어떻게 진행되었을지 짐작할 수도 없다.

8월 15일 개막 첫날 밤부터 비가 내렸다. 농장은 거대한 진흙탕으로 변했다. 변변한 의자도 제대로 된 휴식처도 없었다. 밤이 되자 기온이 10도대까지 내려갔다. 이 순간 바에즈가 기타 하나 들고 나타나 〈위 셸 오버컴〉을 부른다. 백인들의 린치도, 구사대의 폭력도, 경찰의 진압도 이겨낸 우리가, 자유와 사랑과 평화와 해방을 노래하는 우리가 고작 이따위 날씨에 질쏘냐? 모두가 촛불과 라이터를 꺼내 들고 따라 부르기 시작한다. 이제 우드스톡은 단순한 록 페스티벌이 아니다. 68세대 저항과 평화의 합창의 미사였다.

8월 17일 오후 모든 공연이 끝나자마자 엄청난 폭우가 쏟아진다. 마지막 노래는 조 코커의 〈위드 어 리틀 헬프 프롬 마이 프렌즈With a Little Help from My Friends〉였다. 비틀스의 〈서전 페퍼스 론리

〈프리덤〉

〈위 셸 오버컴〉

하츠 클럽 밴드〉에서 가상의 밴드, 서전 페퍼스 론리 하츠 클럽 밴드의 노래 못하는 보컬 역할을 맡은 링고 스타가 불렀던 밝고 경쾌한 노래를 코커는 소울·블루스로 쥐어짜듯 부른다. *혼자서는 힘들다. 친구들의 도움이 필요하다*…. 소박하고 단순하게밖에 노래를 못하는 링고는 '평범한 우정'을 찬미했지만, 코커의 목소리는 남성판 재니스 조플린처럼 절규하며 전쟁과 억압과 불확실한 미래 속에서 서로에 대한 집단적인 사랑을, 집단적인 지지를 호소한다. 우리 사랑하자. 서로 사랑하자. 한 치 앞도 안 보이는 폭우 속에서 40만 명이 자리를 떠나지 않고 떼창을 한다. "친구들이 주는 도움을 받아 어떻게 해서든 헤쳐 나갈 거야." 우드스톡을 대표하는 (화면으로는 기록되지 않은) 장면이다.

리치 헤이븐스로 시작된 공연이 조 코커와 함께 끝나며, 흑인 영가와 블루스가 사이키델릭과 만나며 수십만 명의 공동체의 떼창으로 폭발했다. 영가와 포크로 시작했다가 민권운동에서 합쳐지고 68년을 관통하며 짧은 시간에 엄청나게 축적된 젊음의 에너지는 69년 우드스톡의 합창에서 음악사에서 이렇게 다시 오지 못할 것만 같던 기적과 같은 순간을 맞는다. 최대로 분출된 에너지는

〈위드 어 리틀 헬프 프롬 마이 프렌즈〉

곧바로 상업화와 개인적 분열, 냉소의 음악으로 이어진다. 반문화는 몰락한다. 그리고 다시 함께 노래를 부르게 되기까지는 힙합의 시대를 기다려야 한다. 역사는 69 우드스톡을 세상에 외쳐진 마지막이자 가장 강렬한 68세대의 합창으로 기억할 것이다. 우드스톡은 68세대, 아니 젊음이라는 이름의 초신성 폭발이었다.

청년문화의 내파와 폭발: 알타몬트 무료 콘서트와 켄트 주립대 대학살

1969년 12월 6일 롤링 스톤스는 우드스톡에서 소외된 데 대한 분풀이라도 하려는 듯 캘리포니아 알타몬트 스피드웨이에서 무료 콘서트를 열겠다고 호기롭게 선언한다. 알타몬트에 약 30만 명이 몰리며 '서부의 우드스톡'이 기대되었다. 하지만 우드스톡은 말 그대로 일종의 '기적'이었다. 기적은 자주 오지 않는다. 음향도 엉망이고, 관중은 도무지 통제가 되지 않았다. 경비를 담당한 헬스 에인절스Hell's Angels는 이름만큼이나 중2병적인 행동으로 앞장서 폭력을 행사했다. 제퍼슨 에어플레인을 두들겨 패던 이들은 그것도 모자랐는지 관객인 흑인 청년 하나를 칼로 찔러 죽이고 만다. 이로써 평화와 사랑의 우드스톡은 폭력과 무질서의 알타몬트로, 세상을 바꾸려던 아름다운 꿈은 이 세상은 이미 지옥이라는 악몽으로 끝난다. 알타몬트는 반문화 공동체가 폭력 · 상업화 · 혼란이라는 자기모순으로 안에서부터 붕괴한 사건이었다. 우리는 이를 내파implosion라고 부른다.

1970년 5월 2일 오하이오주의 평범한 주립대 켄트 캠퍼스에 주 방위군이 장갑차를 몰고 들어왔다. 4월 30일 닉슨이 "전쟁 확전은 없다"는 약속을 깨고 캄보디아 파병을 발표하면서, 반전 시위가 도시를 뒤덮고 있던 참이었다. 탱크와 장갑차를 구별하지 못했던 학생들은 학교에 진입하는 장갑차를 보며 공포에 얼어붙었다. 5월 4일 마침내 충돌이 일어났다. 비처럼 쏟아지는 최루탄을 온몸으로 받아내며 학생들은 흩어지지 않았고, 오히려 군인들을 언덕 위로 밀어붙였다. 돌발적으로 13초간 67발의 총알이 난사되었다. 4명이 죽고 9명이 부상했다.

켄트 이후 미국 역사상 최대 규모의 동맹휴업이 일어나고, 수백 개의 캠퍼스가 문을 닫았다. 언론 정도는 능숙하게 조작할 수 있다고 자부했던 닉슨은 '침묵하는 다수silent majority'라는 프레임을 꺼내 들어, 대다수 미국인은 청년들의 생각에 동조하지 않으며 오히려 불편해한다며 세대 갈라치기를 시도한다. 놀랍게도, 이게 먹힌다. 베트남에서는 군대를 빼기 시작한다. 그리고 72년에는 북베트남에 사실상 항복한다. 닉슨은 외국과의 전쟁에서는 패배를, 젊은 세대와의 전쟁에서는 승리를 거두었다. 참, 자랑스럽겠다. 이렇게 청년문화는 군대의 총알받이가 되며 폭파explosion되고야 말았다.

존 필로의 〈켄트 주립대 총격 사건 직후, 제프리 밀러의 시신 위에 무릎을 꿇은 메리 앤 베키오〉. 보도 사진이 흔히 그렇듯이 〈켄트대학 학살〉 등 여러 제목이 있다. 당시 켄트대학 재학생이자 학교 신문 기자였던 필로가 캠퍼스 반전 시위를 취재하던 중 총격 소리를 듣고 반사적으로 카메라를 들고 찍은 사진이라고 한다. 나중에 사진기자가 된 그는 "찍고 싶지 않았던, 하지만 반드시 찍어야 했던 순간"이라고 이 사진을 회상했다. 1971년 퓰리처상을 수상한 작품이다. 출처: 위키피디어 커먼즈.

청년들로서는 자신의 정부가 자신을 적으로 간주하고 총을 발사하는 현실을 목격했다. 첫 반응은 공포였다. 그러곤 아무리 우리가 목숨을 걸고 세상을 바꾸려 해도, 현실은 이렇게 쉽게 바뀌지 않는다는 무력감과 체념이 뒤따랐다. 그 어떤 언론도 청년의 아픔을 보듬어주지 않았다. 모두가 '질서 회복'을 외치고, 학생들은 현실에서 도피하는 철없는 아이쯤으로 묘사됐다. 대중의 지지를 잃은 운동은 분열과 불신으로 흘렀다. 앞서 〈포레스트 검프〉에도 등장한 웨더맨 같은 조직은 대한민국의 주사파처럼 철 지난 타령이나 일삼는 한심한 조소의 대상이 되었다.

청년들은 어느 순간부터 더는 함께 부르는 노래를 부르지 않았다. 청년들의 에너지는 순식간에 정치 집회에서 개인적인 삶으로 이동했다. 이제 음악은 함께 부르는 노래가 아니라 혼자 부르는 음악, 그리고 혼자 듣는 음악으로 이동한다. 포크가 이렇게 갑작스러운 종말을 맞이한 데는 여러 이유가 있다. 워낙 정치색이 짙은 음악이라는 이유가 가장 클 것이다. 하지만 그보다도 포크가 자신을 젊음의 음악이라고 규정하고 있었기 때문이다. 포크를 듣던 젊은이가 더 이상 젊지 않게 되면서, 그리고 그런 젊은이들이 다수가 되면서, 다시 말해 어른, 혹은 꼰대가 되면서, 포크는 대중성을 상실할 수밖에 없었다. 젊은이는 언젠가는 어른이 되고 늙는다. 그다음은 어떻게 살 것인가? 당시의 청춘들에겐 그런 미래에 대한 프로그램이 없었다. 이상과 해방을 노래하던 젊은이들이 속속 현실로 복귀한다. 몇몇은 도시에서 재정적인 풍족과 세련된 문화를 즐기며 히피 때와는 차원이 다른 자유를 누리며 살아간다. 이들이 소위 여피, 트럼프나 오바마 같은 족속이다.

켄트대학 대학살이 있은 다음, 노래는 세 갈래 정도로 갈라진다. 크로스비 스틸스 내시 앤 영이 발표한 〈오하이오Ohio〉는 켄트 대학살에 대한 직접적인 항의다. 이러한 저항의 연속성에서 마빈 게이의 베트남전과 경찰 폭력에 대한 반대 〈와츠 고잉 온〉, 길 스콧-헤론의 〈더 레볼루션 윌 낫 비 텔레바이즈드〉가 등장한다. 존 레넌의 〈이매진〉도 있다. 록은 대중과 멀어지거나 상업화된다. 소위 프로그레시브 록을 대표하는 핑크 플로이드, 예스, 에머슨 레이크 앤 파머 등이다. 상업화를 대표하는 밴드는 물론 이글스나 플리트우드 맥을 들 수 있다. 마지막으로 포크는 점점 개인 속으로 침잠한다.

그러고 보니, 60년대 후반부터 '청년다운' 삶의 막막함을 토로한 포크도 등장했다. 65년 사이먼 앤 가펑클은 이미 청년의 합창이 세상의 '침묵의 벽'에 부딪쳐 좌절하는 장면을 그린 〈더 사운드 오브 사일런스The Sound of Silence〉를 발표했다. 67년에 발표된 비틀스의 〈어 데이 인 더 라이프〉는 아무리 청년들이 바꾸려 노력해도 무의미한 세상은 바뀌지 않는다는 피로감을 표현했다. 이미 환경 파괴에 대한 반문화 운동의 목소리를 대표한 〈빅 옐로 택시Big Yellow Taxi〉로 유명했던 조니 미첼은 1969년 〈보스 사이즈 나우Both Sides Now〉를 발표하며 이상과 현실 사이에서 느끼는 모순과 성찰을 노래했다.

〈오하이오〉

'반전운동의 애도가'라는 별명의 〈오하이오〉는 오하이오주 켄트 대학살을 다루고 있다. 닐 영은 사건 직후 사진을 보며 이 곡을 단 하루 만에 써냈다. *양철 군인들과 닉슨이 오고 있다.* ('양철 군인'이란 장난감 인형처럼 아무런 생각 없는 군인들을 가리킨다.) *우린 우리 힘으로 일어섰지. 오하이오에서 네 명이 죽었다. 우린 대처해야 해. 군인들이 우리를 쏴 죽이고 있어. 그녀가 당신이 잘 알고 있는 사람인데, 죽어 드러누워 있는 걸 보았다면 어떤 기분이겠어?* 전형적인 포크 록이지만 평소 맑은 화음을 구사하던 네 사람의 목소리는 치 떨리는 분노로 거칠게 울린다. 장송행진곡 같은 무거운 리듬 위에 "오하이오에서 네 명이 죽었다"가 반복된다. 포크는 이제 시적 아름다움 따윈 버리고 즉각적 정치적 고발에 나서야 한다는 닐 영의 선언문 같은 곡이다.

이와는 달리 제임스 테일러James Taylor의 〈파이어 앤 레인Fire and Rain〉은 개인의 세 가지 상실을 노래하고 있다. 친했던 친구의 죽음, 자신의 정신병원 치료 경험, 음악 인생의 좌절이다. 사실은 켄트 대학살보다 조금 앞서 발표되었지만, 사건 직후 청년 세대가 느끼는 상실감과 무력감을 대변하는 노래로 받아들여졌다. 사실상

〈파이어 앤 레인〉

노래의 주제가 이미 사회가 아닌 개인의 내면과 상실, 치유로 옮겨갔음을 알려주는 곡이다. *어제 아침, 네가 떠났다는 소식을 들었다. 나는 불도 보고, 비도 보았다. 도무지 끝날 것 같지 않던 화창한 날들도 보았다. 친구 하나 찾을 수 없는 외로운 시절도 있었는데, 그래도 언제라도 원하면 널 볼 수 있을 줄 알았다*…. 불은 격렬한 파괴와 죽음을, 비는 끝없는 슬픔과 우울을 상징한다. 그런 의미에서 〈보스 사이즈 나우〉와 비슷한 면도 있다. 테일러의 불안정하면서도 따듯한 목소리는 이 노래를 개인적 고백에서 집단적 기억으로 전환했다. 그러면서도 위로를 준다. 이후 캐럴 킹이나 재니스 이언 같은 싱어송라이터들이 많이 등장하는데, 이들을 포크로 묶어주는 건 바로 이 특징이다. 집단적 경험을 상기시키는 음악. 다른 말로는 기억 투쟁이다.

영화 〈허공에의 질주〉는 요절한 청춘스타 리버 피닉스가 등장한 몇 안 되는 영화로 유명하지만, 사실 이 영화는 켄트 대학살 세대를 그리는 영화다. 60년대의 분노와 저항이 80년까지 세대를 어어 가족을 옥죄는 멍에가 되고, 부모 세대는 부모 세대대로, 아들 세대는 아들 세대대로 상실과 무력과 개인적 고통을 겪어야 하는 비극을 그리고 있다. 영화는 극도로 음악을 자제하고 있고, 실제로 사운드트랙 앨범도 나오지 않았지만, 영화를 보는 내내 머리에선 〈파이어 앤 레인〉이 울려 퍼진다. 불타버린 이상과 쏟아지는 고통의 이야기다.

〈이지 라이더〉의 마지막 장면은 정말 허탈하다. 이제까지 우리의 여행과는 반대 방향으로, 주인공들은 미국 서부에서 미국 동부를 향해 오토바이 여행을 떠난다. 미국의 꿈을 되짚어보자는 이야기겠지. 누가 보아도 히피 스타일의 두 청년은 도중에 젊은 변호사를 만나 사람들이 자신들을 그토록 혐오하는 이유를 듣는다. 그 이유는 바로 이 청년들이 풍기는 '자유'의 느낌 때문이란다. 꼰대들은 사는 게 벅차고 괴로운데, 늘 웃고 다니는 저 아이들이 못마땅하다. 아이들은 아무 생산적인 일도 하지 않고 자기들 멋대로 살고 있다. 그게 너무 싫다. 마지막 장면에서 지나가던 트럭에 타고 있던 두 명의 백인이 장난처럼 두 주인공을 쏴 죽인다. 죽은 두 청년의 이름은 '와이어트'와 '빌리', 와이어트 어프의 '와이어트'와 빌리 더 키드의 '빌리'다. 결국 미국의 꼰대들은 미국의 꿈을 대표하는 미국의 젊음을 쏘아 죽인 셈이다. 미국의 청춘은 이렇게 막을 내렸다.

BTS, 함께 부르는 노래의 부활

초신성 폭발은 별 하나의 죽음에서 그치지 않고, 다른 은하, 다른 행성에까지 영향을 미친다. 칼 세이건이 "우리는 별에서 태어나 별로 돌아간다"라고 했던 말도 지구의 물질적 기반과 생명의 탄생이 초신성이라는 별의 죽음 덕분이며, 우리의 죽음 또한 우주 순환의 원료가 된다는 뜻이다. 50억 년 후 태양이 적색거성이 되어 폭발하면 우리를 이루던 원소들도 우주 공간으로 흩어져, 상상하지 못했던 어딘가에서 생명을 틔울지도 모를 일이다.

초신성의 파편은 엉뚱한 곳에 씨앗을 뿌린다. 바로 대한민국이라는 곳이다. 한국은 재미있는 나라다. 아니 한국 문화가 갖는 비결정성, 상대적 자율성이 재미있다고 해야 할 수도 있겠다. 일제강점기가 끝나자마자 남한에는 미군정이 들어서며 한국 사람들의 의지와는 상관없이 미국식 자본주의와 민주주의가 이식되었다. 대대손손 이어질 것 같았던 독재 (친일)친미 정권들이 미국화를 선진화와 동일시하면서, 자본의 압축성장이 이루어지는 것과 거의 같은 속도로 문화가 미국화되었다. 다른 나라들이 소위 '세계화'를 갑작스러운 미국 문화의 침투로 여겨 경계의 눈으로 바라볼 때, 우리에게 그 현상은 당연한 것으로 보였다. 그만큼 익숙했기 때문이다.

과거에 문화는 이처럼 위에서 아래로 흐른다고만 생각했던 적이 있었다. 소위 문화제국주의적 시각이다. 하지만 문화가 주력 상품인 미국이 그런 가르치려는 태도만 유지한다고 생각하면 오산이다. 미국의 문화는 가장 고답적이면서도 동시에 가장 유연하다. 책에서 지적했듯 한 꺼풀만 벗기면 유치하기 이를 데 없는 (싸구려 깡패) 정의 이데올로기를 그 케케묵은 캡틴 아메리카를 동원해 그럴듯하게(?) 들려주기도 하지만, 최근 음악 산업에서 볼 수 있듯이 자신(그러니까 미국 지배 계급, 미국 자본주의)에 대한 저항을 전유해 상품으로 만들어 다시 이를 팔아치우기도 한다. 많은 힙합 음악이 이런 길을 걸었다. 이도 모자라 미국은 외국으로 눈을 돌려, 이른바 '월드 뮤직'마저 상업적 전유의 방식으로 소비하고 재포장해왔다. 우리의 케이팝도 사실은 고만고만한 그 '월드 뮤직' 중 하나에 지나지 않았다.

하지만 케이팝은 미국 음악 산업의 안전한 캐시카우에서 안주하지 않았다. 2025년 아시아태평양경제협력체APEC 정상회의가 열린 경주를 방문한 엔비디아NVIDIA CEO 젠슨 황은 "이젠 누구도

팝을 듣지 않는다. 이젠 누구도 록을 듣지 않는다. 이젠 누구도 재즈를 듣지 않는다"라며 케이팝을 소개한다. 같은 해 미국 할로윈 축제에서는 압도적인 숫자의 아이들이 데몬 헌터스가 되어 사자 보이즈를 쫓아다녔다. 다시는 없을 단 한 번의 유행으로 끝날 수도 있다. 하지만 케이팝을 우습게 보는 민족은 한국인밖에 없다는 이야기가 있을 정도로 케이팝은 무시할 수 없는 문화가 되었다. 케이팝이 다른 월드 뮤직과는 달리 규모가 큰 고유한 장르로 성장하게 된 배경에는 우리 민족 문화의 특수성이 있다. 그 특수성과 미국 문화가 부딪치면서 예상치 못한 효과가 생성되었다.

그러고 보면 우리는 참 줄기차게 노래를 불렀다. 흑인들도 노동요가 있었지만, 우리도 만만치 않다. 〈웰컴 투 동막골〉만 봐도 노동요 없이는 일도 하지 않던 민족이 아닌가? 일제강점기 〈독립군가〉는 항일 민족정신을 끌어모으는 수단이었고, 50년대부터 시작된 민주화 운동 덕에 우리는 합창의 달인이 되었다. 대학에 들어가면, 아니, 대학에 들어가기 전부터 우리는 〈임을 위한 행진곡〉과 〈흔들리지 않게〉를 배웠고, 김민기 노래라면 한 시간은 넘게 부를 수 있었다. 우리에게 집단행동은 곧 노래였다. 교회 수련회건 동아리 엠티건 학술 모임이건 모두 노래로 시작하고 노래로 끝났다. 민주화를 이룬 90년대 이후 노래방이 전 국민의 오락이 되면서 우리는 야구장과 축구장마저 거대한 노래방으로 바꿨다. 우리는 노동과 역사적 투쟁에서 연대와 저항의 노래를 부르는 데 익숙한 민족이다. 떼창 하면 한국인이다.

90년대 외국 음악계엔 이상한 소문이 퍼진다. 한국이라는 나라가 있는데, 거기 가서 한 번 공연하면 진이 빨려 나온다. 근데 그 경험을 도저히 잊을 수 없다. 어디에서도 그런 경험은 할 수 없다. 다른 나라에도 이 떼창 문화가 차차 알려진다. 1995년 딥 퍼플 공연은 한국 떼창 문화가 세계 무대에서 주목받은 초창기 사례였다. 이들은 〈스모크 온 더 워터Smoke on the Water〉와 〈하이웨이 스타Highway Star〉 같은 메탈을 불렀는데, 억수같이 쏟아지는 비를 맞으며 잠시도 멈추지 않고 미친 듯이 떼창을 하는 한국 관객들을 보며 멤버들이 감탄에 감탄을 거듭했다. 서구 공연에서도 따라 부르는 관객은 있지만 한국처럼 수만 명이 처음부터 끝까지 다 함께 노래 부르지는 않는다. 허, 뭐 그 정도를 가지고…. 2012년 에미넴 방한 때는 더욱 기절초풍할 일이 일어났다. 에미넴 공연도 워낙 떼창으로 유명했다. 하지만 그건 코러스나 캐치프레이즈에 국한된다. 에미넴이 한 소절을 외치면, 관객이 나머지를 떼창으로 받아치는 선창과 후창이 일반적인 구조라는 말이다. 하지만 한국인들에게 그런 건 없다. 우린 가사 전체를 외운다. 하나도 놓치지 않고 처음부터 끝까지 다 외워 부른다. 심지어 그다지 유명하지 않은 곡까지도 다

외워 부른다. 소위 '전곡 암기 합창'이다. 우리에게 콘서트는 가수와 함께 합창하는 자리다. 가수 혼자 놀게 내버려두지 않는다. 우리가 놀아야 한다. 우리가 주체다.

2019년 6월 영국 런던 웸블리 스타디움에서 BTS의 공연이 열린다. 9만을 수용하는 축구의 성지이자, 세계 음악사의 성지다. 비틀스, 마돈나, 마이클 잭슨 정도가 아니면 단독 콘서트를 꿈도 꾸지 못하는 무대에 BTS가 선다. 그 자체로도 명예로운 순간이지만, 공연 말미에 놀라운 풍경이 펼쳐진다. BTS 팬덤 아미가 깜짝 이벤트로 〈영 포에버Young Forever〉를 부른다. 무대를 마무리하려던 BTS는 처음에는 놀라움을, 그러곤 감동의 눈물을 터뜨린다. 무려 9만 명이 아미밤(아미는 봉이 아니라 '밤bomb'을 든다.)을 흔들며 하나의 목소리로 노래한다. 노래는 이들의 화양연화 시리즈의 한 곡으로 "영원히 젊고 싶다. 영원히 노래하고 싶다"는 내용이다. 아미는 이를 받아 "너희는 영원히 우리의 가수다"라고 화답한 셈이다. 정말 감동적인 부분은 이 노래를 한국어로 부른다는 점이다. BTS는 외국에서 (그래봐야 주로 미국이겠지만) 활동하면서도 한국어 가사를 유지했고, 이에 맞춰 팬덤 아미는 자발적으로 가사를 학습하고 번역하면서 한국어를 배워 한국어로 떼창을 했다. 이후 BTS의 글로벌 공연에서 한국어 떼창은 일상적인 풍경이 되었다. 물론 빅뱅이나 블랙핑크 공연에서도 한국어 떼창을 들을 수 있다. 하지만 그 규모나 일관성이라는 측면에서는 아미의 떼창이 최고다. 이제 우리는 떼창의 국가에서 떼창을 수출하는 국가가 되었다.

BTS는 아미라는 좋은 팬덤을 만나 서로에게 긍정적인 영향을 미치는 아티스트-팬덤 관계를 형성하며, 기존의 상업주의에 매몰된 음악 생산-소비 문화를 넘어섰다는 점에서도 주목할 만하다. 2020년 미국의 BLM 운동이 벌어졌을 때, BTS 공식 계정은 인종차별에 반대하는 메시지를 올리고 100만 달러를 BLM에 기부한다. 이 소식이 알려지자 아미 역시 #MatchAMillion 캠페인을 시작해 단 하루 만에 목표한 돈을 모금해 전달한다. 아티스트-팬덤의 아름다운 연대였다. BLM 반대 세력이 혐오를 조장하는 #WhiteLivesMatter 해시태그를 퍼뜨리자, 아미는 BTS 팬캠Fancam 영상을 대량으로 풀어 이를 압도해버렸다. BTS와 함께 노래하는 아미는 글로벌 사회운동의 집단 주체, 정치적 행위자로까지 성장했다. 이런 면에서는 프리덤 싱어스를 연상시킨다. 존 바에즈와 함께 노래 부르며 집회와 행진에서 집단 합창으로 참여자에게 용기와 힘을 불어넣던 합창 공동체는, 이제 디지털 공간에서 정치적 집단 행동을 하는 글로벌 합창 공동체가 된 셈이다.

이젠 광장에서 빼놓을 수 없는 BTS의 변신도 눈물겹다. BTS의 노래를 듣고 처음 눈물을 흘렸던 곡은 〈봄날〉이다. 기차역에서 시작해 바다로 가서 주인 없는 신발을 걸고 종이 비행기를 날리며 산처럼 높게 쌓인 주인 없는 옷에 누워 읊조린다. *보고 싶다, 이렇게 말하니까 더 보고 싶다. 너희 사진을 보고 있어도 보고 싶다. 조금만 기다리면 며칠 밤만 더 새우면 만나러 갈게, 데리러 갈게⋯.* 이 "데리러 갈게"를 들을 때마다 아직도 자식의 유해를 찾지 못한 세월호 유족들의 뭉개진 마음이 연상되어 눈물을 참을 수 없다. 기차역, 눈 덮인 들판, 텅 빈 놀이공원은 아이들이 떠나면서 멈춘 시간, 아이들이 떠나간 공간이다. 우리 마음이다. 어디에도 세월호는 언급되지 않지만, 이 노래는 자연스럽게 세월호 노래가 되었다. 이런 게 진짜 포크다. 개인의 노래처럼 들리지만, 은유적인 가사와 이미지가 집단적 기억과 감정에 정확히 꽂히는 노래. 이 노래 하나만으로도 BTS는 위대하다. BTS는 이 노래 이전과 이후로 나뉜다. 이 노래를 기점으로 한국의 아이돌 그룹은 세계적 저항과 연대의 상징이 된다.

〈봄날〉

2024년 12월 3일, 시대착오적인 친위쿠데타가 일어난다. 11일 만에 국회에서 탄핵이 의결되면서 금방 끝날 듯했던 윤석열 퇴진 시위는 수구 세력의 완강한 저항에 부딪히며 헌법재판소의 탄핵 인용이 있기까지 무려 123일을 이어간다. 전국 도심에서 시위와 행진과 떼창이 있었다. 3년 전 촛불 혁명과 마찬가지로 결국 시민들의 주도로 헌정질서가 회복된다. 과거와 다른 점은 촛불이 응원봉으로 대체되었다는 점이다. 물론 웸블리를 아름답게 수놓았던 아미의 아미밤도 등장한다. 이제 '촛불 혁명'은 '빛의 혁명'으로 바뀌었다. 전통적인 촛불이 아닌 케이팝을 대표하는 팬덤의 아이템이 전 지구로 확장되며 정치적 메시지를 전하는 도구로도 활용되었다.

또 하나 커다란 변화는 노래 레퍼토리였다. 박근혜 탄핵 시위, 촛불 혁명 때 불렸던 노래는 〈임을 위한 행진곡〉, 〈바위처럼〉, 〈걱정 말아요, 그대〉, 〈헌법 제1조〉, 〈진실은 침몰하지 않는다〉 등이었다. 민중가요와 민주화 노래, 대중가요가 함께 불렸다. 추모의 노래와 분노의 노래, 위로의 노래를 잘 배치했다는 생각이 든다. 빛의 혁명에서는 〈아파트〉, 〈다시 만난 세계〉, 〈삐딱하게〉, 〈불타오르네〉 등이 울려 퍼졌다. 대표 선곡도 달라졌고, 광장의 목소리도 한층 젊어졌다. 이젠 BTS, 지드래곤, 소녀시대, 블랙핑크가 주인공이다. 이제 민중가요 세대가 아니라 케이팝 세대가 새로운 혁명의 중심이 되었기 때문이다.

촛불 혁명 때는 가족 단위로, 심지어는 유모차를 끌고 집회에 참석하는 사람들이 많았다. 노래도 민중가요에서 최신 가요까지 부르며 뭔가 세대가 함께한다는 생각이 들었다. 하지만 빛의 혁명은 케이팝 세대가 주도한 혁명답게 가족이라는 단위를 벗어나 각기 다른 개인이 현장에서 만나 서로 연대하고 있다는 느낌을 많이 들게 했다. 촛불 시위에서는 나이 든 세대가 〈솔아 솔아 푸르른 솔아〉나 〈임을 위한 행진곡〉을 부르고, 젊은이들은 이를 배우는 풍경이 두드러졌다. 예전에 대학에서 민중가요를 가르치던 방식과 같았다. 하지만 빛의 혁명에서는 대학생들이 〈다만세〉를 부르면 옆에 있던 40, 50대가 안경을 치켜올리고 가사를 보며 따라 부르려 애쓰는 모습이 더 눈에 띄었다. 물론 그 반대의 모습도 있었다. 적어도 '빛의 혁명'의 현장에서는 젊은이들과 중장년층이 서로 가르치고 배우며 평등하게 어깨를 맞댔다. 세대를 넘어 연대한다. 역시 세상은 발전한다.

앞서 셀마 행진에서도 언급했듯이 (그리고 보니 셀마 행진도 무려 5개월이 소요되었다.) 행진에는 합창의 문법이 있다. 보통은 투쟁의 의지를 다지는 노래, 분노를 폭발시키는 행진의 노래, 마지막으로 희망을 노래하며 연대감을 다지는 노래의 순으로 구성된다. 1단계는 가장 많은 사람이 알고 있는 노래를 불러야 한다. 압도적인 성량으로 우리가 얼마나 '쎈'지를, 저들에게는 물론 우리에게도 납득시켜야 하기 때문이다. 셀마에서는 〈위 셸 오버컴〉이, 빛의 혁명에서는 〈아침이슬〉이나 〈임을 위한 행진곡〉이 이 역할을 담당했다. 이렇게 정당성을 확보하고 난 후 2단계에서는 쌓인 분노를 집단적 에너지로 전환하는 노래가 필요하다. 노래는 여기서 구호가 되어야 한다. 나중에 민권운동의 노래들이 노래인지 구호인지 헷갈리게 되는 것도 바로 이 때문이다. 셀마에서는 〈에인트 고너 렛 노바디 턴 미 어라운드〉, 또는 〈고, 텔 잇 온 더 마운틴〉이, 촛불 혁명에서는 〈나는 나비〉가 담당했던 역할을 빛의 혁명에서는 〈불타오르네〉와 〈삐딱하게〉가 담당했다. 이 노래가 나올 때면 누구나 '파이어!' 또는 '삐딱하게!'를 외치며 응원봉을 흔들며 점프했다. 마지막으로 시위 후반부 모두가 손을 잡고 합창하는 노래다. 몇 년 전까지는 당연히 〈임을 위한 행진곡〉이었다. 그러고 보니 시작도 끝도 이 노래였던 것 같다. 그땐 그랬다. 저들은 군대를 동원하고, 폭력을 행사하고, 체포하고, 고문하고, 죽였다. 하지만 이제 시위는 분노의 집회가 아니다. 분노는 옳지만, 분노만 터뜨리면서 살 수는 없다. 오래 싸울 수도 없다. 이제는 "우리는 이긴다"라는 확신으로 더 나은 세상, 새로운 세상을 향한 희망의 축제로 집회를 승화시킨다. 마지막으로 다 함께 노래한다. 〈다만세〉!

〈다시 만난 세계〉는 아이돌의 노래가 한국 현대사의 광장에서 연대와 희망의 합창 가요로 재탄생한 상징적 사례다. 특별하다고만 할 수 없는 건 앞서 말한 BTS가 있기 때문이다. 처음에는 SM 걸그룹다운 칼군무로 주목을 받았던 이 노래는 박근혜 퇴진을 불러온 단초가 된 이화여대의 학내 시위를 계기로 운동가요로 변신한다. 학생들이 다 함께 부를 수 있는 노래, 혹은 그나마 알고 있는 노래가 이 노래밖에 없었다는 것이 대표적인 이유로 꼽힌다. 대학 운동권의 소멸을 보여주는 지표이기도 하다. 어쨌든 개인적 연애를 다루고 있는 듯한 노래는 다 함께 부르며 묘하게 서로를 지켜주자는 연대의 약속이 되고("힘겨운 날에 너를 지켜줄게"), 공동체적 저항과 승리("손을 잡고서 세상을 다 가져")의 노래가 되었다. *우리 앞에 우뚝 선 높은 벽, 넘을 수는 없어도, 하지만 포기하지 않아. 희미한 빛을 난 좇아가. 이 세상에 반복되는 슬픔이여 이제 안녕.* 서정적으로 시작해서는 밝고 상승하는 멜로디가 후렴에서 폭발하는 구조로 합창에 잘 어울린다.

〈다시 만난 세계〉

마르크스는 모든 위대한 세계사적 사건과 인물은 두 번 나타난다고 했다. 처음에는 비극으로, 두 번째는 희극으로. 우연인지도 모르겠지만, 글을 쓰는 내내 자꾸 우리나라 역사와 겹치는 장면이 떠오르며 가슴이 아팠다. 마르크스가 말한 '비극'과 '희극'은 슬픔과 기쁨의 감정보다는 역사적 필연과 자의적인 모방에 가까운 개념이다. 다시 말해 처음 일어난 사건은 어쩔 수 없는 필연의 산물이지만, 두 번째 일어난 사건은 일어날 필요가 없었는데도 일어나 인간의 어리석음을 보여준다는 것이다. 인간은 실수로부터 배우지 못한다. 그래서 역사는 종종 퇴행적인 사건들로 채워진다. 미국은 같은 잘못을 반복하고, 한국은 그 잘못을 모방하며 반복한다.

사실 마르크스의 이 유명한 테제는 그의 생각이라기보다는 헤겔 역사관 비판에 가깝다. "역사는 되풀이된다"는 헤겔의 순환론을, 반복 속에서 등장하는 새로운 모순과 구체적인 물질 조건에 의해 다음 단계의 체제로 발전할 수밖에 없다는 발전 사관으로 대체하려는 것이다. 이제껏 읽은 미국 역사에서도 어느 정도는 그런 발전과 변화의 징후가 보인다. 더구나 유사한 문화와 체제를 지닌 한국이 '노래'로 이룬 최초의 혁명을 성공시키고 지속적인 개혁으로 나아가는 것을 보면, 미국에서도 커다란 변화가 머지않았다는 예감도 든다. 그 변화의 구체적인 모습을 예측하긴 어렵지만, 더 많은 사람이 평화롭고 행복하게 사는 세상이 그려지는 건 당연하다.

이 책에 등장한 모든 노래는 저항의 노래인 동시에 희망의 노래다. 이 노래들이 필자의 삶에 위로가 되었듯, 이 책을 읽는 모든 이들에게도 희망의 불빛이 되길 바란다.

노래로 읽는 미국 근현대사

투쟁은 노래를 낳고 노래는 역사가 된다

초판 1쇄 발행 2026년 1월 15일

지은이 임상훈
디자인 studioCoCo

펴낸이 박숙희
펴낸곳 메멘토
신고 2012년 2월 8일 제25100-2012-32호
주소 서울시 은평구 연서로26길 9-3(대조동) 301호
전화 070-8256-1543
팩스 0505-330-1543
전자우편 memento@mementopub.kr

ISBN 979-11-92099-54-5 (03940)